O Mito do Milênio

Coleção Tendências do Milênio
Volume 4

Volume 1 – O universo autoconsciente
Volume 2 – A dança da terra
Volume 3 – A vida secreta

Michael Grosso

O Mito do Milênio

Espiritualidade, amor e morte no fim dos tempos

Tradução de
RUY JUNGMANN

Editora
Rosa dos
Tempos

Rio de Janeiro
1999

CIP-Brasil. Catalogação-na-fonte
Sindicato Nacional dos Editores de Livros, RJ.

G922m
Grosso, Michael, 1937-
O Mito do Milênio: espiritualidade, amor e morte no fim dos tempos / Michael Grosso; tradução de Ruy Jungmann. – Rio de Janeiro: Record: Rosa dos Tempos, 1999.

Tradução de: The millennium Mith: love and death at the end of the time
ISBN 85-01-05484-4

1. Escatologia. 2. Escatologia na literatura. 3. Futuro na cultura popular. 4. Sexo na cultura popular – Previsões. I. Título.

99-1085
CDD – 291.23
CDU – 291.23

Título original norte-americano
THE MILLENIUM MYTH: LOVE AND DEATH AT THE END OF THE TIME

Copyright © 1995 by Michael Grosso

Publicado inicialmente por Theosophical Publishing House, um selo da Theosophical Society in America, P.O. Box 270. Wheaton, IL 60189-0270

Todos os direitos reservados. Proibida a reprodução, no todo ou em parte, sem autorização prévia por escrito da editora, sejam quais forem os meios empregados.

Direitos exclusivos de publicação em língua portuguesa para o Brasil adquiridos pela
EDITORA ROSA DOS TEMPOS
Um selo da
DISTRIBUIDORA RECORD DE SERVIÇOS DE IMPRENSA S.A.
Rua Argentina 171 – Rio de Janeiro, RJ – 20921-380 – Tel.: 585-2000
que se reserva a propriedade literária desta tradução

Impresso no Brasil

ISBN 85-01-05484-4

PEDIDOS PELO REEMBOLSO POSTAL
Caixa Postal 23.052
Rio de Janeiro, RJ – 20922-970

EDITORA AFILIADA

*Para minha companheira,
Louise Northcutt — com amor*

Agradecimentos

Nas citações, indiquei as numerosas fontes que consultei para escrever este livro. Com profundos agradecimentos, desejo ainda mencionar aqui várias pessoas que, de uma maneira ou de outra, contribuíram para que este livro se tornasse uma realidade: Rafael Collado, Patti Hamilton, Richard Heinberg, Cliff Landers, Richard Leviton, Louise Northcutt, Ken Ring, Brenda Rosen e John White.

Sumário

Introdução: Lendo os Sinais dos Tempos   13

PARTE I: HISTÓRICA   27

1. Origens da Grande Visão   29
2. Joachim de Fiore: Profeta da Nova Era   59
3. A Renascença: A Renovação do Mundo por meio da Arte e da Ciência   83
4. O Iluminismo: Progresso e Milênio   117
5. A Nova Jerusalém *Yankee*   147
6. O Paraíso Proletário   195
7. O Messiânico Terceiro Reich   227

PARTE II: FUTURÍSTICA   255

8. A América da Nova Era   267
9. Anomalias do Fim dos Tempos   299
10. Tecnocalipse Agora   327
11. O Futuro da Morte   355
12. Amor e Sexo no Milênio   393
Conclusão: O Significado do Mito do Milênio   439

Notas   449
Índice Remissivo   469

E assim chega um tempo — acredito
que estamos nesse tempo — em que a
civilização tem que ser renovada pela
descoberta de novos mistérios, pelo
poder antidemocrático, mas soberano,
da imaginação... o poder que torna
novas todas as coisas.

— Norman O. Brown
Apocalypse

Introdução: Lendo os Sinais dos Tempos

Porque toda vida anseia pelo Dia do Juízo
E não há homem que não empine as orelhas
Para saber quando soará a trombeta de Miguel
Para que carne e osso possam desaparecer
E nada mais reste senão Deus.

WILLIAM BUTLER YEATS
The Hour Before Dawn

Este livro conta a história do Mito do Milênio, um dos grandes mitos do mundo. Fala do fim do tempo e do renascimento do amor, do fim da história e do alvorecer de uma Idade de Ouro. A visão do Milênio possui raízes que descem fundo e espalhadas na consciência humana, uma visão que inspirou numerosos movimentos de grande alcance e um número não menor de grandes almas. No âmago do Mito, encontramos a idéia de que a história — Nossa História — é uma jornada com uma meta, um drama com um clímax. De acordo com o grande roteiro, a aventura humana está se aproximando de um ajuste de contas e a humanidade se encontra em curso de colisão com a consumação dos tempos, o fim do mundo.

O Mito transmite sua mensagem nas tradições do Ocidente, do Oriente e de populações nativas. Enquanto alguns vêem, na aceitação do Milênio, ilusão e patologia social, outros nela enxergam uma tentativa sincera de compreender o significado do tempo e da história. Quanto a mim, vim a considerar o Mito como simultaneamente fonte de luz orientadora e um molde de sombras sinistras.

O Milenarismo é um tópico que interessa a numerosas disciplinas: Política, História, Economia, Antropologia, Teologia. Entre as numerosas possibilidades neste particular, focalizo o poder visionário do Mito — o relato do seu reconhecimento por um homem. "Somos a substância de que são feitos os sonhos", diz Próspero, o personagem de Shakespeare. Os criadores do Mito e os que dançam à sua música constituem provas do argumento de Próspero.

Um Esclarecimento sobre Terminologia

Milênio refere-se ao tempo que se desenrolará após o fim do tempo, quando a Velha Serpente, Satanás, será acorrentada. *Milênio* (derivado do latin *millenium*, que significa "mil anos") é uma palavra que se enquadra em uma constelação de imagens: Armagedon, Segundo Advento, o Messias, o Arrebatamento, o Anticristo, o Dia do Senhor, a Mulher Vestida de Sol, os Novos Céu e Terra, e numerosos outros.

Apocalipse significa literalmente "revelação". "Pois nada há encoberto que não seja revelado; nem oculto que não venha a ser conhecido." (Mateus, 10:26) A palavra reveste-se de um tom sombrio. Pensamos, neste particular, em Ragnarok ou em Götterdämmerung — violência cósmica. Uso a palavra *milenarista* para frisar movimentos sociais; *milenária* para denotar toda a vastidão imaginativa de uma mentalidade que se deleita com extremos. Emprego ocasionalmente a palavra *Quiliasta*, sinônimo de milenário, porque faz cócegas nos ouvidos. Escrevo Mito do Milênio com iniciais maiúsculas para denotar a entidade cujas escapadas conto neste livro. Em suma, Mito, com M maiúsculo.

Finalmente, uso a palavra *phantasia*, e não *fantasia* (ambas variantes da palavra grega *phantazein*). Com *phantasia*, pretendo frisar o poder da psique. Esta palavra tem origem em um verbo do sânscrito que significa "tornar visível", "aparecer ou brilhar". A phantasia do Milênio cria imagens de mundos alternativos, visíveis ao olho da mente. Nada há de depreciativo, portanto, quando falo na *phantasia* apocalíptica de São João, para citar um único exemplo. Uma phantasia pode refletir um mundo possível ou contribuir para a criação de um novo mundo. E quero sublinhar esse sentido duplo através da maneira como grafo a palavra.

Uma Anarquia de Arquétipos

Uma coisa é clara: o mundo está mudando rapidamente e a imaginação coletiva vibra com agitação criativa. A História está em processo de aceleração. A grande pergunta é a seguinte: para aonde estamos indo? No centro de uma espécie de anarquia de arquétipos, alguns vislumbram o esboço pálido de uma emergente "nova ordem mundial". Com a morte do Comunismo e a lenta e crônica doença do Cristianismo e do Capitalismo Ocidental, sentimos o chão começar a tremer sob nossos pés; o espaço se abre acima e em volta de nós, espaço para novas visões, espaço para novas idéias sobre o que é humanamente possível.

Jamais na história tantas pessoas compartilharam da consciência de que está prestes a terminar um grande ciclo do tempo — mil anos de história humana. Estamos prestes a ingressar no sétimo milênio — o sabbath de nossa história. Expectativas crescentes sobre o que esse fato pode significar, um senso de crise e de uma nova abertura iminentes estão aquecendo o clima apocalíptico.

Dirigindo-nos rapidamente para aquele ano indicativo, 2001, a imaginação do Fim agita-se desagradavelmente dentro de nós. Esse estado de espírito é intensificado por uma miscelânia de fatores: a magia do calendário, os sinais e prodígios sobrenaturais, a ameaça ecológica, a desorientação social, a instabilidade econômica, e incerteza espiritual. Números enormes de pessoas sentem a urgência metafísica destes tempos. No dia 7 de dezembro de 1993, Norman Lear, o homem que nos deu Archie Bunker, censurou o American Press Club por ter ignorado a matéria jornalística mais importante de nossa época, o incrível ardor religioso que ferve e sobe em toda parte, a fome por experiência espiritual, o descontentamento cada vez maior com a formulação oficial do puro e do real. Lear falou eloqüentemente dos anseios espirituais ardentes e gerais de milhões de americanos, das pessoas que denominou de "buscadores sem uma afiliação".

Este livro trata de parte da história que ainda não foi contada. Leva a indagação ao fervor, à fonte mítica da busca. Impõe-se aqui um pouco de perscrutação da psique nacional, alguma introvisão de nosso passado mítico. Alguém já disse que somos um déficit nacional em matéria de visão. A verdade, no entanto, é que a história americana está imersa no visionário. Nosso objetivo neste livro é resgatar do virtual desaparecimento as raízes visionárias da América.

A Doença do Sono da Alma

Precisamos resgatar urgentemente essas raízes. O século XX tem presenciado mais destruição em massa de seres humanos, por outros seres humanos, e mais comportamento suicida dirigido contra nosso planeta natal, do que em qualquer outra época. Em toda parte, ouvimos vozes questionando os mitos, os ideais e as imagens dominantes de nossa cultura, e outras clamando pela redescoberta da alma. Uma dessas vozes pertence à Primeira Dama Hillary Rodham Clinton, que teve a *chutzpah* [coragem] de perguntar se a "América não estaria sofrendo da doença do sono da alma".

Prova assustadora dessa doença pode ser vista na maneira como as autoridades trataram da situação no Rancho Apocalipse, em Waco, Texas, onde 86 americanos, incluindo 17 crianças, pereceram em um incêndio das instalações, no dia 19 de abril de 1993. Pouco se entendeu das forças espirituais que desencadearam a tragédia. David Koresh, o líder do infeliz culto, era um homem fascinado pelo *Livro do Apocalipse*, a manifestação mais poderosa do Mito do Milênio. Para os membros da facção davidiana, os fatos pareciam estar acontecendo de acordo com um plano divino: instrumentos demoníacos do poder mundano estavam perseguindo-os e ameaçando destruí-los. As autoridades haviam se negado a permitir que famílias, imprensa, ou pessoas religiosas conversassem com o bando encurralado, destarte isolando-os e agravando-lhe os receios e suspeitas. De acordo com um dos advogados do culto, Jack Zimmermann, na manhã em que os tanques arremeteram contra a paliçada, "alguns dos muito religiosos pensaram que havia chegado o último dia do mundo".

Poder-se-ia considerar como irônico que os que morreram em Waco eram simplesmente indivíduos que acreditavam piamente no principal mito do Mundo Ocidental, a grande esperança manifestada no *Livro do Apocalipse*, de que o último conflito entre o bem e o mal acabaria, em um único dia, com a dor da vida e repararia a injustiça, aboliria a morte por decreto sobrenatural e liberaria o mundo para o amor de Deus. De conformidade com tal roteiro do Dia do Juízo Final, o governo desempenhou com perfeição o papel que Koresh lhe atribuiu.

David Koresh era um homem prisioneiro de crenças geradas pela *Bíblia*. Se era um louco, sua loucura mergulhava fundo na cultura, pois era a loucura da crença no Salvador, no triunfo do bem, no sonho de ascensão instantânea para o céu. Tal como seus incontáveis precursores milenaristas, Koresh usou as escrituras sagradas para servir às suas próprias necessidades e promover seus próprios fins. Ainda assim, por mais suspeitos que tenham sido seus motivos, ele e seus seguidores concentravam-se nas mesmas esperanças que haviam alegrado o coração dos primeiros cristãos. Não é de surpreender que se tenha dito que Koresh exercia seu poder "convencendo o rebanho de que o sacrifício lhes garantiria mais tarde uma recompensa celestial, como membros da elite dos 144.000 do Senhor"[1]. (Continuamos a tropeçar nesse número mágico, um número que consta da numerologia do fim do tempo.)

Desde 1620, quando os peregrinos fundaram a Colônia de Plymouth, o Mito tem alimentado o sonho americano. E Koresh encarava-o com grande seriedade, embora fosse extremada sua maneira de tentar concretizá-lo. Ainda assim, não era um excêntrico, uma vez que se armar para travar uma batalha transcendente é algo tão americano como Tom Payne ou Woodrow Wilson[2]. O Departamento de Drogas, Tabaco e Armas de Fogo, o FBI, e o Procurador-Geral dos Estados Unidos não faziam idéia alguma da lógica insana da imaginação milenarista de Koresh. Na verdade, tentaram apagar o fogo com gasolina. Após o fracasso da tentativa da prisão de Koresh, que terminou com a morte de quatro agentes federais e de um número desconhecido de membros do culto, as autoridades agiram para impedir que os sitiados dormissem, bombardeando-os com ruídos e escarnecendo deles com sons de cantos tibetanos, guinchos de coelhos quando eram abatidos, brocas de dentista, toques de alvorada com cornetas, e o "These Boots Were Made for Walkin'", de Nancy Sinatra.

Um plano ruim. As autoridades deveriam ter sabido que privação de sono causa alucinações, uma maneira segura de aprofundar a crença desvairada de Koresh, de que o apocalipse era iminente e ele era o Messias.

O tratamento oficial dado aos místicos rebeldes de Waco pecou por total desconhecimento do que é psicologia e milenarismo. Ainda assim, essa psicologia envolve forças que, neste momento, despertam em toda a sociedade americana. Poderíamos, na verdade, interpretar o fiasco de Waco como um espetáculo grotesco de autodestruição nacional — um tipo de espasmo com o qual tentamos nos purgar de nosso próprio passado mítico. Koresh e seus seguidores estavam, à sua própria maneira, vivendo o mito da religião nacional reinante. A impaciência dos agentes federais, agravada pela ignorância de homens prontos para usar armas por qualquer motivo, resultou em um desastre evitável.

David Koresh tinha predecessores. Joseph Smith, fundador do Mormonismo, assustou também o Sistema com a defesa da poligamia e foi assassinado por uma turba de cidadãos farisaicos. Ainda mais frescos em nossa memória, estão os suicídios e assassinatos em massa na Guiana, orquestrados por outro profeta americano sexualmente transviado, Jim Jones. Outro caso de profetismo fraudulento, ligado a carisma sexual, foi o de Charles Manson, que gostava também de brincar com phantasias messiânicas.

Incrivelmente, Manson era amado por seus seguidores. Ele satisfazia o estranho senso de idealismo desses indivíduos. Manson escutou revelações na música dos Beatles, especialmente na canção "Revolução 9", que o levou a acreditar que o Helter Skelter (tumultuoso fim) estava próximo. Escolheu, aliás, as palavras "Helter Skelter" como codinome para o Armagedon de guerras raciais que se aproximava. O plano divino previa que os negros assumissem o controle da civilização branca. Os negros, em seguida, receberiam de braços abertos seu verdadeiro messias, Charles Manson, que emergiria de seu esconderijo no Vale da Morte como o Senhor da História. De que maneira iniciar o Helter Skelter? Manson resolveu fazer isso por conta própria. Os assassinatos sanguinolentos que organizou deviam supostamente desencadear o Armagedon, ao dar início às guerras raciais. Todo o caso foi inspirado por deformadas phantasias milenaristas.

Uma Visão Indestrutível

O Mito do Milênio, como terei oportunidade de mostrar nas páginas que se seguem, é capaz de exercer uma influência de amplo espectro sobre a mente humana — é uma influência que pode ser sinistramente deformada ou maravilhosamente inspirada. "Em verdade vos digo", disse Jesus, "que alguns aqui se encontram que de maneira nenhuma passarão pela morte até que vejam vir o Filho do homem no seu reino" (Mateus,16: 27-28). Jesus, aparentemente, pensava que o grande evento era iminente. Desde o início, os milenaristas sofreram com expectativas prematuras. O Cristianismo em si é apenas a queda, que continua, do primeiro Milênio fracassado, uma espécie de marcação de tempo, um exercício de espera, impulsionado pela ânsia indestrutível pelo que ainda virá.

O Mito do Milênio atrai a imaginação não por causa de seu valor preditivo, mas porque chega às fontes da própria vida e satisfaz à necessidade profunda de uma visão de transformação. Nenhum desapontamento externo pode extinguir essa necessidade. O entusiasmo, repetidamente, explode e passa. Em ondas que jamais cessam, ocorrem manifestações de expectativa e decepções de fracasso, desapontamentos e revivescências, adiamentos e reprogramações. Por isso mesmo, quando as profecias fracassam, novos profetas invariavelmente surgem.

Entre as inumeráveis possibilidades que se estenderam por dois mil anos, vejamos apenas alguns exemplos. Após a primeira explosão cristã, cem anos se passaram, e o Segundo Advento jamais se materializou. Por volta do ano 156 d.C., Montanus, o visionário, adotou o Cristianismo e, imediatamente, fez duas conversões, elas mesmas *voyantes* (indivíduos ora designados como "canais"), Priscilla e Maximilla. Montanus era originário da Frígia, na Ásia, o centro do culto extático da deusa Cibele. As duas senhoras pertenciam a famílias nobres e ricas e foram chamadas de "as loucas" por escritores da época. Juntas, elas divulgaram "a nova profecia", que tinha por objetivo restaurar o espírito autêntico da Igreja primitiva[3]. Montanus e as duas videntes proclamaram a chegada iminente da Nova Jerusalém. A cidade celestial iria descer flutuando dos céus e fixar-se no solo da Ásia Menor, na obscura cidade de Pepuza. Montanus e suas inspiradas amigas fariam com que isso acontecesse. E disse Maximilla, a primeira de uma longa linhagem de milenaristas femininas: "Eu sou o verbo, o espírito e o poder"[4].

O povo judeu vem sonhando com o Dia do Senhor desde a era das profecias. Muito tempo depois do saque de Jerusalém pelos romanos, no ano 70 d.C., Sabbatai Zevi anunciou, no século XVII, inspirado pela cabala, que era o Messias e instou os crentes a instalarem a Nova Ordem (*olam tikkun*), que significa literalmente "dar meia-volta". O homem, declarou ele, deveria libertar-se do jugo da lei e todos os dias santos deveriam ser dias de regozijo. O novo Messias gostava de mulheres e, em vista disso, aboliu as antiquíssimas restrições contra elas, numa atitude que irritou os patriarcas hebraicos. Preso na Turquia por traição, Sabbatai, prudentemente, optou por salvar a vida, convertendo-se ao Islamismo[5].

O Mito floresceu também no Oriente, como, por exemplo, na rebelião de Taiping — ou "Reino Celestial" — em 1850. O profeta sincrético Hung Psu manteve a Dinastia Manchu ao largo durante 14 anos, com o espetáculo muito convincente de que ele era o irmão mais moço de Jesus Cristo. Movimentos messiânicos, como o Cao Dai (Espírito de Deus), desempenharam um papel de vulto na luta pela independência política do moderno Vietnã. Já em 1830, Phat Tay An, o profeta do movimento Hoa Hao, prognosticou o fim do império vietnamita, como conseqüência de um ataque maciço do Ocidente[6]. A adoração do Buda Maitreya, "o que está por vir", inspirou insurreições antidinásticas na Ásia desde o século V. Em data tão recente quanto 1965, surgiu um movimento entre camponeses birmaneses, baseado na crença na vinda do Rei Maitreya[7]. Em 1972, o pintor britânico Benjamin Creme estudava as revelações de Alice Bailey quando passou a "canalizar" mensagens, que diziam que era iminente a vinda do Cristo-Maitreya. Creme publicou anúncios de página inteira em jornais importantes, como o *New York Times*, anunciando que, em 1982, "Maitreya, o Cristo", apareceria na televisão mundial e se comunicaria por telepatia com todas as pessoas. O Mito, conforme teremos oportunidade de ver,[8] tem afinidade com a tecnologia.

A profecia explora a angústia de fins de século. Em princípios da primavera de 1990, milhares de seguidores de Elizabeth Clare Prophet reuniram-se em Paradise [sic] Valley, Montana, preparando-se para escavar abrigos subterrâneos contra bombas (a um custo de dez mil dólares cada). Clare Prophet, líder da Igreja Universal e Triunfante, avisou que o Armagedon nuclear ocorreria no dia 23 de abril. O medo da morte consolida a mente milenária.

Milhões de americanos, expostos às prédicas de tele-evangelistas como Jerry Falwell, Pat Robertson, Pat Boone, Jimmy Swaggert, George Vandeman e Jim e Tammy Bakker, acreditam que a *Bíblia* é um mapa rodoviário da história e que nosso grande planeta Terra, antes de muito tempo, vai tornar-se "tardio"[9]. A idéia desse conflito assombroso cria um mito emocionante pelo qual se pode viver. Através da lente da imaginação apocalíptica, todos os horrores da história assumem significado, e a vida torna-se suportável. Um fundamentalista, por exemplo, declarou no auge da Guerra Fria:

> ... Cristo desferirá o primeiro golpe [contra os demoniacamente inspirados exércitos soviéticos]. Ele liberará uma nova arma. E essa arma produzirá os mesmos efeitos que os ocasionados pela bomba de nêutrons. Vocês leram em Zacarias, 14:12, que "a sua carne se apodrecerá estando eles de pé, apodrecer-lhes-ão os olhos nas suas órbitas, e lhes apodrecerá a língua na boca"[10].

No início da carreira, Ronald Reagan interpretava eventos correntes como sinais apocalípticos dos tempos. Em 1971, disse a James Mill que o envolvimento comunista da Líbia era "um sinal de que o dia do Armagedon não está distante". E o Presidente acrescentou: "Pela primeira vez, tudo está em seus lugares para a Batalha do Armagedon e o Segundo Advento de Cristo".

Mais uma vez, em 1976, Reagan discutiu a Batalha do Armagedon em entrevista gravada, concedida a George Otis. Em 1980, ele ainda falava no Armagedon. "Podemos ser a geração que verá o Armagedon", disse ele ao evangelista Jim Bakker. Jerry Falwell, segundo o repórter Robert Scheer, afirmou que Reagan teria dito: "Jerry, acredito às vezes que, neste exato momento, estamos nos encaminhando com grande rapidez para o Armagedon". Essas palavras extraordinárias foram pronunciadas por um homem que tinha o poder de apertar o botão que desencadearia o holocausto nuclear.

Da mesma forma que Ronald Reagan demonizou a União Soviética, chamando-a de Império do Mal, George Bush demonizou Saddam Hussein, chamando-o de Hitler. Logo que a América considerou Saddam como um novo Hitler, a guerra, na mente da maioria das pessoas, tornou-se a única solução para a crise do Golfo Pérsico. Entrando na dança, Saddam Hussein deixou-se seduzir pela sua própria hipérbole apocalíptica. (O Islã possui uma rica tradição profética.) Ele delirou sobre "a mãe de todas as batalhas" e sobre George Bush como sendo o "Satanás na Casa Branca". Velha conversa apocalíptica. Saddam Hussein, na esperança de explorar o ressentimento e a frustração dos árabes, tentou acender as chamas da auto-imolação de uma *jihad* unificada contra o Ocidente. Fracassou, com resultados desastrosos para o Iraque.

A política apocalíptica não é exclusiva de cristãos com mania de atirar bombas ou de exploradores dos anelos espirituais islâmicos. Em novembro de 1990, o rabi Meir Kahane, nascido no Brooklyn, foi assassinado na cidade de Nova York. Rabi ortodoxo, acreditava que estávamos vivendo na Era Messiânica. E odiava os árabes com uma paixão apocalíptica. Pensava que expulsá-los de Israel apressaria o advento do Messias. Quanto à política israelense em relação aos árabes, escreveu: "Se tivéssemos agido sem levar em conta a reação dos gentios, sem medo do que eles poderiam dizer ou fazer, o Messias teria chegado imediatamente pela porta aberta e nos trazido a redenção." E explicou: "Nós não somos iguais aos gentios. Somos diferentes. Somos mais nobres[11]." Em princípios de 1994, um dos discípulos de Kahane, Baruch Goldstein, iniciou uma farra de assassinatos contra muçulmanos que oravam na Tumba dos Patriarcas, em Hebron.

O Mito projeta uma grande sombra, que continuaremos a encontrar nas páginas seguintes. Mas seria erro pensar que isso era tudo que o Mito tinha para recomendá-lo, porque onde há sombras tem de haver luz. O Mito do Milênio, como teremos oportunidade de observar em numerosos exemplos, inclui potencial mais humanitário. Nem se apresenta sempre em vestes religiosas. Desde a Renascença, apresentou sobre a face uma grande variedade de máscaras seculares. Em 1989, por exemplo, o teatrólogo tcheco eleito Presidente de seu país, Vaclav Havel, disse ao Congresso americano: "Sem uma revolução global na esfera da consciência humana, nada mudará para melhor." A observação de Havel produz uma ressonância tipo Nova Era americana, e o Movimento Nova Era, como mostraremos adiante, radica-se no Mito do Milênio.

Uma Paixão por Significado

Os grandes mitos imemoriais põem-nos a vida em perspectiva. O Mito do Milênio trata não da salvação individual, mas da coletiva, e refere-se ao futuro da espécie e ao destino da Terra. Conta com uma longa história de modelação da experiência humana e, para muitos, continua a ser uma maneira de interpretar os sinais dos tempos, uma forma de colocar uma face esperançosa no futuro desconhecido.

Para Bernard McGinn, a imaginação apocalíptica revela que a história é uma "totalidade divinamente determinada"[12]. Em outras palavras, todas as lutas, todos os desapontamentos da história, serão um dia resolvidos; no Fim, tudo se reunirá. A persistência do Mito demonstra como está profundamente enraizada nossa necessidade de encerramento de um período e de transcendência. Dirige-se à paixão humana comum por significado, ao desejo de reinventar a história humana, à ânsia do homem de ligar-se a alguma coisa maravilhosa, alguma coisa sublime.

A escatologia, ou estudo do fim do mundo, está se transformando hoje em futurologia científica. O profeta que bradava no deserto cedeu lugar a equipes de informaníacos debruçados sobre computadores sussurrantes. Os futuristas compilam dados, prevêem tendências globais e, como os profetas de antanho, projetam imagens do possível. O *Megatrends 2.000*, uma mistura de análises científicas de tendências e milenarismo otimista, de autoria de John Naisbitt e Patricia Aburdene, que se transformou em sucesso de livraria, é um exemplo bem a propósito.

Um modelo de imaginação tão geral e duradouro tem de expressar, acredito eu, uma profunda necessidade humana. Um dos objetivos deste livro é prestar homenagem a tal tendência. Através desse padrão, caímos freqüentemente sob o domínio de imagens fascinantes, dotadas do poder sobrenatural de abalar, moldar e dirigir nossa vida. Jung denominou de "arquétipos", "dominantes psíquicos" e "idéias primordiais" esses padrões de pensamento que modelam a vida e o mundo. Os arquétipos exercem sua magia mais poderosa em tempos de estresse e crise. É dispensável dizer que nossa época é de grande e constante crise. Coisas estão desmoronando e o centro, definitivamente, não consegue sustentar o todo. O Pavoroso, como disse Heidegger, penetrou em nossa mente. Desde Copérnico, como alegou certa vez Nietzsche, o planeta Terra está rolando do centro em direção a X. Somos um navio no mar, sem bússola, sem carta, sem comandante. Após dois mil anos de Cristianismo, descobrimos que nos encontramos em um mundo virado de cabeça para baixo pela ciência e pela tecnologia, um mundo com imensas sublevações em formação, um mundo que cambaleia em algum ponto entre o Dia do Juízo Final e uma nova era.

Uma Visão Rápida do Futuro

Este livro divide-se em duas partes. A primeira é histórica e focaliza a influência do Mito sobre momentos decisivos na história do Ocidente. Começamos com as origens da grande visão, retroagindo a Zoroastro e à criação épica babilônica. Passamos em seguida a um capítulo sobre o profeta medieval Joachim de Fiore, cuja grande realização consistiu em associar o Mito do Milênio à história. Joachim foi o precursor de uma extensa linhagem de historiadores proféticos, como Hegel, Nietzsche, Marx, Comte e outros. Na Renascença e no Iluminismo, essas duas brilhantes cristas em nossa onda temporal evolutiva, a mente e a alma do Mito acendem-se em locais históricos específicos. A Renascença revela o indivíduo multifacetado e o imenso potencial da arte e da ciência; o Iluminismo transmite à história os ideais modernos de igualdade, pluralismo e otimismo. Em raros casos, o ideal de igualdade do Iluminismo une-se ao entusiasmo milenarista, como no americano que George Bernard Shaw chamou certa vez de "super-homem" — John Humphrey Noyes, o fundador de um dos mais ousados experimentos da história americana. Ainda no modo histórico, o Capítulo 5 passa em revista o Milênio americano, um local em tempo imaginado no qual a quase divindade do "homem comum" é descoberta, um lugar onde cada pessoa reivindica seu direito nato de compor a sua própria "Canção de Mim Mesmo".

Os dois últimos capítulos da primeira parte nos colocam face a face com o lado de pesadelo do Mito, com os frutos da transcendência maligna. O Mito do Milênio desempenhou um papel de vulto no movimento hitlerista e no comunismo soviético. As aberrações sociais desses movimentos constituíram ampliações da "Família" de Manson e dos "Homens Poderosos", de Koresh. Continham alto grau de idealismo deformado, misturado com um sentimentalismo brutal. Infelizmente, as forças que contribuíram para o nascimento desses horrores anti-sociais continuam ainda muito presentes entre nós — a pobreza, a anomia, a injustiça e um anelo por soluções messiânicas, isto é, simplistas.

Na Parte Dois, formulo hipóteses sobre as maneiras de como o Mito pode estar modelando o futuro da consciência americana. Analiso a balbúrdia denominada de Nova Era Americana através da lente do Mito do Milênio e passo em seguida a uma visão geral dos muitos fenômenos estranhos e, não raro, anômalos, que estão sendo atualmente divulgados na América e em outros países, e descubro que estão carregados de conotações milenaristas. Os anjos, por exemplo, são símbolos bíblicos do fim dos tempos que se aproxima, fato este interessante, à luz da epidemia de notícias sobre aparecimento de anjos, que estamos hoje presenciando.

Descubro ainda que o Mito vem aplicando seu encanto ao caso amoroso do homem com a tecnologia. Quando a tecnologia moderna converge com a imaginação apocalíptica, surge um novo fenômeno, que me levou a cunhar uma palavra — *tecnocalipse*. A tecnocalipse está mudando nossa natureza biológica. Nossa vida torna-se cada vez mais entrelaçada com máquinas. Dirigimo-nos em linha reta para a escatologia da máquina.

O que quer que a máquina prometa fazer por nós, permanecerão dois temas que precisaremos deslindar: o amor e a morte, que perpassam por todos os capítulos. Nada há de modesto no Mito do Milênio: o mito está decidido a abolir a morte. O Mito — e dele vemos os primeiros vislumbres no épico de Gilgamesh — rebela-se contra a morte. Nas palavras de São João, o Divino, "a morte não existirá mais", ou para citar um profeta de tipo diferente, Timothy Leary disse que a "ciência tem que esmagar a morte". Examinaremos, portanto, as perspectivas de escapar da maldição de nossa mortalidade e tentaremos esboçar um novo paradigma para a morte.

O mito reescreve também as regras do amor, do sexo e das relações humanas. Numa época em que é rampante a incivilidade selvagem, talvez seja aconselhável repensar a faixa e qualidade de nossos amores, a maneira como eles nos humanizam e bestializam. Conforme veremos, o *Livro do Apocalipse* leva-nos ao núcleo abrasante do Mito do Milênio. Nele enfrentamos o dilema de acorrentar ou soltar a serpente. Este é o único caminho para o milagre prometido pelos profetas, o milagre do amor e do sexo — emancipados do demônio do medo e da opressão.

Comecemos, pois, retroagindo às origens do Mito.

PARTE I
HISTÓRICA

1
Origens da grande visão

*Para ninguém é mais fácil entrar no céu
do que para o generoso.*

ZOROASTRO

A imaginação milenarista tem uma história. No curso do tempo, ela absorve novos temas, descarta outros antigos, adquire e perde momento, torna-se eficaz de diferentes maneiras, em diferentes épocas e locais. Neste capítulo, iremos examinar esses primeiros tempos e locais, as origens do Mito do Milênio. A idéia principal do Mito é que é possível uma regeneração radical e profunda da sociedade humana. A visão dessa possibilidade teve um início. Vamos tentar rastreá-lo.

A Palavra Milênio

A localização clássica da palavra *milênio* é encontrada no *Livro do Apocalipse*, de São João, o último livro do Novo Testamento. O Capítulo 20 começa com as seguintes palavras:

> Então vi descer do céu um anjo; tinha na mão a chave do abismo e uma grande corrente. Ele segurou o dragão, a antiga serpente, que é o diabo, Satanás, e o prendeu por mil anos; lançou-o no fosso, fechou-o, e pôs selo sobre ele, para que não mais enganasse as nações até se completarem os mil anos.

Trata-se do único trecho no Novo Testamento em que a época de mil anos sem Satanás, o Milênio, é especificamente mencionada.

Ora, a visão de João — um tempo em que as nações não seriam mais enganadas por um princípio maléfico — constituiu produto de uma longa evolução e estava destinada a passar por numerosas mudanças nos séculos que se seguiram. Esta visão, porém, tem sido definitiva para o Mundo Ocidental.

Pouquíssimo se sabe sobre João, o autor do *Livro do Apocalipse*. Alguns especialistas identificam-no como o João do Quarto Evangelho, embora o estilo, o espírito e o conteúdo dos dois livros, por serem tão diferentes, tornem essa conclusão improvável. É igualmente incerta a data em que foi escrito. O *Livro do Apocalipse* pode ter sido escrito em qualquer época posterior à grande perseguição dos cristãos por Nero no ano 68 d.C. até o ano 95 d.C., durante o reinado de Domiciano. O próprio autor diz que foi escrito em Patmos, uma ilha grega.

Nero culpou os cristãos pelo incêndio de Roma e deu início à primeira das perseguições. Era o caso de um poder tradicional olhando de esguelha para um culto alienígena. Tácito, o historiador romano, acusou os cristãos de alimentarem um "profundo ódio à raça humana" e manifestou-se favorável às perseguições. *O Livro do Apocalipse* proclama que as perseguições têm que chegar ao fim, mas vai muito além e anuncia o advento da derrubada, por meios sobrenaturais, da ordem vigente. Um cataclismo cósmico geraria um novo céu e uma nova terra, toda dor e injustiça do mundo seriam eliminadas, e até mesmo o último inimigo, a morte — o inimigo que derrotou até o poderoso Gilgamesh — seria destruído. Conforme teremos oportunidade de ver, a idéia de vencer a morte perpassa toda a história do Mito.

Mas como foi que João soube de tudo isso? A resposta está clara na primeira sentença do livro: "Revelação de Jesus Cristo, que Deus lhe deu para mostrar aos seus servos as coisas que em breve devem acontecer." João convenceu-se porque recebeu uma revelação e teve uma visão das coisas que iriam acontecer. *O Livro do Apocalipse* anuncia inequivocamente que "o tempo está próximo", e termina, com grande expectativa, com as palavras, "Amém. Vem, Senhor Jesus." Esta ânsia de ver o mundo chegar ao fim parece ser uma constante na imaginação humana, pois "o tempo" estaria "próximo", repetidamente, nos séculos que se seguiram. O *Livro do Apocalipse* é o anúncio arquetípico de que chegou o tempo de acabar com o tempo — em outras palavras, encerrar a história comum e iniciar uma "nova era".

O Coração da Visão

O tempo para a luta final entre as forças do bem e do mal está próximo. O caos cósmico atingirá o clímax em uma regeneração cósmica. O conflito, a polaridade, a totalidade constituem a essência do apocalipse do Novo Testamento. Nada é deixado de fora. Tudo, por bem ou por mal, é atraído para a batalha: homem, mulher, anjo, Deus, Satanás, estrela, mar, serpente, cavalo, gafanhoto — toda criação é sugada por um vórtice colossal de luta e transformação.

Com uma voz que ressoa como uma trombeta, declara João: "O que vês, escreve em livro e manda às sete igrejas: Éfeso, Esmirna, Pérgamo, Tiatira, Sardes, Filadélfia e Laodicéia (*Apocalipse*, 1:11). A mensagem, em todos os casos, é um apelo à Guerra Santa. Todas elas terminam com o estribilho: "Ao vencedor..." Ao vencedor será dado do maná escondido, bem como uma pedrinha branca, e sobre essa pedrinha será escrito um nome novo, o qual ninguém conhecerá, exceto aquele que o receber, e assim por diante. Mas, ao vencedor, acima de tudo, será dado poder — um poder tremendo.

Ao povo de Tiatira, João escreveu: "Ao vencedor, e ao que guardar até o fim as minhas obras, eu lhe darei autoridade sobre as nações, e com esse cetro de ferro as regerá, e as reduzirá a pedaços como se fossem objetos de barro" (*Apocalipse*, 2:26-29). A fórmula em grego é *to nikonti doso*, literalmente "àquele que vencer, eu darei..." É preciso notar, no tocante a esse documento de suprema importância da história ocidental, que dele exsuda a linguagem da vontade de poder. Praticamente não há nele um laivo de amor, perdão, ou humildade, como os que ligamos ao Jesus dos Evangelhos.

As revelações de João convocam os crentes para a guerra total — ou, nas palavras de Saddam Hussein, para "a mãe de todas as batalhas". A mensagem aos laodiceanos tem o seguinte teor: "Assim, porque és morno, e nem és quente nem frio, estou a ponto de vomitar-te da minha boca." No ambiente apocalíptico de João, não há espaço para ser "morno", nenhum espaço para desligamento, imparcialidade, ceticismo. Somos chamados a tomar partido, a aprontarmo-nos para a dedicação total, para a ação decisiva.

A mãe de todas as batalhas será precedida por sinais. A lógica dos sinais é o que Jung denominou de *enantiodromia* — "a passagem para os opostos". À medida que somos levados para o pior, podemos esperar o advento do melhor. Quanto mais próxima a dominação pelo demônio, mais perto o Grande Dia do Senhor. O *Livro do Apocalipse* codifica os aspectos específicos do que devemos procurar nesse terrível, mas, em última análise, glorioso cenário.

Os sinais são de dois tipos. Um deles revolve em torno de imagens de monstruosidade moral e social; o outro, em volta de catástrofes naturais. Dessa maneira, a Besta e seus comparsas emergem em seu horror sinistro e desumanizador. Somos confrontados com uma imagem de idolatria compulsória, de adoração coletiva dos ícones materiais da riqueza imoral e do poder depravado. A Besta anticristã adquire poder sobre as massas ao realizar "milagres" e "grandes prodígios", tais como "até o fogo dos céus faz descer à terra, diante dos homens" (*Apocalipse*, 13:13). Quem quer que se recuse a adorar a imagem da Besta é ameaçado de morte. O mundo de João, a serviço da Besta, é um mundo a serviço do poder material.

Os antigos interpretavam o mal em termos ambientais; por isso, a decadência moral que surgia do abuso de poder contaminava o meio ambiente. João adverte que chegará o dia em que o planeta, imitando nossas perversidades interiores, transformar-se-á em um pesadelo vivo. O sol se apagará e da lua escorrerá sangue. Uma estrela cairá dos céus e o abismo sem fundo ejaculará monstros que arrotam fumaça e fogo. Os monstros, aliás, são figuras importantes na paisagem apocalíptica, um tanto atarracados, símbolos semelhantes a Godzilla da desordem interior.

João faz com que os filmes de horror de Roger Corman pareçam brincadeiras de criança. No roteiro do fim do mundo escrito por João, haverá terremotos, guerra no céu, anjos que derramam sangue no mar, ilhas e montanhas que desapareçam, bestas com numerosos olhos, corpos e cabeças decapitados e amputados, trovões e raios, pragas e blasfêmias, um sem-número de rãs impuras vomitadas pela boca do dragão — e, finalmente, o grande ajuste de contas de todos os terríveis poderes do universo em um pequeno, arenoso e sujo lugar denominado Armagedon.

Dada essa coletânea de imagens evocativas mas confusas, leitores podem, no *Livro do Apocalipse*, encontrar o que querem. Um ambientalista moderno pode ver na imagem da lua sangrenta um aviso da camada de ozônio danificada. A visão de João está cheia de lagos de fogo, de imagens de combustão sobrenatural, obstinadamente vista por teimosos vigilantes do fim do mundo como prenúncios da tendência de aquecimento global, uma *ekpyrosis* nuclear ainda por acontecer ou, talvez e mais literalmente, os poços de petróleo que queimaram durante meses, em seguida à Guerra do Golfo, em 1991.

São João foi enfático ao ferretear decisivamente o princípio do mal absoluto: o velho dragão, o enganador e o pai das mentiras. Ele compreendia que o mal supremo talvez abomine anunciar-se. Esse é todo o argumento que há no tocante ao logro e à desinformação. O mal que opera nesse alto plano sobrenatural é muito hábil em esconder-se por trás do manto do bem. Na visão de João, o sinal de que o fim do tempo está próximo ocorrerá quando o Maligno instalar-se nos mais altos cargos do poder político. Na visão, diz João que "e toda a terra se maravilhou, seguindo a besta" (*Apocalipse*, 13:3). João, claro, estava pensando nos tiranos romanos da época. A "besta" turva de tal maneira a mente do público com propaganda que o homem não consegue mais distinguir entre o bem e o mal.

Essa forma perturbadora de mal inconsciente é mediada através dos talentos dos falsos profetas. A idéia de falsos profetas disfarçados nos altos cargos do poder é, de certa maneira, atraente; por outro lado, ela poderia, nos mais propensos a esse estado, prestar-se à paranóia. Poderíamos suspeitar que as pessoas aparentemente mais poderosas, sadias e decentes estão secretamente a serviço do Maligno, porque, de acordo com a lógica apocalíptica, o mal supremo sabe exatamente como mascarar-se por trás da aparência do bem supremo.

João oferece-nos algumas características para facilitar o diagnóstico. Constituirá uma marca desses sinistros falsos profetas executar curas milagrosas e outros milagres, tais como "operar grandes sinais, de maneira que até o fogo do céu faz descer à terra, diante dos homens" (*Apocalipse*, 13:13). Ora, de acordo com esses critérios, praticamente qualquer indivíduo poderia ter suspeitas. Durante a Guerra do Golfo, por exemplo, telespectadores viram na CNN uma boa amostra do sistema militar americano "fazer descer o fogo do céu à terra". Esse fato transformará George Bush no Anticristo? O engano é a essência de sua Satânica Majestade, o engano que escraviza a consciência e leva à idolatria de objetos materiais e do poder — ou, na Guerra do Golfo, do petróleo. Será possível levar esse assunto de engano luciferino longe demais, porque, de que maneira podemos jamais saber que estamos no lado certo? Mas passemos agora ao lado positivo do Mito do Milênio.

Novo Céu, Nova Terra

O *Livro do Apocalipse* não teria fascinado a mente do Ocidente por dois mil anos simplesmente por focalizar o lado negro da condição humana. O mergulho total na desordem sombria do mal faz sentido psicológico apenas na suposição de uma contravisão de poder redentor. Chegamos, portanto, ao espírito compensador do otimismo, igualmente importante no legado apocalíptico. Chegamos, em suma, à phantasia bíblica do Milênio, talvez a fonte mais poderosa de esperança utópica na civilização ocidental.

Os santos e os mártires, que não adoraram a Besta e os falsos profetas no poder, ressuscitarão dos mortos e com Cristo reinarão na utopia celestial (*Apocalipse*, 20:6). A visão de João vai além do Milênio, ultrapassa o fim desse paraíso provisório e chega ao tempo em que "Satanás é solto da prisão". Este fato, em uma visão caótica, anuncia o último período da guerra cósmica, quando são introduzidos aqueles personagens malignos, Gogue e Magogue, e quando acontece o juízo final, e a morte e o inferno (em uma imagem confusa) são lançados em um lago de fogo. Esta última rodada de conflito termina para os condenados no que João chama de "a segunda morte"— em outras palavras, o estado final de alienação, sem remédio, em relação a Deus.

A visão, nesse instante, cresce para o clímax emocionante. São palavras que chegam até o fundo das aspirações humanas: "Vi novo céu e nova terra, pois o primeiro céu e a primeira terra, e o mar, já não existem" (*Apocalipse*, 21:1). Nesta passagem, em minha opinião, está a imagem positiva fundamental do Mito do Milênio. Imagem de renascimento, ressurreição e regeneração, ela contém a tantalizante sugestão de que podemos ter acesso ao mistério e poder criativo do tempo e que, no fim do tempo como o conhecemos, uma grande ruptura e um progresso cósmico são possíveis. E aponta para um tempo após o "fim" do tempo.

A referência ao mar é misteriosa. Por que "o mar já não existe"? O desaparecimento do mar é sugestivo e, possivelmente, é a chave para compreender a dinâmica escatológica ou, como poderíamos dizer, evolutiva do Mito do Milênio. Se aceitamos o mar como um símbolo do inconsciente, então o texto está dizendo que o Milênio — o tempo após o fim do tempo — virá em uma época em que nada é inconsciente ou, como diria Carl Jung, quando o inconsciente torna-se consciente.

Foi exatamente assim que Jung definiu o objetivo da psicologia profunda, que ele denominou de "individuação". Ao fim de *Aion*, livro em que estuda o arquétipo do si-mesmo, escreveu Jung: "Da mesma maneira que a idéia central do *lapis Philosophorum* significa claramente o si-mesmo, assim o *opus* [referindo-se ao objetivo inconsciente da alquimia], com seus símbolos incontáveis exemplifica o processo de individuação, o desenvolvimento gradual do si-mesmo, a partir do estado inconsciente para um estado consciente"[1]. Jesus disse a mesma coisa nas seguintes palavras: "Nada há encoberto que não venha a ser revelado; nem oculto que não venha a ser conhecido" (Mateus, 10:26). E São Paulo disse também que, quando o Senhor vier, "trará à plena luz as coisas ocultas das trevas" (1 Coríntios, 4:5). Essas palavras apontam para o significado gnóstico do Mito.

O gnóstico pensa com imagens. E João diz que viu "a nova Jerusalém, que descia do céu, da parte de Deus, ataviada como noiva adornada para o seu esposo". Podemos compreender João meditando sobre uma "nova" Jerusalém: a velha Jerusalém terrena fora recentemente destruída pelos romanos, recordação esta que deveria estar bem viva na mente do profeta.

Por outro lado, a *Nova Jerusalém* significa também um estado de transformação psíquica. Em especial, um aspecto dessa imagem precisa ser salientado. *O céu vem à terra*. O Mito do Milênio diz respeito à libertação da terra — ao materialismo sagrado e não ao céu abstrato das idéias platônicas. Em harmonia com a idéia do materialismo sagrado, a noiva é ataviada para o marido; sexo e família são divinizados, e não abolidos. A "revelação" descreve a hierogamia, o casamento sagrado de céu e terra, de homem e mulher, da aspiração íntima casada com a satisfação externa. Conforme veremos nos Capítulos 8 e 12, esse fato reveste-se de implicações radicais para o sexo e as relações conjugais.

Vejamos outra parte do texto, onde reencontramos nuanças gnósticas: "A cidade não precisa nem do sol nem da lua, para lhe darem claridade, pois a glória de Deus a iluminou" (*Apocalipse*, 21:23). Nem mar, nem sol, nem lua. O mundo internalizado é "aceso" a partir de dentro, visto sem sombras, sem ambiguidade, sem o mal ou ameaça. A única luz que brilha nesse mundo é a luz de Deus — ou em uma interpretação gnóstica razoável, a "luz" de toda a consciência integrada.

O Evangelho gnóstico de Tomé torna bastante explícita a idéia de o inconsciente tornar-se consciente. Jesus mostra o caminho para entrar no Reino:

> Quando transformamos os dois em um, quando transformamos o interno no externo, o externo no interno, o acima no embaixo, e quando transformamos homem e mulher em um único ser[2].

Trata-se de um trecho notável. Vibra com imagens que descrevem a maneira de superar os hábitos dualísticos do pensamento. Consideremos, por exemplo, a imagem do homem e da mulher transformados em um "único ser". O Jesus gnóstico de Tomé está pedindo a androginia, a transcendência do sexismo, como um passo para a restauração do paraíso na terra. A androginia é o caminho para a plenitude do amor humano e, conforme veremos[3], imagens do amor andrógino reaparecem com freqüência na futurística do Mito do Milênio.

Vejamos outra declaração, extraída de Tomé, que revela um pouco mais sobre a grande visão:

> Os discípulos perguntaram: Quando te revelarás a nós e quando te veremos? Jesus respondeu: Quando tirares a roupa sem ficares envergonhados, quando pegares tuas roupas e as calcares sob os pés, como fazem as criancinhas, então verás ao Filho do Vivo e não temerás.

Antes de entrarmos no reino do céu, teremos que praticar *striptease* psíquico, despojarmo-nos das mentiras de nossa *personae*, ou "personalidades comuns".

Mas o mesmo trecho é uma inspiração para os que gostam de viver a religião em um sentido mais literal. O nudismo tem sido um tema repetido, popular, entre modernos milenaristas revolucionários. Como forma de metafísica em ação, o nudismo repudia a Queda, nega que tenhamos decaído da graça ou sido realmente expulsos do Éden. Visto contra o pano de fundo do Jesus gnóstico, o nudismo torna-se uma tentativa de abolir um feio embaraço, a vergonha e a abominação de si mesmo que nos envenena a vida, isto é, transforma-se em uma plataforma para rejeitar em sua totalidade a maldição da civilização repressiva, e literalmente aponta o caminho de volta às nossas origens paradisíacas. Eu poderia até lembrar que William Blake e esposa gostavam de "brincar" em casa nos atavios usados no Éden, para grande desalento de alguns de seus visitantes.

João dá outro revolucionário aviso, quando diz: "Nela não vi santuário, porque o seu santuário é o Senhor, o Deus Todo-Poderoso e o Cordeiro." Da mesma maneira que não há necessidade de sol, nenhuma necessidade haverá de santuário. O santuário que conta não é mais feito de pedra. O santuário autêntico de Deus passa a ser um estado interior, e quando mais firme nele, mais livre se sentirá o homem da autoridade externa. Os que nos oprimiram, os que fazem e impõem as leis, perderão seu poder sobre nós. O santuário é o símbolo supremo da autoridade externa, mas seus dias estão contados, segundo nos diz o Mito.

O Reino de Deus descrito por João, sem vida religiosa repressiva, seria o fim do que Karl Marx chamou de "alienação". São João e Karl Marx concordam sobre o seguinte ponto milenário: Deus deixa de ser um instrumento de repressão e nós viveremos *com* seu povo e *em* seu povo. Santuário, igreja e vida sacerdotal, os sinais externos de espiritualidade, tornam-se dispensáveis no fim da história. O externo se tornará o interno, como diz o Evangelho de Tomé, e o interno será livre para expressar-se por completo externamente. Essa visão de igualitarismo divino permanecerá viva por dois milênios em nossa história mental coletiva.

O Tom Moral da Revelação de João

Para compreender bem o impacto do *Livro do Apocalipse* sobre a história, precisamos considerar seu tom moral. Trata-se de algo bem característico e, lamento dizer, desagradável e, talvez, revoltante do livro. O que encontramos logo, para começar, é uma gritante falta de compaixão, uma ausência quase completa de qualquer disposição para, como dizemos hoje, "desviar a vista". Muito longe de tornar o inconsciente plenamente consciente, essa parte da visão é fraseada de maneira a exacerbar a consciência mais duramente restringida. A moralidade no *Livro do Apocalipse* é exposta em termos absolutamente dualísticos, rigidamente incapazes de um meio-termo.

Em seu último livro, *Apocalipse*, diz D.H. Lawrence que João de Patmos diferia radicalmente de Jesus e de Paulo. Estes dois amavam aristocraticamente, segundo Lawrence. A alma de João, em contraste, não era governada pelo amor, mas por aquele perigoso veneno psíquico diagnosticado sem meias palavras por Nietzsche e conhecido por sua palavra francesa, *ressentiment*[4]. Tácito, o historiador romano, teve talvez em mente esse lado odiento do Cristianismo primitivo quando disse, a respeito do novo culto, que ele se baseava no "ódio à raça humana". Uma coisa é clara: não podemos acusar São João de incoerência. A raiva vingativa reina suprema até os últimos versículos de seu texto:

> Eu, a todo aquele que ouve as palavras de profecia deste livro, testifico: Se alguém lhes fizer qualquer acréscimo, Deus lhe acrescentará os flagelos descritos neste livro.

A revelação de João tem que permanecer intacta. Ninguém tem autorização para mexer na formulação exata adstrita às suas palavras. Esse fato sugere uma atitude em relação a palavras, que é refletida na prática egípcia de magia oral[5]. Mexa com o encantamento, e as pragas cairão sobre você. Nada pode ser acrescentado. João quer imobilizar o mundo, torná-lo estático, uniforme, duro, translúcido, como cristal ou pedras preciosas, que, aliás, desempenham um papel importantíssimo na descrição que ele faz da Nova Jerusalém. Na verdade, grande atenção é dispensada aos aspectos imobiliários da Nova Jerusalém: às ruas de ouro, aos palácios cravejados de pedras preciosas. (No Capítulo 8, estudaremos o simbolismo das gemas e dos cristais de um ângulo mais benigno.)

João é tão contrário à subtração quanto à adição: "E se alguém tirar alguma coisa das palavras do livro desta profecia, Deus tirará a sua parte da árvore da vida, da cidade santa, e das coisas que se acham escritas neste livro." Notamos, em ação, a imaginação do escriba em atividade. Se cortar alguma coisa do roteiro perfeito, *você* é cortado do livro da vida. Para João de Patmos, a vida é como um livro.

O que parece faltar, sinto-me obrigado a repetir, é o espírito do amor cristão. Procuramos em vão entre as palavras furiosas do apocalipse de João por sinais de qualquer interesse pelos pecadores e nenhum vestígio há de pena pela alma perdida. E tudo é pintado com uma finalidade fatalista. "Continue o injusto fazendo injustiça, continue o imundo ainda sendo imundo; o justo continue na prática da justiça, e o santo continue a santificar-se."

Bem, por que não deixar pelo menos um pouco de espaço para a mudança? Os pronunciamentos de João santificam a indiferença do justo diante do destino dos outros. Ainda assim, há algo mais em jogo, além da indiferença farisaica. Está em ação uma força ativa, uma *vendetta* sagrada, uma vontade positiva de comprazer-se em produzir dor. Ainda assim, tudo isso acontece sob o disfarce irônico daquele ícone de suave passividade, o Cordeiro. E assim fala o mártir ao Cordeiro: "Até quando, ó Soberano Senhor, santo e verdadeiro, não julgas nem vingas o nosso sangue dos que habitam sobre a terra?" Mais uma vez, especulamos, juntamente com D.H. Lawrence, sobre o que aconteceu àquele amor aristocrático que é suficientemente grande para perdoar e esquecer.

É difícil pensar em uma melhor palavra do que *sádico* para descrever alguns dos sentimentos expressos no Capítulo 9 do *Livro do Apocalipse*. Estamos na parte em que o Cordeiro abre o sétimo selo, que revela os sete anjos e as sete trombetas do juízo final. Quando o quinto anjo toca a trombeta, uma estrela cai do céu e o poço do abismo insondável escancara-se. Do abismo impuro sobe uma fumaça que escurece o ar e o sol. E da fumaça saem milhões de gafanhotos, comandados do alto para "causar dano tão-somente aos homens que não têm o selo de Deus sobre suas frontes." Na visão de João, os que não possuíam o selo apropriado não eram mortos, "mas atormentados durante cinco meses". E o tormento será como "o tormento de escorpião quando fere alguém."

A frase seguinte, reconheço, causa-me certa desolação, porque não posso deixar de pensar que é ou uma previsão de guerra nuclear ou uma pura phantasia psicológica. "Naqueles dias, os homens buscarão a morte e não a acharão; também terão ardente desejo de morrer, mas a morte foge deles." João vê gafanhotos com cabeça de homem e corpo de cavalo, cabelos de mulheres e dentes de leão, e caudas de escorpião que produzem ferimentos dolorosíssimos. Finalmente, ele chega à parte letal da visão: um terço da humanidade é liquidado, queimado pela respiração ígnea de monstros, que não são descritos. Os que sobrevivem ao holocausto nem assim se arrependem e João nos garante que novas torturas os aguardam.

O tom moral desse livro não é inspirado pelo espírito de amor e perdão que a tradição reivindica para o Cristianismo. O estudioso do cristianismo R.H. Charles, comentando o autor do *Livro do Apocalipse*, escreve: "Ele olha para os inimigos da Igreja Cristã com indisfarçado ódio. Nenhuma oração há em sua obra por amor a eles e nada mais, senão o puro triunfo, é manifestado com sua destruição."[6]

Se o amor cristão não caracteriza o tom desse livro, o que é que o faz? A resposta, acho eu, é evidente: a vontade de poder. No Capítulo 1, por exemplo, João refere-se a Jesus Cristo que "nos constituiu reis, sacerdotes, para o seu Deus." Em troca dessa dádiva, devemos retribuir a ele com "a glória e o domínio pelos séculos dos séculos". Glória e domínio? O que aconteceu com o amor do doce Jesus, que derreteu duras almas durante séculos? Em lugar do amor, o *Livro do Apocalipse* exulta de puro triunfalismo. "Rei dos reis, Senhor dos senhores" são as palavras que emocionam João, como também a imagem de "reger todas as nações, com cetro de ferro." O "cetro de ferro" é proeminente no Apocalipse de João.

O Apocalipse nos Evangelhos

Pesquisemos agora, um pouco mais para trás, no Novo Testamento, as origens da grande visão. Os Evangelhos contêm imagens proféticas diferentes, embora não necessariamente harmoniosas, das últimas coisas. Às vezes, Jesus fala como se o Reino de Deus já estivesse presente. "Porque o Reino de Deus está dentro de vós", diz ele em uma passagem freqüentemente citada. E prova isso observando que "os cegos vêem, os coxos andam, os leprosos são purificados, os surdos ouvem, os mortos são ressuscitados, e aos pobres está sendo pregado o evangelho" (Mateus, 11:5).

De modo que, em certo sentido, o Reino está presente, mas há mais a caminho. Na verdade, o que está vindo é uma revolução espiritual. Em Marcos, 1:15: "O tempo está cumprido e o reino de Deus está próximo; arrependei-vos e crede no evangelho". Arrependimento — a palavra grega correspondente é *metanoia* — refere-se à mudança radical de perspectiva que se segue à conversão a Deus, como o centro de todas as coisas. Na nova visão, olhamos para o mundo como algo menos do que permanente.

O Pai-Nosso é talvez a atestação mais famosa de que haverá um fim do mundo. Rezado diariamente por incontáveis números de cristãos, é uma prece pedindo para acabar o mundo conhecido e trazer o céu à terra. "Venha a nós o vosso reino, seja feita vossa vontade, assim na terra como no céu" (Mateus, 6:10). É, simultaneamente, a prece suprema do materialismo sagrado, porquanto deseja estender à terra o poder do sagrado, e não despachá-lo para alguma outra dimensão. O Reino do Céu está realmente na terra, e é revisitado com uma nova consciência.

De acordo com Jesus, como ele disse no tocante a milagres e boas novas, o Reino de Deus já começou a chegar à terra. O Evangelho é, na verdade, a "Boa Nova". Os tempos já estão mudando, os pobres já estão acordando para a compreensão de que a liberdade é possível, os milagres começaram, ou seja, os sinais e prodígios que provam que há um poder transcendente que criará um novo céu e uma nova terra.

Mas, se o Reino de Deus já começou a raiar sobre a terra, o trabalho está ainda muito longe do fim. A plenitude exige a volta de Jesus. O Segundo Advento será anunciado por sinais:

> E certamente ouvireis falar de guerras e rumores de guerra; vede, não vos assusteis, porque é necessário assim acontecer, mas ainda não é o fim. Porquanto se levantará nação contra nação, reino contra reino, e haverá fomes e terremotos em vários lugares; porém, tudo isso é o princípio das dores (Mateus, 24:6).

Claro, rara seria a época em que essas imagens não evocariam um suspiro solidário de reconhecimento. A natureza comportando-se de forma estranha é um sinal de que o Filho do Homem está voltando. A perseguição aos fiéis constitui outro sinal do Advento. Jesus disse: "Quando, porém, vos perseguirem em uma cidade, fugi para outra; porque em verdade vos digo que não acabareis de percorrer as cidades de Israel, até que venha o Filho do homem" (Mateus, 10:23).

O que significa isso, senão que Jesus esperava voltar ainda durante a vida de seus discípulos? Os discípulos não "teriam percorrido as cidades de Israel" antes da volta do Filho do homem. Se ele não se refere a si mesmo como o "Filho do homem" quando diz isso, quem tinha ele em mente? Chamo mais uma vez a atenção para essa passagem, porque exegetas fundamentalistas, como Hal Lindsey, aparentemente ignoram o trecho acima, enquanto tecem as phantasias do Armagedon. "Em verdade vos digo, esta geração não passará, até que todas estas coisas sejam cumpridas." "Esta geração" passou, mas todas "estas coisas" não foram cumpridas.

Sei que é possível torturar o texto — ou, como dizemos hoje, "desconstruí-lo" — isto é, fazer com que signifique o que queremos. Eu, no entanto, interpreto o texto no sentido em que Jesus pensava que voltaria antes que uma geração passasse, mas ele não voltou. Podemos concluir desse fato que o Cristianismo histórico é o subproduto não intencional de uma profecia que fracassou. Por outro lado, é possível argumentar, com John Humphrey Noyes, que a ressurreição, na verdade, constituiu o Segundo Advento e que a realidade do fim do tempo, em certo sentido, já começou. Mais tarde, veremos como o visionário americano Noyes tentou pôr em prática essa crença.

O Fim do Tempo com Arrebatamento, Segundo São Paulo

Jerry Falwell disse em público o motivo por que o pensamento do Armagedon nuclear nunca o perturba: a razão é o "Arrebatamento". Falwell acredita que, por ser um cristão novo, Cristo o salvará do perigo no caso de um Armagedon nuclear. "Eu não vou estar aqui" — disse ele certa vez[7]. Onde Jerry Falwell teria encontrado essa estranha idéia?

A idéia de um Arrebatamento ao fim do tempo é encontrada nas epístolas de São Paulo, que foi um contemporâneo um pouco mais moço do que Jesus. É bem conhecida a história de sua conversão na estrada para Damasco. A caminho para prender alguns seguidores de Jesus, ele viu uma luz e ouviu uma voz: "Saulo, Saulo, por que me persegues?" Paulo (a forma latina de seu nome) lembrou mais tarde, em uma de suas epístolas, a experiência de ser arrebatado para fora do corpo durante o extraordinário encontro. "Se no corpo ou fora do corpo, não sei" — observou ele sobre a experiência (2 Coríntios, 12-3-4).

Aparentemente, Paulo teve uma experiência fora do corpo, um fenômeno hoje freqüentemente discutido[8]. Plausivelmente, a experiência de viagem fora do corpo de Paulo constituiu a base de sua phantasia sobre o Arrebatamento, que supostamente aconteceria por ocasião do fim do mundo. As palavras exatas que dão a Jerry Falwell razão para não se preocupar com o Armagedon nuclear ocorrem em 1 Tessalonicenses, 4:16:

> Porquanto o Senhor mesmo, dada a sua palavra de ordem, ouvida a voz do arcanjo, e ressoada a trombeta de Deus, descerá dos céus, e os mortos em Cristo ressuscitarão primeiro; depois, nós, os vivos, seremos arrebatados juntamente com eles, entre nuvens, para o encontro do Senhor nos ares.

Qualquer que seja a origem dessa visão, ela tem o poder de lançar um encantamento na imaginação de certos homens, como podemos constatar no estranho caso de Jerry Falwell.

O feitiço certamente ainda é potente. Tenho em mãos um documento muito curioso. No que parece um horário de ônibus ou trem, preparado pela Mission For the Coming Days [Missão para os Próximos Dias], lemos que "Jesus estará vindo pelos ares" no dia 28 de outubro de 1992. Na capa, vemos a concepção por um artista de uma cidade moderna, com as ruas coalhadas de veículos destroçados e Cristo descendo das nuvens em um feixe de luz. Sob a ilustração há um "Horário do Arrebatamento (28 de outubro de 1992)". São fornecidos os horários dos Arrebatamentos em Nova York, Moscou, Tóquio e em oito outras grandes cidades. Nas páginas internas, lemos que, na data acima, "os verdadeiros crentes em Cristo desaparecerão misteriosamente da terra".

Esse prodígio será seguido pela Grande Tribulação (1993-1999), um período em que o Anticristo assumirá o controle do mundo e terrores e abominações acontecerão aos pecadores e incrédulos. Em uma medida que liga a imaginação apocalíptica à crise ambiental, informa o documento que nosso problema com a camada de ozônio corresponde ao "prelúdio da Tribulação". De acordo com o Horário, a data exata do Arrebatamento será conhecida graças à instilação do espírito profético de Joel em mais de mil cristãos sinceros. Nenhum outro detalhe é dado.

O Horário de Daniel para o Dia do Juízo Final

O *Livro de Daniel* é um dos favoritos de místicos e milenaristas, um horóscopo do Apocalipse. Durante a Idade Média, autores judeus usaram-no para computar o tempo da chegada do próximo Messias. Cristãos empregaram-no, em conjunto com o *Livro do Apocalipse*, na preparação de horários para o Dia do Juízo Final.

O *Livro de Daniel* enriqueceu a imaginação milenarista com o simbolismo das quatro bestas. As quatro bestas são os quatro impérios mundiais, os "impérios do mal", que têm que perecer antes da chegada triunfal da "quinta monarquia", o reino de Deus e de seus santos.

Segundo consta do próprio texto, o *Livro de Daniel* foi escrito durante o exílio na Babilônia, sob o reinado de Nabucodonossor (605-562 a.C), embora alguns eruditos afirmem que isso aconteceu na época da perseguição dos judeus sob Antíoco Epifânio (cerca de 165 a.C). Nesse caso, os quatro impérios eram o babilônio, o meda, o persa e o grego. Quando Roma se tornou a maior potência do mundo do Mediterrâneo e, destarte, o novo centro do mal, o esquema de Daniel foi revisado, tirando-se os medas do quadro.

Em fins da Idade Média, os impérios eram a França, a Inglaterra, a Espanha e a Itália. Durante a Guerra Civil na Inglaterra, puritanos radicais, conhecidos como "Homens da Quinta Monarquia", lutaram sob as ordens Cromwell e se tornaram os "Eleitos".

O *Livro de Daniel* adiciona, no Capítulo 7, expressões como "o Ancião dos Dias" e "o Filho do Homem" ao vocabulário apolíptico, reaparecendo estas misteriosas últimas palavras nos Evangelhos, usadas por Jesus para referir-se a si mesmo. O "Filho do Homem" de Daniel desce nas "nuvens do céu" e é o regente de todas as nações, povos e idiomas. Tal como João, Daniel quer imobilizar a realidade, negar o fluxo heracliteano e tornar o reino dos santos "o reino eterno, e todos os domínios o servirão e lhe obedecerão" (Daniel, 7:27). Como acontece com o Apocalipse de João, no livro de Daniel a profecia rescende à vontade de poder.

A vontade de poder de Daniel, tal como a de João, é ilimitada em sua ambição, aspirando a adquirir o domínio sobre a própria natureza. O domínio final sobre a natureza é o domínio sobre a morte. A crença na ressurreição dos mortos não era importante no Velho Testamento. Em Ezequiel, 37, por exemplo, a ressurreição era um símbolo de renascimento nacional. Ainda assim, pela primeira vez, uma declaração clara sobre a ressurreição individual ocorre em Daniel: "Muitos dos que dormem no pó da terra ressuscitarão, uns para a vida eterna, e outros para vergonha e horror eternos" (Daniel, 12:2). A idéia de que podemos despertar do "pó da terra" é um grande progresso na imaginação do possível. A profecia da ressurreição corporal tornou-se um grande tema do pensamento apocalíptico e constitui parte importante da especulação futurista contemporânea[9].

Outras Fontes Proféticas da Visão

Daniel é talvez o profeta hebraico mais importante para a história do apocalipse. Mas houve outros. Vejamos alguns exemplos.

No livro helenista *I Enoque*, a idéia do Milênio surge pela primeira vez. Antes de João, esse livro profetizava que o velho céu e a terra seriam destruídos e que seria criado um novo céu. "E o primeiro céu desaparecerá e passará e um novo céu aparecerá (*I Enoque*, XCI). Essa declaração é mais radical do que as idéias mais antigas, de um reino messiânico eterno na terra. Uma transformação mais revolucionária é imaginada em *I Enoque*. A idéia de ruptura é crucial. No âmago da autêntica visão apocalíptica há um universo descontínuo — um universo onde novos, grandes e inesperados progressos ocorrem. É um universo que propicia a idéia de um "salto quântico". Tal é o "novo céu" que encontramos em *I Enoque*.

Enoque se situa fora do cânone do Velho Testamento. Ainda assim, profecias milenaristas podem ser também encontradas no Velho Testamento canônico. Em Amós, 5:18, por exemplo (Amós viveu no século VIII a.C.), a idéia do "Dia do Senhor" surge pela primeira vez. Segundo Amós, está chegando um tempo em que Deus transformará a sociedade humana na terra. Para Amós, esse será um dia de trevas, um dia de vingança medonha, praticada contra uma Israel corrupta e fraudulenta. Ainda assim, Amós acende uma fagulha de esperança ao esperar a salvação da Casa de Jacó (Amós, 9:8). Amós foi o primeiro profeta a usar a palavra *restantes*, que se repete na história do milenarismo. Os sobreviventes constituem o *restante* salvador, os que liderarão os perdidos e os derrotados a caminho de uma nova era.

Nos textos reunidos sob o nome de Isaías, encontramos uma imagem mais otimista do dia do Senhor. Isaías também tem esperança de que os restantes sejam poupados e os vê como governados por um rei-messias. As imagens do futuro criadas por Isaías estão gravadas na imaginação ocidental — como, por exemplo, a imagem da paz utópica:

> O lobo habitará com o cordeiro, e o leopardo se deitará junto ao cabrito; o bezerro, o leão novo e o animal cevado andarão juntos, e um pequenino os guiará... A criança de peito brincará sobre a toca da áspide, e o já desmamado meterá a mão na cova do basilisco. Não se fará mal nem dano algum em todo o meu santo monte. (Isaías, 11:6).

Um novo princípio saturará o cosmo, o princípio do "nenhum ferimento, nenhum dano". A natureza será domada. A base natural do conflito e da agressão será abolida. Isaías explica com maiores detalhes a descontinuidade, a idéia de um grande progresso evolutivo, implícita no "novo céu" de *I Enoque*.

A idéia de invulnerabilidade ao perigo, o bebê enfiando a mão na cova da víbora, voltará sob várias formas. Jesus, por exemplo, disse que, após a ressurreição, certos sinais revelarão a presença dos verdadeiros crentes: "Eles pegarão em serpentes, e, se alguma coisa mortífera beberem, não lhes fará mal" (Marcos, 16:17-18). Pegar em serpentes, beber veneno e expor-se ao fogo tornam-se, portanto, maneiras de submeter a teste o poder do espírito de vencer o mal. Cultos baseados no manuseio de serpentes têm sido noticiados na América rural neste século[10]. O psiquiatra Berthold Schwartz investigou esses cultos, que desafiam o perigo, entre membros da Free Pentecostal Holiness Church e observou alguns fenômenos notáveis[11].

A crença na própria invulnerabilidade, resultante de estados de exaltação religiosa, pode inspirar comportamento temerário, às vezes com conseqüências destrutivas. Um exemplo que nos ocorre é a Dança dos Fantasmas dos índios americanos do século XIX, cujos praticantes pensavam que suas camisas sagradas os protegiam de todos os perigos. Conforme demonstram as observações de Schwarz, pessoas que se encontram em estados paroxísticos de consciência fazem às vezes, de fato, coisas que parecem impossíveis (beber veneno mortal ou expor-se, sem queimadura, às chamas de um maçarico). Por outro lado, estados de êxtase podem inflar o ego e levar o indivíduo a cometer erros fatais, como aconteceu com os índios, cujas camisas sagradas não ficaram à altura da tecnologia militar americana em Wounded Knee[12].

De acordo com o Mito do Milênio, poderes sobrenaturais vão proliferar ao fim da história. A união do lobo e do cordeiro, da criança e da víbora, evoca uma imagem de paz sobrenatural. O profeta Joel, escrevendo no ano 400 a.C., foi o responsável por uma imagem famosa sobre a inspiração sobrenatural:

> E acontecerá depois que darramarei o meu Espírito sobre toda a carne; vossos filhos e vossas filhas profetizarão, vossos velhos sonharão, e vossos jovens terão visões; até sobre os servos e sobre as servas derramarei o meu Espírito naqueles dias (Joel, 2:28-29).

A nova era de Joel representa um tipo de democracia mística, um tempo de livre e aberto acesso a sonhos inspirados, visões e profecias. Ainda assim, a visão de Joel, por mais sublime que fosse, encontrava-se ainda mergulhada no exclusivismo tribal. Ele não podia evitar ver o clímax da história como o triunfo de Israel e a aniquilação de todas as nações que a ela se opunham.

O livro muito curto de Jonas também contém uma profecia de validade universal. Fala na missão de Jonas de pregar aos habitantes de Nínive; seu êxito em lhes ensinar o temor a Deus, e o aborrecimento que teve com seu sucesso. O Senhor repreende Jonas por sua falta de simpatia pelos habitantes de Nínive. Com esse curto documento, a humanidade dá um passo importante para o ideal de uma consciência realmente humana, sem preconceito de cor e sem as restrições da mentalidade tribal.

Zoroastro

Iniciamos este capítulo com o texto mais importante na história do Fim apocalíptico, o *Livro do Apocalipse*. Em seguida, voltamos a épocas mais remotas através dos Evangelhos e de alguns textos judaicos e cristãos pseudo-epigráficos[13]. Após esses textos apócrifos, passamos rapidamente a vista por alguns pontos importantes na tradição profética hebraica. Uma imagem sobrenatural e mais universal do potencial humano começou a emergir.

Surge a profecia de que a natureza está sujeita a uma força mais poderosa de transformação, que leão e cordeiro podem mudar de características. A qualidade da consciência humana pode mudar. Entidades humanas violentas e semeadoras de discórdia podem ser vencidas. Esse complexo de idéias, que faz parte do Mito do Milênio, prevê a moderna cosmologia evolutiva. Elimine-se o simbolismo religioso e passa a emergir o quadro de uma natureza que é um processo no tempo, capaz de criar coisas novas e de gerar transformação qualitativa. Embora a cosmologia moderna tenha origem nos gregos antigos, os profetas judeus ampliaram também nosso senso sobre as possibilidades da natureza.

Ainda assim, a imaginação que se expande pode ser rastreada até fontes ainda mais antigas. A idéia nuclear do Mito do Milênio, de que a terra pode, de alguma forma, ser transformada em um estado celestial, surge na tradição iniciada com Zoroastro. (Zoroastro é a forma grega de Zaratustra — o nome, aliás, que Nietzsche escolheu para dar voz à sua profecia sobre o "super-homem".) Em minha opinião, o evangelho de Zoroastro é um dos mais sublimes, um dos mais puros nas tradições mundiais. Ele oferece o que talvez seja a visão mais antiga, mais rica, do paraíso das aptidões humanas.

O profeta iraniano Zoroastro Spitama viveu nos séculos VII e VI antes de Cristo. Aos 30 anos, recebeu de Ahura Mazda, o Sábio Senhor, a primeira revelação. Durante dez anos, buscou discípulos, mas só encontrou um, o primo. Aos 40 anos, converteu o Rei Vishtaspa, iniciando a história zoroastriana. Aos 77 anos, enquanto orava, foi morto por um assassino. O pensamento de Zoroastro influenciou o Judaísmo, o Cristianismo e o Islamismo. Ele foi o primeiro a expressar os princípios metafísicos das fés religiosas ocidentais. Ensinava ele que, no universo, havia dois grandes princípios opostos, o Bem e o Mal, Luz e Trevas. Pregava um monoteísmo transcendente, que lhe fora ensinado pelo Deus supremo, Ahura Mazda. Zoroastro ensinava também outro princípio tradicional do Ocidente, o poder do livre arbítrio. A pedra fundamental de sua filosofia moral era clara: construímos nosso próprio destino através do que pensamos, fazemos e dizemos. A natureza humana se caracterizaria por uma certa autonomia divina.

Um dos grandes construtores do Mito do Milênio, Zoroastro criou uma escatologia completa. Pregava o Juízo Final, uma idéia que marcou fundo as religiões do Ocidente. Segundo ele, céu e inferno são estados da mente, produto dos pensamentos, atos e palavras do homem. Chamava o céu de "Melhor Existência" e "Casa da Boa Mente", e o inferno de "Pior Existência" ou "Casa da Mentira".

A fé zoroastriana floresceu no Irã até as invasões islâmicas no século VII, que resultaram na transformação do país em uma nação muçulmana. A escatologia de Zoroastro tinha origem nas obras proféticas do Segundo Império (sassânida — anos 226-251, d.C.). Sob os sassânidas, cristalizou-se a idéia de um juízo final, a idéia de um último e decisivo momento da existência. O Apocalipse de Zoroastro foi aproveitado em escrituras posteriores, a Bundahishn, a Bahman Yasht e a Zatsparam. Alusões à sua visão do Fim constam também das primeiras Gathas, os escritos mais antigos da tradição zoroastriana.

Quando, no ano 539 a.C., saqueou a Babilônia, Ciro II, rei iraniano, libertou o povo judeu do cativeiro e ajudou-o a voltar à terra natal e reconstruir o templo. Durante esse período de contato, as idéias de Zoroastro sobre o fim do tempo insinuaram-se provavelmente na cultura hebraica. O seu apocalipse, no entanto, difere em vários pontos importantes das versões judaica e cristã.

Em primeiro lugar, nenhum mazdeano autêntico aceitava a idéia de inferno eterno. Em uma das escrituras sagradas dessa fé, lemos: "Não devemos considerar ninguém como sem esperança de chegar ao Céu... Para minha religião, não há pecado para o qual não haja expiação"[14]. (De repente, descobrimos que estamos em um clima moral diferente do pregado por João de Patmos.) No apocalipse zoroastriano, a transformação ocorre por meio de progresso e evolução graduais. "Ahura Mazda criou todo o mundo material como um lar. Criou as criaturas para que progredissem"[15]. Temos, portanto, uma religião que acreditava nas possibilidades da educação.

O apocalipse bíblico prevê um Salvador nascido de uma virgem; a tradição iraniana mais antiga antevia o advento de um terceiro descendente de Zoroastro — Saoshyans. De acordo com algumas profecias, o Milênio começará por volta do ano 2200. Tal como nas histórias judaica e cristã, sinais precederão o fim. Neste caso, porém, eles parecem um pouco mais amenos, um pouco mais suaves do que os que encontramos no *Livro do Apocalipse*. Um dos "sinais" do fim do tempo zoroastriano e do advento da nova era é que o homem se tornará tão hábil em medicina que a própria morte gradualmente será vencida — idéia esta ativamente cultivada no movimento imortalista contemporâneo. (Ver o Capítulo 10, que trata deste assunto.)

São previstas também outras mudanças interessantes. Na nova era zoroastriana, nossos apetites declinarão espontaneamente e nossas ânsias animais perderão gradualmente força. O homem aprenderá a viver do poder do espírito. Uma única prova de alimento consagrado satisfará o homem durante dias. Ele evoluirá para o vegetarianismo e, no processo, tornar-se-á menos agressivo. Mas a profecia zoroastriana prevê também um tempo em que superaremos a dependência do reino vegetal. O homem se tornará aquariano. Finalmente, nos dez últimos anos antes do advento de Saoshyans, as escrituras falam em um tempo em que o homem começará a sofrer mutação e se transformará em inedíaco, isto é, viverá sem alimento ou bebida, e exclusivamente de energia espiritual.

Esse superlativo estado de coisas, porém, será forçosamente combatido por tipos cósmicos inferiores. Uma figura correspondente ao Homem Cristão do Pecado, ou Anticristo, portanto, é forçada a introduzir-se nesse estágio da história. Teremos que nos haver com um Anticristo zoroastriano desacorrentado, chamado por alguns de Azhi Dahak. Esse ser formidável ganhará temporariamente força e "invadirá o mundo para perpetuar o crime". E "engolirá um terço da humanidade". Enquanto devora seres humanos, ele "destrói a água, o fogo e a vegetação".

A etapa seguinte é uma decepção. Os mares e a vegetação atacados choram, choram ao Senhor, implorando ajuda. Parece que temos aqui um apocalipse centralizado na natureza, e não no homem. Em resposta ao SOS da natureza, Ahura Mazda envia um de seus "Generosos Imortais" para acertar contas com Azhi Dahak, o propagandista satânico e destruidor da harmonia cósmica.

No início da grande transformação, Saoshyans "destruirá a mais perversa das mentiras". Será derrotado o princípio diabólico, homens e mulheres verão através da falsa consciência que os mantêm aprisionados na vida diária. Eles aprenderão a viver "no Espírito". Para os zoroastrianos, isso significa viver livre das compulsões do si-mesmo inferior, o fim da co-dependência.

Zoroastro entendia corpo e alma como unidos. Ao contrário de Platão, fixado na alma, a ressurreição do corpo faria parte do objetivo máximo da história. Ahura Mazda ordena aos mortos que se ergam, dando-lhes corpos novos e vivos. O modelo para compreender essa nova espécie de organismos ressurrectos é o corpo do Salvador sobre-humano, Saoshyans. Da virgem Eredatfedhri nasce esse Salvador, cujo nome é Provedor Vitorioso e que tem por título o de Construtor de Corpos.

O Salvador Construtor de Corpos é um ser de luz, cujo "alimento é espiritual [e seu] corpo assemelha-se ao sol". O corpo ressurrecto de Zoroastro é um corpo de energia radiante. São Paulo falou de um corpo "de ar"; Platão, em seus mitos, de "corpo de luz" ou "corpo astral". Chegando o Milênio, a doença, a velhice e a morte não mais existirão — porque nos tornaremos Homens de Luz.

Zoroastro incluiu toda a humanidade nas profecias. Duncan Greenlees sumaria o universalismo revolucionário do apocalipse mazdeano nas palavras seguintes: "Na medida em que podemos escavar o passado, em nenhum país, em nenhuma religião, antes do século VII a.C., um profeta afirmou claramente que, diante de Deus, *todos* os homens são fundamentalmente iguais espiritualmente"[16].

Já comentei o tom moral do *Livro do Apocalipse* de João. O que quer que possamos dizer sobre esse tom, o fato é que ele não se caracteriza pela alegria ou pelo humor. Em contraste, o profeta iraniano diz que, no Milênio, "a dádiva primeva da alegria surgirá". Nada de ranger de dentes, de uivos de indignação: a nova era zoroastriana será temperada pelo som de risos.

Ainda assim, há mais coisas a vir — o Juízo Final. Reúnem-se todos em uma espécie de grande assembléia e ocorre um tipo de experiência de memória coletiva panorâmica. De algum modo, o homem torna-se psiquicamente transparente para si mesmo. Nesse desligado estado, ele rememora toda sua vida — pensamentos, palavras, atos. "Nessa assembléia, todos vêem suas boas e más ações. O homem mau se torna tão óbvio como uma ovelha branca entre as pretas." Em suma, todos são vistos, e se vêem, como realmente são. O juízo final é, na realidade, um primeiro encontro, o homem volta para casa, como diz o poeta T.S. Eliot, e "conhece o lugar pela primeira vez"[17].

Em seguida, bem e mal serão separados, cada pessoa é julgada individualmente. Na verdade, cada uma julga a si mesma, homem e mulher. Os bons vão para a Casa do Canto, enquanto os maus são lançados em um malcheiroso abismo. Pior do que o mau cheiro, diz o texto, é a dor da "solidão".

Esse doloroso processo de autoconhecimento, porém, não se prolonga indefinidamente. Comparado com o cristão João e os profetas hebreus,

ORIGENS DA GRANDE VISÃO   53

Zoroastro é positivamente displicente em matéria de castigo. Os punidos são obrigados a sofrer durante uns meros três dias e três noites — e nada de conversa desumana sobre tormento eterno. É notável também o inferno psicológico de Zoroastro, que consiste em o pecador ser obrigado a presenciar os prazeres dos salvos. As pessoas conhecem os prazeres e deleites que perderam por causa de seus pétreos corações e maus atos. Notem o contraste com as idéias cristãs, porquanto nos casos de São João, Santo Agostinho e mesmo Dante, uma parte importante do prazer da salvação consiste em presenciar os tormentos dos condenados. São João, por exemplo, diz a respeito do condenado no Dia do Juízo Final: "E será atormentado com fogo e enxofre, diante dos santos anjos e na presença do Cordeiro" (*Apocalipse*, 14:10).

Zoroastro difere ainda da tradição bíblica da seguinte maneira: no fim, o mal será destruído e todas as almas humanas serão salvas. As tradições posteriores contentaram-se com a idéia de excluir grandes segmentos da comunidade humana do bem supremo. Em contraste, a de Zoroastro parece mais sadia em generosidade espiritual. Na verdade, como o profeta teria dito: "Pois para ninguém será mais fácil chegar ao céu do que para o generoso."

Não obstante, nem tudo é fácil no fim do tempo. Antes do Milênio zoroastriano, todos têm que passar pelo crisol da purificação: "E todos os homens passarão pelo metal fundido e se tornarão puros, cortando e quebrando a acumulação do pecado das almas perversas". A tribulação é uma profunda experiência psíquica. As pessoas "boas" que passarem pelo metal fundido ao rubro se sentirão como se estivessem andando em meio a leite morno; os "maus", devido aos pecados cometidos e à má consciência, sentirão a dor do calor purgativo. O estado interior é o que define a "realidade" na idéia zoroastriana das últimas coisas.

Ao fim da última tribulação, todos emergem e voltam ao *Paraíso* — palavra persa, por falar nisso, que significa "jardim cercado"— e à Casa do Canto. Em uma grande visão, somos informados de que Ahura Mazda a todos salvará. Até mesmo a Serpente (Azh) é purificada e Deus "traz de volta a terra do Inferno para alargar o mundo".

"Trazer de volta a terra do Inferno para alargar o mundo" é uma imagem notável e atende à necessidade psicológica profunda de integração.

Integrar o inferno, a Sombra, no sentido junguiano, é a maneira de Zoroastro de ampliar o mundo. Nossas propensões abomináveis, levadas em conta e reintegradas, completam e aprofundam o mundo humano.

Com essa decisão, "a Renovação surge no universo", dor e mentira desaparecem, e o "mar torna-se doce mais uma vez". Essa imagem contrasta com a do mar que desaparece, no Apocalipse de João. O adoçamento do mar é seguido por uma farra cósmica. Toda a humanidade ressurrecta se reúne para beber o sagrado *haoma* — o *soma* nos Vedas. A *haoma* é a ambrosia que assegura a imortalidade de todos. A afeição avultará e a alegria será transbordante. Os ressurectos desfilam para cima e para baixo, fazendo perguntas uns aos outros: "Onde esteve *você* estes anos todos, e qual foi o juízo sobre sua alma?"

Mitos do Tempo e Regeneração

Tendo pesquisado a idéia do Milênio até as profecias de Zoroastro, torna-se possível agora dar mais um passo para trás e examinar as ligações entre os mitos e os ritos do tempo.

Consideremos o antigo festival babilônico do Ano Novo, conhecido como *akitu*[18]. O *Enuma Elish*, ou Epopéia da Criação, era recitado anualmente durante os equinócios da primavera e outono. O rito tinha por finalidade reviver o momento sagrado do combate entre Marduk e Tiamat, a um monstro submarino fêmea. No mito, Marduk derrota Tiamat, o caos oceânico primevo e, do cadáver gigantesco de Tiamat, cria o céu e a terra.

Tiamat lembra o dragão-serpente de João, mas com uma diferença. Marduk cria algo a partir de Tiamat, ao passo que João quer reprimir, acorrentar, o antigo monstro do mar. João quer emparedar *kundalini*, "a força sexual enrodilhada", que se levanta e coleia no início da criação. O Milênio cristão está vinculado a imagens de aprisionamento: o dragão, a serpente primeva, é "acorrentado por mil anos". João vê um anjo que "tinha na mão a chave do abismo e uma grande corrente" (*Apocalipse*, 20:1-2). A visão cristã fundamenta-se em repressão; a babilônica torna explícito todo o mito da regeneração, o caráter inconsútil das forças de luz e trevas, destrutivas e criativas.

Marduk, portanto, do caos cria um novo mundo. E daí decorre o núcleo da idéia do Milênio: do cadáver do velho mundo, da velha ordem, surgirá um novo mundo, uma nova ordem. O rito babilônico do Ano Novo recaptura o poder das origens. Na opinião de Mircea Eliade, isso é feito através de "repetição dos arquétipos". Ao reencenar o mito, o ritual ajuda o celebrante a recapturar o momento imemorial de poder criativo. Entra-se no mundo desse poder criativo através do gesto ritual. Com as palavras e movimentos apropriados, demônios, doenças e pecados são expulsos.

Dois grupos de atores imitavam a luta entre Marduk e Tiamat. Cerimônias semelhantes eram encenadas também entre os hititas e os egípcios. A experiência de regeneração tinha natureza simbólica e a expulsão dos demônios e das doenças ocorria no plano da imaginação mítica. Na história posterior, pessoas ou tipos de pessoas específicas seriam vistas e, dessa forma, tratadas, como os "demônios": os outros, o inimigo, o bárbaro, o pagão, o gentio, o judeu, o católico, o muçulmano. O homem aprenderia a projetar na história o Mito do Milênio.

O festival babilônico do Ano Novo terminava com um rito de casamento sagrado, representado, na câmara da deusa, pelo rei e por uma prostituta. O rito era seguido por uma orgia. O festival de Dionísio e a saturnália romana são os paralelos clássicos da orgia renovadora. A orgia oferecia aos antigos uma maneira socialmente sancionada de voltar aos estados de caos regenerador.

Na busca desse caos, o *akitu* babilônico invertia a relação entre senhor e escravo. Segundo Berossus, historiador babilônico, o escravo tornava-se o senhor e este, o escravo, durante a celebração do Ano Novo. Analogamente, durante os ritos eleusinios, altos funcionários e dignitários eram submetidos a uma sátira cruel. Note também o paralelo com a "dádiva primeva da alegria", de Zoroastro, que dissolvia o mundo.

Mas, permitam-me repetir: há uma tendência, que examinaremos nos capítulos seguintes, para que esses mitos ingressem na história, para que se tornem literais. Esse fato pode ter efeitos tanto criativos quanto destrutivos. Em movimentos milenaristas posteriores, o caos social autêntico torna-se o prelúdio necessário à renovação cósmica. Os pobres, os humilhados, os perseguidos, clamarão pelo sangue literal de opressores literais. João, no exílio, ficou extático com a visão de uma sociedade cuja estrutura de poder era totalmente invertida. Os "santos"— os pobres, os marginalizados, os alienados — tornavam-se reis. Chegara a vez deles de "reinar para todo o sempre". Nietzsche chamou a essa inversão da estrutura de poder de "transvalorização de todos os valores".

No caos sagrado do rito do Ano Novo, eram anuladas as divisões do tempo. Esse fato se reveste de grande importância, tirando sua energia do medo final — o medo da extinção. Se o tempo pode ser anulado, se a relação irreversível do "antes e depois" pode ser revertida, então os mortos não poderiam reaparecer entre os vivos? Essa idéia de anular a morte no fim do tempo e da história é daquelas que ainda obcecam a imaginação milenarista. Na verdade, como proclamou João de Patmos, bem como o profeta nativo americano Wovoka e incontáveis outros, chegará um tempo em que "a morte não mais existirá".

Da Visão para a História

Feito este levantamento sumário, tenho esperança de ter deixado claro que há uma grande riqueza de fontes e grande variação até mesmo entre os primeiros construtores do Mito. Encontramos, por exemplo, uma variação notável em tom moral. Infelizmente, a expressão antiga mais influente da visão milenarista foi a mais cruel e violenta, moralmente falando. Não nego que São João tinha algumas queixas válidas contra o Império Romano, que oprimia e perseguia.

Infelizmente, sua retórica feroz de indignação era tão poderosa e eficaz, especialmente na forma traduzida na Versão do Rei James da *Bíblia*, que se torna fácil esquecer como são bárbaros os sentimentos que ela manifesta. É difícil, como disse D.H. Lawrence, livrar-se do forte encantamento dessa prosa vibrante — "Pois todas as nações têm bebido do vinho do furor de sua prostituição..." (*Apocalipse*, 18:3), e assim por diante.

Ora, o Mito é muito mais importante do que a versão de João. Tal como todos os grandes mitos ou histórias da alma humana, é uma coisa viva, de muitos sentidos, e, enquanto o recontamos, nós mesmos o refazemos. Há, contudo, em minha opinião, um conjunto nuclear de imagens e preocupações comuns a todos os grandes construtores de mitos e à sua história tortuosa (e, às vezes, explosiva). Penso que o conjunto revolve em torno da idéia do renascido, do novo e do regenerado.

Essa imagem nuclear é revelada na visão de João, de um novo céu e de uma nova terra, e nas idéias estreitamente correlatas de que, no fim do tempo, as próprias leis da natureza passarão por uma vasta revisão, na qual será mesmo possível derrotar a morte e, de uma vez por todas, libertar a sociedade humana da injustiça, da dor e, acima de tudo, da maldição da falta de amor. Esse anelo claro de realização total toca a parte mais humana do Mito.

O maravilhoso no Mito do Milênio, como o entendo, é que explora a fúria criativa, imprevisível, do coração e da imaginação do homem. Da mesma forma que a história do Mito é rica e variada, o mesmo acontecerá, acredito, com seu futuro. Prossigamos, então. No capítulo seguinte, estudaremos como a visão penetrou na corrente da história ocidental durante a Idade Média.

2
Joachim de Fiore: Profeta da Nova Era

*Não seremos o que fomos, e começaremos
a ser o outro.*

JOACHIM DE FIORE
The Ten-Stringed Psaltery

A crença no Milênio, em uma nova era, faz parte de um antigo padrão de pensamento mítico. Além disso, é muito forte a sensação de que estamos hoje em uma encruzilhada. Temos um dos sinais desse fato na busca de um "novo paradigma". *Novo paradigma, nova era, revolução da consciência* — são termos populares, com raízes em uma longa tradição de pensamento sobre fins e primórdios. Na opinião de numerosas pessoas, os sinais dos tempos, variando de notícias de fenômenos estranhos a fatos de inquietação social e perigo ecológico, apontam para transformações em grande escala.

No capítulo precedente, estudamos as origens do Mito do Milênio. Começando com o *Livro do Apocalipse*, retroagimos aos Evangelhos, aos profetas hebraicos, à tradição zoroastriana, e ao Rito de Ano Novo babilônico. A idéia básica, concluímos, reside na imagem da regeneração, imagem esta — sinto-me inclinado a sugerir — que funciona como uma espécie de análogo psíquico do DNA.

Uma vez que não se concretizaram as expectativas cristãs do Segundo Advento, a Igreja teve de modificar sua opinião sobre o Milênio. Nesse momento, pareceu importante despojar essa idéia do caráter literal. De outra maneira, ela corria o risco de ser desacreditada. No tempo de Sto. Agostinho, a Igreja achou que tinha de reprimir a crença em que era possível uma renovação total da sociedade humana. "Fora da Igreja, não há salvação", tornou-se, nesse momento, a fórmula da esperança.

Só no século XII e com a obra de Joachim de Fiore (1135-1202) é que a teoria apocalíptica teve a segunda oportunidade. Antes de estudar esse novo fenômeno, porém, vamos dar um rápido olhar ao status do pensamento milenário nos primeiros mil anos da Cristandade.

O Milênio Entre os Primeiros Patriarcas da Igreja

Para Irineu e Lactâncio, que figuram entre os primeiros patriarcas da Igreja, a esperança no Milênio continuava forte. Por volta do século III, porém, ocorreu uma mudança de atitude. Nesse momento, por exemplo, Orígenes descrevia o prometido Reino de Deus como um evento na alma do indivíduo, e não como uma mutação coletiva da sociedade.

Começara um processso de despolitização do Milênio e é fácil compreender o porquê. Com a conversão do imperador romano Constantino à fé católica no século IV, o Cristianismo tornou-se uma grande potência mundial. Ansiar na terra pelo céu perdeu atração. Na verdade, tornou-se algo visivelmente ameaçador. Logo que a Igreja se transformou no Sistema, deixou de ser oportuno focalizar o lado revolucionário do Cristianismo.

Santo Agostinho tratou da questão milenarista no *A Cidade de Deus*[1]. O grande bispo de Hipona interpretava o *Livro do Apocalipse* como uma alegoria espiritual. Por que esperar por algo mais do que a Igreja já oferecia? A Igreja católica em si era a instituição que representava o Reino de Deus na terra. Nenhuma necessidade havia, portanto, de falar em evolução social ou estágios mais altos de salvação.

No contexto da história, concluiu Agostinho, nenhuma nova era ulterior seria possível. A ressurreição de Cristo e a fundação da Igreja eram suficientes. Nada mais era necessário para cumprir o plano divino. O estágio seguinte da evolução espiritual humana ocorreria no fim do tempo, e a melhor esperança da humanidade estava no Outro Mundo. Nossa única missão aqui e agora seria salvar nossa alma e esperar pelo Fim. Dessa maneira evoluiu a tese predominante no século V. E foi enterrado o impulso visionário que inspirara os primeiros cristãos.

O Anticristo e o Último Imperador do Mundo

Em fins do primeiro milênio, tempos agitados estavam desorganizando a vida dos povos do Ocidente. Ondas de invasões de bárbaros haviam posto fim ao domínio de Roma, que se fez acompanhar de maciças e vastas emigrações de populações inteiras por volta do ano 950. O mundo cristão estava sob ataque de vikings, muçulmanos e magiares. Com o Império Carolíngio em ruínas, guerreiros bárbaros aterrorizavam a terra. Nesses tempos violentos, nem a vida nem a lei eram respeitados. Caudilhos vândalos oprimiam brutalmente as classes inferiores.

Contra um pano de fundo de medo e anarquia, o abade Adso, de Montier-En-Der, escreveu sua *Letter on the Origins and Time of the Antichrist* [Carta sobre a Origem e o Tempo do Anticristo]. Dirigida à Rainha Gerberga, a *Carta* de Adso tornou-se amplamente conhecida em toda a Europa, permanecendo popular, sob vários pseudônimos, até o século XII. A epístola popularizava duas figuras da imaginação apocalíptica.

O Anticristo era uma delas. Nos dias do Império Romano, Nero e Domiciano despontavam como principais candidatos ao posto. O Anticristo assumira numerosos disfarces ao longo dos séculos. Às vezes, grupos inteiros eram ferreteados com o nome, como, por exemplo, os hereges arianos. A idéia do Anticristo era ainda, às vezes, considerada equivalente à soma de todos os malfeitores e almas empedernidas, quando não a um grupo inteiro, à burguesia ou ao Partido Comunista.

Adso, porém, focalizava também um segundo caráter apocalíptico. À medida que a história aproximava-se do clímax e o Anticristo entrava na refrega, outra figura, uma força sobrenatural compensatória, emergiria. Ela era chamada de o Último Imperador do Mundo e representava o lado bom do poder mundano. Roma assumiu neste particular uma importância decisiva. Lembrem-se de que, no *Livro do Apocalipse*, Roma era a notória Prostituta da Babilônia, em suas vestes escarlates. Nada, porém, continua a ser sempre o mesmo e, após a conversão de Constantino, Roma tornou-se o rochedo da Igreja Católica. A Roma sinistra assumiu um disfarce benigno. O resultado, diz Bernard McGinn, "foi a criação de um novo e potente mito apocalíptico na época do novo Império Romano, a lenda do Último Imperador do Mundo"[2].

Embora o Império Romano tivesse desmoronado, Adso profetizava que um Último Imperador messiânico surgiria enfre os francos do Ocidente, tal como uma fênix, de um império morto. O Anticristo era um símbolo dos terrores da Idade das Trevas; o Último Imperador do Mundo, um símbolo da esperança. Armava-se o palco para a demonização mútua, fenômeno este repetidamente observado nos séculos seguintes. A imaginação profética estava pronta para injetar-se na corrente da história.

Grande Progresso para uma Nova Filosofia da História

Esse fato leva-nos ao tema principal deste capítulo: a imaginação apocalíptica do abade italiano Joachim de Fiore (1135-1202). Joachim foi o autor mais importante a escrever sobre o apocalipse durante a Idade Média e o mais influente desde João de Patmos. Norman Cohn descreveu-o como "o inventor de um novo sistema profético, que estava destinado a ser o mais influente conhecido na Europa até o aparecimento do marxismo"[3]. As três grandes obras de Joachim foram o *Exposition of the Apocalypse* [Exposição do Apocalipse], o *Book of Concordances of the Old and New Testament* [Livro de Concordâncias entre o Velho e o Novo Testamento], e *The Ten-Stringed Psaltery* [O Saltério de Dez Cordas].

O abade de Fiore teve, enquanto estudava a Trindade, duas experiências visionárias que se tornaram as bases de sua filosofia da história. Depois de lutar para deslindar o sentido de um trecho no *Livro do Apocalipse*, Joachim, em 1183, teve uma visão durante a Páscoa, quando se encontrava em Casamari. Foi uma espécie de revelação sem imagem, na qual "a plenitude do Apocalipse e o acordo completo entre o Velho e o Novo Testamentos [foram] vistos com clara compreensão pelo olho da mente"[4]. Nessa visão, Joachim notou a correspondência entre o Velho e o Novo Testamentos. Ou, em outras palavras, pensou que compreendia que eventos no Velho Testamento prefiguravam eventos no Novo. Essa concordância, por seu lado, aparentemente fornecia um meio para profetizar o futuro.

No *Saltério de Dez Cordas*, descreveu uma revelação que, de fato, continha uma imagem: "Repentinamente, nesse momento, a forma de um saltério de dez cordas surgiu em minha mente. O mistério da Santíssima Trindade brilhou tão forte e claro nele que me senti impelido a dizer em voz alta: "Que Deus é tão grande quanto o nosso Deus?"[5] O saltério é um instrumento musical parecido com uma cítara, usado para cantar salmos.

Qual a conexão entre a visão do saltério e a Trindade? Mais uma vez, ela residia na idéia da concordância entre os Velho e Novo Testamentos. Ao estudar as harmonias ocultas entre os dois Testamentos, Joachim pensou que descobrira a significação histórica de uma terceira época da história, ainda por desenrolar-se, uma época que se desdobraria sob a dispensação da terceira pessoa da Santíssima Trindade.

Descobriu ele um padrão secreto de correspondências entre os conteúdos do Velho e Novo Testamentos. De acordo com o abade italiano, os dois testamentos representavam duas grandes épocas da história humana. Cristo era o ponto decisivo, o pivô entre as duas épocas.

Até agora, tudo isso é compatível com a tradição. Joachim, porém, seguindo a lógica da imagem, levou o argumento a um passo adiante. Logo que tomou a Trindade como paradigma da história, Cristo não podia ser mais o último ponto decisivo. No máximo, seria a segunda dobradiça da história. Uma terceira estaria ainda a caminho. Meditando sobre a imagem da Trindade, Joachim inferiu que outra época da história, divinamente inspirada, deveria ainda se desenrolar.

Para ele, as Três Pessoas da Trindade tornaram-se uma imagem do tempo, de movimento progressivo. Na Santíssima Trindade, ele via o modelo da própria história. E era um modelo de progresso. O progresso na história implicava o desenvolvimento a partir da era do Pai para a era do Filho. Aparentemente, a realidade divina estava desenvolvendo-se progressivamente na história. A primeira era da história baseava-se na primeira pessoa da Trindade; a segunda, em Cristo encarnado. A tradição parava nesse ponto.

Joachim, porém, entrevia uma terceira era, ainda por desenvolver-se, baseada na terceira pessoa da Trindade, o Espírito Santo. Dessa maneira, uma terceira e, portanto, nova era da história ainda surgiria. A história, como a entendia, era um processo com uma finalidade, um processo autotranscendente. Isso porque, da mesma maneira que a época de Cristo e do Novo Testamento transcendeu (embora contivesse e integrasse) a época precedente do Pai e do Velho Testamento, assim também uma época inteiramente nova se seguiria dos dois primeiros estágios, integrando-os, mas transcendendo-os também. Joachim estava montando um ataque em grande escala contra o patriarcalismo ocidental.

Acreditava ele que, ao estudar as correspondências entre os dois Testamentos e os dois estágios de consciência espiritual que eles refletiam, poderia discernir os sinais dos tempos e prever a forma da nova era, a última grande época da história humana, que teria que surgir antes do fim do tempo histórico comum.

Converteu ele, portanto, a idéia teológica estática da Trindade em um modelo dinâmico de evolução espiritual, e um seco símbolo escolástico tornou-se um instrumento para prever o curso da história. Na verdade, Joachim historicizou a Trindade, trouxe-a para a terra. Usando de imaginação analógica, inventou um sistema de pensamento que empolgaria a imaginação profética do Ocidente e lançaria os alicerces das idéias seculares de progresso, evolução e revolução[6].

A idéia progressiva dos três estágios é encontrada no *Livro das Concordâncias*. O quadro a seguir mostra o modelo de desenvolvimento, como o via Joachim, destinado a evoluir por determinação divina. As três primeiras divisões são compreendidas de acordo com o simbolismo do Pai, do Filho e do Espírito Santo. As três são aspectos, ou estágios, de um mesmo processo, e exemplos da lei de desenvolvimento espiritual de Joachim.

A Santíssima Trindade transformada em um esquema ou imagem do espírito desenvolvendo-se no tempo:

Pai	*Filho*	*Espírito Santo*
lei	graça	maior graça
conhecimento	autoridade da sabedoria	compreensão perfeita
grilhões do escravo	serviço do filho	liberdade
desespero	ação	contemplação
medo	fé	amor
servidão	liberdade	amizade
infância	juventude	maturidade
luz estelar	luz da lua	luz do dia

A impressão geral que formamos desse quadro é que as três pessoas da Trindade representam três estágios no progresso da história. De acordo com esse esquema, por exemplo, o curso da história está fadado a desenvolver-se da era do medo para a era da fé. O primeiro momento na evolução da consciência humana é o medo. A era do medo é a era do Pai. Na era do Filho, porém, transcendemos o medo e desenvolvemos uma nova atitude de fé. A fé é o estado da mente da ordem dos sacerdotes, os guardiões do dogma sagrado. Mas a fé, igualmente, dará origem a um estágio mais alto da história, sob a orientação do Espírito Santo, caracterizado pelo amor, o estado típico dos monjes e dos contemplativos, segundo Joachim.

O curso da história é de progresso, passando pelos períodos de escravidão, servidão, e chegando à liberdade. Sob a dispensação do Pai, descobrimos que estamos agrilhoados; sob a dispensação do Filho, damos um passo para a liberdade. A lei da história, portanto, é de progresso para a liberdade. O conteúdo radical dessa idéia para os seguidores de Joachim era que estamos evoluindo para a liberdade, para além das instituições da Igreja. Joachim, portanto, antevia a Reforma. A filosofia da liberdade foi desenvolvida por Hegel e reapareceu nestes últimos tempos no pensamento contido no *The End of History and the Last Man,* de Francis Fukuyama, no qual a América lidera o mundo em direção à terra prometida.

Na opinião de Joachim, porém, liberdade não era a última palavra, porquanto, em uma das analogias citadas acima, começamos em servidão, passamos para a liberdade, e em seguida damos um passo adiante para a amizade. Aparentemente, Joachim considerava amizade como mais importante do que liberdade. Esse fato me parece uma reserva muito importante e à qual as sociedades democráticas modernas bem fariam em dar cuidadosa atenção. A triste verdade é que pessoas podem viver em uma sociedade livre, mas, ainda assim, desconhecer o significado da amizade. Na América moderna, por exemplo, temos liberdade para comprar armas de fogo, mas não o espírito de amizade de que falava Joachim, que nos impeça de usá-las contra os outros. Vale a pena frisar aqui a diferença entre as opiniões de Joachim e de Fukuyama sobre o fim da história: o primeiro define liberdade em termos de amizade contemplativa, ao passo que o segundo define-a em termos de livre mercado, de liberdade de produzir e consumir.

Os estágios de desenvolvimento histórico de que fala Joaquim são interligados. Os três são descritos na imagem da prancha "Três Círculos Trinitários", no *Book of Figures* [Livro de Figuras][7] — três círculos que se entrosam, o terceiro ligado aos dois primeiros, mas ainda assim transcendendo-os. O progresso é auto-enriquecedor, é um processo de síntese.

Conforme ele a entendia, a direção da história transcende os estilos de vida agressivos, assertivos. O tipo mais alto de estilo de vida é o contemplativo. A regeneração do mundo virá do nascimento de uma nova ordem formada por contemplativos. A sociedade dos contemplativos, claro, difere radicalmente da sociedade americana, que idealiza a produção e a produtividade. O contemplativo considera a estética da apreciação como superior à economia do consumo.

De acordo com a teoria de Joachim, os seres humanos estão desenvolvendo receptividade para uma *graça crescente*. Progredindo a evolução espiritual, novas aptidões, carismas e poderes emergirão como partes de nosso equipamento humano normal. Zoroastro tinha idéia semelhante sobre o fim do tempo, quando uma nova energia espiritual entraria na corrente da história. A prova será vista quando pessoas começarem a aprender a viver com menos comida e bebida, quando ficarem menos condicionadas ao consumo e quando se tornarem menos exploradoras da natureza.

Na opinião de Joachim, a era do espírito começou com o aparecimento dos monges beneditinos. Eles pregavam oração e trabalho manual, *ora et labora*, tal era o lema que adotavam, "reza e trabalha". Essa observância organizada da vida contemplativa parecia ao abade um sinal de que uma nova era começara, uma nova época de existência social.

Em sua visão da nova era, não haveria uma nova *Bíblia*, nenhum novo testamento escrito. Tivesse a sua reforma obtido sucesso, em vez da de Lutero, teríamos sido poupados da mentalidade "literalista", fundamentalista, que empesteou a história subseqüente com brigas sectárias constantes e guerra aberta. O princípio unificador da sociedade não teria credos ou doutrinas, mas, sim, o espírito da amizade contemplativa. Na reforma de Joachim, o homem adquiriria uma nova inteligência espiritual, uma nova maneira de entender as escrituras, que o levaria além da observância servil da palavra escrita.

A mente joachinina do século XII diferia muito da mente fundamentalista. Dante, por exemplo, na "Carta a Can Grande", descreveu quatro níveis de interpretação do texto sagrado: o literal ou histórico, o alegórico ou doutrinário, o moral ou tropológico e o anagógico ou celestial. Joachim acrescentou o quinto, que dizia respeito à "concordância", um tipo de interpretação no qual descobrimos os efeitos evolutivos, voltados para o futuro, do texto sagrado. Na abordagem multicognitiva do texto, este é finalmente transcendido e se torna um ponto de partida, e não uma prisão do espírito.

A filosofia joachinina de interpretação encerrava implicações existenciais. Nota Bernard McGinn que os quatro (ou cinco) níveis de interpretação "destinavam-se a mostrar a transição gradual da escravidão para a liberdade no curso da história da salvação"[8]. A idéia de Joachim, orientada para o futuro, de concordância entre os dois Testamentos, prefigurava modelos evolutivos modernos de consciência. Para o profeta medieval, o passo seguinte na evolução humana seria um passo na direção de uma maior consciência.

O Evangelho da Revolução

Era ambicioso o esquema de Joachim, simultaneamente pessimista e otimista. O otimismo, a esperança, residia na crença de que Deus estava atuando na história. Deus, para ele, dirigia o que poderíamos chamar de evolução da consciência. Com detalhes obsessivos, ele garimpou nos dois Testamentos os dados que o ajudaram a dividir a história do espírito em três estágios ascendentes.

Evolução ou revolução? É uma questão de ritmo. Evidentemente, o pensamento de Joachim foi uma sementeira para o pensamento revolucionário. Para ele, havia um momento que marcava o curso da história, um ponto decisivo, um local conhecido em que ocorria um salto no desenvolvimento humano. Cristo foi o ponto de encontro na história humana em que a humanidade iniciou o processo de assumir sua "semelhança" com Deus. Cristo foi a ponte, o *pontifex* original entre o estágio antigo e o novo na ascensão evolutiva da humanidade.

O passo seguinte na teoria desbravou novo terreno. Implicava que era possível outro estágio de desenvolvimento. Cristo não foi o arquétipo humano final, não ainda o acme, o modelo supremo. E estava implícito também, ao contrário do que dizia Santo Agostinho, que a Igreja não era a última palavra na história da salvação. De acordo com a teoria trinitária de Joachim, era possível na terra uma norma social mais alta do que a igreja tradicional. A resultante dessa conclusão tornava-se muito clara: a igreja tradicional era dispensável e uma nova dispensação estava por vir. A visão joachinina abria espaço para uma nova era, para uma nova consciência espiritual, para uma "Nova Humanidade". E ela seria a Humanidade sob a orientação da Terceira Pessoa da Trindade.

Joaquim mostrou-se vago sobre aspectos específicos, confiando nas palavras de Jesus, de que o Reino do Céu chegaria inesperadamente, tal como um ladrão na noite. Aos crentes cabia apenas permanecerem pacientes e vigilantes. O discreto abade permaneceu nas boas graças da Igreja, embora Santo Tomás de Aquino, alerta para os perigos, lhe censurasse as idéias. Dante, mais ousado e corajoso, colocou Joachim no Paraíso, descrevendo-o como um "grande profeta".

Os Espiritualistas Franciscanos

O potencial radical de Joachim permaneceu latente até a época de São Francisco de Assis (1181-1226). A vida notável de Francisco parecia um exemplo vivo da visão de Joachim, do contemplativo libertado. Esse homem extraordinário desencadeou uma onda imensa de energia espiritual no Mundo Ocidental, uma onda que banhou a Renascença, como veremos no capítulo seguinte.

O espírito franciscano é uma força viva ainda hoje. Podemos reencontrá-lo na teologia centrada na criação, de Matthew Fox, e na teologia da libertação, de Leonardo Boff. O espírito franciscano, medieval e moderno, prega solidariedade com o cosmo, conforme demonstrado no poema do santo, *The Canticle of Creation* [O Cântico da Criação]. De acordo com o *Cântico*, todos somos partes de uma criação divina, o sol é nosso irmão, a lua, nossa irmã, e a terra, nossa mãe. Somos aparentados com todo o cosmo. A maneira de Francisco pensar na natureza atende às necessidades de uma era de ecologia.

Leonardo Boff, o teólogo da libertação, escreveu a respeito de Francisco: "Ele incorporou o arquétipo da integração dos elos mais distantes. Deu dimensão histórica ao mito da reconciliação entre céu e terra." Francisco era uma força pela síntese. O céu, para ele, tornou-se algo realizável na terra. Na terra, como no céu — nas palavras do Pai-Nosso. Mais uma vez, Boff: "Antes de Francisco de Assis, víamo-nos como imperfeitos e velhos. Ele nos parece ser algo novo, alguma coisa do futuro que buscamos, embora tenha nascido há oitocentos anos"[9].

Uma vez que demonstram grande estima pelas implicações existenciais, revolucionárias, da espiritualidade franciscana, Fox e Boff foram censurados pela Igreja. Ainda assim, ambos hesitaram em denunciá-la. Como seus predecessores na Idade Média, parece que concordam com Joachim, no sentido em que a nova era deve nascer (poderíamos dizer, *evoluir*) a partir da antiga, tal como a flor nasce da semente. Francisco era filho leal da Igreja, mas, ao mesmo tempo, liberou forças que lhe abalariam os alicerces.

Alguns franciscanos do século XIII, por exemplo, enxergaram na visão de Joachim, de uma Terceira Era, um apelo à ação. Em 1254, circulou na Universidade de Paris um livro intitulado *Introduction to the Eternal Gospel* [Introdução ao Evangelho Eterno), de autoria de um jovem explicador de Teologia, Gerad de Borgo San Donnino. Gerad, hipnotizado pela visão de Joachim sobre a nova era, anunciou que estava prestes a iniciar-se a era do Espírito Santo. E foi específico; dentro de seis anos começaria a era do espírito. As idéias de Gerad causaram sensação.

A transformação colossal era iminente. Um passo gigantesco seria dado na evolução da vida humana e da sociedade. Um Novo Cristo surgira na história, um modelo humano para a nova era: Francisco de Assis. Francisco foi apresentado no papel de *Dux*, o Líder de uma nova sociedade de visionários, milagreiros e contemplativos.

Na nova sociedade, tornar-se-iam obsoletos os velhos sacramentos e teologias. O Novo Homem possuiria uma nova autoridade interior, uma "inteligência espiritual" esotérica, que lhe permitiria decifrar o padrão oculto da política e da história. Segundo Gerad, um novo "Evangelho Eterno" estava prestes a surgir. Aliás, o *Livro do Apocalipse* não aludira a esse evangelho? "Vi outro anjo voando pelo meio do céu, tendo um evangelho eterno para pregar aos que se assentam sobre a terra, e a cada nação, e tribo, e língua, e povo" (*Apocalipse*, 14:6). Haveria um novo evangelho para todos, para todos os "que se assentam sobre a terra", e ele regeneraria o mundo.

A grande renovação, no entanto, teria que ser precedida por uma grande luta. As forças do mal, e os conflitos que elas desencadeiam, desapareceriam nos últimos tempos. A nova ordem só poderia surgir depois de demolida a antiga. E Gerad profetizou ainda que a "Abominação da Devastação" logo depois surgiria, sob a forma de um novo Papa. O chefe da Igreja Católica, portanto, tornou-se nesse instante o novo Nero, o novo "foco do mal". Essa idéia sobre o Papa como o Anticristo se tornaria parte da retórica básica da Reforma.

O livro de Gerad de Borgo contestou a própria existência do clero. De acordo com esse místico revolucionário, os sacramentos eram símbolos transitórios e sua necessidade cessaria na Terceira Era. Em vez de sacramentos, floresceriam dons de conscientização espiritual. Graças à intensificação da vida contemplativa, o homem, sem esforço, aprenderia a corporificar a vontade de Deus.

A idéia mais radical de Gerad era considerar São Francisco como o novo Cristo. A autoridade do Cristo tradicional era, por conseguinte, suplantada. Gerad, na verdade, descobrira a idéia asiática do avatar, ou *boddhisattva*, a idéia de encarnações sucessivas da realidade divina, idéia esta intolerável para a Igreja.

No choque seguinte, inevitável, com as autoridades da Igreja, Gerad foi preso. Salimbene, um cronista da época, escreveu que Gerad, teimoso e impenitente, "deixou-se morrer na prisão, e, privado de um sepultamento cristão, foi enterrado em um canto do jardim"[10]. De acordo com Salimbene, Gerad rejubilava-se com a prisão, inabalável como se sentia na crença no próximo *status caritatus*, "a era do amor".

O ponto seguinte era de importância crucial. O Novo Homem da Era do Amor e do Espírito, profetizada por Joachim, manteria uma relação especial com a propriedade e a riqueza. A pobreza voluntária era o símbolo da nova aristocracia espiritual. Destaque ao *voluntária*. Na nova era, indivíduos espiritualmente inteligentes adotariam a pobreza. Mas pobreza em que sentido? A palavra sugere geralmente privação e miséria. Para São Francisco, no entanto, ela implica um estado de graça. A palavra pobreza, na verdade, descrevia um estado interior, uma precondição para a alegria sobrenatural. Desposar a Senhora Pobreza implicava desapegar-se das coisas criadas.

Em seu *Poems of Praise* [Poemas de Louvor], o poeta místico Jacopone da Todi escreveu: "Pobreza, grande sabedoria — não submeter-se a coisa alguma —, mas, ainda assim, possuir todas as coisas em espírito de liberdade"[11]. O "espírito de liberdade" de Da Todi, fruto da pobreza voluntária, tinha caráter joachinino e fazia troça do *status quo*, porquanto a Igreja dependia de propriedades materiais para subsistir, da mesma maneira que o Estado precisa de armas e riqueza para lhe sustentar o poder. Todo e qualquer programa que repudiasse o Sistema econômico de forma tão intransigente como os espiritualistas franciscanos pareceria forçosamente sedicioso.

De acordo com o *Mirror of Perfection* [Espelho da Perfeição], São Francisco, "acima de tudo mais, odiava o dinheiro". Em uma história, um frade cometeu o erro de tocar em um pouco de dinheiro. Francisco ordenou-lhe que o apanhasse com os dentes, levasse-o para fora do mosteiro e o "soltasse sobre um monte de esterco"[12]. Na verdade, o santo considerava o dinheiro igual a fezes, antecipando-se dessa maneira à psicanálise, que associa a "compulsividade anal" ao entesouramento de riqueza. Vale notar aqui uma diferença radical entre a Reforma joachinina e a luterana. A primeira repudiava o dinheiro e, daí, o capitalismo; a segunda, como mostrou Max Weber[13], forneceu uma psicologia religiosa muito útil para a ascensão do capitalismo moderno.

A pobreza voluntária, compreendida como o repúdio consciente dos valores da vida tradicional, atraía um tipo de visionário no qual predominavam instintos pacíficos e de defesa da vida. Os espiritualistas franciscanos incluíam-se nessa categoria e muitos deles, como o próprio Francisco, eram originários de famílias ricas. Em contraste, a pobreza involuntária, experimentada como humilhação opressiva, inspira, com mais freqüência, ressentimento e gera tendências revolucionárias violentas. Norman Cohn frisou essa tipologia dupla ao estudar a imaginação apocalíptica violenta[14].

É importante a distinção entre os dois tipos, embora, na realidade, seja facilmente tornada indistinta a linha divisória entre eles. Dois tipos de pessoas, aparentemente, são atraídas para visões de renovação radical: no primeiro, predominam as tendências agressivas e rancorosas; no segundo, parece que o pacífico e o erótico têm primazia. Durante séculos, Joachim influenciou ambos os pólos da imaginação visionária.

Mas quero destacar alguns outros exemplos, entre eles o de Angelo de Clareno, um espiritualista franciscano, discípulo radical de São Francisco. Como seu mentor, Clareno desposou, com paixão, a Senhora Pobreza. Esses monges espiritualizados opuseram-se à Ordem Francisca, na medida em que ela se tornava mais organizada. Não queriam prédios, bibliotecas ou dinheiro. Todas essas coisas implicavam enredamento em liames burocráticos e tempo roubado aos prazeres da vida contemplativa.

Os conservadores radicais queriam restabelecer o estilo de vida puro dos apóstolos, baseado na confiança espontânea em Deus. Orientados pelas idéias progressistas de Joachim, desejavam manter a Regra e Testamento rigorosos de Francisco, que proibia a propriedade privada. Em conseqüência, a ala ortodoxa dos franciscanos perseguia-os com freqüência. Ainda assim, os espiritualistas, como o próprio São Francisco, permaneceram fiéis à Igreja.

Angelo de Clareno é um caso bem a propósito. Enquanto se encontrava sob prisão domiciliar em Avignon em 1317, esse eremita excomungado escreveu uma *Letter of Defense* [Carta de Defesa] ao Papa João XXII. Nela, ele tudo fez para provar sua fidelidade à Igreja, ao mesmo tempo em que defendia a pobreza radical. Os espiritualistas franciscanos dos séculos XIII e XIV foram influenciados pela visão de Joachim, é verdade, mas não a ponto de levá-los a cortar seus laços com a Igreja.

As teorias revolucionárias de Joachim fascinaram numerosos indivíduos, mas estes permaneceram na Igreja, como, por exemplo, São Boaventura, Dante, Inácio de Loyola. Nesses homens, as idéias de Joachim pulsavam imediatamente abaixo da superfície da ortodoxia. Vejamos, por exemplo, o caso da Sociedade de Jesus, de Loyola, a Ordem dos Jesuítas. O elitismo jesuíta é fiel ao espírito do joachinismo. Os primeiros jesuítas consideravam-se como um exército de guerreiros espirituais. Tinham por missão regenerar a Igreja e, dessa maneira, educar a raça humana. Suas manobras às vezes secretas e, poderiam dizer alguns, sinistras, eram lendárias. Dessa maneira, mesmo no seio da Igreja, permaneciam forças que nasceram da visão milenarista de Joachim. A atração da visão, porém, estendeu-se também além da Igreja.

Místicos Revolucionários

"Não seremos o que fomos", escreveu Joachim, "mas começaremos a ser o outro." Para muitos, essas palavras pareceram um apelo para transcender as instituições tradicionais. Numerosos grupos marginais aproveitaram logo as implicações revolucionárias da doutrina das Três Eras e nem todos tiveram medo de cortar seus laços com a sé apostólica.

Esses indivíduos eram os denominados *hereges*, aqueles que (de acordo com o significado grego da palavra) literalmente "escolhiam por si mesmos". Caçados, perseguidos, jogados nos calabouços e, ocasionalmente, queimados vivos, numerosos herejes inspirados por Joachim acreditavam que eram os eleitos, os novos santos, os novos mártires. Crendo piamente na nova visão, suportavam as inquisições e tribulações. A Igreja de Roma, destarte, tornou-se a nova Prostituta da Babilônia, o Anticristo e a Mãe de Toda Opressão.

No século XIV, duas mulheres conceberam a idéia de que, na última época do mundo, o Espírito Santo encarnaria como mulher. Prous Boneta viveu em Montpelier, na Provença, onde os beguinos heréticos andavam muito ocupados solapando o *status quo* com idéias de perfeccionismo, elitismo e antinomianismo (que defino abaixo)[15]. Em 1325, Prous reconheceu que era a encarnação do Espírito Santo e, portanto, o Novo Cristo Feminino. Sua encarnação deveria dar início a uma nova era do espírito. A propósito de Prous Boneta, escreveu Marjorie Reeves: "Isto porque [de acordo com sua confissão] fora escolhida para ser a sé da Trindade e a dispensadora do Espírito Santo ao mundo... Uma Eva fora a causa da queda da natureza humana e, por isso, Prous seria o instrumento da salvação de todos os homens... Ela mesma era o anjo que tinha as chaves do abismo"[16]. A Nova Era do Espírito, da forma concebida por Prous da Provença, pode ser considerada como precursora do atual movimento de "retorno da Deusa".

Outra herege, Giugliema de Milão, surgiu na história por volta de 1271. Faleceu em odor de santidade em 1282 e foi sepultada em um mosteiro cisterciano, onde um culto surgira em volta de sua pessoa. Em 1300, os inquisidores chegaram à conclusão de que Giugliema era uma herege perigosa, desenterraram-lhe os ossos e os queimaram até reduzi-los a pó. E tendo em vista a possibilidade de que sua influência não tivesse sido inteiramente eliminada, condenaram à morte os dois líderes ainda vivos do culto, uma mulher chamada Manfreda e um homem, Andreas, bem como uma terceira mulher de nome desconhecido. Todos eles foram queimados na fogueira. E eram todos de famílias ricas. Não as milenaristas desorientadas, pobres, descritas por Norman Cohn, elas constituíam uma raça diferente de visionárias.

De acordo com o depoimento prestado por Manfreda e Andreas, Giugliema era a encarnação do Espírito Santo, iria erguer-se dos mortos, subir aos céus na presença de seus discípulos e derramar sobre eles seu divino si-mesmo sob a forma de línguas de chamas. Giugliema anunciara que o Papa Bonifácio VIII carecia da autoridade autêntica e proclamou que Manfreda era a nova Papisa. Para seu crédito, Giugliema pensava em tomar pacificamente a Santa Sé. Demonstrando espírito ecumênico, a nova Papisa pensava em batizar judeus, sarracenos e todos os infiéis. Surgiria uma nova ordem mundial, liderada pelo Espírito Curador da Deusa. Tal era a doutrina diabólica que enfureceu os inquisidores e os levou a mandar esses hereges para a fogueira.

A dialética trinitariana de Joachim gerou numerosas insurreições místicas contra a ordem constituída. Às vezes, a influência era dissimulada. Tal, por exemplo, foi o caso dos esmoleres. Conhecidos também como beguinos, tiravam seu nome de uma palavra que significa "esmolar". Autoridades alemãs tentaram exterminar esses místicos rebeldes, cuja heresia consistia em acreditar que a perfeição era possível nesta vida. Poder-se-ia pensar que era uma phantasia inofensiva, mas também subversiva, se *perfeição* significa deixar de depender da Igreja. Fiéis à filosofia de Joachim, os esmoleres alegavam ser possível transcender o império da lei e do medo que caracterizava o reino do Pai.

Outro tipo de heresia nascido da filosofia de história de Joachim é conhecido como *antinomianismo*. Essa palavra significa literalmente "contra a lei" e implica o repúdio de todas as normas morais. Alguns grupos, que cultivavam o "espírito de liberdade" louvado por Jacopone da Todi, proclamavam que se situavam além do bem e do mal. Uma interpretação relativamente inócua dessa tese baseava-se na idéia de São Paulo, de que o homem uno com Deus não precisava mais da lei, porque não sentia mais inclinação para cometer pecado.

Mas havia também uma interpretação mais radical. Nesse cenário, logo que atinge a "perfeição" espiritual, o indivíduo pode fazer coisas habitualmente consideradas como "erradas" por todos os demais. Sendo perfeito, o homem está "além do bem e do mal". Sob interrogatório, um esmoler declarou que, ao seduzir uma mulher, ele realmente lhe restabelecera a virgindade[17]. Este é um tipo de mentalidade que conhecemos na sua forma mais extremada em Charles Manson e seus seguidores. Manson, conhecido também como Jesus Cristo por seus fiéis, era um autêntico antinomiano do século XX. Na opinião de Susan Atkins, uma de suas discípulas, o motivo dos assassinatos perpetrados pela família Manson era "instilar medo nos porcos e trazer o dia do juízo final, que chegou aqui e agora para todos"[18].

Um culto antinomiano, conhecido como Espírito Livre, surgiu por volta do ano 1200 e espalhou-se por todo o norte da Europa, durante cinco séculos em forma reconhecível. Esse culto de individualismo místico pregava um estilo de vida isento de restrições humanas. Os adeptos do Espírito Livre eram inspirados por um filósofo da Universidade de Paris, Amaury de Bene. Seja por si mesmo ou por inspiração das idéias de Joachim, que começavam a ser conhecidas, os amaurianos chegaram à mesma filosofia da história em três estágios. Anunciavam que a encarnação do Espírito Santo estava acontecendo *em cada um deles*. Todos os adeptos, por conseguinte, transcendiam Cristo. E acreditavam que tinham lançado toda a humanidade no caminho de realizar Deus dentro de si mesmos.

Tal como os esmoleres, os beguinos, os euquitas, os adamitas e outros milenaristas através dos séculos, os amaurianos exaltavam a anarquia sexual, em um protesto contra a dominação patriarcal. Um impulso liberado periodicamente entre os gregos no culto de Dionísio era transformado em um revolucionário programa social. Em épocas recentes, vimos o reaparecimento das idéias do "Espírito Livre" sobre o sexo na teoria de Marcuse sobre as perversões. Esse filósofo alemão recomendava a anarquia erótica como maneira de destruir a família nuclear. Para o anarquista erótico ou místico revolucionário, a família nuclear opressiva era o cimento social da sociedade tradicional e merecia ser destruída[19].

Em 1320, o movimento do Espírito Livre entrou na clandestinidade. Hereges ambulantes, sem lar, formaram um círculo secreto de conspiradores místicos, uma igreja invisível. Ligados pela visão de uma nova sociedade, uma nova era, uma nova liberdade erótica, os conspiradores profligavam a cobiça, o luxo e o poder da Igreja. Até certo ponto, podemos simpatizar com os Irmãos do Espírito Livre, um termo geral para uma mixórdia de movimentos, em especial com sua raiva contra a injustiça, o materialismo e a hipocrisia do Estado e da Igreja. E também com sua ânsia por experiência original, o desejo de conhecimento experimental daquilo que os cultores modernos das "Novas Eras" chamam de estados alterados de consciência.

O problema que enfrentaram parece estar vinculado com um grande inchaço do ego. Como quer que os classifiquemos, registros remanescentes indicam que os adeptos do Espírito Livre esposavam uma filosofia de puro amoralismo. O raciocínio deles, em resumo, era o seguinte: "Porque sou Deus, não posso errar". Vejamos alguns outros pronunciamentos documentados dos Irmãos do Espírito Livre: "Nada é pecado, exceto o que é considerado como pecado." Idéia perigosa essa, se alguém julga que não é pecado nos quebrar a cabeça para nos roubar. Outro exemplo: "Podemos nos unificar de tal modo com Deus que o que quer que possamos fazer de maneira nenhuma será pecado." Mas, e se me engano quando penso que estou "unificado com Deus"? Compreensivelmente, os inquisidores acharam um tanto inquietante pronunciamentos dessa ordem. Pode alguém ter tanta razão, ser tão perfeito, que possa fazer simplesmente tudo que lhe "der na telha", com divina indiferença por tudo o mais? A tentação antinomiana constitui um dos aspectos mais perigosos de tentar viver o Mito do Milênio.

A febre milenarista irrompeu de uma maneira estranha em 1260, o ano em que Gerad de Borgo esperava ver o *viri spirituali*, o Novo Homem, erguer-se para tomar o poder global. Em 1260, flagelantes tomaram as estradas da Europa. Pessoas deixavam seus lares, renunciavam à vida comum, iniciavam grandes marchas e se supliciavam até sangrar. Na Idade Média, nos Países Baixos e em toda a Alemanha, o movimento masoquista acabou por transformar-se, como diz Norman Cohn, "em uma busca militante e sanguinolenta do Milênio". O impulso flagelante, no entanto, reaparece ocasionalmente, como, por exemplo, entre alguns xiitas muçulmanos.

Algumas formas de revolução mística foram na verdade estranhas. Vejamos um exemplo do século XVI. Os "camisards", huguenotes franceses em guerra com a Igreja Católica, especializavam-se em guerra sobrenatural ou, se quiserem, em guerra psíquica. Em 1683, Luís XIV revogou o Édito de Nantes, privando, dessa maneira, os protestantes de todos os direitos religiosos e civis. Subseqüentemente, um pastor protestante,

Pierre Jurieu, publicou panfletos baseados em sua interpretação do *Livro do Apocalipse*, prevendo a queda da Igreja Católica em 1689.

Um seguidor de Jurieu, Du Serre, disseminou a mensagem apocalíptica e treinou crianças para se tornarem videntes. Conhecidas como os "pequenos profetas", as crianças iam de cidade em cidade, anunciando o reino do Anticristo e o Segundo Advento iminente do Senhor. Muitos adultos sucumbiram ao entusiasmo contagioso. Uma das crianças, conhecida como "a bela Isabel", tornou-se a profeta que contribuiu para inspirar a revolta dos camisards. Estes lutavam ajudados pela convicção de que tinham apoio divino. Estranhas luzes no céu guiavam-nos durante as batalhas. Balas disparadas contra eles, segundo se dizia, transformavam-se em água. A despeito de suas ousadas façanhas e da ajuda celestial que recebiam, porém, a luta terminou para eles em derrota.

Temos outro interessante místico milenarista na pessoa de Thomas Müntzer, contemporâneo educado e inimigo de Martinho Lutero. A carreira de Müntzer despertou atenção de autores marxistas. Ele, que tinha Joachim em alta conta, convencera-se de que os Últimos Dias estavam próximos. A parte do apocalipse que mais o interessava era a que tratava do extermínio dos incrédulos. "O tempo da colheita chegou", declarava, "e o próprio Deus me contratou para essa colheita. Afiei minha foice, porque meus pensamentos estão fortemente fixados na verdade e meus lábios, mãos, pele, cabelos, alma, corpo, vida, amaldiçoam os incrédulos." Entrevemos aqui uma reversão a João de Patmos e um afastamento de Jesus e Francisco.

Com Lutero, o alvo da fúria apocalíptica tornou-se a Igreja Romana. Com Müntzer, eram os ricos e poderosos senhores da sociedade da Baviera. Ele foi convertido às convicções milenaristas em 1520 por um homem que estudara com os Irmãos do Espírito Livre e os flagelantes. (Uma mistura potente, disso não pode haver dúvida!) Tal como tantos construtores de mito, Müntzer referia-se a si mesmo como alguém que "se tornara Deus" e pregava contra o Sistema político em nome dos mineiros e tecelões pobres de Zwickau. O proletariado herdaria o Reino de Deus e o resto seria condenado às penas eternas. Estudiosos dividem-se em sua estimativa dessa estranha figura: Ernst Bloch viu nele um precursor dos marxistas, e Norman Cohn, um homem com uma mentalidade destinada a reencarnar na Alemanha de Adolf Hitler.

A Heresia da Autotransformação

Eu gostaria de concluir com alguns pensamentos sobre o que me parece ser o legado e a importância da filosofia visionária da história formulada por Joachim. Ele foi, acima de tudo, um profeta da nova era.

Sua visão profética lançou uma ponte entre o pensamento social antigo e o moderno. A chave para essa ligação é a historicização dos arquétipos. O Mito do Milênio tornou-se a base de uma filosofia da história; a visão profética evoluiu e transformou-se em teoria e prática social. Joachim, além disso, fornece-nos uma "dialética" — para usar o termo de Hegel. Ou poderíamos dizer que ele se antecipou a Vico e a Marx ao nos brindar com uma lei genética da evolução histórica. Essa lei envolveu a dinamização e a concretização do arquétipo da Santa Trindade.

As idéias de Joachim, à medida que atravessavam a corrente da história intelectual européia, inspiraram uma série de movimentos sociais e teorias seculares de natureza progressista, evolutiva e revolucionária. Na medida em que se soltaram de suas amarras religiosas, essas especulações visionárias tornaram-se crescentemente heréticas, cada vez mais semeadoras de dissensão e potencialmente incendiárias.

Em minha opinião, Joachim, involuntariamente, deu origem ao que é talvez a principal "heresia" do ponto de vista moderno — a heresia da autotransformação. Com isso refiro-me à heresia de que a humanidade tem de livrar-se da autoridade da religião organizada, e partir em busca dos limites mais remotos do autodesenvolvimento. Ignorando o dogma e o pressuposto teórico, a humanidade assume responsabilidade por seu próprio projeto de tornar-se Deus. Como a interpreto, a visão de Joachim, de uma nova espécie de humanidade espiritual, lançou os alicerces de teorias seculares posteriores de evolução e de uma super-humanidade.

Conforme demonstrou Carl Löwith, a filosofia progressista desse pensador medieval reencarna repetidamente nos mundos seculares da ciência, da filosofia e da educação[20]. Seria uma tarefa enorme pesquisar em detalhes essas influências, mas permitam-me concluir com alguns exemplos.

No *Education of the Human Race,* Lessing descreveu uma evolução em três estágios da consciência humana. E, explicitamente, comparou a última era à era do espírito, de que falava Joachim. A mudança herética encontra-se na mudança, da confiança na revelação para a confiança na educação. A finalidade da educação superior, de acordo com o pensador alemão, é libertar-nos da dependência imatura para com instituições superadas. A idéia de Kant de *Aufklärung*, ou iluminismo, era semelhante. Em 1784, Kant escreveu: "Iluminismo é a transcendência da imaturidade auto-imposta do homem"[21]. A conformidade com a audaciosa liberdade dos "Homens Espirituais" de Joachim transparece no lema de Kant: *Sapere aude*, "ousar saber!" A heresia nascida das elucubrações de Joachim é justamente isso, a aspiração ousada pela liberdade gnóstica, a vontade ousada de tudo saber, tudo experimentar, ser tudo.

Auguste Comte foi o grande filósofo do positivismo. Ainda assim, por baixo de sua veste secular, ele, também, foi modelado pela imagem joachinina dos três estágios ascensionais do desenvolvimento humano. Hegel, Schelling e os filósofos russos, sem exceção, pensaram em termos de evolução, desenvolvimento e ascensão da consciência por meio de estágios progressivos. Os atavios da religião revelada são descartados, mas perdura a dinâmica evolutiva da visão de Joachim.

A filosofia de Nietzsche inclui também vários temas joachininos: o repúdio ao Cristianismo tradicional, a tese de transcender o bem e o mal, e a vontade para criar o super-homem. Nietzsche faleceu em 1900, no limiar do século XX. Consciente de si mesmo como profeta, usou a figura de Zaratustra como porta-voz de suas mais inspiradas idéias. Zaratustra, outro nome de Zoroastro, foi um dos construtores iniciais do Mito do Milênio. No seu maniacamente vaidoso *Ecce Homo*, Nietzsche identificou-se com o Cristo crucificado e, tal como os revolucionários franceses, proclamou o livro como marcando o Ano Um.

Nietzsche via-se como iniciador de uma nova era. Por isso mesmo, datou sua autobiografia, *Ecce Homo*, da seguinte maneira: "No primeiro dia do ano um (30 de setembro de 1888) da falsa cronologia." "O homem" — disse ele, repetindo João de Patmos — "é uma corda estendida entre a Besta e o Super-homem." "Aquele que vence", era o estribilho de João. Para João de Patmos, a humanidade é também uma corda, mas uma corda estendida entre a Besta do poder mundano e o Cristo do Deus-homem.

Caberia dizer que a heresia da autotransformação representa a vontade de redefinir a essência humana através da ciência, da arte e da tecnologia. A história do monstro de Frankenstein, de autoria de Mary Shelley, constituiu uma poderosa descrição dessa heresia. Frankenstein está obcecado pelo desejo de criar vida, o que é certamente uma antiga prerrogativa divina.

Quando examinamos atentamente o assunto, descobrimos que as velhas idéias religiosas sobre um novo céu, uma nova terra e uma nova humanidade continuam conosco. A única mudança está no *hardware* mítico. Em vez de acreditar que, através de Deus, todas as coisas são possíveis, nós, modernos, afirmamos que todas são possíveis através da arte, da engenhosidade e da tecnologia humanas. Vamos estudar, então, algumas das voltas e reviravoltas dessa vontade titânica. Passemos, portanto, a um dos experimentos sociais e artísticos mais ousados na teoria da autotransformação — a Renascença italiana.

3

A Renascença: A Renovação do Mundo por meio da Arte e da Ciência

A idade é de ouro, um paraíso terrestre,
E aqui os primeiros tempos são renovados.

LORENZO DE MEDICI

A palavra *Renascença* é usada por historiadores para assinalar o alvorecer do mundo moderno, o rompimento com o Cristianismo medieval précientífico. Concordam eles em que houve várias renascenças, ou renascimentos, da Cultura Ocidental. Neste capítulo, discuto a mais conhecida de todas, a Renascença italiana. Na Itália da Renascença, o Milênio assumiu a forma de uma revolução cultural e foi, em minha opinião, a primeira grande mudança secular no mito.

O Milênio da Renascença visava, através das artes e das ciências, a levar os limites das realizações humanas na direção de seu potencial divino. Essa grandiosa esperança de renovação do mundo por intermédio da arte, da ciência e da tecnologia foi orientada por várias idéias principais. Proponho-me a discutir cinco delas:

1) Os líderes da Renascença reuniram duas correntes do pensamento utópico ocidental, o bíblico e o pagão, e, na verdade, geraram uma nova onda de mudança, na direção de um Milênio humanista.

2) Os humanistas, eruditos e magos da época forjaram uma nova imagem do potencial humano, uma imagem radicada em fontes herméticas, bíblicas e platônicas, que descrevia o futuro da humanidade em termos realmente divinos.

3) Durante a Renascença, o Mito do Milênio, graças à influência da magia, inspirou o nascimento da tecnologia moderna — a parteira no desabrochar do potencial divino da humanidade.

4) Artistas, arquitetos e outros videntes da nova tecnologia conceberam, planejaram e realmente tentaram construir na terra cidades visionárias.

5) Finalmente, esses tempos geraram um profeta, Girolamo Savonarola, que, a despeito de seu entranhado medievalismo, defendeu uma Florença democrática como o local terreno da nova era. Aqui, graças à inspiração do milenarismo, vemos os primórdios de uma idéia que se tornaria uma das forças mais atuantes da história moderna, uma antevisão do Iluminismo europeu. Ao fim do século XX, estamos ainda vivendo essas mudanças profundas, introduzidas pela Renascença no antigo Mito.

Um Milênio Humanista

Comecemos com a primeira contribuição da Renascença italiana para o milenarismo. Nessa época, convergiram duas correntes do legado utópico ocidental, o bíblico e o pagão. Ou nas palavras do grande estudioso da Renascença, Jacob Burckhardt:

> Ecos do misticismo medieval infiltram-se nesse momento na mesma corrente, juntamente com as doutrinas platônicas e com um espírito caracteristicamente moderno. Amadurece nesse momento um dos frutos mais preciosos do conhecimento do mundo e do homem, e apenas por isso a Renascença italiana terá que ser denominada a líder das eras modernas[1].

E é para os ecos do misticismo medieval que quero chamar a atenção: para os místicos revolucionários, para os joachininos e franciscanos da nova era, e para os indivíduos que deram prosseguimento ao sonho milenarista e à fantástica esperança de que o mundo podia ser mudado radical e decisivamente para melhor. De acordo com Burckhardt, a Renascença levou à "descoberta do mundo externo" e da "plena e total natureza do homem"[2]. O Mito do Milênio, que é uma visão da natureza completa, total, da existência humana, contribuiu para liberar as energias da renovação, que encontraram tantas novas formas de expressão durante essa época.

Na síntese das culturas pagã e cristã destacou-se Marsilio Ficino (1433-1499), uma dessas figuras difíceis de classificar na Renascença italiana. Fundador da Academia Florentina, humanista e neoplatônico, mago e padre ordenado, tradutor de Platão e do *Corpus Hermeticum*, codificador do amor platônico e expoente da filosofia perene, Ficino vem atraindo nestes dias um interesse crescente[3].

Os tempos estavam maduros para a síntese, porquanto os fins do século XV constituíam uma época de fermento intelectual. Como diz a historiadora Marjorie Reeves, na cultura italiana "desespero e êxtase estavam estranhamente misturados"[4]. Em Florença, Savonarola tocava o alarma, bradando que o dia do juízo estava próximo, enquanto Marsilio Ficino e seus cabeludos amigos platônicos refletiam que os tempos estavam maduros e que era iminente uma grande mudança.

Ficino, um homem baixote, corcunda, com o dom de fazer amigos, misturava aspirações pagãs com imagens bíblicas de renascimento. O texto principal para nossas finalidades é uma carta que ele escreveu, no aziago ano de 1492, ao astrólogo-humanista alemão Paul de Middleburg. Na carta, Ficino anunciava que a Idade de Ouro (*seculum aureum*) havia chegado. Um sinal desse fato era a grande revivescência das artes e ciências que nesse momento ocorria. Em um febril transbordamento de energia, "a gramática, a poesia, a oratória, a pintura, a escultura, a arquitetura, a música"[5] tinham despertado para a vida e, inesperadamente, floresciam. Essas antigas *disciplinas liberales* estavam renascendo, acordando e dirigindo as energias de homens e mulheres para novos canais. Havia rumores de uma nova astronomia e, acima de tudo, dizia Ficino, fora inventada a arte da tipografia.

As artes liberais adquiriram nova importância, dizia Ficino, graças à invenção do prelo. Isso porque, nesse momento, era possível "resgatar das trevas e trazer para a luz" o *Platonicam disciplinam*, o rico e fascinante mundo da imaginação platônica. Era nesse momento viável, através da tecnologia do prelo, disseminar o evangelho de um renascimento pagão, o evangelho de uma nova humanidade. Para Ficino, em sua época, como para Marshall McLuhan na nossa, a revolução na tecnologia das comunicações era a chave para o apocalipse cultural. Novas informações e a crescente capacidade de divulgá-las estavam levando pensadores da época para um ecumenismo cristão-pagão, como acontece em nossa época para uma aldeia global pós-moderna.

Para Ficino, as renascidas "disciplinas liberais" eram sinais do *seculum aureum*, "a Idade Áurea". A ousada equação de Ficino (artes liberais = idade áurea) era uma idéia em curso no *zeitgeist*. O humanismo florentino fora modelado por estudiosos gregos, que haviam trazido consigo de Constantinopla idéias utópicas. Um desses inspirados devotos da antiguidade pré-cristã, Plethon, teria profetizado que "todo o mundo se tornaria susceptível à verdadeira religião." Haveria um despertar global da consciência, de acordo com Plethon, uma nova maneira de ser, saturada por *"uno animo, una mente, una praedicatione"*[6] — "uma única alma, uma única mente, um único ensinamento".

Para Plethon, o renascimento da cultura prometia a paz do ecumenismo, uma comunidade espiritual mundial. Descrente da escolástica medieval, Plethon acreditava que o pensamento grego tinha o potencial de unificar toda a consciência humana. Para esse grego culto, a missão da educação era milenarista. "O platonismo seria o instrumento de uma renovação total do pensamento e da moral teológica e iniciaria uma fase magnífica na história humana"[7]. Aqui convergem Platão e os místicos medievais revolucionários. A fonte mais nobre da unidade das artes liberais, o fio unificador de toda atividade cultural, eram as aspirações transcendentes da humanidade. O que lhes inflamava a esperança no poder das humanidades era a crença na existência de uma alma, mente e ensinamento subjacentes e unificadores.

A visão da Renascença, de *una mente* que nos ergue acima das discórdias mesquinhas da cultura, leva-nos ao ponto seguinte. Ficino era um porta-voz da idéia de uma filosofia universal ou perene. Estimulado por Cosimo de Medici, traduziu os diálogos de Platão, projeto este iniciado em 1463 e que veio à luz finalmente em 1484. Mas ele fez algo mais. Em 1471, publicou e pôs em circulação as obras do lendário Hermes Trismegisto.

Ele e seus colegas humanistas cultivavam o mito desse banco trismegistiano de dados da sabedoria hermética, que se acreditava ser contemporâneo de Moisés e que profetizara a vinda de Cristo. Esses trabalhos, no entanto, foram realmente escritos no século III d.C. Acreditando que eram veneráveis e sagrados, dada sua antiguidade, essas obras produziram uma forte impressão sobre Ficino e seu círculo de estudiosos interessados no estudo da alma. O principal interesse do grupo, porém, não era a exatidão histórica, mas a construção do mito e o cultivo da alma, como o americano Thomas Moore demonstrou com tanta elegância em seu estudo sobre a psicologia astral de Ficino.

Na "Introdução" à tradução de Platão, Ficino escreveu uma carta-dedicatória a Cosimo e falou na filosofia perene. O Verbo eterno, o Logos, escreveu, era a base da *pia*, "pacífica ou sagrada", filosofia. A filosofia pacífica, sagrada, eterna, perene era a corrente secreta de luz vital, a onda temporal da sabedoria, que vinha fluindo através dos séculos desde os poetas de antanho e a Bíblia hebraica e passando por picos do intelecto humano como Pitágoras, Platão, Plótino, o pseudo-Dionísio, o Areopagita, e chegando aos videntes dos tempos presentes. No âmago da *pia philosophia* havia uma atividade gnóstica. Na igreja da verdade eterna de Ficino, o único salvador era o salvador que estava dentro de nós[8].

O Mito do Milênio, porém, não diz respeito apenas a interiorizar-se, como propusera Santo Agostinho. Em ação havia uma tendência mais radical, que tinha origem na tradição joachinina descrita no último capítulo. O Mito do Milênio não tratava apenas de gnose e iluminação, mas também de ação e regeneração social. A filosofia perene de Ficino era uma visão de regeneração social. As artes liberais constituíam caminhos para um novo e áureo estágio da criatividade humana. Para esse humanista da Renascença, a educação tornou-se um instrumento da escatologia, uma maneira de explorar os limites divinos das realizações humanas na terra.

A Imagem do Potencial Humano na Renascença

O período da história do Ocidente que ora examinamos repensou, reimaginou e reavaliou o que significava ser humano. Numa análise das idéias dos humanistas, filósofos e artistas da Renascença, o que se destaca é a sua concepção do potencial humano.

Era uma concepção que proclamava — na verdade, deificava — esse potencial. Uma exaltação dessa ordem sobre o que o homem é capaz de fazer é inteiramente milenarista e a encontramos repetidamente em uma ampla faixa de movimentos quiliásticos. Os que mais se identificavam com a Renascença eram os franciscanos radicais e os joachininos revolucionários, que previam o advento de uma estirpe espiritualizada, que transformaria a sociedade humana.

A Renascença, no entanto, desenvolveu uma versão secular própria da nova era do espírito. Na Renascença, imaginava-se que o Milênio ocorreria através de renovação nas artes e ciências, cabendo a profetas humanistas promover o nascimento de uma nova era de transformação cultural. Esses profetas diferiam muito dos visionários medievais que ainda imaginavam os Novos Homens como uma ordem monástica contemplativa.

Antes que a Renascença pudesse libertar-se das restrições medievais porém, a imagem humana teria que ser repensada. Os novos construtores do Mito do Milênio na Renascença recorriam a numerosas fontes para levar adiante o projeto: pagãs, bíblicas, patrísticas, herméticas, gnósticas e cabalísticas. Uma fonte de importância fundamental era encontrada na declaração seguinte, constante do *Livro do Gênesis*: "Façamos o homem à nossa imagem, conforme à nossa semelhança" (*Gen.*: 1:26).

Os visionários da Renascença aproveitaram com entusiasmo essas palavras. Acho justo dizer que o gênio da Renascença italiana consistiu em retirar essa sentença do *Livro do Gênesis* e explorá-la em todas suas dimensões seculares. Usaram-na para exaltar a imagem do potencial humano como jamais fora feito antes, construindo para a humanidade uma visão de ilimitado potencial criativo.

Nesse trabalho, Ficino teve importância fundamental. Com ele, um mito religioso de salvação vindo de fora transformou-se em um mito de autodeificação. No capítulo anterior, referi-me a essa mudança como a heresia da autotransformação. Mesmo que ele e Pico della Mirandola, que lhe seguiu as pegadas, conseguissem evitar a condenação oficial, o gênio saíra da garrafa; emergira uma nova imagem do potencial humano que estava destinada a solapar a teologia da submissão do homem a um poder mais alto. A heresia da autotransformação tinha por centro, na verdade, a força de vontade humana.

Glorificar a vontade, cabe notar de passagem, chocava-se com o *zeitgeist* da Reforma, cujos líderes, como Lutero e Calvino, ecoaram as palavras de Santo Agostinho, ao destacarem a pecaminosidade humana, a crença em que a imagem divina fora maculada, tornando-se pálida e remota a semelhança com Deus, e fraca e corrupta a vontade humana. Esses homens destacaram o abismo existente entre a depravação humana e o potencial divino. Nossa imagem humana está tão manchada pelo pecado, diziam esses reformadores do Norte, que nada poderemos fazer para nos salvar. Nossa mente racional, nosso livre arbítrio, seriam, no fundo, inúteis. Só através da fé, *sola fidei*, seríamos salvos. (Destaque na voz passiva.) Ou como disse o teólogo protestante Friedrich Schleiermacher, a essência da religião é uma "sensação de dependência[9]".

Já os humanistas da Renascença destacavam a "semelhança" com Deus, e não a "queda" da humanidade. Não a distância, mas a proximidade de Deus, as possibilidades de intimidade com Ele, não a pecaminosidade, mas a dignidade do ser humano — era o que trombeteavam em alta voz e orgulhosamente.

Talvez a declaração mais admirável de glorificação da humanidade ocorra na *Theologica Platonica*, de Ficino. Nesse livro, segundo Charles Trinkaus, "o principal objetivo de Ficino como filósofo era demonstrar a imortalidade e a divindade da alma humana"[10]. Essa tese harmonizava-se com o que o *Gênesis* diz sobre a semelhança com Deus, mas ia muito além.

Isso porque, de acordo com a *Bíblia*, a alma não é naturalmente imortal. Na melhor das hipóteses, as escrituras oferecem a esperança de ressurreição, resultado este que depende da vontade de Deus. A salvação vem de fora, de um poder transcendente, e depende do fio da fé. A situação era ainda pior no caso de Calvino, para o qual a salvação era predeterminada e divinamente arbitrária. Tudo isso contrastava vivamente com as idéias de Ficino, que construiu sua argumentação em louvor do potencial humano com base na muito diferente doutrina platônica, que diz que a alma humana é *intrinsecamente* imortal.

A idéia revolucionária no particular era a seguinte: se a alma humana é intrínseca e naturalmente imortal, *ela contém em si mesma sua própria divindade*. Dessa maneira, destruía-se um elo crucial na cadeia de dependência de um Deus externo. Os argumentos de Ficino sobre a imortalidade humana — tão diferentes da crença na ressurreição — lançaram as bases para uma nova concepção do ser humano, uma concepção que poderíamos chamar de humanismo evolutivo. Essa conclusão perturbadora seguiu-se à síntese, por ele procedida, de várias fontes: a influência hermética foi forte, como demonstrou Frances Yates; a bíblica, como observou Charles Trinkaus, teve caráter ainda mais forte, mas a principal influência, em minha opinião, e que me parece clara no *Theologica Platonica,* foi mesmo a platônica. A metafísica de Platão era naturalista. Na verdade, os antigos filósofos gregos foram os primeiros a compreender a própria idéia de natureza como uma realidade autônoma[11].

A feição secular na escatologia de Ficino sobre o potencial humano, portanto, baseou-se em sua afinidade com o naturalismo platônico. No Milênio bíblico, a consumação da história é imaginada como ocorrendo por intervenção divina. Estamos à mercê de forças divinas exógenas a nós. Com Ficino, o quadro muda radicalmente. Uma vez que a alma é naturalmente imortal, a origem da transformação muda para o campo da consciência, para a vontade, o intelecto e a imaginação do homem.

Ficino deixava bem claro o ponto seguinte: há no homem uma compulsão imanente para concretizar seu potencial divino. Essa força tem origem em um *appetitus naturalis*, um "apetite natural" para tornar-se semelhante a Deus, para ir até os limites do ser. Nessa conformidade, diz ele no *Theologica Platonica:*

> Todo esforço de nossa alma é no sentido de tornar-se ela mesma Deus. Esse esforço não é menos natural no homem do que o esforço para voar nas aves. Pois existe sempre nos homens, em toda parte. De igual maneira, não é uma característica contingente de alguns homens, mas está de acordo com a própria natureza da espécie[12].

Temos nessas palavras uma notável declaração sobre o potencial do homem de transcender a condição humana. Em uma época anterior, no início da Renascença, Dante inventara a palavra *trans-humanar*, "transcender a humanidade". Para Ficino, esse apetite deífico era o traço característico de nossa espécie. A natureza humana era justamente isso, uma natureza, um *nascimento*, "um vir à luz". Dada nossa natureza, deveríamos renascer como deuses, reformarmo-nos e transcendermos a nós mesmos. Ficino oferecia uma perspectiva evolutiva da realidade humana.

Essa perspectiva debilitava a hierarquia estática do ser. Se toda a vida, especialmente a vida humana, luta pela autotransformação, a tranqüilidade na ordem mundana torna-se impossível. Nietzsche, que conhecia a obra de Burckhardt sobre a Renascença, aproveitou a idéia do esforço para assemelhar-se a Deus e denominou-a de "vontade de poder". Para Ficino e Nietzsche, o esforço para "tornar-se Deus" é tão natural como o vôo o é para as aves. Adorar a divindade é tão natural como "para os cavalos é relinchar". Na versão introduzida na Renascença, o divino é tornado natural, e o natural, divinizado.

Ficino nos convida a sentir toda a amplitude de nosso ser. O projeto gnóstico, aquela ousada esperança de chegar às alturas e profundezas da consciência e aos limites da experiência não é, nas palavras de Ficino, algo embaraçoso ou anômalo, pecaminoso ou herético, mas tão universal e comum como a vontade de viver. A escatologia de Ficino, sua filosofia sobre o Fim, baseia-se, portanto, em uma teoria de *theogenesis* humana: ser humano é evoluir para a semelhança com Deus. Do ponto de vista de Ficino, a alma assemelhada a Deus manifesta-se de duas maneiras: em primeiro lugar, na relação com o corpo e, em segundo, na relação com o mundo.

Em relação ao corpo. Por meio da introspecção, a alma sabe que é a senhora do corpo. Sei que posso comer mais ou menos, resignar-me ao desconforto ou fazer um esforço para evitá-lo, e assim por diante. Posso abstrair-me de meu corpo e imergir em meu mundo interior.

Voltarmo-nos para dentro é a maneira de ganharmos acesso ao nosso potencial divino: "E eles aprenderão que a única maneira não só de atingir, mas possuir, o incorpóreo é tornar-se incorpóreo"[13]. Em outras palavras, abandonar a fixação no lado passivo da vida corporal. A escatologia de Ficino sugere a superação das limitações da existência normal experimentada no corpo. O homem pode resolver "retirar a atenção dos movimentos, dos sentidos, afetos e imaginação corpórea na medida em que disso for capaz." No sistema de yoga de Patanjali, a capacidade de retirar a atenção de impressões externas abre o caminho para a libertação gnóstica. Desapegando-se de eventos internos e externos, lembrando-se de sua alma, o homem torna-se um *anjo*, "um intelecto desencarnado puro"; e podemos aprender a apreciar "a luz infundida da verdade".

A alma, diz Ficino, é uma hóspede na terra, uma viajante na noite da eternidade e deveria ser chamada de "deus ou de uma estrela cercados por uma nuvem, ou um daemon". Essa conclusão, porém, não leva à negação completa do corpo nem à repressão do prazer. Ao contrário, a alma humana supera a alma do animal porque "sente mais agudamente" e a prova disso é que o homem gosta mais de comer, beber e praticar sexo do que os animais. Essas atividades, portanto, são sinais de nossa divindade, e não vícios que nos devam inspirar vergonha. No Milênio humanista de Ficino, os prazeres terrenos recuperam a inocência pagã.

Na escatologia de Ficino, o corpo tem um futuro psíquico. Com uma grande concentração de vontade, a alma pode deixar o corpo. Sócrates e seus transes lendários confirmavam esse fato. Os poetas, como disse Platão no *As Leis* e no *Fedro*, experimentam êxtase divino. A possessão poética seria uma prova da divindade de alma. Pitágoras e Zoroastro abandonavam o corpo e partiam em prolongadas excursões astrais que duravam anos, segundo se dizia. Contava-se que Epimênides, um velho xamã-filósofo grego, realizou uma viagem astral de 50 anos. Exemplos de bilocação e trilocação são citados como prova da autonomia e divindade da alma. Ficino escreveu ainda um livro sobre o arrebatamento de São Paulo, um caso famoso e muito estranho de experiência fora do corpo.

A divindade, o potencial evolutivo da alma, seria devida à sua natureza peculiar. A alma, para Ficino, era uma realidade mediata. Tinha afinidade com as ordens mais baixas de inteligência, como também com as mais altas. De certa maneira, portanto, a alma, para Ficino, era destituída de individualidade e se assemelhava ao *anatta* budista, ou "não-eu". Essa idéia reaparecerá na filosofia de Pico de la Mirandolla, sobre a onipotência da natureza humana.

A alma, "graças à mente, está acima da ação do destino... isso de tal maneira que imita seus superiores e, juntamente com eles, governa os seres inferiores". O poder da alma consiste em pôr ordem no caos, o que ela faz quando trabalha em harmonia com uma inteligência mais alta, denominada *providência*, ou seja, "prever o que vai acontecer".

Uma vez sintonizada com esse "modelo de governo divino", a alma pode governar a si mesma, construir casas e cidades, dominar as artes e os animais, em suma, a divindade da alma é demonstrada pela qualidade da civilização que ela cria e pela maneira harmoniosa e fecunda como governa a natureza e as formas de vida natural.

O trecho seguinte sumaria a escatologia de Ficino (o que, em termos seculares, seria sua teoria da evolução):

> Certamente o império da mente é vasto e ela se liberta dos grilhões do corpo graças a seu próprio poder. Grandes são as riquezas da mente, porque, sempre que deseja os preciosos tesouros de Deus e natureza, tira-os de seu próprio peito e não das entranhas da terra.

A divindade da alma seria confirmada de duas maneiras: em primeiro lugar, ela transcenderia os limites da existência física. Em segundo, e mais surpreendente, a arca de tesouros de Deus e da natureza estaria à nossa disposição devido à alma. Tudo estaria dentro de nós, toda a existência, o divino e o natural. Em suma, a autonomia da alma provar-lhe-ia a divindade, a capacidade de acesso a todos os poderes do universo, por intermédio do mundo da imaginação.

Em relação ao mundo. O Fim metafísico da alma neoplatônica de Ficino consistiria em renovar o mundo através das artes e das ciências. "As artes humanas fazem por si mesmas tudo aquilo que a natureza faz, de tal modo que aparentemente somos não seus servos, mas seus concorrentes." Ficino ficaria, sem dúvida, atônito se apenas pudesse ter visto como os seres humanos se tornaram competitivos com a natureza. As artes humanas imitam a ordem divina, segundo nos diz. Apeles pintou um cão que provocava latidos em cães de carne e osso, e uma estátua de Vênus esculpida por Praxiteles deixava os homens loucos de desejo. "O homem, finalmente, imita todas as obras da natureza divina e aperfeiçoa, corrige e modifica as obras da natureza inferior."

Nós humanos criamos mundos mais confortáveis do que quaisquer outros que a natureza tenha para oferecer. Orgulhosamente, Ficino nota que seres humanos inventam novos e sutis prazeres para seus sentidos refinados, que ele, em tom de aprovação, denomina de "alimento para a phantasia". E encontraríamos alimento para a phantasia nas artes industriais, onde, segundo ele, "utilizamos todos os materiais do universo". O ser humano, continua ele, é o deus dos animais e, na verdade, de todos os elementos e de todos os materiais do universo físico.

No desenvolvimento de nosso potencial divino, servimo-nos do mundo natural. Ficino, claro, vivendo em uma era pré-ecológica, desconhecia o risco de destruir ou poluir a natureza, como nos acontece hoje. A idéia era competir com ela e aperfeiçoá-la, e não, como disse Bacon, colocá-la na "roda do suplício" e explorá-la até a morte.

Precisamos aprender a *nos* governar, em preparação para o fim da história, e é nesse contexto que desenvolvemos artes abstratas, como a música e a matemática. De que maneira elas entram no quadro do Fim? As artes abstratas, como a música e a matemática, destinam-se a preparar-nos para uma época em que a alma "começará a viver sem ajuda do corpo". Isso porque, além do corpo, há à nossa espera uma existência etérea.

Como Deus é criador, a alma de Ficino sonha em recriar céu e terra, para adequar-se a seu novo modo etéreo de viver. Para Ficino, a ciência é uma auxiliar da escatologia. Um homem de gênio como Arquimedes olha no interior da mente do Autor cósmico, de modo que "o homem poderia, de alguma maneira, construir os céus, se possuísse os instrumentos e o material celestial". Ficino, destarte, via a ciência como imitação do poder de Deus de criar o próprio céu. A phantasia de recriar o céu, de reestruturar as formas da natureza, prefigurava o espírito da moderna ciência e tecnologia. Para ele, o poder de reestruturar a realidade física era prova da imortalidade da alma e, portanto, de sua divindade e potencial apocalíptico.

Outro sinal da imortalidade da alma e, portanto, de sua divindade, seria a capacidade de realizar milagres, entendidos por ele em termos do controle pelo homem dos ambientes terreno e cósmico. "Aqui nos maravilhamos que a alma de homens dedicados a Deus governe os elementos, dê ordens aos ventos, obrigue as nuvens a ceder a sua água, dissipe nevoeiros, e cure as doenças do corpo humano." Ainda assim, nem mesmo esses milagres, que Ficino reconhece que são raros, embora parte de nosso potencial psíquico natural, esgotam a divindade da alma.

Nosso futuro divino inclui uma brilhante perspectiva subjetiva. A semelhança com Deus é a base da profunda capacidade de nossa alma de viver em um estado de alegria. A alma é inerentemente feliz e, portanto, como diz a Declaração de Independência americana, temos um direito natural de buscar nossa própria felicidade. Além do mais, diz ele, o *pedigree* divino da alma explica-lhe a propensão de adorar a si mesma, de modo que até o egotismo e o narcisismo refletem a luz da glória divina! Evidentemente, há mais aqui do si-mesmo pagão do que cristão de Ficino.

Teríamos um sinal do potencial humano apocalíptico naquilo que Trinkaus chama de "multipotencialidade [do homem]... de tornar-se tudo". Emocional e intelectualmente, os seres humanos esforçam-se para se tornarem e conhecerem todas as coisas. Impacienta-os a servidão, porque há "oculto em nós algo de não sei qual grandiosidade e que seria cruel violar". O amor natural pela liberdade seria outra indicação da divindade do homem. Essa idéia está de acordo com observações que farei adiante sobre as raízes milenárias do Iluminismo, que proclama também nosso direito inalienável à liberdade.

Até mesmo a vontade de poder no comportamento humano seria prova de nosso apetite, divinamente implantado, pelo infinito, como vemos neste curioso argumento: "O homem, portanto, não quer um superior ou um igual e não permitirá que coisa alguma seja deixada de fora ou excluída de seu domínio. Esse status pertence apenas a Deus. Por conseguinte, o homem busca uma condição divina." Ou, em veia semelhante: "Ele está feliz por não haver fronteiras. Anseia para comandar e ser louvado em toda parte. E assim esforça-se para estar, como Deus, em toda parte."

Toda a filosofia da humanidade de Ficino é inteiramente escatológica e aponta para o mecanismo que nos impulsiona para o fim da história. O homem, por existir, é estimulado a superar-lhe os limites. Descontente com as limitações temporais, condicionado por energia divina e amor à liberdade, o apetite divino em nós existente quer consumir tudo e a tudo transformar em um fogo de alegria e "deleite eterno" blakeano.

Não obstante, o descontentamento inerente da alma com a morte e a limitação não implica fuga para a morte. Ao contrário, o médico da alma Ficino acreditava que havia necessidade de um "novo corpo celestial imortal temperado"[14]. Seria ainda corpo, mas dotado de novos poderes e atributos.

> A condição da alma eterna, que se afigura ser, no mais alto grau, natural, é que ela deva continuar a viver para sempre em seu próprio corpo. Por conseguinte, conclui-se por raciocínio necessário que a imortalidade e o brilho da alma podem, e devem, em alguma ocasião, refulgir no interior de seu próprio corpo...[15].

A alma imortal criaria seu próprio corpo. Quereria encarnar-se e transfundir-se nas cores e texturas dos mundos do espaço-tempo. Dado que a história se encaminharia para a incorporação celestial, entendemos por que Ficino idolatrava as artes e as ciências. Estas seriam os meios para revestir de carne os sonhos da Idade Áurea, a maneira de torná-los reais, práticos, particulares, tangíveis — em suma, reais. As artes e as ciências, então, seriam caminhos para uma espécie de encarnação celestial, para maneiras sensíveis e sensuais de renovar a vida humana.

A Humanidade Superangélica de Pico Della Mirandola

No círculo neoplatônico dos amigos de Ficino havia um jovem visionário do potencial humano. Autor de um canto laudatório daquele que Shakespeare chamava de o "paradigma dos animais", Giovanni Pico della Mirandola escreveu, em 1486, o *Oration on the Dignity of Man* [Oração sobre a Dignidade do Homem]. Embora o *Oration* lembre a teologia do potencial humano de Ficino, acrescenta-lhe alguns refinamentos.

A teologia medieval colocava o homem abaixo dos anjos. Pico dava-lhe uma posição superior, e por razões intrigantes: ao contrário dos anjos e de todos os demais seres, cuja essência, natureza ou arquétipo são fixos e, destarte, destituídos de liberdade, a natureza humana é um conceito aberto e fluido.

O "Construtor Supremo", declarava Pico, colocara a "criatura humana, de imagem indeterminada" no centro do mundo, e acrescentava:

> Nós não te demos, ó, Adão, nenhuma face que te seja característica, nem qualquer dom individualmente teu... A natureza de todas as demais criaturas é definida e restringida por leis que estabelecemos. Tu, em contraste, sem impedimento de tais restrições, por tua livre vontade... traças para ti mesmo os lineamentos de tua própria natureza... Em ti fizemos uma criatura nem do céu nem da terra, nem mortal nem imortal, para que possas, como o livre e orgulhoso modelador de teu próprio ser, dar a ti mesmo a forma que preferires[16].

Que declaração mais ousada sobre o poder do ser humano de assumir o comando de sua própria vida! Existir como ser humano é uma dádiva que consiste em não ser prisioneiro de uma hierarquia fixa do ser. O ser humano é superior aos anjos porque pode modelar sua própria realidade, alçar-se além de suas limitações e até mesmo aspirar à união com a divindade. A existência humana seria um projeto aberto, livre.

Este é um aspecto liberador exclusivo do ser humano. Graças a essa maravilhosa liberdade e abertura para a realidade, o ser humano pode aprender a assimilar e, assim, transcender, todos os arquétipos, todos os tipos, formas e padrões do ser, absorvendo-os e dominando-os. Em vez de uma hierarquia fixa, de um ícone estático, o universo se dissolveria em ondas temporais de transformações, em um local onde o novo seria possível. Em suma, emerge uma imagem de potencial evolutivo do homem.

Para Pico, como também para Ficino, a função das artes liberais seria a de desencadear nosso potencial divino. "A dignidade das artes liberais", disse Pico, "e seu valor para nós são atestados não só pelos mistérios mosaico e cristão, mas também pelas teologias dos tempos mais antigos." A idéia de uma tradição comum, ou perene, era forte em Pico e Ficino. O Milênio humanista estimulava um ecumenismo do espírito, uma feliz unidade do espírito, que defenderia o que hoje conhecemos como "multiculturalismo".

Para Pico, constituía função da filosofia pacificar civilizações, dar voz à unidade curativa das várias culturas. Conflitos religiosos e culturais seriam causados por conflitos interiores. O filósofo, dizia Pico, deveria ser médico da alma, curador de um mundo segmentado.

> Pois é evidente por si mesmo... que numerosas forças lutam dentro de nós, em guerra cruenta, intestina, pior do que guerras civis em Estados. Igualmente claro é que, se queremos superar esse estado de guerra, se queremos obter a paz que deverá nos estabelecer finalmente entre os dignos de Deus, só a filosofia pode mediar e atenuar essa luta[17].

A deificação da humanidade, portanto, estaria vinculada à missão pacífica da filosofia. A paz da raça humana residiria na possibilidade de promover a unidade das grandes tradições. Isso significaria tocar o núcleo humano da grande massa de religiões mundiais. E faríamos isso tocando o núcleo humano de nós mesmos. Do que se precisaria era uma "aliança indissolúvel entre carne e espírito". As aspirações do espírito e as necessidades da carne deveriam reunir-se em santo matrimônio. Para ele, o objetivo da filosofia e das artes liberais seria o de harmonizar os interesses de carne e espírito, na busca de uma civilização mais perfeita.

Tal como Ficino, Pico sentia-se fascinado pela magia hermética e iniciou o *Oration* com uma frase de Trismegisto sobre o milagre de se ser humano. Em sua opinião, seres humanos são excepcionais porque nenhum *arquétipo*, "nenhuma estrutura definidora ou determinante" os domina. Nesta particularidade, na verdade, estaria o milagre de ser um ser humano. Ser humano, para esse filósofo da Renascença, significaria ser aberto à infinidade de possibilidades oferecidas pela natureza. E ele citava um oráculo caldeu para esclarecer a idéia de uma humanidade multiforme: "O homem é uma criatura viva, de natureza variada, poliforme e sempre mutável." (Pico, a propósito, rejeitava a Astrologia, como sendo incompatível com o livre arbítrio. Ela seria um nó em torno do pescoço do homem multipotencial.)

O filósofo, na opinião de Pico, era um mago. A magia é a vontade de explorar as forças do universo. No *Oration*, porém, Pico estabelece uma distinção entre duas formas de magia: o tipo perigoso, que leva à escravidão "monstruosa", à servidão a forças sinistras, e o tipo que conduz à liberdade e ao conhecimento dos "segredos da natureza". Pico gostava de fazer comparações com coisas terrenas. "Da mesma forma que o agricultor casa os olmos com as vinhas", escreveu, "o mago une terra a céu, isto é, as ordens inferiores aos dotes e poderes das mais altas."

Rejeitava o dualismo, o hábito mental que divide as forças da vida — o acima do embaixo, o bem do mal, o céu da terra. A "magia" neoplatônica de Pico queria fundir esses opostos, em harmonia com o Mito do Milênio, que ansiava também pelo casamento entre céu e terra.

Magia e Tecnologia: A Construção do Milênio

A Renascença destacava a imagem do potencial humano. E fazia isso ao validar a vontade e a magia, que, juntas, prepaririam o caminho para a tecnologia moderna.

Indo a uma palestra sobre consciência, encontrei certa vez Joseph Campbell em um elevador. Apertando o botão para ir ao andar que queríamos, eu disse, em tom de brincadeira: "Olhe só, magia!"

"*Tudo* é magia", respondeu o grande mitólogo.

Campbell referia-se à tecnologia. Tecnologia é magia. Mas em que sentido? Frances Yates, em seu livro sobre Bruno e a tradição hermética, identifica o elo entre as duas:

> ... a função real do Mago da Renascença em relação ao período moderno (como a vejo) é que ele mudou o conceito de vontade. Nesse momento, era respeitável e importante para o homem trabalhar; e também religioso, e não contrário à vontade de Deus, que o homem, o grande milagre, ampliasse seus poderes. E foi essa reorientação básica da vontade, que em espírito não foi nem grega nem medieval, que fez toda a diferença[18].

Os ideais clássico e medieval de vida eram, na verdade, mais contemplativos do que ativos. Eram valorizados os poderes receptivos, e não os poderes da vontade ou os criativos. "A vida — disse Pitágoras — é como um festival. Exatamente como alguns a ele vêm para competir, outros chegam para fazer seu comércio, mas os melhores vêm como espectadores (*theatai*)"[19].

Theatai relaciona-se com a palavra *theoretical* [teórico] — e *theater* [teatro]. A busca do saber pelos gregos jamais se tornou experimental, pelo menos no sentido moderno. O amor excessivo à teoria, tão característica e classicamente grego, foi também o calcanhar-de-Aquiles da ciência grega. O mundo teve que esperar pela Renascença e por Galileu, antes de dar o passo seguinte, o passo experimental, na evolução da ciência.

A "ciência" antiga era teatral e teórica, e não prática ou experimental, e o olho ainda precisava casar com a mão. Como isso está distante do estilo americano! O trabalho, o trabalho manual, era considerado inferior, quase subumano, pelos antigos gregos. Aristóteles chamava escravos de "implementos vivos". Os ingleses possuíam uma palavra especial, em inglês *banausic*[20], que significava "humilde, mecânico, comum". Outra palavra grega para labuta, *ponos*, significa "dor, castigo, sofrimento". Tampouco a *Bíblia* tem o trabalho em alta estima; o Senhor castigou Adão expulsando-o da vida mansa do Éden; e a queda da humanidade foi em direção do suor do mundo do trabalho.

Nos tempos modernos, a tradição hermética, ou mágica, estimulou o aparecimento de uma nova maneira de encarar o trabalho. É importante lembrar que a magia egípcia saturava os textos herméticos adorados pelos neoplatônicos de Florença. Nesses livros, traduzidos por Ficino, o médico da alma, a Renascença aprendeu a trabalhar com a idéia de invocar forças divinas por meio de magia. O *Aesclepius*, um importante texto hermético, explica como invocar poderes divinos através de magia talismânica. Esta forma de magia implica o casamento da mão e do olho interior. Isso porque o talismã é uma imagem mental que criamos com as mãos, e a magia talismânica, uma operação que executamos para obter resultados.

A mudança para o moderno foi a da vida contemplativa para a ativa. A nova palavra-chave era trabalhar, e não contemplar. Para os pensadores clássicos, a meta suprema era a visão de Deus; na nova visão mágico-escatológica, a grande meta não era mais apenas ver a Deus, mas fazer ou criar algo divino. A magia operacional estimulava a vida ativa, experimental.

Outras influências, porém, agitavam também essa nova alma ativa, fáustica. Antigas comunas italianas, por exemplo, criaram a contabilidade e a atividade bancária, que assinalaram o início do capitalismo ocidental. Neste caso, a mudança para a vida ativa resultou num tipo diferente de magia — a "magia" de ganhar dinheiro. Se conseguíssemos ganhar dinheiro, poderíamos, como aconteceu com oito gerações dos Medici na Renascença, fazer história, poderíamos atuar como mecenas das artes e ciências, expandir e consolidar poder, revisar a própria arte de viver. Coube ao riquíssimo Cosimo de Medici, por exemplo, contratar pessoas para pesquisar manuscritos raros e atrair estudiosos, como Ficino, para traduzi-los e artistas, como Boticelli, para ilustrá-los.

Outra influência da Renascença no reexame das atividades humanas teve origem nas artes mecânicas: a produção de mapas, bússolas, prelos, telescópios, na balística e nas fortificações. Todas essas atividades abriam novos horizontes à vida ativa. Forneciam instrumentos para explorar ativamente a natureza.

No Milênio humanista, o conhecimento promoveu a integridade do si-mesmo e era prático e estético. Os artistas italianos do século XV valorizavam os conhecimentos da construção hoje dita civil, e que são evidentes em suas multifacetadas atividades. Filippo Brunelleschi, por exemplo, foi arquiteto, escultor, ourives, fabricante de relógios, construtor de fortalezas e engenheiro hidráulico. Piero della Francesca destacou-se como grande pintor e matemático. Eu poderia encher páginas com esses exemplos. Acima de todos eles, alteia-se o polivalente Leonardo da Vinci.

O paradigma de conhecimento como a construção de alguma coisa chegou ao auge com a nova física de Galileu. No prefácio da segunda edição do *Crítica da Razão Pura* (1786), Kant explicou a mudança que ligava a magia à vontade de criar tecnologia:

> Quando Galileu fez com que bolas, cujos pesos havia previamente determinado, rolassem por um plano inclinado; quando Torricelli fez o ar sustentar um peso que calculara antecipadamente como igual a uma coluna definida de água... uma luz acendeu-se sobre todos os estudiosos da natureza. Eles aprenderam que a razão tem *insight* apenas daquilo que produz através de um plano próprio...

Os novos cientistas foram além da observação da natureza: tomaram a frente, obrigando-a a responder-lhe às perguntas. Daí, bastava um curto passo para o programa de Bacon, de pôr "a natureza na roda". Emergia nesse momento uma nova e aziaga concepção de ciência. A nova magia da tecnologia científica mudaria a vida planetária e a frase de Bacon, sobre pôr a natureza na roda, adquiriria nuanças apocalípticas nestes fins de século.

O que começou como reflorescimento da magia talismânica na Renascença acabaria em arsenais atômicos, biotecnologia, realidade virtual, e todo o resto. A tecnologia está caindo cada vez mais nas mãos de uma vontade de Prometeu, de revoltar-se contra a natureza. Prometeu, vamos lembrar, roubou o fogo dos deuses e ensinou as ciências e as artes à humanidade.

A tecnologia de Prometeu, ganhando poder ao longo dos séculos, estimulava a imaginação que pretendia imitar Deus. Disse Ficino que uma alma inventiva rivaliza com a natureza no poder de criar. A história do monstro de Frankenstein, escrita por Mary Shelley, mostra o homem-deus competindo com a natureza. Quem pode esquecer a imagem hollywoodiana de Victor Frankenstein gritando agudamente, com uma alegria psicótica: "A coisa está viva! A coisa está viva!" A paixão de Frankenstein, como a de Ficino, era rivalizar com Deus na reconstrução da natureza. A história de Frankenstein revela a escatologia secreta da ciência. Querer criar nova vida exemplifica a heresia da autotransformação, a ambição secular de arrombar os portões do céu. Frankenstein, o precursor dos entusiastas da vida artificial, o "novo Prometeu" (o subtítulo da novela *Frankenstein*, de Mary Shelley, era *O Prometeu Moderno*), que se arrogou a onipotência de Deus, usou a ciência para deificar a humanidade. Renovador da phantasia cabalística do golem, ele se tornou um construtor moderno do Milênio.

Cidades Visionárias: Vislumbres da Nova Jerusalém

Ficino mencionou a arquitetura como um dos sinais da Idade Áurea. A arquitetura, de certa maneira, é o ponto culminante das humanidades, combinando artes e ciências. E figura na imaginação apocalíptica; a Nova Jerusalém é descrita como um local que existe, um edifício físico assentado em um local específico na terra.

A casa, o templo, a cidade, nos tempos antigos, eram construídos segundo arquétipos celestiais[21]. O milenarista puritano John Winthrop falou em construir "uma cidade no alto de uma colina", um arquétipo luminoso que todas as nações poderiam admirar e emular. No *Livro do Apocalipse*, é proeminente a arquitetura cravejada de gemas da Nova Jerusalém. "Vi também a cidade santa, a nova Jerusalém, que descia do céu, da parte de Deus, ataviada como noiva, adornada para o seu esposo."

O *Livro do Apocalipse* mostra uma arquitetura simbólica da cidade de Deus; na prática Renascença, artistas e construtores projetaram cidades visionárias reais. Na melhor das hipóteses apenas parcialmente realizadas, essas visões da *città felice* (a "cidade feliz") indicavam potenciais futuros.

Planos de construção de cidades visionárias constam das obras de Leon Battista Alberti, em *De Re Aedificatora* (1485), de Filarete, no *Sforzinda* (1461), e de Francesco di Georgio, no *Trattato di Architettura* (1481). "Em conjunto", escreveu Frank Manuel, "as cidades ideais vividamente descritas em tratados de arquitetura italianos, de meados do século XV a meados do século XVI, representam um dos grandes momentos da criatividade utópica independente"[22].

Vários pontos merecem destaque nesse particular: em primeiro lugar, o casamento entre função e beleza. Vejamos o caso da idéia neoplatônica de Alberti, de projetar cidades que harmonizassem a *commoditas* com a *voluptas*, "a função prática" com o "prazer estético". A eficiência funcional na nova era da Renascença não era suficiente: a cidade tinha que abraçar o *voluptas*, o "prazer divino". Daí a razão das ruas em curva: "Peço-lhe que pense em quanto mais agradável será a vista se, a cada passo, virmos novas formas de edifícios"[23].

As cidades visionárias da Renascença uniam atração estética e praticidade, utilizando projetos radiais, em forma de estrela ou de mandalas, construídas com a finalidade de serem higiênicas, eficientes para fins de defesa e simbólicas. O desenho radial evocava a idéia de unidade mística. Jamais poderíamos nos perder na cidade. Por mais longe que fôssemos, havia sempre um poste de sinalização, um indicador, apontando para o centro místico.

A cidade era considerada uma construção "mnemotécnica" espiritual. Na utópica *Cidade do Sol*, de Tommaso Campanella, todos os conhecimentos eram traduzidos em imagens simbólicas que adornavam o princípio de palácios e câmaras concêntricos, ajudas mnemônicas destinadas a ensinar a crianças e lembrar aos adultos a sabedoria curadora das culturas voltadas para a adoração do Sol. A cidade visionária de Campanella combinava arte, ciência e espírito de modo harmonioso.

O teatro da memória de Giulio Camillo foi uma aventura estranha, embora, talvez, também profética, em arquitetura visionária[24]. O mundo mental de Camillo era paralelo ao de Pico e de Ficino, e seu teatro de memória, uma estranha estrutura de madeira no qual duas pessoas podiam entrar, ficou famoso no século XVI. A idéia por trás dessa engenhoca baseava-se na magia astral de Ficino e na filosofia de humanidade onipotente de Pico.

Semicircular, o teatro era feito de degraus, caixas e painéis e organizado com imagens arquetípicas e talismãs mágicos. Quanto à finalidade desse *display* de vídeo, temos que deduzi-la de uma carta, escrita em 1530, por Viglius Zuichemus a Erasmo:

> Ele dá a esse teatro muitos nomes, dizendo agora que é uma mente ou alma construída ou fabricada... Alega que todas as coisas que a mente humana pode conceber... podem ser expressadas por certos sinais corpóreos, isto de tal maneira que o indivíduo pode simultaneamente enxergar tudo aquilo que, à parte isso, permanece oculto nas profundezas da mente humana[25].

O teatro da memória de Camillo foi uma tentativa de criar um objeto que expressasse tanto o conteúdo da mente (uma "mente ou alma construída") quanto proporcionasse os meios simbólicos para ingressar em um padrão imemorial total de conhecimento humano ("tudo aquilo que, à parte isso, permanece oculto nas profundezas da mente humana"). A finalidade era a de induzir no experimentador uma espécie de memória panorâmica de seu mundo interior e histórico completo. O teatro de Camillo, portanto, destinava-se a permitir a cidadãos de uma comunidade ideal um tipo de autoconhecimento da espécie.

Camillo, juntamente com Pico, Ficino e outros engenheiros herméticos da alma, acreditava que, ao organizar de uma dada forma certas imagens, em certos padrões, o homem poderia: 1) trazer para este nível, através de atratores estranhos, talismânicos — as energias etéreas do cosmo; e 2) trazer imagens, quadros, esculturas ou ícones para a vida psíquica interna. O teatro da memória era, em suma, concebido como um dispositivo técnico para produzir uma imensa expansão da consciência.

O teatro vídeo-gnóstico de Camillo foi construído para dar ao usuário acesso a toda a cultura, como um dispositivo para acelerar o fluxo de informação da história. Será que já começamos a entrar no teatro da memória de Camillo? Utilizar máquinas para obter acesso a vastos repositórios de informações constitui um aspecto proeminente de nossa cultura. A comunidade eletrônica virtual, de dimensões mundiais, ora em formação, tal como um câncer envolvendo o planeta, parece-me ser um desdobramento moderno do hermético teatro da memória de Camillo.

Ao contrário da puritana Nova Jerusalém de João, o princípio unificador das cidades visionárias da Renascença era o *voluptas* — que, aliás, não é palavra fácil de traduzir. Podemos tentar utilizando a palavra sânscrita *ananda*, "bem-aventurança". O *voluptas* da Renascença relacionava-se também com o *Eros* platônico, aquela energia sedutora que atrai a imaginação sensorial para a beleza ideal.

Quanto a ser arquiteto, escreveu Filarete: "Construir nada mais é do que um voluptuoso prazer, tal como o de um homem apaixonado. Todos os que experimentaram esse estado sabem que há tanto prazer e desejo em construir que, por mais que se faça, mais se quer"[26]. Extrapole-se essa observação para uma cidade utópica povoada por trabalhadores apaixonados por seu trabalho, e tal cidade seria realmente *felice*. Conforme mostrarei no último capítulo, uma das esperanças do Milênio é unir amor e trabalho, que foram separados durante a "queda do homem".

O *De Voluptate*, de Lorenzo Valla, destaca, mais do que qualquer outra obra da Renascença, o poder curador do prazer. Em Valla, a oposição entre pagão e cristão, corpo e alma, intelecto e imaginação, terra e céu, é transcendida pelo poder curador do prazer. Valla constrói uma ponte onde opostos se encontram, uma maneira de ser que cura o si-mesmo doente. *Voluptas* é o princípio unificador.

Valla atacou as éticas estóica, aristotélica e platônica por suas pretensões à independência. Elas denominam de *honestas* as virtudes que pregam, embora Valla tenha dúvidas sobre a importância atribuída ao frio autocontrole emocional. Os seres humanos são parte de uma grande e vibrante vida. O que nos condiciona o comportamento, segundo Valla, é o instinto do prazer, uma força que a virtude racional não pode dominar nem compreender. Ela foi instilada em nós pela inteligência divina e constitui nosso dever venerá-la, explorá-la, desenvolver-lhe e refinar-lhe o potencial.

A vontade tem uma função no universo do prazer. Mas tem que ser a vontade afirmativa do artista, e não a vontade repressiva do moralista. Se o artista quer restrição, isso acontece para multiplicar, sublimar e jogar com os prazeres infinitos da vida. O moralista, segundo Valla, é seduzido pela ilusão do controle e, por isso, amputa-se do poder de Deus, que se revela em nosso divinamente insaciável amor ao prazer. Para Valla, nossa missão consiste em obedecer ao instinto e confiar em nossos apetites divinos. Um dos precursores da moderna crítica científica da *Bíblia*, Valla fornece a argumentação para justificar o valor do prazer divino.

A filosofia do prazer de Valla é um ideal orientador para o Milênio humanista. O *Voluptas* traz-nos para a terra. Não temos que negar nossa humanidade ou adiar os prazeres celestiais até chegarmos ao além. O além começa aqui e agora. Valla gosta da imagem platônica do degrau, da escada. E haveria um fio de ouro ligando os degraus mais baixo e o mais alto, denominado prazer divino. Não as virtudes do ego controlador, diz Valla, "não a virtude, mas o prazer tem que ser desejado por si mesmo", isto é, se queremos "experimentar alegria, tanto nesta vida como na próxima"[27]. Com o fio de ouro do prazer aprendemos a reunir as forças opostas e, para ele, o id freudiano é santificado e a lógica do prazer transforma-se na lógica de Deus.

Valla aconselhava respeito pelo prazer e pregava o fim da repressão, especialmente o fim de todas as filosofias repressivas de educação. Esse exigente erudito defendia a satisfação blakeana do desejo, a celebração de nossa natureza animal. Ao sancionar o prazer, Lorenzo Valla ratificava outra faceta da vontade de deificar da Renascença. Ao contrário de Pico, ele via o divino no animal, o divino no instinto do prazer. Seu Milênio humanista era um local muito agradável.

No Milênio humanista, as cidades eram belas, limpas, sadias, eficientes e incorporvam a sabedoria das eras passadas. A cidade utópica da Renascença era um domo de prazer divino.

Savonarola, Apocalipse e Democracia

Lorenzo Valla não é uma figura fácil de identificar. Será um pagão disfarçado de cristão ou um cristão de evolução excêntrica? Perguntas semelhantes surgem no tocante a outro construtor do Mito do Milênio na Renascença. Refiro-me a Savonarola, um homem cujo nome evoca imagens de um esgazeado profeta do Juízo Final.

O pensamento da Renascença rompeu séculos de dominação psíquica, dissipando o feitiço repressivo do mito cristão e permitindo que indivíduos altamente desenvolvidos surgissem, monumentos ao culto de si mesmos, gênios raros, personalidades irrepetíveis. Por outro lado, o período não conseguiu produzir um novo mito coletivo, nem novas diretrizes para a vida diária. John Addington Symonds, comentando o paganismo da Renascença, escreveu:

> O estudo dos clássicos e o esforço para assimilar os antigos solaparam seu Cristianismo, sem substituir a religião ou a ética do velho mundo. Embora deixassem de temer a Deus, não adquiriram o autodomínio dos gregos nem as virtudes patrióticas dos romanos[28].

O culto de si mesmo era supremo. A vaidade de Petrarca só tinha igual em sua paixão pela fama. O lema, nada solidário, de Leonardo era "Foge diante da tempestade". Em sua autobiografia, Cellini jactava-se dos meios astuciosos como escapava da prisão e matava inimigos. Os mais altos dignitários da Igreja eram depravados em uma escala inconcebível. A Itália liderou a Europa no declínio da religião, enquanto floresciam a magia, a astrologia e a superstição mais grosseira. Maquiavel queixava-se de que a Itália carecia de patriotismo e que dependia de mercenários. O crime foi elevado à categoria das belas artes e o luxo dos ricos era afrontoso e nababesco.

Tudo isso estimulou a imaginação apocalíptica. Profetas sienenses perambulavam descalços pelas estradas, lamentando-se: "Ai de nós!" Os florentinos que mantinham diários registravam sinais e milagres. Astrólogos romanos proclamaram que o Fim estava próximo. O culto Landino preparou um horóscopo para a religião e argumentou, baseado na conjunção entre Júpiter e Saturno em 24 de novembro de 1484, que começaria o renascimento do Cristianismo. Boatos sobre o Anticristo circulavam por toda parte, eram altas as esperanças na vinda de um Papa angélico, e profecias joachininas ribombavam no subsolo.

Contra o pano de fundo dessa lúgubre paisagem mental, despontou a figura sombriamente brilhante de Girolamo Savonarola. Enquanto platônicos florentinos entreviam o alvorecer da Idade Áurea, um reflorescimento do pensamento pagão ligado humanitariamente a valores cristãos, Savonarola enxergava uma catástrofe bíblica, e profetizou catástrofes do velho estilo, com pragas enviadas por Deus. Na presença de refinados florentinos, Savonarola vomitava sinistras profecias e proclamava visões do Cristo, avistamentos da Virgem e encontros com o Demônio.

Ainda assim, a despeito de seu medievalismo, as phantasias de fins dos tempos do profeta da Renascença assumiram uma importante coloração secular. No *Compendium of Revelations* [Compêndio de Revelações], Savonarola aparece como precursor de idéias democráticas. Manifesta-se favorável a um "regime popular", por razões semelhantes à teoria de governo de poderes compensatórios de Montesquieu. O povo deveria governar-se, dizia o frade, não como uma turba, mas por meio de um Grande Conselho. Esse Conselho impediria a corrupção e controlaria os excessos de individualismo. "Corrromper tantos seria difícil e, de certa maneira, impossível, especialmente porque o julgamento e exame de outros cidadãos prudentes e de valor comprovado serão invocados, antes que o Conselho decida qualquer coisa."[29] Trata-se de uma excelente declaração de sentimentos democráticos.

Talvez devido às suas inclinações democráticas, ele ganhou o respeito do religiosamente indiferente (e igualmente mal compreendido) Maquiavel, que escreveu:

Embora os florentinos não se considerem nem ignorantes nem broncos, eles foram, ainda assim, convencidos por Fra Girolamo Savonarola de que ele conversava com o Todo Poderoso. Não me cabe decidir se isso era ou não verdade... Mas direi que números infinitos de pessoas acreditavam nele, sem ter visto qualquer coisa extraordinária para justificar-lhes a crença, e meramente porque sua vida, seus ensinamentos e seus textos eram suficientes para justificar-lhes a fé[30].

O modelo de Savonarola de governo democrático derivava de sua visão milenarista. O milenarista, vale lembrar, é uma pessoa com uma grande pressa, cansado de esperar pelo céu. Quer trazer o céu à terra. O frade dominicano queria também trazer a Nova Jerusalém à terra e escolheu uma cidade especial, Florença, onde pensava que isso poderia acontecer.

Uma vez que era uma cidade corrupta, Florença teria que passar inicialmente por uma tribulação purificadora. A fase de juízo final do Apocalipse teria que ser cumprida, mas Savonarola profetizou que, no fim, a Nova Jerusalém desceria em Florença. Ou nas palavras do profeta: "Florença, a cidade que Deus escolheu como o início da reforma da Itália e da Igreja"[31]. Savonarola teve visões com a Virgem Maria, e em uma delas, Maria disse que "Florença poderia se tornar mais gloriosa, poderosa e rica do que antes".[32] Aí estava a revelação que validava a idéia da prosperidade sagrada e santificava a paixão pela glória, pelo poder e pela riqueza.

Entre 1482 e 1486, ele pregou que era iminente uma terrível praga, que cairia sobre a Itália, ainda que fosse um prelúdio para o dia da glória. Em 1490, foi chamado de volta à cidade, onde reiniciou a pregação e aumentou sua popularidade, mesmo entre os cultos neoplatônicos.

Uma profecia, que circulava há um século, era que um rei francês atacaria, queimaria e destruiria Florença. Em 1494, Carlos VIII da França aproximou-se da cidade à testa de um poderoso exército. Piero de Medici fugiu apavorado, fazendo covardes concessões ao invasor. Enquanto isso, Savonarola encontrava-se com o rei francês e conseguia impedir o cerco e o saque da cidade. Os florentinos conseguiram expulsar os Medici sem derramar uma única gota de sangue. Savonarola retornou como herói, tomou medidas para que fosse instalada uma forma republicana de governo e converteu numerosas almas aflitas e gratas.

Mas nem todos estavam satisfeitos com a nova Florença. Muitos cidadãos relutavam em renunciar aos espetáculos pomposos e aos pitorescos festivais costumeiramente financiados pelos Medici. A jovialidade italiana sentia-se insultada com as severas críticas à arte, aos divertimentos, aos cantos. Lorenzo, apelidado de "O Magnífico", pode ter falecido em 1492, mas a sua *Canção de Baco* ainda ressoava na mente do povo, nesse momento enfeitiçado pelo pregador do apocalipse:

> Doces senhoras e jovens amantes, venham,
> Viva Baco e viva o amor,
> Que todos brinquem, dancem e cantem.
> Encham o coração de alegria.
> Não se matem na labuta nem se aflijam,
> O que terá que acontecer, acontecerá.
> Se puderem, sejam hoje felizes,
> Por que, amanhã, quem sabe?

Contra essa honesta afirmação pagã de vida, Savonarola oferecia uma fogueira de "vaidades". Em grupos, crianças percorriam as ruas de Florença cantando hinos; batiam à porta de ricos e pobres, exigindo que renunciassem às suas "vaidades", ou *anathemae*: aos bailes de máscaras e fantasias, aos livros e quadros, a tudo que lembrasse indecência ou devassidão. Os itens arrecadados subiam às alturas, sete camadas em uma gigantesca pirâmide octangular na Piazza, recheada de material combustível. Pela manhã, após Savonarola rezar com voz estentórea uma esplêndida missa, a pirâmide era acesa, em meio a gritos de santo deleite.

Conquanto alguns se sentissem sem dúvida emocionados com esse holocausto do elitismo cultural, a queima das vaidades enrijeceu também a oposição ao frade. Os que o combatiam eram conhecidos como os *Arrabbiati*, os "Coléricos". Os coléricos chamavam os savonarolanos de *Piagnoni*, "Chorões" — um nome que pegou.

Chorando, lamentando-se, profligando — o profeta alucinado investiu contra a corrupção nos altos círculos, não poupando nem mesmo Alexandre VI. O velho e corrupto Papa não achou graça nessa história. Savonarola, que parecia conhecer e admitir prazerosamente seu destino final, foi acusado de heresia. Isso aconteceu em 1498, perto do fim do século, numa época de grande ansiedade. Os inimigos de Savonarola prepararam-se para o golpe final. Inicialmente, ele foi excomungado e, em seguida, transformado em uma fogueira de vaidade.

Enquanto aguardava o dia da execução, escreveu duas meditações, que circularam largamente pela Europa. Martinho Lutero voltou a publicá-las em 1524. E considerou o frade italiano como um mártir da Reforma. "Esse homem foi condenado à morte", escreveu, "exclusivamente por ter desejado que alguém viesse purificar o lamaçal de Roma. O Anticristo — o Papa — tinha esperança de que todas as lembranças desse grande homem desaparecessem sob uma carga de maldições"[33].

A personalidade de Savonarola impressionou muitos de seus contemporâneos. No *Oráculo do Novo Mundo*, de 1497, Giovanni Nesi saudou-o como o profeta do Milênio. No início, até mesmo Ficino ficou encantado com ele, embora, no fim, se juntasse aos Arrabbiati e chegasse à conclusão de que *Savonarola*, sim, era o verdadeiro precursor do Anticristo. (Com aviso muito curto, o indivíduo-alvo pode mudar no jogo de designação do Anticristo.)

A dedicação de Pico a Savonarola foi mais duradoura. Este, por seu lado, escreveu que Pico era "um homem excepcional em nosso tempo por seu talento e ampla cultura", acrescentando que ele lhe dissera que estava "apavorado" com as suas profecias e que, ao ouvi-las, "seus cabelos ficaram em pé"[34]. Pico faleceu em 1494, tendo o frade ao lado no seu leito de moribundo.

Savonarola, porém, não foi um filisteu que cuspia fogo e enxofre. Mantinha relações com pensadores como Ficino e Pico e com artistas da categoria de Michelangelo e Botticelli. Este último, cujos grandes quadros foram pintados sob o mecenato pagão de Lorenzo de Medici, terminou seus dias em místico silêncio e triste solidão, enfeitiçado, talvez, pelo espírito radical de Savonarola.

Mas qual era o encanto do frade? Em primeiro lugar, Savonarola personificava a eloqüência primitiva do Mito do Milênio. Trazia convicção a uma visão que, na vestimenta religiosa tradicional, era difícil que humanistas críticos aceitassem. Ficino recuou, penso, porque seu senso de Idade Áurea tinha fundamento em si mesmo, baseado em um sentimento de competência, mais confiante, típico da Renascença. A vista de livros, máscaras e quadros reduzidos a cinzas — mesmo os de segunda classe e obscenos — deve ter doído em um homem que fizera da cultura imaginativa uma religião.

Ficino compreendia o imenso desafio da Renascença, um desafio que ainda hoje enfrentamos, a inquietante descoberta de que temos que encontrar nosso próprio caminho, alimentar nossa própria fagulha divina ou, como diria mais tarde Keats, ser os construtores de nossa própria alma. Mais tarde ainda, por volta da época dos transcendentalistas americanos, Ralph Waldo Emerson denominou de "autoconfiança" esse sentimento.

Outra figura da Renascença, o utopista desvairado Tommaso Campanella, que passou 28 anos em calabouços espanhóis, disse que temos que encontrar nosso próprio caminho, usar o que está à nossa disposição e, acima de tudo, aprender mediante experimentação. Colombo teria sido um excelente exemplo disso:

> Cristóvão Colombo, o genovês, viu mais com os olhos e experimentou mais com o corpo do que, com a mente, os poetas, filósofos e os teólogos Santo Agostinho e Lactâncio... Nossa era... reúne em si mais história em 100 anos do que todo o mundo teve nos quatro mil anos anteriores![35]

Campanella sugere nessas palavras que a experiência do tempo está mudando, devido à aceleração da taxa pela qual o mundo moderno é forçado a absorver informações. A experiência está se tornando cada vez mais condensada e complexa. Ainda assim, é de se esperar uma nova experiência do tempo em tempos apocalípticos, tempos de mudança acelerada e de síntese criativa. Acredito que há uma ressonância ao longo do tempo entre a Renascença e o que ora está acontecendo em nossa experiência acelerada do tempo. A Renascença como que anteviu nossa atual era da informação.

Naqueles dias, quando Michelangelo estava pintando o *Juízo Final*, parecia que o mundo chegava ao fim. Em retrospecto histórico, o período, de fato, passou por um aziago momento decisivo. Diante do choque do futuro representado pela Renascença, podemos compreender o interesse despertado por Savonarola. Ele era um homem que demonstrava possuir uma convicção moral que figuras originais da Renascença, como

Pico e Michelangelo, podem ter achado, de má vontade, que lhes faltava. No novo mundo que se abria, a velha fé, seus confortos e encantos antigos, pode tê-los pressionado penosamente, mas, em última análise, ela foi abalada pelas dúvidas que começavam a surgir por toda parte em volta deles, dúvidas que eram as dores de uma consciência que renascia — o preço inevitável, poderíamos dizer, do progresso.

A contribuição de Savonarola, porém, tinha mais um aspecto. A visão progressista de governo, riqueza, arte e indústria como bênçãos humanas fazia parte de uma nova descoberta daquilo que o ser humano podia fazer, em um mundo que ainda era ecologicamente inocente. A política de Savonarola dava respaldo à idéia, central a este capítulo, de que a mente milenarista tornou-se secular durante a Renascença, pois, até mesmo nesse profeta extremado do apocalíptico tradicional encontramos uma antevisão do mundo moderno, de um novo espírito de democracia, uma aceitação calorosa da riqueza material e simpatia pelas artes e ciências.

Um Lugar na Paisagem do Possível

Vamos sumariar aqui nosso estudo dos construtores do Mito do Milênio na Renascença. Durante um momento na história, tradições diferentes reuniram-se em um voluptuoso abraço, dando origem a uma revolução na cultura, a um Milênio humanista. A idéia de um Milênio humanista, de vida transformada pelas artes e ciências, nos diz alguma coisa. Durante a Renascença, como aliás em nossa época, velhos paradigmas estavam desmoronando sob o impacto da rápida mudança histórica. Exatamente como Plethon, Lorenzo, Ficino e outros se consideravam como partes de uma grande renovação do espírito e da cultura, muitos dos visionários de hoje acreditam ardentemente que uma nova era está raiando ou prestes a raiar.

A Renascença tem algo a dizer a todas as culturas que se encontram nos estertores de uma grande transição. Foi um período que deveu seu élan criativo a um espírito de síntese. Artistas, cientistas, humanistas convergiram de maneiras novas e imprevisíveis: pagão e bíblico, platônico e cristão, corpo e alma. Botticelli, que nos deu *O Nascimento de Vênus,* pintou também o ap, calíptico *São João na Ilha de Patmos*. Michelangelo pintou o *Juízo Final* na Capela Sixtina, embora sua imagística mostre uma humanidade titânica esforçando-se para atingir a santidade.

Um politeísmo da imaginação caracterizou não só os artistas, mas também os pensadores do dia, que não haviam aprendido ainda a dissecar e desencantar a realidade, segundo o estilo do materialismo científico moderno. Ficino via a humanidade como divindade nascente. No mesmo ano em que aportou na América, Colombo viu a profecia bíblica de um novo céu e uma nova terra se reunirem à visão pagã de uma idade áurea Para Ficino, porém, as novas artes e ciências eram sinais de uma nova era. Entrementes, Pico estava promovendo a paz da filosofia perene, a crença em uma unidade secreta da aventura espiritual humana. Em nossa presente época de guerras étnicas e culturais, esse espírito de tolerância, esse ideal de uma imaginação politeísta que abraça todas as formas de cultura humana, é daqueles que poderíamos imitar com proveito.

Outro ponto em que a Renascença desperta em nós um acorde diz respeito à exaltação do potencial humano. No tremendo desafio de transformação que ora enfrentamos, temos que nos focalizar em toda a faixa de nossos poderes criativos. É dispensável dizer que há prova abundante de que estamos mais apaixonados por nossos poderes destrutivos — o que é ainda uma melhor razão para cultivar os melhores anjos de nosso potencial. A esperança da Renascença, de que possamos aprender a concretizar nosso potencial divino, fala a todos os que acreditam no valor da educação.

No paradigma de cultura da Renascença, a tecnologia ainda está próxima da arte, ainda está saturada do espírito do humanismo estético. A idéia de tecnologia trabalhando em harmonia com necessidades humanas, valores estéticos e meio ambiente parece especialmente apropriada para nós, que estamos presenciando o crescimento tecnológico descontrolado.

Os artistas, filósofos e arquitetos da Renascença foram construtores de uma Nova Jerusalém cultural, homens que adoravam planejar e construir cidades visionárias. Mais uma vez, o espírito visionário que lhes inspirava essas atividades parece ser daqueles que nós, em nosso mundo cada vez mais congestionado, barulhento e poluído, bem faríamos em cultivar. A grande diferença é que hoje a unidade que pede novo e visionário pensamento e replanejamento não é a cidade, mas todo o globo.

Para as pessoas que antevêem um futuro incerto, a maneira como a Renascença encarava o Milênio constitui um local interessante na paisagem do possível: uma geografia de grandes indivíduos, um teatro de novidades e síntese, uma estação no caminho para o Fim que eternamente nos atrai. Para nós que nos encontramos no limiar de um novo milênio, a Renascença é prova de que um grande progresso é possível, que uma cultura pode renascer e acontecer uma transformação humana.

4

O Iluminismo: Progresso e Milênio

Por isso mesmo, os filósofos olham para o futuro,
como se para uma terra prometida,
um novo milênio.

CARL BECKER
The Heavenly City of the
Eighteenth Century Philosophers

Coube à Europa do século XVIII presenciar o nascimento de um novo clima de opinião, de uma filosofia visionária, destinada a moldar a consciência do mundo moderno. Historiadores falam na Era do Iluminismo e, por isso mesmo, nosso próximo passo será examinar a base milenária dessa grande pulsação do pensamento humano. O Iluminismo marcou uma era em que a profecia do milênio passou por uma mutação e transformou-se no ideal secular do progresso.

Como um conglomerado de obsessões que se repetem, o Mito do Milênio é, talvez, parte do plano básico coletivo da consciência humana — e daí, em termos gerais, modelador e impulsionador da história do homem. Vamos examinar agora essa capacidade formativa, que se revela da seguinte maneira:

- na própria metáfora básica do "Iluminismo"
- no progresso e na perfectibilidade humana como um lento apocalipse
- na educação como substituta da graça divina
- no espírito de otimismo invencível
- no até então desconhecido direito de buscar a felicidade
- na idéia do eleito como o nobre selvagem
- na regeneração, como revolução recristianizada

A despeito do verniz científico e secular que caracterizou o racionalismo do século XVIII, continuou a haver um impulso, de tendência religiosa, para uma regeneração social radical, uma visão de progresso sob o aspecto de uma escatologia secular. Nas sinuosidades da história, a imaginação milenária explode de súbito, gerando novas formas, procurando novos nichos, onde possa incubar e reinventar-se sob novas vestimentas.

O século da razão e dos regicídios presenciou progressos sensacionais na Física e na Astronomia, além de novos dados antropológicos que pingavam dos trabalhos de exploradores e do desgaste do *antigo regime* mental. Mas trouxe também tributação fiscal injusta, a quebra da estrutura de classe na Europa, guerras religiosas geradas pela Reforma e, após Copérnico, Nicolau de Cusa e Giordano Bruno, angústia cosmológica e desestabilizadora. Não obstante, ainda embebidos nos arquétipos do Cristianismo, recriadores inconscientes do Mito ricochetearam do abismo com novas afirmações, em brilhante disfarce secular, de nobres esperanças e aspirações transcendentes. A despeito de tentativas de repúdio, o encanto do sonho arcaico persistia. Notando o paradoxo, Blake escreveu:

> Escarneçam, escarneçam Voltaire, Rousseau:
> Escarneçam, escarneçam: embora tudo isso seja em vão!
> Ainda que joguem areia contra o vento,
> O vento reage, soprando-a de volta.

"Luz", a Metáfora Básica

A tendência oculta da Era do Iluminismo torna-se meridianamente clara na metáfora básica da "luz", que usou para definir a si mesma. Desde o *Upanishads* hindu, da Alegoria da Caverna, de Platão, passando pelo quarto evangelho de João e pelo *Livro do Apocalipse*, a luz é metáfora constante, símbolo transcultural de gnose, de "consciência superior". O xamanismo, o misticismo comparado, as experiências de quase-morte mencionam sem exceção um encontro fundamental com a luz interior. O Iluminismo pode ser considerado como um rebento filosófico da experiência daquilo que Eliade chamou de "luz mística"[1].

A psique dos racionalistas mais ferrenhos não conseguiu escapar do poder desse arquétipo, que se fundamenta em uma experiência humana universal. Por isso mesmo, na Europa do século XVIII, o grande matemático e co-fundador da *Encyclopedia*, D'Alembert, falou da *l'age des lumières*, enquanto os filósofos ingleses usavam a palavra *enlightenment* [iluminismo] e alemães progressistas falavam em *Aufklärung*.

Há, contudo, uma diferença. O "iluminismo" dos pensadores europeus não era a iluminação intuitiva dos místicos, santos ou xamãs. Emitida, em vez disso, pela razão, pelo senso comum, pela ciência e matemática, era uma "luz" radicada no *clartè* racional do *Discurso do Método*, de Descartes, e não na luminosidade noética da Idéia mística que Platão tinha de Deus. A luz dessa época era a lançada pela mente de Newton, como no epitáfio que Alexander Pope escreveu em 1730 para *Sir* Isaac:

> A Natureza e as leis da Natureza escondiam-se na noite:
> E Deus disse: *Que haja Newton!*, e tudo se fez luz.

Não obstante, a metáfora da luz, de fato, indica uma continuidade oculta. Isso porque os temas principais da filosofia do Iluminismo, tanto em conteúdo quanto na maneira como foram expostos, ainda faziam ecoar um zelo místico geral.

E era o zelo ardente com que visionários da "era das luzes" perseguiam seus objetivos que lhes traía as origens religiosas. Os ideais do Iluminismo, na medida em que negavam o fato, embora revelassem uma fé e esperança visionárias, mostravam afinidade com a tradição do Mito do Milênio. O historiador Carl Becker descreveu vividamente o entusiasmo missionário dos *philosophes*:

> ... eles estavam conscientes de uma missão a executar, de uma mensagem a transmitir à humanidade, e para essa empresa messiânica trouxeram um volume extraordinário de convicção ardente, de dedicação, de entusiasmo. Podemos observar esse entusiasmo, essa paixão pela liberdade e a justiça, pela verdade e a humanidade, crescer cada vez mais no século, até que se tornou um delírio, até que culminou, em algum sentido simbólico, no espetáculo meio admirável, meio patético, de 8 de junho de 1794, quando o Cidadão Robespierre, com um buquê em uma mão e uma tocha na outra, inaugurou a nova religião da humanidade, ao acender a conflagração que deveria purificar o mundo da ignorância, da depravação e da insensatez[2].

O Lento Apocalipse do Progresso

Como construtores e prosélitos do Mito do Milênio, filósofos cerraram fileiras em torno da idéia de progresso e perfectibilidade. A idéia de progresso — a crença em que a humanidade estava destinada a aprimorar-se como espécie e, na verdade, elevar-se a notáveis alturas de perfeição e bem-estar — amadureceu na consciência humana na Europa do século XVIII.

A idéia da perfectibilidade humana, aliás, era parte da tradição cristã. "Portanto, sede vós perfeitos como perfeito é o vosso Pai celeste" (Mateus, 5:48). Para os homens do século XVIII, contudo, vários obstáculos conspiravam contra o ideal da perfectibilidade humana. Um deles era a teoria de que a Idade Áurea constituía coisa do passado. Se a perfeição estava no passado, eram prejudicadas as possibilidades do futuro. Se, como disse Marco Aurélio, um homem bem educado de 40 anos já viu tudo que havia para ver na vida e conhecia todas as transformações fundamentais pelas quais passara a história, perdia sentido a esperança no progresso. Para os antigos, que descreviam a história como um fenômeno cíclico, a vida humana era, em essência, um cenário fadado à compulsão da repetição.

O que tinha que ser superado era a teoria de história como repetição — em suma, a monotonia da história. Essa teoria considerava as civilizações como análogas a organismos vivos, que nascem, amadurecem, envelhecem e morrem. Trata-se de uma analogia tentadora. As primeiras fases de uma cultura parecem muitas vezes mais cheias de vida do que as posteriores. Os poetas mais novos da Grécia, em contraste, como que apenas rastejavam à sombra monumental lançada por Homero. Racine parecia insignificante em comparação com Ésquilo.

De que maneira alijar o fardo do passado? Não era tarefa fácil. Uma parte da história era uma controvérsia de cem anos que atraía as melhores mentes da Europa, conhecida como "A Briga entre os Antigos e os Modernos". O *Battle of the Books*, de Swift, foi talvez o produto mais famoso da Briga.

Diziam alguns que os antigos não tinham rivais em obras de imaginação. Poderíamos ter esperança de igualarmo-nos, mas não superar, Homero ou Cícero. No domínio da ciência, no entanto, pensavam os filósofos que o progresso era possível. Pascal, por exemplo (que não foi, por falar nisso, um *philosofe* otimista), sugeriu que pensássemos em toda espécie humana como se fosse uma única pessoa. Essa única notável pessoa absorveria, no curso de gerações, a experiência e os conhecimentos da raça. Nós, os vivos, seríamos realmente os antigos, pois poderíamos nos pôr de pé sobre os ombros não só de gigantes, mas de todos os homens. Havíamos herdado toda experiência e conhecimentos humanos e seríamos obrigados, no longo prazo, a evoluir e a progredir.

A idéia de progresso dependia de ser apresentada uma argumentação favorável à causa dos Modernos. Eles teriam de sacudir a canga do passado antes de poder preparar o caminho para a perfectibilidade humana. Era necessária uma visão que oferecesse esperança à humanidade futura. Ironicamente, a idéia bíblica de tempo era mais compatível com a idéia de progresso do que a pagã, uma vez que o tempo bíblico era linear, e não cíclico. O mundo, segundo a *Bíblia*, fora criado, tivera um início. Se tivera início, teria também um fim, uma finalidade, um clímax. Dessa maneira, como disse Blake, o vento soprava de volta a areia em nossa face e os pensadores avançados da época voltavam a cair, por bem ou por mal, no regaço da idéia de tempo da cultura-mãe. A cultura-mãe era o Cristianismo. Os cristãos, aliás, esperavam com ansiedade o Milênio, a idade áurea da paz e da perfeição. Uma proteção contra a repetição do passado era essencial à idéia de progresso. A melhor aliada dos construtores de mito do século XVIII na busca da perfeição, porém, era a ciência. Esta era o caminho aberto pela raça humana para adquirir o potencial de progresso infinito. Neste particular, a porta fora aberta pelo universo mecanicista de Newton. Newton demonstrara que, com emprego de uma única lei, poderíamos explicar e, assim, prever o comportamento de coisas tão diferentes como uma maçã que cai de uma árvore e planetas que circulam em suas órbitas. O universo, após Newton, pareceu organizado. A idéia de ordem sugeria a idéia de progresso.

A atividade científica insinuava um modelo de progresso, até mesmo de perfectibilidade. Com Galileu, o fenômeno Newton tornou-se possível. E fora Newton quem dissera que exergara longe porque se sentara sobre os ombros de gigantes. Uma vez começasse, a marcha da ciência jamais terminaria. Ora, na medida em que a ciência pode ser aplicada proveitosamente à vida humana, ela se torna modelo do próprio progresso humano. Conhecimento é cumulativo. As observações empíricas aumentam de número e, através de testes, refinam as teorias. A ciência, sujeita aos controles compensatórios da observação e da crítica teórica, oferecia aos pensadores do século XVIII um modelo de melhoramento humano coletivo.

Mas, nesse momento, que garantias tinham os filósofos para supor que o progresso científico implicaria progresso moral? Evidentemente, eles estavam dando um salto de fé tão grande quanto o de qualquer milenarista confiante. A idéia de progresso por meio da ciência era profundamente matizada por sentimento religioso. Condorcet, figura que discutiremos adiante em detalhes, tinha uma visão de progresso milenarista, por exemplo, em sua atitude totalista em relação à reforma. Da mesma maneira que revolucionários místicos medievais e joachininos sonharam com um único Papa ecumênico, que espalharia a verdadeira religião por todo o planeta, Condorcet, com o mesmo fervor revolucionário, ansiava por chegar à África e à China e reeducar toda a humanidade para conformar-se a um padrão universal de racionalidade científica. "Em um dia feliz", disse Condorcet — poderíamos traduzir essas palavras como "Em um dia do Senhor"— "todas as nações se reuniriam em paz, aos pés do Deus da Razão".

O sonho de progresso, porém, ia muito mais longe do que isso. Um sinal seguro da mente milenarista em ação era o sonho do Iluminismo, de convocar a ciência para a escatológica meta das metas: a eliminação gradual da morte. Condorcet, em conseqüência, podia escrever que não era absurdo "supor que deverá chegar um dia e período em que a morte nada mais será do que o efeito ou de acidentes extraordinários ou do declínio lento e gradual da capacidade vital e em que... o intervalo entre o nascimento do homem e esse declínio não terá limite previsível"[3]. Desde os dias do profeta Daniel, esta fora uma das grandes obsessões do Mito.

O *Livro do Apocalipse* diz que a transformação da natureza será súbita. A ciência oferecia a esperança de um domínio da natureza mais lento, mais progressivo. No dia 22 de abril de 1780, Benjamin Franklin escreveu uma carta entusiástica a Joseph Priestley sobre o tema do progresso científico:

> O rápido Progresso, que a ciência *autêntica* ora realiza, faz com que eu às vezes lamente ter nascido cedo demais. É impossível imaginar a que Alturas poderá ser levado em mil anos o Poder do Homem sobre a Matéria. Poderemos, talvez, aprender a privar grandes massas de sua Gravidade, e lhe dar absoluta Leveza, em nome do Transporte fácil. A Agricultura poderá reduzir a Labuta e duplicar a Produção; todas as Doenças poderão, por meios seguros, ser prevenidas, não excetuando nem mesmo a Velhice, e nossa vida ser prolongada a nosso critério, até mesmo além do Padrão antediluviano[4].

Franklin, tal como Condorcet, tinha esperança de que a morte fosse finalmente derrotada.

Em 1792, Joseph Priestley, outra figura do Iluminismo que acreditava que o poder dos conhecimentos era infinitamente extensível, escreveu as seguintes e notáveis palavras:

> A Natureza, incluindo tanto seus materiais quanto suas leis, estará mais sujeita ao nosso comando. Os homens tornarão sua situação neste mundo imensamente mais fácil e confortável; provavelmente, prolongarão sua existência nele e se tornarão a cada dia mais felizes, cada qual em si mesmo e mais capazes (e, acredito, mais dispostos) a compartilhar de sua felicidade com os demais. Dessa maneira, qualquer que tenha sido o começo deste mundo, o fim será glorioso e paradisíaco, além do que nossa imaginação pode, neste momento, conceber[5].

Aqui, a concepção bíblica e, daí, milenarista do tempo, é posta subitamente diante de nós. O "fim" do mundo não é o fim, mas um atalho para o paraíso.

No Iluminismo europeu, a árvore do conhecimento, ao contrário do que aconteceu na *Bíblia*, não causaria a queda, mas a ascensão da humanidade. Com Priestley, Franklin, Condorcet e outros, parece que ocorreu um rompimento definitivo com a atitude relativa ao poder do conhecimento. O Iluminismo não deixa dúvidas sobre a sabedoria da serpente. Temos que comer da árvore do conhecimento e deixar o jardim do Éden. E longa será a jornada antes de podermos voltar. O progresso é um apocalipse lento.

A Educação como Substituta da Graça

No velho mito, especialmente naquela sombria estirpe calvinista, a felicidade final é pura dádiva. Somos predeterminados por Deus para a salvação ou a danação, possibilidade esta que desencadeou uma onda de choque de dolorosa incerteza por toda a história do Ocidente. Porque, como poderíamos jamais saber que seríamos um dos salvos? Que especulação mais desagradável, de que o jogo acabaria para nós antes mesmo de começar!

O Mito do Iluminismo oferecia a cenoura da educação. Confiando no poder da educação, voltávamos aos humanistas da Renascença e aos platônicos que acreditavam no poder da *paidea*, literalmente "educação da criança". Lembrem-se de Platão. Em sua obra-prima, *A República*, ele depositou na educação toda esperança de felicidade para o homem. Para os construtores do Mito do Milênio no século XVIII, só a educação tinha o poder de descerrar a nova era.

O progresso pela educação continua a ser um dos ideais mais preciosos da América. Neste particular, temos uma dívida com o século XVIII, que foi incontestavelmente o século da educação, uma era de grandes e inovadores educadores, homens como Fontanelle, Turgot, Condorcet, Lessing, todos os quais argumentaram que ela era a chave para o progresso da humanidade. Lessing, em particular, baseou sua visão de educação progressiva na idéia das três eras da humanidade, concebidas por Joachim. Auguste Comte, herdeiro do idealismo do Iluminismo, utilizou também a tabela das três épocas, na qual a ciência do positivismo substituía a Era do Espírito.

O filósofo John Locke formulou uma teoria da mente que abriu o caminho para a educação superior. A negação de Locke, de que houvesse idéias inatas, constituiu um golpe desferido em nome da educação superior. Durante gerações, o mundo cristão acreditou que o homem nascia maculado por um tipo de depravação denominada de "pecado original". O pecado original, ou a crença em nossa natureza defeituosa, augurava mal para o sonho da educação. Era um obstáculo à possibilidade de educar a raça humana.

É bem verdade que a história cristã fornece pelo menos um dogma conducente aos ideais de educação e perfectibilidade humana. Trata-se do dogma de que o homem é feito à imagem e semelhança de Deus. Os humanistas da Renascença aproveitaram essa parte da história cristã e usaram-na para lançar um projeto em grande escala de deificação da humanidade. Infelizmente, a Reforma protestante focalizou-se em uma parte diferente da história, dando destaque ao pecado original e à depravação da espécie. Éramos, como disse Jonathan Edwards, "pecadores nas mãos de um Deus irado".

Em seguida, chegaram os filósofos, trazendo a boa nova. Para os que se sentiam humilhados com o mito do pecado original, o evangelho de John Locke, de que a mente humana nasce como uma *tabula rasa*, "uma lousa em branco", oferecia uma estimulante mudança de perspectiva. A doutrina da mente como lousa em branco implicava a rejeição das idéias inatas. Sem idéias inatas, ou de nascença, não se poderia dizer mais que o homem nascia maculado pelo pecado original ou quaisquer outras propensões inerentemente más.

Se a natureza humana não era maculada, tornava-se mais fácil pensar em educar o homem para desenvolver seu potencial superior. Se nascemos como lousas em branco, segue-se que a influência do ambiente pode como que escrever-se em nós. Para melhorar o homem, precisava-se apenas aprimorar-lhe o ambiente. O homem poderia ser "revisado" para melhor. A imagem da natureza humana como lousa virgem, portanto, inspirou esperança no poder da educação. Locke oferecia fundamentos filosóficos racionais para superar o pessimismo protestante no tocante à educação da humanidade. Não precisávamos mais tremer diante de um Deus soberano inescrutável que, tanto quanto podíamos saber, talvez já nos tivesse consignado à perdição. Em vez de orar pelo prêmio na loteria divina, poderíamos nos matricular na faculdade do Iluminismo.

O último grande visionário do progresso humano sob o Iluminismo foi o Marquês de Condorcet (1743-1794), um homem educado pelos jesuítas. Condorcet sobreviveu à Revolução Francesa, e seu entusiasmo permaneceu alto até o fim. Vale notar que os jesuítas deram prosseguimento à tradição da idéia de Joachim sobre uma elite espiritual, que anunciaria a nova era mediante propagação da fé. O próprio Condorcet tinha algo da coragem e do fervor dos revolucionários místicos medievais. Em 1793, tornou-se fora-da-lei e fugitivo da polícia de Robespierre. Sem o benefício de livros ou amigos, escreveu sua grande obra sobre o progresso humano, o *Outline of an Historical View of the Progress of the Human Mind* [Esboço de um Quadro Histórico do Progresso do Espírito Humano].

Condorcet sentia-se fascinado pela idéia de usar a ciência para educar e melhorar o destino da humanidade. Adotou, com o ardor de um mártir, a visão da perfectibilidade humana através da ciência e da educação. "Tal é o resultado do trabalho que realizei e esse resultado nenhum fim estabelece ao aperfeiçoamento das faculdades humanas. A perfectibilidade do homem é realmente infinita"[6]. Para ele, dois fatos teriam aberto o caminho para o progresso do espírito humano: o primeiro, a descoberta do Novo Mundo, o segundo, a invenção do prelo. Ficino, igualmente, vale lembrar, saudou a invenção da arte tipográfica como um sinal da Idade Áurea. Para Condorcet, a palavra impressa era a maneira como a ciência e a filosofia poderiam sacudir a canga da autoridade. "... nesse instrumento, os conspiradores do mal tiveram pela frente uma invenção que poderia disseminar a verdade científica por uma extensão tão vasta de território que a repressão tornava-se virtualmente impossível"[7]. A fé na educação, um destilado racional do Mito do Milênio, persiste até este limiar do século XXI. Sua última encarnação é a Estrada da Informática, a ampliação lógica da *Encyclopedia* do século XVIII.

O Espírito de Otimismo Invencível

Há alguma razão para otimismo neste mundo? O Mito Milênio, surrealista na maneira como enfrentava todos os obstáculos, oferecia uma visão de otimismo invencível. Consoante esse espírito esperançoso, os filósofos foram otimistas em excesso.

O otimismo do Iluminismo baseava-se no sonho da possibilidade de educação do homem. Isto porque, afinal de contas, se, pelo menos em princípio, a educação da humanidade fosse um trabalho progressivo, haveria razão para ser otimista. E se nós e nosso domínio sobre a natureza iríamos aumentar ininterruptamente, tínhamos direito de encarar o futuro com grandes expectativas. Mas, tal como acontece com a fé, era um otimismo relativo a coisas ainda ocultas. Dada a dura verdade sobre a vida no dia-a-dia da Europa do século XVIII, o otimismo dos pensadores dessa época era evidentemente um artigo de fé religiosa.

As raízes do otimismo desciam fundas na psique ocidental e constituíam a razão da persistência ininterrupta do Mito do Milênio. Marjorie Reeves, concluindo seu exaustivo estudo das profecias na Idade Média, destacou o otimismo como o principal tema permanente. "A principal impressão que fica destes estudos é a importância do tema do otimismo", escreveu. "Esse tema unifica de maneira inesperada os períodos medieval e da Renascença"[8]. O otimismo compartilhado tinha como meta uma visão de unidade política e religiosa. O Iluminismo foi também um período de otimismo, voltado para uma visão de unidade, baseada em tolerância e nos ideais da razão e dos direitos naturais. O otimismo com o desenvolvimento cada vez maior do mundo era o fio de ligação entre essas grandes explosões periódicas de entusiasmo criativo e, às vezes, destrutivo.

A razão do otimismo na Idade Média tinha caráter religioso. As forças da regeneração emergiriam com o advento da nova dispensação, do terceiro *status*, da era do espírito. O progresso — se esta era a palavra certa — era concebido como uma forma de graça. Com a Renascença, a idéia de progresso subiu um grau para incluir a engenhosidade humana, a idéia italiana de *virtú*, que depende do uso, pelo indivíduo, de talentos dados por Deus. Com os pensadores do Iluminismo, a idéia de progresso foi desvinculada de todas as idéias de graça ou providência divina e teve por base o livre exercício da razão humana.

Claro, esse otimismo mundano-histórico ia além da garantia que a razão poderia oferecer. Em primeiro lugar, chocava-se com a tendenciosidade mecanicista da nova Física. A nova ciência de Galileu, Descartes e Newton não banira da Cosmologia a idéia de plano ou finalidade? Se a nova Física dispensava a necessidade de buscar causas finais, que fundamentos tinham os *philosophes* para acreditar que a história tinha uma meta, uma "causa final", ou um *Eschaton* de progresso? Não havia absolutamente fundamentos racionais para essa crença.

Alguma coisa mais, porém, estava estimulando, despertando a imaginação dos pensadores otimistas da época. Vamos chamar a isso de ânsia, profundamente sentida, de todos seres humanos decentes, de melhorar o mundo. Trata-se de uma ânsia que teve sua expressão arquetípica na família de aspirações visionárias que denomino aqui de Mito do Milênio.

O Mito do Milênio é um mito de tempo linear. O otimismo pressupõe uma idéia linear de tempo histórico. As longas lutas da história teriam um *telos*, "um fim e um objetivo". O otimismo era aparentemente impossível sem a inspiração da emoção religiosa. Era religioso em espírito porque, baseado em uma visão transcendente, justificava uma esperança tão radical no futuro. Claro, os *philosophes* do Iluminismo rejeitavam, na dimensão consciente, a visão transcendente, da maneira formulada pelo Cristianismo tradicional. Condorcet, que sonhava com Campos Elíseos de progresso, era raivosamente anticlerical.

Se examinamos atentamente o assunto, porém, descobrimos que houve uma tradução inconsciente do simbolismo religioso para o secular. Às vezes, como nas palavras de Diderot que seguem, a tradução — e daí o conteúdo religioso subjacente — é transparente. Diderot, como outros pensadores visionários da época, adorava personificar abstrações:

> Ó posteridade! Santa e sagrada! Morada dos infelizes e dos oprimidos, tu que sois justa, tu que sois incorruptível, que vingareis os bons, que desmascarareis os hipócritas, que derrubareis o tirano, que possa vossa fé inabalável, vossa fé consoladora, jamais me abandonar! *A posteridade é para o filósofo o que o outro mundo é para o devoto*[9]. (grifo meu.)

Na sentença que enfatizei, Diderot facilitou as coisas para nós. Demonstrou, como se fosse uma clara equação, a tradução do religioso para o secular. Em vez de no "outro mundo", o filósofo pôs toda sua fé na "posteridade". Sem progresso para a concretização escatológica na "posteridade", não haveria redenção do pesadelo da história.

Para Diderot, o compilador inveterado dos grandes momentos do racionalismo do século XVIII, a *Encyclopedia*, três idéias se fundiam neste particular: a idéia nascida na *Bíblia*, mas nesse momento uma idéia racionalizada de tempo linear, o espírito de otimismo transcendente e a esperançosa visão de progresso baseada na ampliação interminável dos conhecimentos humanos. Vista sob essa perspectiva mais ampla, a *Encyclopedia* de Diderot não era meramente um vasto compêndio de conhecimentos, uma ferramenta para a educação universal, porquanto se tornava um instrumento de salvação, a nova *Bíblia* para um Milênio racionalista.

O Desconhecido Direito à Busca da Felicidade

Uma das poucas promessas atraentes para o homem no *Livro do Apocalipse* é a de felicidade transcendente. Deus enxugaria todas as lágrimas e acabaria com o sofrimento humano, disse João de Patmos. Ao fim do túnel do Milênio, a luz da felicidade, finalmente!

Acredito que uma das maiores contribuições da filosofia política do Iluminismo foi ter codificado e legitimado para o mundo moderno essa aspiração profundamente humana, profundamente milenarista, de felicidade. E fez isso na linguagem dos direitos humanos básicos. A muda ânsia de felicidade que se agita na alma comum da humanidade finalmente aí encontrou uma voz.

Mas vamos dar um passo para trás e perguntar qual é o objetivo do progresso. Para que fim aponta o progresso? Havia, para sermos exatos, o progresso que acompanha o fato de podermos nos livrar de aspectos negativos: o medo, a necessidade, a ignorância, a intolerância, a desigualdade, a injustiça e a opressão. Mas haveria também um conteúdo negativo na meta do progresso? A resposta é encontrada na Declaração de Independência dos Estados Unidos. Esse histórico documento, redigido por John Adams, Benjamin Franklin e Thomas Jefferson, foi adotado pelo Segundo Congresso Continental, no dia 4 de julho de 1776. Manifestação suprema do pensamento do Iluminismo, Jefferson escreveu:

> Sustentamos que essas verdades são evidentes por si mesmas, que todo os homens são criados iguais, que foram dotados por seu Criador de direitos inalienáveis, e que entre estes estão a Vida, a Liberdade e a busca da Felicidade.

Encontramos nessas palavras a *fé* do Iluminismo. Isso porque nada há de "evidente por si mesmo" nas palavras acima. Elas, na verdade, estão inçadas de suposições duvidosas. Idéias de igualdade, de um Criador e de direitos inalienáveis são "evidentes por si mesmas" apenas para o coração da fé religiosa. Suas origens são bíblicas, e não gregas, porque nenhum grego aceitou a igualdade, um criador-divindade ou quaisquer "direitos inalienáveis" como artigos de fé ou como evidentes por si mesmos. Os sofistas gregos, por exemplo, argumentavam que, na natureza, o poder legitimava e Aristóteles jamais duvidou que a escravidão fosse uma condição natural. As raízes da visão de Jefferson desciam fundas na religião milenarista do Cristianismo. "Não haverá luto, nem pranto, nem dor", diz o *Livro do Apocalipse* (21:4).

O aspecto mais visionário da Declaração — o conteúdo mais positivo da meta do progresso — é a "busca da felicidade". A frase era de Jefferson. Locke, no *The Second Treatise of Civil Government*, escreveu sobre o direito à propriedade, às posses, às terras — e não explicitamente sobre felicidade. Torná-lo explícito foi a contribuição americana.

Ninguém pode dizer precisamente qual foi a fonte de Jefferson para a expressão "busca da felicidade", nem exatamente como interpretar-lhe o significado. A felicidade estava, por certo, na mente de Locke: "Constitui ação apropriada do homem procurar a felicidade e evitar o sofrimento", disse. Mas nada disse sobre o *direito* a procurar felicidade, embora essa idéia estivesse certamente no ar. No *A Política*, Aristóteles discutiu a busca da felicidade como parte dos fundamentos lógicos do governo. Uma influência mais imediata foi provavelmente a de George Mason, que escreveu sobre o "direito inerente" de "buscar e obter felicidade e segurança", na Declaração de Direitos da Virgínia, em 1774.

Quaisquer que tenham sido os antecedentes da frase em questão, sua originalidade é inconteste. A Declaração de Independência diz que temos o direito de *buscar* a felicidade. Buscar é uma idéia positiva. Se estamos pensando no fim ou na finalidade do progresso, no movimento linear da história, Jefferson faz mais sentido do que Locke, ao alegar que o objetivo deve ser a felicidade, e não meramente a propriedade ou posses. Tanto para os filósofos gregos quanto para os profetas bíblicos, propriedade e posses eram, na melhor das hipóteses, meios para um fim.

Ao tornar a felicidade — cuja contrapartida religiosa seria a bem-aventurança ou beatitude — fundamental para o ideal de uma nova nação, Jefferson frisou o espírito progressista, linear e, conseqüentemente, milenário, da filosofia de história do Iluminismo. Há uma finalidade na história, um porquê e um motivo para todo sofrimento — e ela é algo humano, denominado felicidade.

O ideal de busca da felicidade, inscrito na Declaração de Independência americana, não tinha precedentes: nenhum governo jamais declarara que era um *direito de todos os seres humanos buscar sua própria felicidade*. Claro, esse direito não figura na Constituição como lei, sem dúvida por causa da natureza aberta do conceito de felicidade. A felicidade continua a ser um ideal sublime, uma promessa visionária, a regular a finalidade do governo nos Estados Unidos.

Kant, filósofo do Iluminismo alemão, escreveu o seguinte sobre a imprecisão inerente ao conceito de felicidade:

... o conceito de felicidade é tão vago que, embora todo homem queira alcançá-la, ele jamais pode dizer definitivamente e em uníssono consigo mesmo o que realmente ele precisa e quer[10].

Há um motivo para essa indeterminação no ideal de felicidade: a felicidade é um ideal que tem que ser "tomado de empréstimo da experiência". Em outras palavras, pessoas diferentes têm experiências diferentes de felicidade, não há regras *a priori* que nos orientem na busca da felicidade. A felicidade continua a ser um conceito aberto.

Não obstante — e acredito que este ponto é de importância crucial —, há uma restrição: a busca da felicidade individual tem que ser compatível com a felicidade da sociedade como um todo. Nesta altura, é tocada uma importante nota milenária, pois a busca do Milênio é a busca de felicidade *coletiva*. Kant e Locke concordavam em que o direito à busca da felicidade não constitui uma licença para o egoísmo, e que é limitado pela Lei Áurea. Por isso mesmo, até anticristãos como Condorcet são escrupulosos em matéria de moralidade.

Em seu estudo da Declaração de Independência, Garry Wills frisa o aspecto da natureza pública da felicidade que o indivíduo tem o direito de procurar. Ele levou a busca da idéia do bem-estar geral aos trabalhos de filósofos moralistas, como Adam Smith, Adam Ferguson, David Hume, Voltaire e Francis Hutcheson, este com sua fórmula de 1725 de "a maior felicidade para o maior número". Lembra Wills que "felicidade pública era um termo secular e científico para os homens do Iluminismo, um desvio 'herético' das esperanças do homem no além..."[11].

Essa mudança de posição, claro, era característica do Mito do Milênio, que propugnava pela transformação coletiva *deste* mundo e *desta* sociedade. A heresia estava não na "mudança de posição" para o aqui e agora, que constituía o aspecto original do Cristianismo apocalíptico-criacionista, mas na vontade de obter autonomia e proceder à auto-transformação. O que caracteriza a revolução do pensamento moderno não é a mudança, de preocupações celestiais para seculares, mas a mudança da perspectiva imposta por Deus para outra inventada pelo homem.

Na revolução jeffersoniana, afirma-se que temos o direito de buscar nossa própria felicidade. Essa notável exposição do sonho americano deve ser vista contra o pano de fundo da visão européia de dignidade humana. A tradição bíblica, como afirmaram pensadores e artistas da Renascença à sua maneira provocadora, respeitava a idéia de que os seres humanos foram feitos à imagem de Deus.

Se fomos feitos à imagem de Deus, os horizontes escatológicos da humanidade escancaram-se. Nosso status, sancionado pela *Bíblia*, de imitadores de Deus ratifica o mito jeffersoniano de direito universal à busca da felicidade. Se fomos feitos à imagem de Deus, então, com toda certeza, nosso destino é ser feliz. A prerrogativa divina é ser feliz, pois o que poderia ser mais feliz do que ser uma fonte de poder, conhecimento e benevolência infinitos? A Declaração de 1776, de acordo com esta intepretação, foi um projeto de deificação do homem.

Nessa frase da Declaração, o idealismo americano liga-se às nobres aspirações dos *magus* da Renascença. Evidentemente, essa ligação foi abafada na consciência pública. Talvez devêssemos pensar nela como o significado oculto da América — o primeiro país na história do mundo a transformar em ideal constitucional a busca da felicidade divina. Nossos antepassados gnósticos medievais eram mais receptivos a essa idéia, que é talvez o aspecto mais subversivo do Mito do Milênio.

Contra o pano de fundo do mito da Queda, do pecado original e do fatalismo grego, a busca da felicidade nascida no Iluminismo constituía realmente uma idéia extraordinária e que se harmonizava com a idéia da Renascença, de autocultura consciente. O próprio Thomas Jefferson foi homem de uma versatilidade renascentista: arquiteto, erudito, inventor, botânico e estadista. A Declaração diz que temos o direito de assumir responsabilidade por nossa própria felicidade e bem-estar. O reconhecimento desse direito foi entesourado em uma frase ora famosa do colecionador de mitos Joseph Campbell: *Siga sua bem-aventurança*. Essa frase adquiriu o status de clichê e, daí, tornou-se objeto de ridicularia.

Ainda assim, nesse particular, Campbell harmoniza-se com Jefferson, convidando-nos a levar a sério e defender nosso direito de buscar nossa própria felicidade — a tornarmo-nos, por assim dizer, ambiciosos pela bem-aventurança. Pico, que exaltava o potencial humano, falava em cultivar "uma certa ambição divina". Essa idéia de comando divino para expandirmos nossa consciência — tão compatível com o espírito do Mito — é daquelas que praticamente define o fenômeno conhecido como a Nova Era Americana. Mas, sobre esse assunto, falaremos depois.

O Eleito como o Nobre Selvagem

O Iluminismo, como a Renascença italiana, buscou renovar-se voltando a fontes antigas. A Renascença retroagiu à antiguidade pagã. O Iluminismo revigorou sua imaginação espiritual ao meditar no mito do nobre selvagem.

De modo geral, o Mito do Milênio cultiva a idéia de que há tipos especiais de seres humanos, pessoas superdotadas, evoluídas, inspiradas, cuja missão consiste em liderar a humanidade no caminho para uma nova era. Na tradição joachinina, essas pessoas eram as *viri spirituales*, os "Homens Espirituais" — um exército de monges esclarecidos — que deveriam dar início à Era do Espírito. Já o século XVIII entendeu o mito da elite regeneradora sob o aspecto do nobre selvagem.

O nobre selvagem foi promovido por aquele gênio complicado, Jean-Jacques Rousseau. Festejado como apóstolo do primitivismo, Rousseau usou essa figura como pretexto para atacar tudo que odiava na civilização da época.

O pensamento de Rousseau, porém, é mais sutil do que os *slogans* pelos quais é conhecido. A concepção do nobre selvagem pode ser encontrada em sua obra de 1775, *Discurso sobre a Origem da Desigualdade dos Homens* e no trabalho anterior premiado: *Discurso sobre as Ciências e as Artes*. Sustentava Rousseau que, quanto mais evoluída uma cultura, mais refinadas suas artes e ciências e mais degenerada sua moral. As piores depravações se desenvolveriam como ervas daninhas no solo rico, adubado com esterco, da civilização avançada. O homem estaria em seu melhor aspecto na primavera de sua história, vagando em liberdade na natureza.

O "selvagem" serviu-lhe como uma muleta para refletir sobre a origem da desigualdade. Na opinião de Rousseau, os males da sociedade resultariam do fato de o homem desenvolver e, em seguida, aprender a explorar suas faculdades superiores. Nesse caso, ele poderia ser enredado por "diferentes acidentes, que poderiam desenvolver-lhe o entendimento, mas, ao mesmo tempo, aviltar a espécie e torná-lo mau, embora o torne também sociável". Ao aumentar a capacidade de compreensão do homem, o resultado seria a depravação da espécie. A maldade acompanharia necessariamente o aumento da sociabilidade. Compreensão e depravação, maldade e sociabilidade fariam um trágico casamento, não poderíamos ter uma sem a outra e a cultura exacerbaria o egoísmo.

Para Rousseau, a sociedade civil começou quando o primeiro homem demarcou um lote de terra e disse: "Isto é meu." Esse ato teria posto em movimento a dialética da propriedade privada, que ele deplorava como impostura inicial e declaração de egoísmo, a partir daí contaminando tudo e tornando-se a causa final de todos os males sociais.

Todos os progressos em civilização acarretariam um revés — como, por exemplo, na população. "Proporcionalmente, quando a raça humana tornou-se mais numerosa, mais aumentaram as preocupações do homem." Estas aumentando, o homem reagiu, inventando novos instrumentos para lhe facilitar a vida. Os novos instrumentos que a tornavam confortável e lhe davam mais tempo de ócio tornaram-se "a primeira canga que ele inadvertidamente impôs a si mesmo e a primeira causa dos males que ele preparou para seus descendentes". Dispositivos economizadores de trabalho enfraqueceram-lhe o corpo e "degeneraram-no, transformando-se em necessidades reais". O homem passou a depender da tecnologia, mas esta não conseguiu tornar ninguém feliz.

O argumento de Rousseau: exceder-se, distinguir-se de qualquer maneira, significaria criar desigualdade. Meramente sair-se bem em alguma coisa, sobressair, superar outrem, implicaria lançar os alicerces do orgulho, da devassidão, da crueldade. Estas, por sua vez, levariam à guerra de classe, à opressão e a todos os sofrimentos da civilização.

Com o progresso da civilização, alegava ele, o homem esquecia sua "inocência original" e, como pálido substituto desse estado, aprendia a cobiçar a estima pública, a valorizar riqueza exorbitante mas inútil e procurar outros símbolos de satisfação. No processo, ele perdia os prazeres simples que os povos antigos desfrutavam em sua existência livre, desimpedida, solitária. "O exemplo do selvagem", escreveu, provaria "que todos os progressos subseqüentes foram só aparentemente outros tantos passos para a perfeição do indivíduo, mas, na realidade, foram dados para a decrepitude da espécie."

A maneira de resgatar a espécie da decrepitude e, dessa maneira, realizar o Milênio, consistiria em libertar o nobre selvagem existente em nós. Outros filósofos do século XVIII cultivaram o Mito do Milênio adotando também o mito do nobre selvagem. Diderot, por exemplo, em seu diálogo sobre a *Voyage of Bougainville*, usou-o como uma espada para atacar a corrupção européia:

> A sociedade selvagem é um mecanismo extremamente simples, e a nossa sociedade, sumamente complicada. Os taitianos estão próximos da origem do mundo, e os europeus, de sua velhice... Eles nada entendem de nossas leis e costumes ou neles vêem apenas impedimentos disfarçados sob centenas de formas, impedimentos que podem gerar apenas a indignação e o desprezo de um ser em quem o sentimento de liberdade é, de todos, o mais profundo[12].

O argumento importante aqui é que o "selvagem", no caso, o taitiano, estaria "próximo da origem do mundo". O europeu, por outro lado, estaria "próximo de sua velhice". Para Diderot, o *philosophe*, como também para o milenarista típico, a regeneração requereria a volta às origens sagradas. Para os românticos, que adoravam a pureza de estar acima da depravação da razão, como Rousseau, o renascimento e a renovação dependeriam do retorno à cultura primitiva. A busca da revivificação, da volta a nossas origens míticas, é uma busca que se repete na história do Ocidente. Na Era da Razão, a phantasia do nobre selvagem aparentemente atraía as melhores mentes — numa reação aos excessos do racionalismo. Ou vejamos o caso da "besta loura" de Nietzsche, uma interpretação do século XIX sobre o nobre selvagem que, nas mãos demoníacas de Hitler, transformou-se em um pesadelo apavorante.

Em tempos mais recentes, o interesse americano pelo xamanismo é, em parte, a renovação do interesse de Rousseau pelo nobre selvagem. O xamanismo, como nos diz Eliade, é uma volta às nossas origens paradisíacas, um reencontro com a terra e o céu, uma recordação da linguagem universal dos animais. O xamanismo é a busca da renovação, a tentativa de recriação do arcaico: a América Nativa, a busca de uma visão, o uso de drogas psicodélicas, tantrismo, Wicca, cultos de Géia e de Maria, luzes na terra e *ley lines* [*sites* esotéricos na Internet], sonhos de nativos, e arqueologia em busca da deusa-mãe — estes e um enxame inteiro de fenômenos correlatos, fazem parte de um crescente Espírito de Época, que discutiremos em um capítulo posterior.

Por ora, direi o seguinte: o nobre selvagem está tendo hoje um retorno nas atividades da Nova Era americana. E a injunção de seguir nossa bem-aventurança parece um esforço para reativar nossa conexão com os autores da Declaração de Independência. O Mito do Milênio tem a capacidade de nos reunir através do tempo e das culturas.

A Revolução como Regeneração

Haverá alguma maneira de obter a regeneração prometida pelo Mito? O Iluminismo descobriu duas possibilidades. Já discutimos uma delas, a educação. A segunda era mais radical: em situações extremas, poderia ser legítimo recorrer à revolução.

Coube a Voltaire apresentar John Locke a uma França receptiva. O *Second Treatise on Civil Government* (1690), de Locke, justificava a revolução. O homem renunciava à liberdade da natureza e ingressava na sociedade para preservar suas propriedades. O poder do governo, portanto, vem do homem e baseia-se em um voto de confiança. Se o governo comete uma "quebra do contrato" com o homem, se surgem em decorrência do governo "indivíduos que dispõem arbitrariamente da vida, liberdades ou fortunas do homem", o povo tem o direito de "dissolvê-lo". O homem pode "recuperar sua liberdade inicial" e estabelecer uma "nova legislatura".

Se fracassarem todas as tentativas de educar uma sociedade corrupta, poderemos ser levados a apagar tudo que está escrito na lousa e purificar as instituições corruptas mediante emprego de força revolucionária. Na verdade, o clima de opinião do Iluminismo, da forma moldada por Locke, Rousseau, Voltaire e outros criou os antecedentes para duas das maiores revoluções dos tempos modernos.

É desnecessário dizer que as causas das Revoluções Americana e Francesa foram muito complicadas. Neste livro, estamos seguindo o rasto do Mito do Milênio. Quero apenas observar que havia sinais na França revolucionária de que o Mito estava em ação, sinais de paixões milenaristas ativando a imaginação coletiva. Nesses tempos catastróficos, ela foi despertada e entrou em atividade. O que desejo salientar aqui é a natureza totalista e, daí, religiosa, da inspiração, que ocorreu a numerosos revolucionários da época. E neste particular, nenhum exemplo melhor do que o de Thomas Paine.

A paixão religiosa, quiliástica, de Thomas Paine era evidente em sua retórica fulgurante. E ela funcionava. Ele, escreveu o filósofo Sidney Hook, "inspirou duas das maiores revoluções da história humana"[13]. Coube ao *Common Sense,* de Paine, despertar as Colônias para a plena consciência de seus direitos no conflito com o Rei George. E quando as desavenças levaram à guerra, o inglês Paine lutou ao lado dos americanos.

No *Common Sense,* ele escreveu as palavras seguintes — palavras, em minha opinião, que traçam uma visão poderosa do Mito do Milênio:

> Temos a capacidade de recriar o mundo. Uma situação semelhante à do presente jamais ocorreu desde os tempos de Noé. O nascimento de um novo mundo é iminente e uma raça de homens, talvez tão numerosos como todos os que habitam a Europa, deverá receber sua parte de liberdade naquilo que acontecerá dentro de alguns meses.

Nesse panfleto, nota o historiador Christopher Dawson, encontramos dois aspectos que caracterizarão o estado de espírito revolucionário do futuro:

> O primeiro era a concepção da revolução política como parte de uma mudança universal e quase cósmica que transcendia em muito as circunstâncias locais e históricas de qualquer Estado particular. O segundo, que se relaciona estreitamente com o primeiro, a nota de idealismo messiânico, que esperava ansioso por um milênio social e o nascimento de uma nova humanidade[14].

Mudança cósmica e idealismo messiânico — evidentemente, o espírito do Mito fora convocado. Paine, amigo de Condorcet, escreveu uma série de panfletos para encorajar o exército de Washington na hora mais sombria da guerra revolucionária. O *American Crisis* foi escrito sobre a pele de um tambor, à luz de fogueiras de acampamento. Washington pediu a Paine que lesse para as tropas o panfleto, que começava com as famosas palavras: "Há tempos que põem à prova a alma dos homens". Os homens, após a leitura, reagiram com um contra-ataque bem-sucedido contra os ingleses.

O que poderíamos dizer sobre esse poder sobrenatural de inspirar? Lembrem-se do brado de Paine, "Há tempos que põem à prova a alma dos homens". A crise, na ocasião, como disse o próprio Paine, não era simplesmente outra rebelião colonial que tinha que ser resolvida, mas, sim, uma declaração dirigida a toda a humanidade, um ato revolucionário que purificaria e regeneraria toda a raça humana. A retórica de Paine estendeu-se à imagística universal e à aspiração transpessoal, tirando seu poder de uma fonte além da política, uma fonte bem profunda no interior da alma. Notem as palavras que ele usou para sacudir as profundezas da alma dos soldados de Washington.

Em 23 de dezembro de 1776: "A tirania, como o inferno, não é facilmente derrotada". Nessa frase, Paine interpretou a política do dia à luz de imagens de significação eterna. Ela ressoa com o dualismo fundamental do Mito do Milênio: céu e inferno, Cristo e o Anticristo.

O que estava em jogo era a luta da alma por um pedaço do céu na terra. E lemos em seguida: "O céu sabe como dar um preço correto a seus produtos, e seria na verdade estranho se um artigo tão celestial como LIBERDADE não custasse tanto." Não haveria vitória fácil na luta para adquirir o "artigo celestial" da liberdade.

E em uma referência surpreendente para Paine, o livre-pensador: "... no século XIV, todo o exército inglês, após assolar o reino da França, foi rechaçado, como homens petrificados pelo medo; e essa brava façanha foi praticada por algumas poucas e derrotadas forças, reunidas e comandadas por uma mulher, Joana d'Arc. Será que o céu poderia inspirar alguma mulher de Jersey a encorajar seus compatriotas..." Ao evocar a imagem arquetípica da inspirada guerreira, Paine sugeria que a capacidade de resistir ao inimigo jazia latente em todos os membros das tropas de Washington. Se uma camponesa francesa pudera praticar façanhas tão notáveis, tudo era possível na crise do momento.

Tudo seria possível, enquanto a América continuasse comprometida com a causa justa. Na Philadelphia, em 12 de setembro de 1777, Paine escreveu, no *The Crisis*: "Não é um campo de alguns hectares de terra, mas uma causa que estamos defendendo e, se derrotamos o inimigo em uma única batalha ou gradualmente, as conseqüências serão as mesmas." Há dois pontos a destacar aqui, de conformidade com o entusiasmo messiânico da retórica de Paine: em primeiro lugar, a guerra era descrita como um evento de importância universal; em segundo, o resultado era considerado inevitável, a causa justa estava irrevogavelmente destinada a vencer.

Também na Philadelphia, no dia 19 de abril de 1783, após a guerra, Paine escreveu sobre "a maior e mais completa revolução que o mundo jamais conheceu, gloriosa e afortunadamente concluída". Por que, gostaríamos de saber, a "maior' e a "mais completa"? A resposta de Paine foi coerente com a declaração de Jefferson sobre o direito humano à busca da felicidade. A revolução americana, disse Paine, dera ao mundo a "arte" da felicidade. "Descobrir que está em nosso poder fazer um mundo feliz" — escreveu, "ensinar à humanidade a arte de assim fazer — exibir no teatro do universo um personagem até então desconhecido — e ter, por assim dizer, uma nova criação a nós confiada, são honras que exigem reflexão..." Uma nova criação, um personagem até então desconhecido? Evidentemente, esta era uma visão sublime, messiânica, do papel do governo. No âmago do Mito do Milênio, como notamos numerosas vezes, há a visão de uma "nova criação". A revolução americana, como demonstravam as palavras de Paine, era animada pela ânsia por uma "nova criação".

A Revolução Francesa, um ponto decisivo na era moderna, teve, em muitos aspectos, o caráter de uma revivescência religiosa. Wordsworth, em um poema, "French Revolution: as it appeared to enthusiasts at its commencement" [Revolução Francesa: o que significou no início para os entusiastas], captou o estado de espírito sublime da época:

> Bem-aventurança era estar vivo naquele alvorecer,
> Mas ser jovem era o próprio céu!

A Revolução desatou uma orgia de emoção que se propagou e houve muito mais coisas em jogo do que aquilo que Locke descreveu como a dissolução de um corpo legislativo, como reação a uma quebra de confiança, à incapacidade de ficar à altura de um trato. A Revolução Francesa foi um ritual solene, um espasmo curativo de purificação, um apelo repentino às energias da regeneração.

Mais uma vez, Tom Paine é nossa testemunha quanto ao espírito de religiosidade milenarista. Para ele e para seu colega francês Lafayette, a revolução transcendeu questões de finanças e reforma constitucional. De magnitude sublime, ela foi deflagrada em defesa dos Direitos do Homem. Os ideólogos franceses que galvanizaram o fim do século acreditavam, juntamente com Paine, que na

> Declaração dos Direitos do Homem presenciamos o espetáculo solene e majestoso de uma nação manifestando seu compromisso, sob os auspícios de seu Criador, de estabelecer um governo, um cenário tão novo e transcendentemente sem paralelo com qualquer coisa no mundo europeu, que o nome de Revolução lhe diminuiria o caráter, pois ela se transformou em Regeneração do Homem[15].

A palavra *Revolução* "lhe diminuiria o caráter", a cena que se seguiria seria "transcendentemente sem paralelo". O povo era batizado em uma explosão de emoções revivificantes, era co-criador e testemunho do renascimento coletivo de uma nação.

O Mito do Milênio explora a magia do calendário. As phantasias milenárias têm origem na numerologia mística, em velhas crenças em ciclos de renovação, no mito de um novo ano e na expulsão dos demônios do passado. Locke, o ancestral teórico da Revolução, forneceu a imagem da mente humana como uma *tabula rasa*, uma lousa virgem. Os fanáticos da Revolução Francesa pensaram que estavam apagando tudo o que havia na lousa do tempo.

Por isso mesmo, proclamaram a fundação da República no dia 22 de setembro de 1792: *o primeiro dia do primeiro mês do Ano Um*. O velho calendário gregoriano foi descartado. No espírito de renovação, os republicanos aboliram a escravidão nas colônias francesas. Extinguiram o estatuto de prisão por dívidas. Proclamaram uma nova fé na educação pública. Instituíram uma crítica à linguagem classista. (Deixou de ser politicamente correto dirigir-se a uma mulher como Madame — minha senhora.) O Ano Um deu início a uma revolução cultural e espiritual, além de política e econômica. Um decreto republicano dizia: "A nação francesa... deseja que sua regeneração seja completa, a fim de que seus anos de liberdade e glória possam significar ainda mais por sua duração na história dos povos"[16].

A nova religião da humanidade desalojou o Cristianismo do lugar que até então ocupava, a instituição que Voltaire e Condorcet haviam profligado selvagemente. Prosperou o anticlericalismo. Heróis seculares foram santificados e as igrejas transformadas em templos da razão. A Igreja de Sainte-Geneviève, por exemplo, foi transformada em um panteão nacional que abrigava, como relíquias sagradas, as cinzas de Voltaire. Estátuas da Virgem Maria foram demolidas e, em seu lugar, erigidas outras da Deusa da Liberdade. Em 1802, porém, Napoleão negociou um acordo com o Papa e foi restabelecida a liberdade da Igreja. O espírito de revitalização de fim-de-século consumira grande parte de sua força. Quando tudo acabou, o mundo nunca mais seria o mesmo. Passara outro frêmito do Mito do Milênio.

A Dissensão contra o Iluminismo

As pulsações do Mito do Milênio sobem e descem, expandem-se e contraem-se, dependendo de resultados e cicunstâncias que elevam expectativas ou reduzem esperanças. Ainda assim, quaisquer que sejam as circunstâncias, o Mito básico perdura e periodicamente mexe no caldeirão do entusiasmo, deixando a paisagem da história pontilhada de novos monumentos importantes e destroços espalhados de velhas instituições.

Passou a onda de choque do Iluminismo e, antes de muito tempo, a Deusa da Razão enfrentou maus tempos. Surgiu uma reação contra os ideais de otimismo, racionalismo e crença no progresso, típicos do Iluminismo. Afinal de contas, a Revolução Francesa gerara o Reinado do Terror, submetera-se à sua própria intolerância fanática e terminara com a ditadura de Napoleão.

Voltaire, a inteligência espirituosa da "era das luzes", escarnecia do otimismo simplório de Alexander Pope, que adorava Newton e fora autor da tola frase: "O que quer que exista, é certo" (no *The Essay on Man*). Em 1755, Voltaire escreveu, em cima da perna, um poema sobre o terremoto de Lisboa: "Filósofos que gritam: 'Tudo está bem.'" era o título da peça. Ele lamentava as "fantasias dos intelectuais", suas "quimeras profundas". Mas reservou suas melhores farpas para o *Cândido, ou o Otimismo*, uma sátira à crença da então "nova era" em que tudo o que acontece é para o maior bem do melhor dos mundos possíveis.

Edmund Burke, admirador da Revolução Americana, ficou estarrecido com a destrutividade avassaladora da Revolução Francesa. E odiava o duro coração daqueles que chamava de "metafísicos puros-sangues". Burke era contrário a mexer-se em instintos religiosos, que para ele era o cimento que ligava a sociedade civil. Opunha-se à idéia de que sociedades e governos podem ser remodelados por decisões intelectuais.

O argumento contra o progresso linear foi apresentado no *New Science* [A Nova Ciência], de Vico, já em 1744. Ele demonstrava que, quando a razão aumenta, a imaginação declina. Para ele, era claro que culturas precisam de mitos vivos. Sem eles, elas perdem coesão, perdem o *sensus communus*[17], fragmentam-se, e as pessoas descambam para a "barbárie maliciosa da reflexão". Quando a imaginação mítica enfraquece, a cultura começa a morrer de esgotamento interno. Só por curtos instantes e raramente, a cultura pode manter equilibradas suas forças prosaicas e poéticas. Para ele, o progresso linear era uma idéia incoerente, porquanto nenhuma cultura pode permanecer "jovem" e "velha", cheia de vida e sábia, simultaneamente. De qualquer maneira, não por muito tempo.

Outros pensadores tinham razões diferentes para atacar o Iluminismo. Rousseau desancava a religião do progresso na base do princípio causal que defendia, que progressos nas artes e ciências levavam ao egoísmo e aos males da civilização. (Neste particular, notamos semelhanças com as idéias de Vico.) Ao louvar o sentimento, considerando-o como superior ao conhecimento, Rousseau solapava os fundamentos racionais do progresso. O que o homem precisava fazer era voltar a uma vida de simplicidade natural, e não aumentar seu conhecimento. Regredir, e não progredir, seria a estrada para o Éden.

E não devemos esquecer Malthus, que atacou Diderot na primeira página de sua obra-prima. Segundo Malthus, a explosão demográfica da espécie humana pressionaria até a morte os recursos do planeta. Essa idéia feria de frente o sonho do Iluminismo, de progresso sem limites. O excesso de população entraria na equação escatológica, problema este que ainda teremos de resolver.

Pior ainda, poderia haver uma tara incurável de perversidade na vontade humana. No *Memórias da Casa dos Mortos*, de Dostoievski, esconde-se o herói quintessencial anti-Iluminismo. O personagem desse romance ofende-se com a tirania da lógica e insiste em que, às vezes, "dois mais dois é igual a cinco!" Jefferson declarou que tínhamos direito à busca da felicidade; o herói do submundo de Dostoievski declara que temos direito à busca da infelicidade. Dostoievski odiava os ideais ocidentais de conforto, cultura, contentamento. A alma dostoievskiana queria mais do que a felicidade do "formigueiro".

Outro russo, Tolstoi, tinha coisas ainda piores a dizer sobre o otimismo do Iluminismo. Aos olhos do grande romancista, a nova civilização acabaria por arruinar todo o planeta. A Europa iria "estragar" a Índia, a África, a China e o Japão com "eletricidade, estradas de ferro e telégrafo". Tal como Dostoievski, Tolstoi achava que esse novo mundo iria perecer de inanição espiritual, apodrecer com a falta de sentido. Vituperava a perda de finalidade da nova filosofia. "Máquinas — para produzir o quê? Telégrafo — para transmitir o quê? Livros, jornais — para disseminar que tipo de notícias? Estradas de ferro — para ir ao encontro de quem e a que lugar? ... Hospitais, médicos, dispensários para prolongar vida — para o quê?" O que era que tudo isso tinha a ver com o "autêntico iluminismo?"[18] Temos aí apreensões que os entusiastas modernos da Estrada Real da Informática bem fariam em ponderar.

Finalmente, para sairmos suavemente da "era das luzes", escutemos mais um sabotador do sonho de um Milênio racional. O poeta Baudelaire começou a escrever uma peça intitulada "O Fim do Mundo", partes das quais apareceram em 1851 sob o título *Fusées*. O progresso iria nos matar, escreveu ele, e a América arruinaria o mundo.

> Pereceremos pela mesma coisa pela qual imaginamos que vivemos. A tecnocracia nos americanizará, o progresso nos matará espiritualmente de fome... A ruína universal manifestar-se-á não só ou particularmente nas instituições políticas, no progresso geral ou no que quer mais que seja um nome apropriado para isso, pois será vista, acima de tudo, na torpeza dos corações. E acrescento que esse pequeno resto de sociabilidade dificilmente resistirá à brutalidade esmagadora, e que os governantes, a fim de manter-se no poder e para criar uma falsa ordem, recorrerão impiedosamente a medidas que nos farão tremer, a nós que já estamos calejados.

É interessante comparar Condorcet, o otimista, com Baudelaire, o pessimista. A imaginação milenarista é obviamente uma criatura de mudanças de humor muito violentas. O desespero mais negro alterna-se com júbilo alucinado. O que começara como uma afirmação confiante do potencial humano terminou com os mais sombrios dos pressentimentos. A ciência, com a qual os filósofos tinham esperança de regenerar a humanidade, havia, para Baudelaire, se transformado no instrumento da degração humana final.

Neste Caso, Onde Estamos Agora?

O mito do milênio produz explosões espirituais na paisagem da experiência humana. Após uma explosão, olhamos em volta, atordoados com as repercussões.

Uma coisa que os pensadores do Iluminismo compreenderam bem foi o seguinte: a capacidade infinita de ampliar os conhecimentos humanos, a crença no progresso científico foram confirmadas pelos fatos. A ciência é um ramo de conhecimento em expansão ininterrupta, como quem vive neste fim de século pode atestar. Os filósofos, por exemplo, acreditavam na nova arte da tipografia, que viam como responsável por uma revolução nas informações e nas comunicações. Fontanelle disse que os conhecimentos humanos progrediriam. Teve razão. Passamos do prelo para o ciberespaço. O que diria ele se soubesse que poderíamos armazenar os 36 volumes da *Encyclopedia* de Diderot na cabeça de um alfinete?

Franklin, Priestley e outros renovadores do Mito do Milênio no século XVIII afirmaram que a ciência nos emanciparia dos limites da natureza. Neste particular, também, os filósofos tiveram razão e, cada vez mais, descobrimos o poder de dobrar a natureza à nossa vontade.

Mas o problema continua. O que fazer com todo esse poder? Com os volumes incríveis de informação? Do que, realmente, precisamos? — perguntou Tolstoi. O velho Mito codificava nossas verdadeiras necessidades em imagens cristãs transcendentes. Essas imagens, porém, estão atualmente sob ataque. O novo Iluminismo do século XXI terá que renovar o Mito do Milênio, proporcionar um novo lar às suas necessidades transcendentes e um novo conjunto de instrumentos para derrubar os portões da cidade celestial. Um dos lugares para aonde o Mito se voltou com toda força é chamado de América. Continuemos, portanto. Nossa próxima parada será na Nova Jerusalém yankee.

5
A Nova Jerusalém *Yankee*

*Nós, americanos, somos o povo peculiar, eleito —
o Israel de nossa época: nós transportamos a arca
das liberdades do mundo.*

HERMAN MELVILLE

Meu pai emigrou para a América, deixando uma aldeia nas proximidades de Nápoles, Itália. As informações que nos chegavam diziam que as ruas de Nova York eram pavimentadas com ouro. Essa história exagerada era um pequeno fragmento do Mito do Milênio. Meu pai não foi o primeiro a ver, a distância, a América como uma Nova Jerusalém *yankee*.

O filósofo George Berkeley, Bispo de Cloyne, passou três anos em Rhode Island, cinqüenta anos antes da Revolução Americana. E escreveu um poema sobre a América, intitulado "On the Prospect of Planting Arts and Learning in America", que vibrava com um sentimento milenarista. Na América, escreveu ele,

> Será cantada outra idade áurea,
> A ascensão de um império e das artes,
> Da boa, grande e inspiradora fúria épica,
> Das mais sábias cabeças e dos mais nobres corações.

> Não como a Europa gera em sua decadência;
> Mas sim como gerou quando fresca e jovem,
> Quando chama celestial lhe animava a argila.
> Pelos poetas do futuro ela será cantada.
>
> Para o Oeste o curso do império se encaminha.
> Já encenados os quatro primeiros atos,
> O quinto encerrará o drama com o Dia.
> O filho mais nobre do tempo será o último.

A América recapturou a juventude e a "chama celestial" que outrora instilaram vida na velha Europa, e o curso do império é para Oeste. O ato final da história — retroagindo às profecias de Daniel — será montado na América. "O filho mais nobre do tempo será o último" sumaria a essência do tempo linear: o último será o melhor.

O sonho americano, o Novo Mundo, *el Norte*, a Grande Fronteira, a cidade no alto da colina, a terra de Deus. Alguma coisa na vastidão, delimitada por oceanos, da América do Norte estimula a imaginação, de tal modo que, de certas maneiras, a América é mais um estado psíquico do que um país, é um local onde a imaginação profética encontrou um lar, um laboratório gigantesco para a experimentação utópica. A América do Norte tornou-se também uma potência mundial, cujas origens visionárias talvez possam parecer quase esquecidas. O objetivo modesto deste capítulo é o de recordar alguns momentos significativos da história americana que sugerem a influência do Mito do Milênio sobre a nação. Essa influência faz parte do inconsciente coletivo americano. Seu potencial criativo de modo algum esgotou-se, como tenho esperança de demonstrar nos cinco últimos capítulos.

Nesta parte, quero falar sobre o fato de que a influência do grande Mito visionário que ora estudamos continuou presente em vários momentos decisivos da história americana: na descoberta da América, por exemplo; nos colonizadores puritanos; na ideologia da Revolução Americana; nos motivos da abolição da escravidão na Guerra Civil; e, de modo muito prático, nas muitas comunidades utópicas e nas novas religiões que construtores e reconstrutores do Mito formaram e formam até hoje. Mas voltemos ao princípio.

Colombo e o Mito do Milênio

A América, desde o dia em que europeus viram pela primeira vez suas praias, tem sido uma terra de sonhos. Na verdade, acho que é correto dizer que o sonho americano começou com Colombo. O grande Almirante do Mar Oceano faleceu, seu sonho intacto, pensando que descobrira uma nova rota para as Índias. Quatro viagens, e ele jamais teve a menor idéia do que era aquilo que descobrira por acaso.

A prova, ignorada até recentemente pelos historiadores, revela que a terra por ele descoberta lhe serviu de esteio para phantasias milenárias. Cristóvão Colombo considerava-se como instrumento da história mundial, homem dotado de inteligência espiritual e, como ele mesmo disse, "mensageiro" de Deus a um novo céu e terra. Em 1550, em carta a Doña Juana de Torres, confidente da Rainha Isabel, escreveu o seguinte: "Do novo céu e da nova terra feitos pelo Senhor, e sobre a qual São João falou no *Apocalipse*, e como o Senhor disse pela boca de Isaías, ele me fez o mensageiro e me mostrou o caminho." Aqui, pela primeira vez, e antes dos puritanos, a América aparece à imaginação do Ocidente como o portal para a Nova Jerusalém, uma das grandes phantasias do Mundo Ocidental.

Colombo escreveu a carta após a terceira viagem e depois de ter sido demitido do cargo de vice-rei de Hispaniola. Foi uma carta transbordante de amargas queixas. "Ninguém me acreditaria", escreveu, "mas, à Minha Senhora, a Rainha, Ele (o Senhor) deu o dom da compreensão, grande coragem e fê-la a herdeira de tudo." Colombo inventava nesse trecho a idéia de que a Espanha tinha um direito divino à Nova Terra. O Senhor tornara a Rainha sua profetiza, dera-lhe o dom da previsão, de modo que ela pudesse tornar-se "a herdeira de tudo". Esse "tudo" incluía um bocado. Ainda assim, lamentava-se Colombo, depois de conquistar um "outro mundo" para a Espanha, após gastar a juventude nesse trabalho, que as honrarias que lhe eram devidas tivessem sido negadas.

Estaria um esperto Colombo simplesmente lisonjeando os preconceitos religiosos da Rainha espanhola, na esperança de recuperar receitas que lhe haviam sido negadas, ou era motivado por reais interesses proféticos? O que, em suma, realmente levou o genovês a empreender a viagem que marcou o início de uma época? A esse propósito, escreveu John Noble Wilford: "Pode ter acontecido, examinando-se bem o assunto, que a espiritualidade, que lhe alimentava a visão apocalíptica da história, estivesse no coração do homem e fosse a força dominante em sua vida e ações"[1].

A importância da profecia nas viagens de descoberta de Colombo pode ser depreendida de um manuscrito notável, conhecido como *Libro de las Profecias* [Livro das Profecias][2]. Ele escreveu esse compêndio de histórias populares proféticas com ajuda de um monge cartuxo, Gaspar Gorricio, em 1500, enquanto esperava para ser recebido por Fernando e Isabel. O *Livro das Profecias* inicia-se com uma carta ao Rei e à Rainha de Espanha, declarando que Deus o privilegiara com o "espírito da inteligência" e que fora essa inteligência, e não os mapas de Toscanelli nem os livros dos eruditos, que lhe havia inspirado a grande aventura.

Essa constatação choca-se com a idéia tradicional sobre Colombo, como um dos pioneiros do novo espírito científico. "Todas as ciências", escreveu ele, "... de nenhum uso me foram". O que o compelira a "seguir em frente com a maior pressa" fora o "Espírito Santo" e, nas palavras dos místicos, "o fulgor de uma maravilhosa iluminação". Com essas observações, o explorador da Renascença começou a parecer-se cada vez mais com um visionário medieval.

O milenarismo medieval satura o *Livro das Profecias*. Falando de sua "inteligência espiritual", Colombo nos leva de volta às profecias de Joachim de Fiore, discutidas no Capítulo 3. O povo da nova era, previu Joachim, possuiria uma nova inteligência espiritual, uma faculdade acima da razão comum. Colombo, na verdade, acreditou piamente nas palavras de Joachim. Por isso mesmo, escreveu:

> Não de forma imerecida ou sem razão, peço-lhes encarecidamente que atentem, nobilíssimos soberanos, para algumas coisas muito importantes que devem ser observadas, uma vez que realmente lemos que Joachim, o Abade do Sul da Itália, previu que sairia da Espanha o homem destinado a recuperar a opulência de Sião.

Colombo, aparentemente, considerava-se o homem da Espanha destinado a recuperar "a opulência de Sião". Nessa frase, notamos a feliz fusão do caçador de fortunas com o profeta milenarista. O mito de que um homem oriundo da Espanha recuperaria a Nova Jerusalém, por falar nisso, não foi criado por Joachim, mas por um de seus adeptos radicais, Arnoldo de Villanova. E era uma profecia que estivera circulando por mais de cem anos.

No *Livro das Profecias*, disse Colombo que a viagem às Índias era um passo no caminho para financiar uma cruzada. Cruzada? Para recuperar o Santo Sepulcro, em Jerusalém. A descoberta das "Índias", na mente de Colombo, era parte de uma agenda muito mais extensa — isto é, a expansão global do Cristianismo. Para Colombo, essa expansão resultaria no início do fim da história, uma vez que o profeta Isaías (Isaías, 25) previra a salvação de todos os homens. A conversão em massa, que Colombo promoveria, fazia parte do plano divino.

Mas ai daqueles que resistissem ao plano divino. Na carta aos soberanos espanhóis, Colombo relembrou as arrepiantes palavras de Santo Agostinho: "Deus prevalecerá, foi dito, contra eles, e Ele destruirá todos os deuses dos povos da terra, e eles O adorarão." O Mito do Milênio era invocado nessa passagem para justificar a destruição das culturas indígenas do Novo Mundo.

Alternadamente, na mente obcecada por sonhos de Colombo, a América ora aparecia como o paraíso terrestre, conforme evidenciado pela ingenuidade e inocência dos nativos e pela fabulosa flora e fauna da nova terra, ora como o novo céu e terra do *Livro do Apocalipse*. E, finalmente, como estação de remonta e fonte de renda para financiar a reconquista do Santo Sepulcro e apressar o fim da história. "Acredito que há prova de que nosso Senhor está apressando essas coisas", escreveu ele a Fernando e Isabel, no tom urgente do autêntico milenarista.

Colombo foi influenciado por franciscanos radicais, aqueles místicos revolucionários que acreditavam que Francisco de Assis era o Novo Cristo, que inaugurara uma nova era do espírito na história. O estudioso americano John Leddy Phelan, em seu *The Millennial Kingdom of the Franciscans* [O Império Milenar dos Franciscanos] (1956), estudou o milenarismo de Colombo. De acordo com Phelan, Colombo alimentava a phantasia quiliástica desde 1493, quando começou a assinar todas suas cartas e documentos como *Christoferens* — "portador de Cristo".

Colombo usou o próprio nome como indicação de sua finalidade na vida. A assinatura que usava, e sobre a qual instruiu seus herdeiros a designá-lo postumamente, tem intrigado os estudiosos. Acima do "Christoferens", ele construiu uma pirâmide de letras:

```
    . s .
  s . a . s .
  x   m   y
```

Ninguém conseguiu decifrar o significado dessa disposição de letras, embora o medievalista John V. Fleming pense que é um "acróstico de grande complexidade, privativo de uma teologia mística mais ou menos culta e hermética"[3]. Idéias herméticas eram, naqueles tempos, incluídas nas histórias de navegação e estavam refletidas, sugere Fleming, nesse "acróstico". Qualquer que tenha sido o significado da assinatura, ela combina de modo geral com a *persona* mística de Colombo.

A *persona* tornou-se visível no diário do navegador relativo à primeira viagem, em 1492. No dia 26 de dezembro, escreveu sobre obter ouro "em tal quantidade, que os soberanos, antes de se passarem três anos, resolverão e se prepararão para conquistar o Santo Sepulcro". A cobiça por ouro, que dominava Colombo, tinha em vista a conquista de Sião. A ganância de Colombo, portanto, estava ligada às suas ambições apocalípticas. Em qualquer que tenha sido a versão deturpada e tortuosa, parece que o Mito do Milênio teve um papel importante na inspiração que levou à "descoberta" da América — um caso de phantasia profética que culminou em uma descoberta feliz e inesperada.

Os Colonizadores Puritanos

A Reforma inglesa, nascida do protesto contra as intrigas e corrupção da Igreja e da política, preparou o palco para o Mito da Nova Jerusalém *yankee*. Para os construtores puritanos do Mito, a América tornou-se a "nova Israel", como diriam mais tarde Melville e incontáveis pregadores puritanos.

Os puritanos viviam à luz do que pensavam ser profecias das Escrituras que ainda teriam que ser cumpridas. Em 1641, por exemplo, Thomas Goodwin escreveu, no *A Glimpse of Sions Glory* [Um Olhar Sobre a Glória do Monte Sião], que "há um Tempo glorioso a caminho". Goodwin via sinais abundantes de que "o Tempo está próximo". O senso de agitação milenária continuava igualmente intenso dez anos mais tarde, quando, no livro de título revelador, "The Wonder-Working Providence of Sions Savior in New England" [O Milagre do Monte Sião na Nova Inglaterra], Edward Johnson escreveu: "Fui agora convocado para o serviço de Nosso Senhor Jesus Cristo, a fim de reconstruir o mais que glorioso Edifício do monte Sião em um Deserto".

"Os colonos puritanos, criados nos pressupostos providenciais da Reforma inglesa, trouxeram para estas praias uma aguda consciência milenarista", escreveu o historiador James A. Moorhead[4]. Esses pressupostos, que fazem parte do inconsciente nacional americano, subiram à tona e reaparecem periodicamente sob a forma de cruzadas, ocasiões de fervor religioso, experimentos sociais, epidemias psico-espirituais, ideologias políticas e, mais recentemente, nas crenças e práticas da Nova Era. Se essa consciência milenar irrompe espontaneamente ou não, como, por exemplo, aconteceu em princípios do século XVIII no Grande Despertar, ou em princípios do século XIX, que atingiu o auge no Millerismo, ou se surge como reação a uma crise, como aconteceu na Guerra Civil ou na I Guerra Mundial sob a liderança messiânica do Presidente Woodrow Wilson, a consciência de ter um destino decisivo para o mundo tem sido, e é, parte do Mito Americano.

Puritano, tal como *gótico* e *quaker*, era no início uma palavra de censura. Os puritanos eram reformadores dos reformadores, indivíduos que achavam que a Igreja da Inglaterra não fora longe o suficiente para purificar-se do lixo do mundanismo "papista". "Povo de Deus", era assim que os puritanos designavam a si mesmos e a razão por que a América veio a ser chamada de "terra de Deus". A América deve muito a esses extremistas da imaginação profética: os peregrinos de Massachusetts fundaram a primeira das colônias no norte e foram os pais da Revolução Americana. Estabeleceram o governo da maioria e as assembléias de cidade, criaram as primeiras escolas sustentadas por impostos, fundaram a primeira faculdade, e organizaram a primeira biblioteca pública das Colônias.

Em dezembro de 1620, cerca de cem pessoas, lideradas pelos "Patriarcas Puritanos", cruzaram o Atlântico a bordo do *Mayflower* e fundaram a primeira colônia bem-sucedida, na baía de Plymounth. O historiador desse trabalho pioneiro, o Governador William Bradford, no primeiro parágrafo da história da colônia, *Of Plymouth Plantation*, revelou a mentalidade milenarista que iria deixar marca na nova sociedade americana. A colônia fez seu *début* na história como uma teocracia, tão sólida e, às vezes, tão cruel quanto a revolução islâmica do Aiatolá Khomeini. Antes do fim do século, os puritanos estavam expulsando livres-pensadores, como Roger Williams, enforcando quakers e condenando feiticeiras à morte na fogueira.

Ainda assim, a convicção dos puritanos, de que a peregrinação à Nova Terra fora supervisionada pela Providência, inspirou-os a sobreviver às dificuldades do que era para eles uma terra virgem desconhecida. A imaginação profética era a aliada invisível dessa gente.

A Inglaterra, segundo Bradford, foi "a primeira das nações" a presenciar "a primeira manifestação da luz do evangelho", após a "tenebrosa escuridão do papismo, que cobrira e se estendera pelo mundo Cristão"[5]. A luta contra essa tenebrosa escuridão foi descrita como uma guerra fomentada por "Satanás" contra os "santos" — um uso bíblico (não-católico) para designar o povo eleito de Deus. Após perseguições incessantes pela Igreja da Inglaterra, os puritanos, ou separatistas (como eles ocasionalmente se denominavam) resolveram emigrar para os Países Baixos, "onde tinham ouvido dizer que havia liberdade de religião para todos os homens".

Na mente de Bradford, a mão providencial de Deus estava em ação em toda parte. Ele conta, por exemplo, a história de "um trabalho especial da providência de Deus", sobre "um jovem orgulhoso e muito profano", um robusto marinheiro que zombava dos pobres peregrinos que sofriam de enjôo no mar. O que não foi coisa sábia a fazer, porque "agradou a Deus... abater esse jovem com uma doença grave, da qual morreu em meio a grande sofrimento"[6]. Friamente, Bradford disse que fora "a mão justa de Deus" que causara a morte do marinheiro. Mas como sabia ele que fora assim? Ele não sabia, claro. Bradford estava simplesmente inventando, praticando um pouco de construção americana de mito.

Comentando a chegada em segurança a Cape Cod, o patriarca puritano manifestou seu espanto com a grande vitória dos pobres peregrinos. Após todas as dificuldades da travessia, "eles nem tinham amigos para lhes dar as boas-vindas nem estalagens para receber-lhes ou alimentar-lhes os corpos maltratados pela inclemência do tempo". Em seguida, Bradford lembrou ao leitor uma passagem nos Atos dos Apóstolos, que conta como o apóstolo Paulo e seus companheiros náufragos foram ajudados por bárbaros.

"Estes bárbaros selvagens", diz Bradford referindo-se aos americanos nativos e comparando o desembarque dos peregrinos em Cape Cod aos apóstolos náufragos, "estavam mais dispostos a lhes crivar o corpo com flechas"[7]. Os americanos nativos não eram tão gentis como os bárbaros de Paulo, dada a propensão, que demonstravam, de transformar com suas flechas os pobres peregrinos em peneiras. O importante, no particular: os puritanos estavam se considerando como "santos", que viviam nesse momento o plano de salvação de Deus. Dessa maneira, vivendo e aceitando o mito, foram sem dúvida encorajados a realizar façanhas de grande fortaleza na aventura colonizadora. Nessa região, onde eram tão altas as probabilidades contra o sucesso — fracassara a primeira colônia, fundada em Jamestown em 1605 —, o Mito do Milênio serviu a uma finalidade difícil e indispensável.

Considerando-se os eleitos, os "santos", os puritanos adotaram uma ideologia de farisaica severidade, conforme confirmado pela alegre menção da morte do marinheiro "profano" por Bradford. O mito da eleição e da santidade forneceu um fundamento lógico conveniente para classificar os nativos, cujas terras eles haviam tomado, de "bárbaros selvagens".

John Winthrop, um dos grandes líderes civis da colonia da baía, figura de impressionantes dotes intelectuais, foi também o homem que nos lembra dos perigos do Mito do Milênio. Coube a ele fazer a famosa observação sobre a construção de "uma cidade no alto da colina". A América deveria ser um modelo que todos pudessem admirar e imitar. Sendo um teocrata, contudo, e por essa razão desconfiado do governo pelo povo, Winthrop pensou que não havia nas Escrituras fundamentos para a democracia, e que, "entre as nações, ela sempre foi considerada como a mais vil e pior de todas as formas de governo"[8]. Seu colega puritano John Cotton estava de pleno acordo: "Não concebo que Deus tenha jamais determinado a democracia como forma conveniente de governo... Ele (Deus) estabeleceu uma teocracia como a melhor forma de governo"[9]. Sob a dispensação teocrática de Winthrop, o adultério era castigado com a morte.

Os puritanos, como disse o Governador Bradford, vieram para a América em busca de "liberdade de religião para todos os homens", mas a negavam a pessoas estranhas à sua fé. Os líderes de Massachusetts exigiam que todos os homens com direito a voto fossem membros da Igreja, mas só o clero podia decidir quem era membro. Ou como escreveu Cotton Mather:

> O sr. Cotton recomendou efetivamente... que ninguém deveria ser eleitor, e eleito em conseqüência dessa condição, exceto os que fossem súditos visíveis de Nosso Senhor Jesus Cristo e pessoalmente ligados às nossas igrejas. Dessa, e de muitas outras maneiras, ele lhes propôs que se esforçassem para sustentar a teocracia, tanto quanto lhes fosse possível, como assim fora para a glória de Israel[10].

Não obstante, é errônea a impressão de que os primeiros puritanos fossem monolíticos em suas opiniões. Desde o início, houve dissensões, que tiveram origem em suas próprias fileiras e entre os milenaristas mais extremados. Roger Williams foi um puritano que rejeitou a pregação da Congregação de Boston, porque ela não se separara inteiramente da Igreja da Inglaterra. Ele resistia, em suma, à suspensão do autêntico renascimento milenário. A "lousa" de Locke não fora suficientemente apagada. Williams mudou-se para Salem, e suas "opiniões estranhas" causaram controvérsia em toda parte. Entre elas, Williams acreditava que a terra pertencia aos índios. Negava também que o governo devesse impor leis religiosas ao povo.

Expulso pela Corte Geral de Massachusetts, William fugiu para junto dos índios, na baía de Narragansett. Em 1636, fundou Rhode Island, um oásis para a heterodoxia, publicando, em 1644, o *The Bloody Tenet of Persecution* [A Doutrina Sangrenta da Perseguição], um texto clássico em defesa da liberdade religiosa. Williams, eventualmente, juntou-se aos Seekers (Buscadores), um grupo milenarista que, à semelhança de Krishnamurti, era contra todas as seitas e credos. Esse puritano altamente original foi um dos primeiros americanos a tornar-se ativista pela América Nativa. Radical nascido em Cambridge, estudou a lingüística nativa e, em 1643, publicou o livro *A Key to the Language of America* [Chave para a Língua da América].

Outro episódio de dissensão mística revolveu em torno da idéia de inteligência espiritual e suas conseqüências práticas. Esse caso pode ser acompanhado na carreira de outro puritano radical. Em 1634, Anne Hutchinson emigrou com o marido para Massachusetts. Mulher eloqüente, escolada na Bíblia, ela negava que a conformidade a leis religiosas fosse prova de santidade. A verdadeira santidade teria origem na *gnose*, "uma experiência com o Espírito Santo interior". Mais uma vez, notamos a ênfase joachinina no Espírito Santo — a Terceira Pessoa da Trindade e a base vivencial da nova era.

Segundo a "aliança da graça" de Anne Hutchinson, poderíamos conhecer diretamente a Deus, que ela considerava como o significado real do fim dos dias. Essa recusa em aceitar literalmente o Mito do Milênio ficou também evidente na pouca importância que ela atribuía à ressurreição, que interpretava como sendo um encontro com o Cristo interior[11]. A congregação julgou ofensivas essas idéias e ferreteou-a com o apodo de *antinomiana* — a convicção milenarista de que os verdadeiros cristãos não são obrigados a ficar adstritos à lei. Os antinomianos eram indivíduos que se sentiam tão imersos no Espírito Santo que não precisavam mais de instituições oficiais para obter a salvação. Considerada culpada de sedição e desrespeito ao sínodo eclesiástico, a Igreja de Boston excomungou-a em 1638. Hutchinson foi reunir-se a Roger Williams em Pocasset, Rhode Island, aquele viveiro de sentimentos revolucionários místicos.

Rhode Island atraiu também outros antinomianos. Eles formavam o transbordamento da Controvérsia Antinomiana, que varreu a Bay Colony entre 1636 e 1638. Os antinomiamos expressavam de forma extremada o antigo impulso milenário de apropriar-se imediatamente do Reino do Céu. Eram inimigos jurados da realidade, tal como ela se apresentava, com todas suas bem arrumadas distinções, segregações e compartimentos. Dado o alto grau de ansiedade produzido pelo Deus imprevisível de Calvino, muitos escolheram o caminho da "mão esquerda" para a realização pessoal imediata. Entre os mais radicais, como George Fox e Anne Hutchinson, a busca do paraíso era estimulada por visões, revelações e experiências de "contato" de vários tipos.

Esses antigos construtores americanos do Mito do Milênio constituíam uma ameaça ao *status quo* e muitos deles tiveram tratamento cruel. As afrontas contra eles eram alimentadas pelos puritanos, que insistiam no dualismo radical entre o céu futuro e desejos sexuais imediatos. Um dos puritanos, por exemplo, queixou-se de que as opiniões dos extremistas constituíam um disfarce para a "desordem mental e os ardores sexuais que se escondem no coração do homem". O que, imperdoavelmente, condicionava os antinomianos era que "agradava muito à natureza ter o Céu e satisfazer seus desejos sexuais, também"[12].

Os antinomianos queriam seu paraíso imediatamente e na forma definida do corpo do amor humano. Como haviam insistido os Niveladores ingleses, a experiência de um Cristo interior obliterava todas as distinções entre céu e terra, espírito e desejo sexual. E apagava também todas as separações artificiais entre pessoas. Os antinomianos seriam indivíduos que escolhiam "o caminho bom e fácil para o céu".

Samuel Gordon foi um desses antinomianos, cujas idéias encontraram abrigo temporário nos povoados de Rhode Island. Acreditava ele que o renascimento em Cristo implicava uma sociedade igualitária e que justificava a revolta contra todos os tipos de hierarquia e autoridade. A justiça, dizia ele, "pertencia apenas ao Senhor", e acrescentava que "homens fazem de si mesmos deuses... governando o corpo e a propriedade de outros homens"[13]. Gordon foi acusado de ser "mortalista", porque alegava que, se o indivíduo fosse tocado pelo Espírito Santo, já estava na eternidade. "Não há outro céu", disse ele, "do que o que existe no coração de homens de bem, nem outro inferno do que o que existe no coração dos perversos".

Em meu último exemplo sobre os profetas do novo céu na Nova Inglaterra, pudemos ver, como em outros exemplos que serão citados adiante, o poder do Mito de desencaminhar o homem e torná-lo vítima das emoções ardentes da revolução e da confrontação. Thomas Venner, um tanoeiro fabricante de barris de vinho, liderou posteriormente em Londres sangrentos levantes, inspirados pela Quinta Monarquia. Venner, tal como David Koresh e Jim Jones, armazenou armas, preparando-se para a batalha da

Nova Jerusalém. Esse profeta, inspirado pelos americanos, criou uma reputação de extremismo até que, em princípios de 1661, ele e um grupo de crentes, da ralé da cidade, iniciaram uma série de desordens nas ruas de Londres, gritando "Viva o Rei Jesus" e, no caminho, assassinando pessoas inocentes nas calçadas. Após outras desordens sangrentas, Venner foi preso e submetido a julgamento. Ele se encarregou da própria defesa, falando em termos incoerentes e bombásticos sobre as Escrituras, alegando, como Charlie Manson e Adolf Hitler, que um Cristo interior agia por seu intermédio. O tribunal mandou enforcá-lo, esquartejá-lo e impalar sua cabeça em uma estaca no alto dos portões da cidade. A exposição da cabeça do criminoso foi feita com a intenção de mostrar o desagrado das autoridades com a interpretação dada ao Mito do Milênio por Thomas Venner.

Nem todos os profetas da Nova Luz, porém, foram tão violentos assim. Alguns, na verdade, foram até pacíficos demais. Os quakers pertencem à tradição dos celebrantes sérios da Luz Interior. Embora os primeiros puritanos de Massachusetts enforcassem alguns membros da "Sociedade dos Amigos", ocorreu finalmente uma reaproximação entre as duas facções. George Fox iniciou o movimento quaker no século XVII, durante a Guerra Civil na Inglaterra. Mais uma vez, como no caso dos visionários medievais, a ênfase era na experiência da Luz Interior. Fox reivindicava o direito de ser independente de todos os intermediários, uma vez que "aquela parte de Deus que estava em todos os homens" tornava supérfluos os ritos externos e o clero profissional.

A Pennsylvania tornou-se um refúgio para os quakers e, liderados por William Penn, transformou-se em um "experimento sagrado" em *laissez-faire* religioso. A Sociedade dos Amigos tornou-se muito ativa como reformadora e defendeu os direitos dos índios, a reforma das prisões, a abolição da escravatura, o melhoramento da educação e os direitos das mulheres. É interessante notar que a experiência de Luz Interior — o que quer que isso possa ser — pode levar a conseqüências tão diferentes como os delírios violentos de Thomas Venner ou as reformas construtivas ligadas à história dos quakers. O poder do Mito do Milênio é altamente instável e imprevisível quanto ao resultado concreto.

No longo prazo, os sentimentos antidemocráticos dos patriarcas dos peregrinos foram combatidos pelo amor natural à liberdade, característico da maioria dos ingleses. Não obstante, eles deixaram, de fato, um legado, nem sempre meramente latente, de intolerância e antiintelectualismo. Os patriarcas puritanos eram homens cultos, muito embora o protestantismo evangélico e o fundamentalismo, sempre explorando as incoerências das Escrituras, desprezassem o que, na década de 1950, era chamado de "intelectualismo de fachada" ou, atualmente, de "elitismo cultural"[14]. Não foram apenas Savonarola e os nazistas que acenderam fogueiras de vaidades. Tentativas de banir certos livros de lares e bibliotecas são noticiadas ainda hoje na América.

A Revolução Americana

No capítulo precedente, falamos em Paine e Jefferson, cujas filosofias políticas reverberavam com ecos seculares de aspirações milenárias. Jefferson queria que a Declaração de Independência "expressasse o espírito da América". Um aspecto desse espírito, argumentei, o que reivindicava o direito de todos os seres humanos buscar sua própria felicidade, ressoava com profundas ânsias milenárias, evocando, nas Revoluções Americana e Francesa, temas de importância transcendente.

Eu gostaria, no entanto, de examinar um pouco mais a retórica profética de Paine, uma vez que ela serviu como instrumento para inflamar a psique da Revolução Americana. O *Common Sense*, de Paine, livro que fez a defesa da independência, foi um enorme sucesso de livraria. O autor destinou à Causa todos seus lucros. O livreto foi considerado como o panfleto político mais bem-sucedido de todos os tempos. Ensinou George Washington a desprezar reis e inspirou o exército que sacudiu o jugo do império britânico. A Revolução Americana, iniciada pela retórica profética de Paine, tornou-se o paradigma da onda de revoluções que varreu a Europa, uma onda cuja força ainda persiste, mesmo nos tempos correntes.

A América, porém, não conseguiu aprovar inteiramente Tom Paine, um "livre-pensador" e homem que desprezava por completo toda a autoridade irracional. Em minha opinião, contudo, Paine foi um homem profundamente espiritualizado, se por *espiritualizado* entendemos sensibilidade aos sofrimentos de outros seres humanos, ódio à injustiça, amor à verdade e coragem de fazer alguma coisa sobre tudo isso. Eu iria um passo além e diria que Paine foi um profeta da nova era, um dos construtores do mito americano do Milênio.

Tal como no caso de João de Patmos, Paine era abrasado por um ódio imenso ao poder que oprimia. Ele conhecia, em primeira mão, o que era a pobreza e a "insolência do cargo", tendo sido obrigado a rastejar para viver diante dos ricos, como fabricante de espartilhos. Na opinião de Paine, porém, que era filho de quaker, a verdadeira maldição para a humanidade era o Rei, o patriarca abominável e a encarnação viva do poder opressivo. Paine usou de toda sua retórica para desmascarar tudo que era condenável na realeza. "O *Common Sense* matou o conceito de realeza na América", escreveu o historiador Robert Leckie[15]. Nesse livro, Paine rompeu com João de Patmos, porquanto desfechou um golpe tremendo no arquétipo do Pai Opressor, o antigo princípio do patriarcado. E foi um golpe contra a psique ocidental. João de Patmos, por outro lado, nenhum desejo tinha de acabar com o governo dos reis. Em absoluto, ele queria transformar os oprimidos em novos e pequenos reis, que "governariam com um cetro de ferro".

João de Patos e Tom Paine odiavam a crueldade, a injustiça, a opressão, embora um parecesse deficiente em compaixão, e o outro fosse amplamente dotado nesse particular. Vejamos o que Paine escreveu em um trabalho intitulado *African Slavery in America* [Escravidão Africana na América], publicado em 1775 no *Pennsylvania Journal*, pouco depois de chegar à América, trazendo no bolso uma carta de apresentação de Benjamin Franklin: "Um número grande demais de nações escravizou prisioneiros que faziam na guerra. Mas ir para uma nação contra a qual não há guerra, que de nenhuma maneira provocou, sem qualquer desígnio ulterior de conquista, simplesmente para caçar pessoas inofensivas, como se fossem animais selvagens, para usar como escravas, é o auge do ultraje contra a humanidade e a justiça, que parece ter sido abandonado pelas nações pagãs para ser praticado por pretensos cristãos".

Ao contrário de João de Patmos, que parecia, tal como São Paulo, ter aceito a escravidão, a fúria de Tom Paine não era contra os "incréus", mas contra a injustiça. Sua indignação era em nome da humanidade, e não apenas dos membros de um culto privado. Paine falava pelos direitos dos negros e também dos americanos nativos.

No trecho seguinte, ele escolhe o arquétipo do Rei, enquanto alude à hipocrisia cristã: "E quando penso no uso que ela [a Grã-Bretanha] deu à descoberta deste novo mundo — que a pequena e torpe dignidade dos reis terrenos tenha sido exaltada de preferência à grande causa do Rei dos reis — que, em vez de exemplos cristãos aos índios, ela tenha vilmente lhe aproveitado as paixões, lhe explorado a ignorância e os transformado em instrumentos de traição e assassinato — ... não hesito, nem por um instante, em dizer que o Todo-Poderoso separará finalmente a América da Grã-Bretanha"[16]. A Revolução Americana, como Paine a descrevia, seria uma guerra santa contra "a pequena e torpe dignidade dos reis terrenos", em nome de *toda* a humanidade.

A energia da retórica de Paine, a capacidade que demonstrava de pôr em movimento uma revolta contra a Grã-Bretanha, jorrava do descontentamento profundo, da indignação geral contra o poder patriarcal, concentrado, nesse momento da história, na Coroa inglesa. Negros desumanizados, nativos traídos — Paine falou ainda em nome de outro segmento da humanidade, cuja situação de inferioridade João de Patmos também ignorara — o das mulheres.

Na sua *Letter on the Female Sex* [Carta sobre o Sexo Feminino], ele lamentava "o destino das mulheres em toda a terra. O homem, no que interessa a elas, em todos os climas e em todas as idades, ou foi o marido insensível ou o opressor... Quando não são amadas, elas nada são e, quando são, são atormentadas." (Mais adiante neste livro, voltarei às opiniões incendiárias de Paine sobre o casamento.)

Menciono esses assuntos não para demonstrar a precoce correção política de Paine, mas para esclarecer que a paixão profunda que o levou a apoiar a Revolução era uma paixão global e religiosa, uma emoção dirigida contra um tipo de existência social — a época do patriarca dominador, a época que Joachim de Fiore previu que estava destinada a passar na próxima nova era do espírito.

A passagem seguinte de Paine que quero citar mostra com grande clareza a maneira como a derrubada do patriarcado era vista por ele como condição necessária para a restauração do paraíso. "A sociedade, em todos os Estados, é uma bênção", escreveu ele no *Common Sense*, "ao passo que o governo, mesmo no seu melhor aspecto, é apenas um mal necessário... Os palácios dos reis são construídos sobre as ruínas das potestades do paraíso." Acabando-se com os reis, acabava-se com o próprio governo, e as potestades do paraíso poderiam ser restauradas.

A atração da ânsia universal pelo paraíso — juntamente com a indignação e o desprezo zombeteiro pelos reis — impressionaram George Washington. Paine dedicou o *The Rights of Man* a Washington, numa época em que ele já era o primeiro Presidente dos novos Estados Unidos da América. Fosse a Revolução Americana ou Francesa, o sentimento milenarista que o inspirava era o mesmo. A Washington, ele escreveu: "Que os Direitos do Homem possam tornar-se tão universais quanto vossa benevolência possa desejar e que possais desfrutar a felicidade de ver o Novo Mundo regenerar o Velho é a oração de vosso muito obrigado, obediente e humilde servo." A Revolução Americana era nessa passagem apresentada no papel milenarista de "regenerar" o "velho" mundo.

Em torno da figura de George Washington formou-se uma névoa de lenda. Uma coisa clara a respeito de Washington era seu senso de destino. Ele via a Revolução e o nascimento da nação como obras da Providência Divina. Faz parte do Mito do Milênio imaginar que a história é orientada pela mão invisível de Deus e é nesse particular que a visão bíblica contrasta com a visão pagã. No seu primeiro discurso de posse, em 30 de abril de 1789, por exemplo, Washington falou claramente a partir do âmago do *zeitgeist* bíblico:

> Seria particularmente impróprio omitir, neste primeiro ato oficial, minha súplica ardente ao Ser Todo-Poderoso, que governa o universo... Nenhum povo pode ser encontrado que reconheça e adore mais a mão invisível que conduz os negócios dos homens do que o povo dos Estados Unidos. Cada passo que ele deu para o caráter de nação independente parece ter se caracterizado pelo mesmo sinal de intervenção providencial.

Sinais de intervenção providencial poderiam ser encontrados na própria vida e aventuras militares de Washington. Ele era conhecido por sentir que tinha uma espécie de imunidade mágica a balas. Aconteceu certa vez que seus soldados ficaram confusos na escuridão e começaram a atirar uns nos outros. Washington lançou-se no meio da confusão, procurando desarmar a soldadesca. Terminada a troca de "fogo amigo", 14 de seus homens haviam sido mortos e 26 estavam feridos. Washington saiu ileso de tudo isso[17].

Especulamos sobre a formação mental desse homem extraordinário, especialmente sobre a origem de sua coragem e determinação, quase sobrenaturais. Vou mencionar dois fatos — geralmente ignorados ou minimizados — que podem ter contribuído para formar a mente do grande homem e que indicam curiosas ressonâncias milenárias. Idéias de elitismo espiritual e sigilo sempre foram *leitmotifs* em algumas formas de sociedades reformistas. Dois exemplos que nos ocorrem são os jesuítas e os maçons. Curiosamente, há razões para acreditar que, nas profundezas da mente de Washington, fluíam correntes de influência dessas duas sociedades freqüentemente julgadas sinistras, embora muito diferentes.

De acordo com o historiador militar Robert Leckie, "a obra literária que exerceu maior influência sobre Washington"[18] foi um panfleto intitulado *The Rules of Conduct and Politeness* [Regras de Conduta e Polidez], um manual popular em estilo jesuíta, escrito em 1595 por padres jesuítas de La Fleche, sobre como conquistar amigos e influenciar pessoas. Os jesuítas, claro, formavam a guarda de elite da Contra-Reforma Católica e eram dedicados a uma forma sutil de guerrilha espiritual. É, além disso, incontestável que George Washington, juntamente com outros grandes construtores da Revolução Americana, foi maçom. A maçonaria era uma irmandade secreta de *illuminati* do Iluminismo e é fato que George Washington ocupava o cargo de mestre-maçom de sua Loja, quando se tornou o primeiro Presidente dos Estados Unidos.

Dentro de um momento, voltarei à possibilidade de influências maçônicas em ação entre os Patriarcas da Revolução. Neste exato momento, quero dar outro exemplo de influências proféticas, que convergiram em John Adams, outro dos grandes Patriarcas da Revolução. No caso de Adams, a influência do Mito do Milênio operou-se através do Iluminismo e da Reforma Protestante.

Em 1765, Adams publicou *A Dissertation on the Canon and Feudal Law* [Dissertação sobre o Direito Canônico e Feudal]. Imediatamente publicada no exterior, a obra recebeu o novo título de *The True Sentiments of America* [Os Verdadeiros Sentimentos da América]. De acordo com Adams — e, neste particular, ele repete Fontanelle e Condorcet — a história resulta num aumento progressivo dos conhecimentos e da benevolência. O otimismo, conforme frisado no capítulo anterior, era um valor embriagante para os filósofos do Iluminismo. O povo comum aspirava pela independência, escreveu Adams, por causa de sua conscientização crescente dos direitos humanos. "Direitos", disse ele, "que não poderiam ser revogados ou restringidos por leis humanas — direitos que tinham origem no grande Legislador do universo"[19]. O grande Legislador, claro, era o Deus da *Bíblia*.

Infelizmente, observava Adams, o sonho de progresso encontrara obstáculos na estrada da história. O que retardara o progresso da história fora o direito canônico do "clero romano", um sistema que servira como ideologia para justificar a opressão da humanidade. O obstáculo real ao progresso, como observou o historiador milenarista Ernest Tuveson, era, na opinião de Adams, o mal espiritual e a "corrupção religiosa"[20].

Adams, como se comprovou depois, era um dualista de quatro costados, com um ponto de vista comparável, de certas maneiras, ao de João de Patmos. Para Adams, a união do direito canônico com o secular era prova inconteste da ação do Anticristo. "Dessa maneira, a natureza humana foi agrilhoada durante eras em uma servidão cruel, vergonhosa e deplorável a ele e a seus tiranos subordinados, que, como foi profetizado, se colocariam acima de tudo que era chamado Deus e que era adorado."

Na opinião de Adams, tudo isso havia sido profetizado no *Livro do Apocalipse*. O Anticristo aliciava a ajuda dos poderes mundanos para exaltar-se acima de Deus e do divino. Mas, em uníssono com o *Livro do Apocalipse*, Adams acreditava que a vontade de Deus teria que — no fim — triunfar na história. Com esse fim em vista, Adams se manifestava favorável à separação entre Igreja e Estado. As pessoas poderiam encontrar-se com Deus em seus próprios termos. Dessa maneira, ironicamente, sob a influência do selvagemente teocrático *Livro do Apocalipse*, Adams pregava a separação entre Igreja e Estado.

Na dissertação sobre progresso espiritual, ele, aparentemente, pouca importância deu ao recrudescimento da cultura na Renascença ou à Revolução Científica. O que o comovia acima de tudo era a Reforma e sua paixão por um retorno à mensagem pura dos Evangelhos. Os Direitos da humanidade haviam sido estabelecidos pelo arquiteto divino do universo. As colônias da Nova Inglaterra deveriam criar um novo mundo, livre do "romanismo", que ainda maculava a Igreja da Inglaterra.

No diário de Adams, com data de fevereiro de 1765, lemos: "Sempre considero, com reverência e espanto, a colonização da América como o início de um grandioso cenário e projeto da Providência divina para iluminação dos ignorantes e emancipação da parte escrava da humanidade em toda a terra." Essas palavras — reverência, espanto, projeto grandioso, iluminação, emancipação — vinham diretas do léxico da mente milenarista. No nascimento da nação, o senso americano de missão estava bem presente na mente dos Patriarcas.

As raízes religiosas da Revolução Americana são claras nas palavras do teólogo e químico que descobriu o oxigênio e antecipou-se à descoberta da fotossíntese, Joseph Priestley. Priestley, um apóstolo da Revolução Americana, teve a casa atacada a bomba por enfurecidos inimigos e fugiu da Inglaterra para a América já bem idoso. Tendo presenciado revoluções na França e América no fim do século, escreveu em comentário sobre o *Livro do Apocalipse*:

> Na verdade, algumas das partes mais interessantes dessa profecia estão, neste exato momento, sendo realizadas... É, na verdade, suficiente para nós, e nos proporciona grande consolo, que a grande catástrofe tenha sido claramente anunciada, e as indicações de tempos felizes levam-nos a olhar para o futuro com confiança e alegria. Essas profecias foram também escritas de uma maneira que nos convence de que os eventos a nós anunciados foram realmente previstos[21].

Priestley estava lendo a história das grandes revoluções do século XVIII através dos óculos do Mito do Milênio. Tal como seu colega protestante John Adams, Priestley via sob uma dupla luz e endemoninhava o drama da história:

A blasfêmia da besta, da qual o poder papal era uma parte, consistiu em o Papa usurpar a autoridade de Deus, instituindo, além Dele, outros objetos de adoração e perseguindo os verdadeiros crentes, o que aconteceu em todos os reinos representados pelas dez trombetas[22].

O Papado não era simplesmente uma instituição humana perigosa e corrupta, mas parte de uma conspiração diabólica — o Anticristo em forma institucional.

A Nota de Dólar como Museu do Milênio

Voltamos agora ao fator maçônico na fundação da nação. Neste particular, a prova que invoco está disponível a quem quiser examiná-la no Grande Sinete impresso na nota de dólar. O simbolismo do sinete é um memorial à influência da maçonaria na América. A maçonaria é uma fraternidade internacional de combatentes místicos pela liberdade, em cujas antigas fileiras encontramos numerosos e ilustres nomes: além de George Washington — Voltaire, Lafayette, Franklin, Lincoln, Roosevelt, e assim por diante. Os maçons foram homens educados pelo Iluminismo, com um gosto aristocrático por sigilo e simbolismo e pelo idealismo de tradições sagradas, sem as superstições e autoritarismo que as acompanhavam. A imagística na nota de dólar contém talvez informações sobre as origens espirituais da América, como alegou Robert Hieronimos no *America's Secret Destiny*[23] [O Secreto Destino da América].

Em 1776, quatro homens foram escolhidos para desenhar um sinete que expressasse o significado e o destino da nova nação. Thomas Jefferson, Benjamin Franklin, John Adams e Pierre Eugène DuSimitiere. O Grande Sinete, portanto, é um registro das origens visionárias da América.

No reverso, há uma mandala, contendo uma pirâmide truncada com um olho radiante dentro de um triângulo. O triângulo aponta para o passado, para a trindade evolutiva da filosofia de história de Joachim. A pirâmide aponta para trás, para o alvorecer egípcio da civilização. Mas é uma pirâmide inacabada, da mesma forma que o trabalho da civilização não terminou ainda. A missão da América seria terminar a construção da pirâmide, sugeriu Hieronimos. (Robert Hieronimos apresenta um programa extremamente compreensivo e liberal, denominado 21st Century Radio.)

Convido o leitor a meditar sobre esse curioso ícone, nascido da Revolução Americana. Interpretando a imagem no sinete, parece-me que o desafio consiste em ligar a base maciça da pirâmide, simbólica do povo, à sabedoria radiante, que tudo vê, do vidente divino. Vejo, em números romanos, a data 1776, o ano de nascimento da nação. Acima do olho radiante inscrito no triângulo, palavras em latim, *Annuit Coeptus*. Ela — a divindade de olho radiante — aprova nossa aventura. E exorta nosso empreendimento à prosperidade. O que significa *Coeptus*? Que aventura ou empreendimento? Evidentemente, não pode ser nada menos do que o nascimento da América, o que constitui o motivo pelo qual os números correspondem ao ano do nascimento da nação. De acordo com o sinete, o Olho Radiante da Providência é o responsável pela nova nação, exatamente como disse Washington no discurso de posse. Embaixo da pirâmide, lemos *Novus ordo seclorum*, "Nova Ordem das Eras". Em outras palavras, a fundação da América era a fundação de uma "nova ordem mundial". E exatamente assim os Patriarcas entenderam o significado do nascimento da nação.

Foi uma nação concebida no espírito da liberdade, um espírito que garantia direitos inalienáveis — a salvo do poder arbitrário de monarcas, a salvo, como dissera Adams, do direito canônico ou religioso. Evidentemente, na mente dos Patriarcas, o nascimento da América estava ligado ao alvorecer de uma nova era.

No reverso do Sinete, encontramos outra mandala, outra imagem do todo americano. Embora o animal nacional escolhido por Franklin tivesse sido o peru, o que vemos na nota é uma águia com as asas estendidas, tendo no peito um escudo vermelho, branco e azul. Em uma das garras, no lado para o qual a águia vira a cabeça, um ramo de oliveira; no outro, treze setas. A águia segura no bico uma faixa, na qual está gravado um lema metafísico: *E pluribus unum*, "De muitos, um", significando isso que treze Estados se uniram em uma única nação.

A América, da forma representada no Grande Sinete, parece ser um instrumento de poder militar. Jung observou certa vez que a águia, o símbolo nacional americano, é uma ave de rapina. Não obstante, sob os auspícios do Olho Radiante da Providência, o destino secreto da América é criar unidade da diversidade, paz do conflito.

A águia olha para a garra da paz. A paz, então, torna-se a meta nacional. Nela temos uma parte da mensagem. As setas na outra garra anunciam ao mundo outra mensagem. A América está preparada para usar de força militar na consecução de sua meta. E a América provou abundantemente com sangue essa parte da insígnia do sinete. O senso de estar sendo orientado por um destino justo é tão profundo na psique americana como claramente simbolizado na nota de um dólar. E falando na nota de dólar, sou levado ao ponto seguinte.

O Materialismo Americano e o Milênio

O Mito do Milênio foi desde o começo um mito de materialismo sagrado, uma visão do céu descendo à terra, de natureza tornada dócil e amiga. A evolução do Mito na América certamente ocorre nessa direção. Na verdade, para muitos americanos, um materialismo nada sagrado caracteriza o último duradouro vestígio do Mito, sendo o grande Shopping Center tudo que resta do Templo de Sião. A tendência para uma versão *yankee* mais prosaica da Nova Jerusalém começou entre os construtores da Revolução, cuja propensão prática era para misturar o secular com o espiritual.

A feliz combinação do secular com o espiritual, um traço característico de Adams e Priestley, foi evidente também em outros milenaristas protestantes americanos. Não obstante, é aqui, onde o secular e o espiritual se juntam, que o caráter do sonho americano começa a mudar, o molde mental puritano começa a derreter e um materialismo mais profano começa a emergir. Samuel Hopkins serve de exemplo dessa transição.

Em 1794, Hopkins, fundador da teoria da Nova Luz, publicou *A Treatise on the Millennium* [Um Tratado sobre o Milênio]. Ele estava convencido de que a história teria que chegar ao fim, como expiação da vergonha e culpa pela crucificação de Cristo. A causa pela qual Cristo sofrera teria que "prevalecer e ser vitoriosa neste mesmo mundo, onde ele sofreu e morreu". As palavras a frisar aqui são "prevalecer" e "neste mesmo mundo". Não se preocupem, porém. Não é Henry Kissinger quem está discursando. Hopkins não estava falando em *Realpolitik*, mas em uma vitória da "benevolência desinteressada para com o homem, incluindo a nossa própria pessoa". No Milênio que viria, a graça e o aparecimento de uma nova luz dariam origem a uma benevolência universal. Hopkins ainda concebia a nova era como sendo um acontecimento basicamente sobrenatural.

Mas, agora, notem um novo destaque, que lembra a Idade Áurea renascentista: "E grandes progressos serão feitos em todas as artes e ciências e em todos os ramos úteis do conhecimento, que tenderão a promover o espírito e o bem eterno dos homens, ou sua conveniência e conforto nesta vida." Pôr "o espírito e o bem eterno dos homens" ao lado de "sua conveniência e conforto nesta vida" anuncia uma mudança no significado do sonho americano. Voltando os olhos para nossos ancestrais puritanos e, em seguida, para o mundo em volta de nós neste fim de século, notamos que a evolução do Mito tem sido da teocracia para a democracia, da frugalidade para o consumismo, da existência árdua para o conforto, do sacrifício de si mesmo pela comunidade para a preocupação com o Produto Nacional Bruto. Em outras palavras, quando pessoas falam hoje no sonho americano, elas pensam mais no conforto, na conveniência, em empregos seguros, em lares felizes e gramados bem aparados na frente da casa, e em todo o resto das amenidades da vida moderna.

Com Samuel Hopkins, porém, a tônica ainda era na busca da luz espiritual. A prosperidade real para Hopkins, há duzentos anos, não era medida pelo saldo bancário, mas pela "caridade benevolente e fervorosa de cada coração, a certeza de que, se alguém fosse reduzido a um estado de necessidade por alguma fatalidade ou por incapacidade de sustentar-se, ele teria todo o apoio e ajuda que pudesse desejar". O Milênio de Hopkins era um Estado de bem-estar social, radicado na generosidade da graça.

Graças ao influxo da graça e da benevolência, a América milenária de Hopkins aboliria a guerra, "que tem sido uma imensa despesa e flagelo para a humanidade em todas as eras e por meio da qual a pobreza e a desolação têm se espalhado por todas as nações". Chegando o Milênio, porém, outro grande obstáculo à felicidade humana seria derrubado — não a própria morte em si, mas, pelo menos, o medo e a dor de morrer.

Hopkins, que acreditava no poder da Luz Interior, podia enxergar um tempo em que conheceremos a morte como uma saída indolor do corpo, uma viagem sem esforço para reunirmo-nos às nossas origens divinas.

Hopkins mencionou também outro tema milenário, a instituição de uma língua universal, ocasião em que os povos "se tornarão como que uma única família em afeição". A busca de uma linguagem unificadora é um tema que vemos tratado, talvez um tanto superficialmente, em muitas das atividades da chamada Nova Era. No capítulo sobre a Nova Era, tentarei demonstrar que o seu interesse por tópicos esotéricos como Tarot, I Ching, astrologia, runas e Círculos em Campos fazem parte da busca dessa língua unificadora, uma língua necessária para reaprendermos "afeição" na "família humana".

Além do mais, previa Hopkins que a arte da tipografia, juntamente com essa língua universal, aceleraria a circulação de idéias "úteis" e de "todos os tipos de inteligência, o que pode ser um benefício para a humanidade". Hopkins, acho, falava no que hoje chamamos de revolução da informação, antecipando-se à "aldeia global" de Marshall McLuhan e ao "cérebro global" de Peter Russell.

Menos bondosamente, Hopkins previa um Armagedon prolongado, que começaria em fins da década de 1990 — antes dos Últimos Dias. O prognóstico de um conflito de proporções globais repunha Hopkins nas fileiras dos videntes apocalípticos tradicionais, porquanto, a despeito de sua visão de um Milênio Americano confortável e conveniente, ele previa também um inevitável banho de sangue, imensos conflitos purgativos, antes que a nação pudesse se estabilizar para dar prosseguimento a seu destino oculto. No Apocalipse dos Velhos Tempos, a catástrofe sempre precedia a renovação — ou como dizia o velho ditado, sem sofrer, nada de ter. Na verdade, Samuel Hopkins previu que ocorreria uma catástrofe moral ainda mais cedo, um confronto de importância apocalíptica.

A Abolição da Escravatura

Numerosos americanos, empolgados pelo espírito da retórica de Paine, haviam considerado a Revolução como um momento histórico decisivo, o alvorecer de uma nova ordem mundial. Ainda assim, nem tudo estava bem na Nova Israel.

Permanecia um grande obstáculo — o feio espectro da servidão forçada. O seqüestro e escravização de milhões de negros, sobre os quais baseava-se parte considerável da economia inicial das Colônias, chocavam-se afrontosamente com a Declaração de Independência redigida por Jefferson. De que maneira se poderia conciliar escravidão com liberdade e igualdade? A nação estava doente com um câncer moral e tinha que ser curada.

O Mito do Milênio permitiu que numerosos americanos vissem na Guerra Civil a cura da nação. Os construtores do Mito consideravam a guerra para abolir a escravidão como uma guerra santa e nela combateram à sombra de esperanças milenaristas. Da mesma forma que Paine vira na emancipação americana do jugo britânico uma nova época na história humana, os evangélicos protestantes do norte viam a Guerra Civil como um passo para o renascimento da Nova Israel.

Em 1787, as igrejas clamavam pelo fim da escravidão. Antes de alvorecer a era do Milênio, a abominação da escravatura tinha que acabar. Escutem o que dizia Samuel Hopkins:

> Louvado seja Deus! Ele nos garantiu que todas essas obras do demônio serão destruídas e que está chegando rápido o tempo em que todas as pessoas serão justas e benevolentes... e há razão para concluir que essa luz e convicção, e esses trabalhos, continuarão e aumentarão até que os mercadores de escravos sejam inteiramente destruídos.[24]

A idéia de que "todas as pessoas" iriam ser "justas e benevolentes" quando fosse abolida a escravatura lembrava o Milenarismo.

O ardor milenarista cresceu nos anos que precederam a Guerra Civil e enquanto ela durou. No Dia de Ação de Graças de 1862, por exemplo, Joseph P. Thompson pregou um sermão na Broadway Tabernacle Church, na Cidade de Nova York, tendo como tema a proclamação recente de Lincoln:

> A Proclamação da Emancipação desafia os poderes das trevas a derrotá-la. Espíritos impuros, como rãs, parecem jorrar em grande número da boca do dragão, da boca da besta e do falso profeta. Mas não podemos perder a coragem. Continuaremos a marchar com o saltério na mão, pois, antes de muito tempo, o sétimo anjo "derramará sua taça pelo ar, e sairá grande voz do santuário, do lado do trono, dizendo: FEITO ESTÁ."

Mais uma vez, as dores de parto da história eram interpretadas através do Mito do Milênio, com o pregador descrevendo o ato de Lincoln para emancipar os escravos como o prelúdio do fim da história.

Pouco tempo depois, em Gettysburg, o próprio Lincoln evocou, em cadências bíblicas inesquecíveis, uma imagem de renascimento apocalíptico: "Há oitenta e sete anos, nossos pais fundaram neste continente uma nova nação..." Garryl Wills, no *Inventing America*, comenta: "Nesse local, Lincoln fala em geração. A nação é corretamente descrita como nova porque foi trazida maieuticamente à luz por meio de ação externa. Não só nascida, mas recém-nascida. A imagem sugerida é, em toda sua extensão, de um *hieros gamos*, um casamento do céu masculino ("nossos pais") com uma terra feminina ("este continente").

Ao dar-nos uma visão do renascimento nacional, Lincoln tornou-se um de nossos construtores do Mito do Milênio. Até mesmo no pior cenário, de conflito nacional total, como foi a Guerra Civil, existiam em nós os recursos necessários para nos recuperarmos e renascermos. Uma das grandes mensagens do Mito é que temos os recursos, o poder de reinventar a nós mesmos e forjar uma nova identidade nacional, mesmo quando parece que chegamos ao limite de nossas forças. Podemos sempre voltar com Lincoln a Gettysburg para nos regenerar e voltar à luz.

A Guerra Civil foi a crucificação da nação. "A nação criada por um nascimento milagroso passa por seu teste supremo e consegue — a ressurreição: 'que esta nação, sob Deus, terá um *renascimento* de liberdade'"[25]. Garry Wills chama atenção para o encanto lisonjeiro dessa visão da América, uma visão tão lisonjeira e sedutora que, em certas ocasiões em nossa história, voltamos a ela para justificar atos de imperialismo e intervencionismo auto-interesseiro.

O mito da América como a nação redentora foi gravado na mente coletiva pela experiência da Guerra Civil. Isso aconteceu quando soldados nortistas foram expostos à retórica hipnótica de pregadores evangélicos. Em certo dia de outubro de 1862, por exemplo, uma companhia de voluntários da União, prestes a seguir para a frente de batalha, escutou um sermão pregado por William L. Gaylord:

> Oh! Que dia será para nossa amada terra quando, passando por um batismo de fogo e sangue, lutando através desta noite de nascimento, de terror e trevas, ela experimentar uma ressurreição para uma nova vida e para um futuro cuja próxima glória já tinge de ouro os cumes das montanhas... O dia do Senhor está perto![26]

É fácil imaginar rapazes emocionando-se com essas palavras, enquanto lustravam as botas e limpavam os fuzis. A retórica do pregador nos lembra as palavras do milenário "Battle Hymn of The Republic" [Hino de Batalha da República], de Julia Ward Howe, que inspirou milhares a pensar que seus olhos estavam enxergando "a glória da chegada do Senhor". Publicado no *Atlantic Monthly* em 1862, o Mito Americano cantava no "Hino de Batalha", de Howe. E isso acontecerá muitas vezes — em confrontações sangrentas envolvidas na retórica do sobrenatural. E o relembramos aqui para aqueles que possam ter esquecido os versos iniciais:

> Meus olhos viram a glória da vinda do Senhor:
> Ele, a pontapés, expulsa a vindima que contém as vinhas da ira;
> Solta o raio destruidor de sua terrível e fulminante espada;
> E sua verdade continua em marcha.

Na forma como Howe e numerosos evangélicos americanos a interpretavam, a Guerra Civil era o grande teste do nascimento final — ou melhor, do renascimento — da nação. A guerra era um "evangelho feroz escrito em lustrosas e aguerridas fileiras de aço", escreveu Howe, um evangelho, uma peça de boas novas. O "Herói", o soldado nortista, ia "esmagar a serpente com o calcanhar". Esse esmagamento, ou aprisionamento, da serpente, como aprendemos no *Livro do Apocalipse*, era supostamente o sinal de aproximação do fim dos dias.

Da Guerra Civil à Experimentação Social

Sonhos sobre o fim dos dias assumem às vezes a forma de experimentação social. A Revolução e a Guerra Civil foram dramas nacionais, através dos quais americanos viveram o Mito do Milênio. Mas outras maneiras foram também experimentadas, menos violentas e menos grandiosas. Alguns retiraram-se da nação em geral e tentaram criar seu pequeno trecho de paraíso, em algum lugar à margem da senda batida da terra de Deus.

Um aspecto importante da milenização americana tem sido a disposição de fazer experimentos de cunho social. A história americana abunda em grupos radicais de todas as colorações, que tentaram, em variadas épocas, construir aqui ou ali a Nova Jerusalém. A tendência começou com os peregrinos. A América era um ventre gigantesco. Nenhum outro país na história foi tão deliberadamente designado como local para plantar as sementes de novas formas de vida social. Das colônias de puritanos às comunas *hippie*, americanos se entregaram entusiasticamente à tarefa de reinventar a arte da vida em comum. E foi tipicamente americano que Ken Wilber escrevesse um livro intitulado *A Sociable God* [Um Deus Sociável].

Só posso, claro, oferecer alguns exemplos. Neste particular, há uma rica e fascinante história e a literatura alusiva está crescendo. Dessa maneira, para nos focalizarmos com tanta clareza quanto possível no poder do Mito do Milênio, vamos estudar três grupos que se basearam em três interpretações diferentes das mesmas palavras de Jesus, sobre casamento no Reino do Céu. Nesses três experimentos utópicos, a vida social normal foi inteiramente subvertida, quando pessoas tentaram provar um pouco do amor que imaginavam, à medida que supostamente se aproximavam do fim dos tempos.

Em 1840, R.W. Emerson escreveu a Carlyle: "Ele não é um homem lido, mas tem o esboço de uma nova comunidade no bolso do colete."[27] O fato era que milenaristas americanos haviam usado a *Bíblia* para sancionar alguns experimentos sociais muito ousados — em especial na área do sexo e da vida familiar. O trecho escolhido era do Novo Testamento e, à primeira vista, não é um texto conhecido por conter uma filosofia sexual subversiva. Ainda assim, perguntado sobre como seria o casamento no Reino de Deus, Jesus respondeu:

> Os filhos desse mundo casam-se e dão-se em casamento; mas os que são havidos por dignos de alcançar a era vindoura e a ressurreição dentre os mortos, não casam e nem se dão em casamento. Pois não podem mais morrer porque são iguais aos anjos, e são filhos de Deus, sendo filhos da ressurreição. (Lucas, 20:34-46)[28]

Dessa maneira, vindo a consumação dos tempos, não haverá absolutamente casamento. As pessoas, assemelhando-se de alguma maneira aos anjos, nem mesmo morrerão. Aqui, acho, há um trecho de importância decisiva nesse livro, que explicitamente vincula o fim do sexo e morte, como geralmente os entendemos, ao fim do tempo e à chegada do Reino do Céu. Essas palavras eram poderosas para pessoas que sentiam, ou desejavam sentir, que eram as eleitas de Deus. O que poderiam elas significar para pessoas ansiosas para ver o fim do tempo e da história?

Três profetas americanos do Milênio — todos eles originários de uma região a oeste das Catskills e das Adirondacks — levaram realmente muito a sério as palavras de Cristo sobre o casamento no céu. Todos eles pensaram que as palavras de Jesus revestiam-se de implicações radicais — mas, como se viu depois, muito diferentes — para a maneira como pessoas deveriam conduzir-se em assuntos de sexo e vida familiar.

Para Ann Lee, a fundadora do "Shakerismo", a observação de Jesus significava um apelo ao homem para que se livrasse *in toto* do sexo e adotasse o celibato. John Humphrey Noyes, educado em Yale, via a situação de outra maneira. E mais lógica. O fim do casamento, disse ele, de maneira nenhuma implicava o fim do sexo. Achava Noyes que, no Milênio, o sexo em si não seria eliminado, mas apenas certo tipo de sexo egoísta, exclusivista. Após repetidos exames de consciência, ele manifestou-se em favor do que chamava de "casamento complexo".

Os shakers, o celibato; os perfeccionistas de Oneida, de Noyes, o casamento coletivo. Os Mórmons, outro grupo profético com origem no *antebellum* Estado de Nova York, ofereceram uma terceira intepretação da mesma citação da *Bíblia*. Joseph Smith, cuja história era realmente muito estranha, entendeu as palavras de Jesus como prova de que deveríamos restabelecer as práticas poligâmicas dos patriarcas hebreus. No Velho Testamento, a poligamia era popular desde o tempo de Lameque (*Gen.*, 4:19) e nem mesmo era proibida pelas Escrituras.

Os americanos eram milenaristas extremamente práticos. Por seus atos, tinham esperança de provocar, talvez mediante algum tipo de magia simpática, o fim da história. Em todos os nossos exemplos, o profeta queria destruir a família nuclear, o tecido social que sustentava a velha terra e a sociedade nascida do pecado. A família tradicional teria que acabar, antes de poder ocorrer o advento do Milênio. Os "valores familiares" tradicionais iriam ter uma surpresa quando chegasse o fim dos dias.

Para os Shakers, renunciar ao sexo era o primeiro passo para estimular a vinda do Milênio. Essa idéia, que não é estranha a padres católicos ou a renunciantes hindus, era libertar todas as energias do indivíduo e focalizá-las, com exclusividade e pureza de coração, no objetivo supremo da transformação espiritual. Em vez de desperdiçar energias espirituais em relacionamentos sexuais infelizes, os shakers escolheram um estilo de vida comunitária na qual a adoração por meio de trabalho manual e dança extática tornaram-se o centro da vida social.

Os perfeccionistas de Noyes fizeram do sexo a base do culto em comum, mas seguiam um caminho de afirmação, não de negação. Acreditava Noyes — como acreditam alguns tântristas e taoístas — que o sexo tem também uma dimensão mais alta, ou "angélica". Se, na ressurreição, tornamo-nos iguais a anjos, então nosso trabalho divino consiste em aprender, de alguma maneira, a praticar o amor como fazem os anjos. O sexo se tornaria uma forma de adoração, uma maneira de abrir-se à generosidade divina.

Essas idéias podem parecer muito estranhas à maioria. Acredito, porém, que o otimismo de Noyes sobre a verdadeira finalidade do sexo refletia a metafísica criacionista ocidental, de acordo com a qual a terra, nosso corpo e seus prazeres foram criados por um Deus de bondade suprema e que são bons em si mesmos. A idéia da sacralidade do sexo praticamente se perdeu na tradição ocidental, embora visionários como Noyes e, mais recentemente, o padre católico renegado, Matthew Fox, possam estar mais sintonizados com uma das mensagens esquecidas e mal interpretadas da tradição cristã.

Examinemos, portanto, com mais atenção, esses movimentos que, a despeito de toda sua diversidade, compartilhavam da mesma repugnância pela civilização comum e por seus descontentes.

Os Shakers

Os shakers consideravam-se como membros da "Igreja da Última Revelação". Julgavam a "Última Revelação" como o restabelecimento do Pentecostalismo, que abrangia cinco princípios: 1) celibato, 2) propriedade comum, 3) não-resistência, 4) governo separado do governo mundano, e 5) "poder sobre a doença física"[29].

No tocante a este último ponto, os shakers eram principalmente vegetarianos, gozavam de uma saúde excepcionalmente boa e tinham vida longa. Viam-se como indivíduos que se esforçavam para restaurar a "virgindade" do primeiro Adão — um ser humano andrógino que florescera antes da Queda. A virgindade, no sentido de inteireza andrógina, seria a solução para o amor e a morte.

A filosofia shaker de celibato começou com uma mulher que passou por experiências penosas com o sexo. Ann Lee teve quatro partos dolorosos, perdendo todos os filhos ainda na infância. No último parto, quase morreu e acabou recusando-se a ter daí em diante sexo com o marido. Para evitar problemas na cama, Ann Lee adotou o tipo de vida do revivalismo, tão geral naqueles tempos de transição. Ingressou nessas atividades com tanto entusiasmo que, em certa ocasião, foi presa por "perturbar a ordem".

Enquanto se encontrava na prisão em Manchester, Ann Lee teve uma visão inspiradora, quando viu Adão e Eva em um abraço carnal. Compreendeu que o desejo carnal fora a verdadeira causa da queda da humanidade. E entendeu também a maldição de Eva: "Multiplicarei sobremodo os sofrimentos de tua gravidez; em meio a dores darás à luz filhos." Percebendo tudo isso com tanta clareza, Ann Lee resolveu viver em celibato comunitário. Erradicando o desejo sexual e levando uma vida de "pureza virgem", a raça humana poderia ser restaurada nas boas graças de Deus. O celibato não poderia deixar de acelerar o fim da história e apressar o advento do Milênio.

Um pequeno grupo de seguidores reuniu-se em torno da profeta. Em 1772, um de seus fiéis teve uma visão da árvore da vida plantada na América. Ann Lee convenceu-se de que a América era o lugar para plantar as sementes da nova sociedade que presenciaria a Última Revelação. Em companhia de sete discípulos, viajou para a Cidade de Nova York em 1774, nas vésperas da Revolução Americana.

Membros da nova igreja, que estava numericamente crescendo, vieram a acreditar que Ann Lee era a segunda Encarnação de Deus. Um apóstata, mais tarde, escreveu: "Alguns deles dizem que a mulher chamada de mãe (Ann Lee) tem a plenitude da divindade, que nela corporalmente habita, e que ela é a Rainha do Céu, esposa de Cristo, e que todos os eleitos de Cristo dela devem nascer. Sim, que por intermédio dela Cristo nascerá pela segunda vez."[30]

Em êxtases, Ann referia-se a Jesus como seu Senhor e Amante. Mais uma vez, deparamos a idéia do *hiero gamos*, neste contexto, a de tornar-se a esposa de Cristo. A maioria das pessoas considerava as alegações sobre Ann como "fanáticas" — malucas ou exageradas. Essa alegação, aliás, de ser uma encarnação feminina de Deus era uma repetição de heresias medievais, época em que Prous, Boneta e Giugliema, de Milão, proclamaram-se como encarnações do Espírito Santo.

Arrebatados por suas visões, os shakers dançavam extaticamente. A dança dos Shakers era uma espécie de entrega voluntária à possessão. Acredita o historiador Lawrence Foster[31] que a função da dança era amortecer, pela fadiga, o acicate de desejo sexual frustrado. Os shakers tremiam, soltavam gritos agudos, cantavam, soluçavam, falavam em línguas estranhas, giravam, batiam os pés, suspiravam e rolavam no chão[32]. Não obstante, a orgia revivalista, como no caso dos dervixes rodopiantes, era mais do que apenas uma maneira de soltar vapor sexual. Constituía também um modo de refinar o fogo sexual.

A adoração através de dança extática pode muito bem ter despertado o que, na verdade, é conhecido no Oriente como *kundalini*, o senso da sacralidade da energia sexual. Calvin Green, um antigo teólogo Shaker, descreveu a experiência nas seguintes palavras:

> E quando a alma é batizada e inicia sua vida, isto é uma recriação espiritual de todos os sentimentos da alma e do corpo, um emprego muito superior a qualquer recriação natural ou prazer carnal. Em nenhuma experiência humana experimentei jamais tais sentimentos deliciosos, nem qualquer um que suportasse uma comparação justa com o que senti na devoção sagrada[33].

Mais, em suma, estava em jogo do que uma descarga mecânica de vapor sexual. Não apenas alegavam ter uma experiência transcendente, como discípulos posteriores disseram ter mantido contacto com o espírito desencarnado de Ann Lee. (O shakerismo foi um precursor do Espiritismo.)

Para estranhos, essas orgias espirituais devem ter parecido loucuras, possivelmente perigosas e assustadoras. Quanto aos crentes, eles "sabiam perfeitamente o que essas coisas (os comportamentos estranhos) significavam e, em conseqüência, sentiam a maior ordem e harmonia possíveis, sendo ambas a dádiva e a obra de Deus na ocasião, e que constituía a prova mais forte possível de que o mundo estava realmente chegando ao fim... e que o dia do juízo começara"[34]. Dançar para os shakers era, então, uma maneira sensual de "acabar" com a servidão à realidade comum, uma maneira de se regenerarem.

Os Perfeccionistas de Oneida

John Humphrey Noyes, como tive oportunidade de dizer acima, considerava o sexo no Milênio não como algo a ser abolido, mas consumado. Tal como no caso de Ann Lee, experiências pessoais lançaram-no na odisséia milenarista. Homem profundamente sensível, ficou arrasado quando Abigail Mewin, sua primeira adepta e amor idealizado, deixou-o para casar-se com outro. Numerosas pessoas consideram a rejeição como intolerável. A reação de Noyes, porém, foi, com toda probabilidade, sem precedentes. Em carta a um amigo, manifestou a intenção de dar início na terra à era da ressurreição. Faria isso abolindo o casamento e fundando um festival divino de amor. "Em uma comunidade sagrada", escreveu, "não há mais razão para que a relação sexual deva ser restringida pela lei do que comer e beber"[35].

Noyes revoltou-se contra a sociedade, que pensava estar impedindo a vinda do Milênio, que, em sua opinião, já começara com a ressurreição de Cristo. Acreditava que a ressurreição geral já estava a caminho, o que significava que não deveria haver mais casamento e menos ainda casamento no velho estilo.

É notável que esse estudioso, natural da Nova Inglaterra, no início uma figura que sequer procurava aparecer, conseguisse manter intacto o que foi talvez o mais audacioso experimento social na história americana. Criar uma nova sociedade, na qual todos eram estimulados e tinham permissão para desfrutar sexo entre si, constitui uma realização notável para uma comunidade que ainda sobrevive no rastro do puritanismo da Nova Inglaterra. (O próprio Noyes era de linhagem protestante.)

No Reino Celestial, não há esta história de casar ou de casamento, mas apenas a bem-aventurança ilimitada do amor. "A história secreta do coração humano confirmará a asserção de que ele é capaz de amar qualquer número de pessoas e que quanto mais amar, mais poderá amar"[36].

Noyes construiu a comunidade de Oneida em torno da idéia de uma família divina. De modo algum promovia a libertinagem irresponsável. O importante para Noyes era controle. O autocontrole, disse ele, é um determinante do Reino de Deus. Com o autocontrole, sublimamos nossa natureza animal e a transformamos em divina.

Libertar nossa natureza amorosa exige controle do impulso sexual. Noyes pregava a "continência masculina", conhecida também como *coitus reservatus*, ou *maithuna* na tradição oriental, o que significa que embora o homem possa apreciar o ato sexual com uma mulher, ele se abstém de consumá-lo, da forma determinada pela natureza. Este era o método escolhido de controle da natalidade em Oneida e, surpreendentemente, funcionou extraordinariamente bem. Em cerca de trinta e tantos anos, só foram comunicados uns vinte nascimentos acidentais.

À vista das normas de Noyes, é evidente que era desestimulada a emoção sexual violenta. Em vez disso, o modelo parece ter sido semelhante ao pregado pelo moderno filósofo tântrico, Bhagwan Shree Rajneesh, denominado de "orgasmo no vale"[37]. Os Perfeccionistas procuravam disseminar uma auréola de harmonia em todas as práticas da vida diária.

Noyes estava convencido de que a vida sexual habitual era um fardo, uma fonte de tormento e de servidão econômica. Era notável a lista de males que decorriam do que ele denominava de a "lei do casamento":

> Ela provoca o adultério secreto, real ou no coração. Liga naturezas que não se combinam. Separa naturezas que se combinam. Dá ao apetite sexual apenas uma escassa e monótona quota e, dessa maneira, gera os vícios naturais da pobreza, redução do gosto, mesquinhez ou ciúme. E não cria condições para o apetite sexual na exata ocasião em que esse apetite é mais forte[38].

A lei do casamento deveria, por conseguinte, ser transcendida. E isso só poderia ser feito resgatando-se o verdadeiro significado do sexo. Com esse fim em vista, Noyes fazia uma distinção entre as funções amorosa e propagadora do sexo. Argumentava que a primeira era a principal, a verdadeira função do sexo, porquanto Deus dera inicialmente a Eva a função de "companheira" de Adão. Para Noyes, isso significava alguma coisa mais ou menos equivalente à "divina companheira de brinquedos".

Só depois da catástrofe da Queda, como parte da maldição infligida por Deus à humanidade após o pecado original, é que ela foi expulsa do Éden, da luz amorosa e bem-aventurança, para o ciclo sombrio da procriação e da servidão humana. Inicialmente, a existência teria sido recriativa, e não procriativa. A procriação causava responsabilidade econômica e, quanto maior o fardo, mais nos afastaríamos da finalidade amorosa do sexo.

Na ressurreição, voltaríamos ao jogo amoroso, à sociedade agradável, à sexualidade original. (Freudianos radicais denominam "anormalidade polimorfa" a sexualidade não limitada pela especialização ou pelo "princípio da realidade".) A Comunidade de Oneida buscava o Milênio por meio da evolução sexual. A propósito, escreveu Noyes:

> A reconciliação dos sexos emancipa a mulher e abre o caminho para a sociedade viva. A sociedade viva aumenta a força, reduz o trabalho e torna atraente a labuta, removendo, dessa maneira, os antecedentes da morte. Em primeiro lugar, abolimos o pecado; em seguida, a vergonha; depois, a maldição da mulher, de partos exaustivos e, finalmente, a maldição do homem, de trabalho exaustivo e, dessa maneira, chegamos ordenadamente à árvore da vida.

Era um sistema completo de pensamento. Haveria uma cadeia inteira de instituições que teria de ser quebrada, mas a origem era o falso sexo, o sexo alienado, o sexo violento, egoísta, doloroso. A solução de nossos problemas sexuais e econômicos geraria uma ampliação de nosso potencial, dado por Deus. Noyes usou as palavras "amor livre" com grande receio. "Conosco, o Amor Livre *não* significa liberdade de amar hoje e deixar amanhã, não liberdade de tomar a pessoa de uma mulher e guardar nossa propriedade para nós mesmos, não liberdade de sobrecarregar a mulher com filhos e mandá-la embora sem recursos ou atenção..." Os membros da Comunidade de Oneida eram responsáveis, e não promíscuos. "O laço que nos liga é... permanente e sagrado... porque é nossa religião."

Noyes foi um grande sonhador americano. Sonhou uma América em que todo o sistema cruel da realidade social e metafísica era "abolido". A sujeição ao sexo decaído e a sujeição à morte eram dois lados da mesma moeda. Jesus não associou, de fato, o fim do casamento ao fim da morte? O casamento complexo, portanto, indicaria o caminho para a libertação em relação à morte.

Noyes esperava que todo o andaime da realidade comum desmoronasse em pedaços. O Fim teria que ser total e sistemático. "O sistema de pecado, o sistema de casamento, o sistema de trabalho e o sistema de morte são iguais e devem ser abolidos juntos". A Comunidade de Oneida, que prosperou economicamente durante mais de um quarto de século, baseava-se nessa visão de fim da realidade social comum. Em seu lugar, alegava Noyes, alguma coisa nova surgiria. "A santidade, o amor livre, o coleguismo no trabalho e a imortalidade constituem a cadeia da redenção e devem chegar juntos em sua autêntica ordem." Esta foi, em minha opinião, uma das mais ousadas e atraentes versões do Mito do Milênio. E certamente era muito superior ao cetro de ferro de São João.

Será realmente possível reorganizar a sociedade humana nessa base utópica? Noyes escreveu um livro de 678 páginas, *The History of the American Socialism* [A História do Socialismo Americano], no qual tentou responder a esta pergunta. Concluiu ele que o fator religioso — poderíamos dizer, *transpessoal* — era o ingrediente essencial em todos os experimentos comunistas bem-sucedidos. (Noyes não teria ficado surpreso com o colapso do comunismo soviético, que reprimiu, em vez de cultivar, o fator religioso.) Sem o princípio religioso ativo no grupo social, a "depravação geral", ou a parte egoísta da humanidade, domina tudo — disse.

Para renovar radicalmente a sociedade, precisaríamos de poderes espirituais radicais, um novo tipo de pessoas terá que emergir. Ou, como dizia Noyes: "Os homens que forem chamados para introduzir o Reino de Deus serão orientados não só pela verdade teórica, mas pelo Espírito de Deus e por manifestações específicas de sua vontade e política, como foram Abraão, Moisés, David, Jesus Cristo, Paulo, etc." Em outras palavras, a revolução social e política, para que fosse positiva e duradoura, exigiria que as pessoas entrassem em contato com poderes e consciência acima do comum.

Aos olhos do Sistema racional, esses introdutores do Reino provavelmente parecerão fanáticos. "Este será chamado um princípio fanático", escreveu Noyes, "porque exigirá comunicação *bona fide* com os céus e substituirá a máxima, consagrada pelo tempo, de que a era dos milagres e inspiração é coisa do passado." Noyes entendia que a possibilidade de perfeição humana dependeria de capacidades acima do normal. Daí poderíamos passar ao social, ao econômico, ao fisiológico — e ao sexual. Na ausência desse princípio espiritual criativo acima do normal, a experimentação social e econômica estaria fadada ao fracasso.

Os Mórmons

O experimento mórmon diferiu do shakerismo e do perfeccionismo. Em primeiro lugar, sobreviveu, transformando-se em um dos grupos religiosos de crescimento mais rápido no mundo. De Utah à Nova Zelândia, missionários mórmons construíram templos em volta do mundo. De algumas maneiras, o Mormonismo é um sonho americano que se transformou em realidade, a mais séria busca da Nova Jerusalém *yankee* — uma verdadeira "construção vertical" da Cidade de Deus na terra.

Membros da Igreja de Jesus Cristo dos Santos dos Últimos Dias — é assim que esses milenaristas designam a si mesmos. *Últimos dias*, claro, refere-se ao "último dia". Nas suas raízes, o Mormonismo era uma Igreja do fim do tempo. A loucura do Milênio, poderiam dizer alguns, estava no ar na década de 1840. No Nordeste do país, milhares seguiam o fazendeiro-profeta, William Miller, em preparação para o Segundo Advento, o Arrebatamento e a Nova Jerusalém. A imprensa teve um dia de gala. A despeito de todos os desapontamentos, a profecia continuou a prosperar e o Dia do Juízo Final a ser reprogramado. As phantasias do Milênio ferveram a partir de uma área na região oeste do Estado de Nova York, que historiadores diziam que fora "abrasada" pelas pregações incendiárias de revivalistas incansáveis.

Um dos homens que emergiu dessa era de anomia e depressão econômica tinha em si mais do que um mero toque de trapaceiro encantador, de um tipo Burt Lancaster-Elmer Gantry. Joseph Smith, um jovem bonitão, visionário e autoproclamado "amoroso", natural de Palmyra, no norte do Estado de Nova York, começou como leitor de bola de cristal e caçador de tesouros e acabou como profeta assassinado em Carthage, Illinois, por uma turba de trabalhadores rurais brancos.

Joseph Smith era o que hoje se chama de "canalizador". Joseph — ou "Joe" como monógamos indignados o batizaram — "canalizava" as revelações do anjo Moroni. A história dele, como observou Jacques Vallee[39], lembra muito essas coisas de ufologia. Moroni parecia um típico "irmão espacial" (completo com luz brilhante), que pregava peças em Joseph, mostrando-lhe placas de ouro fantasmagóricas e uma nova bíblia (o *Livro de Mormon*), gravada em hieróglifos. Ninguém até agora encontrou as placas douradas, mas, de alguma maneira, o Livro, em "hieróglifos", foi traduzido, transformando-se no atual *Livro de Mormon*.

Os primeiros Santos dos Últimos Dias irritaram a consciência monogâmica da América. Eles pregavam, e praticavam, no início sigilosamente e, em seguida, abertamente, aquele infame resquício dos tempos primitivos, a poligamia, ou casamento múltiplo. A poligamia era crucial para a versão mórmon do Mito do Milênio. Ter muitas esposas, no esquema mórmon, era sancionado pela prática dos patriarcas hebreus e praticar o casamento múltiplo implicava reviver a era da profecia.

De acordo com Joseph Smith, o chamado à poligamia ocorreu em uma visão irresistível. No dia 12 de julho de 1843, Smith ditou a revelação relativa à doutrina do "casamento celestial". De acordo com essa doutrina, uma "aliança nova e eterna" estava despontando. Uma nova consagração era oferecida à humanidade, uma nova maneira de os homens se relacionarem entre si. Era uma maneira que nos prepararia para a vida eterna. E ela consistia em imitar Abraão e Isaque, Jacó e Moisés, a quem foram permitidas concubinas, de modo que pudessem "multiplicar-se e repovoar a terra".

Mas quero citar algumas palavras exatas do Contato Celestial, de Smith. A razão por que Deus queria que seu povo eleito tomasse muitas esposas era "multiplicar e repovoar a terra, de acordo com meu mandamento, e cumprir a promessa que foi feita por meu Pai antes da criação do mundo, *e para sua exaltação nos mundos eternos...*"

A poligamia seria um passo dado em conformidade com um plano divino, um plano que tinha a finalidade de culminar na "exaltação". A exaltação prometida pelo *Livro de Mormon* é uma exaltação à condição de divindade, porque, de acordo com a teoria evolutiva de Smith, esse era o plano para o universo. O universo era um estágio na evolução e transformação de seres humanos em deuses.

Mas voltemos à poligamia. Para os Santos dos Últimos Dias, a poligamia era parte de uma tentativa de restaurar o tempo sagrado. O casamento com muitas mulheres constituía uma tentativa de recriar o espírito profético original dos patriarcas, aqueles profetas nativos que viviam em estreito contato com entidades angélicas e divinas. Baseando-se em suas próprias experiências psíquicas, Smith simplesmente reclamava esse poder para si mesmo.

Joseph Smith e os patriarcas recebiam em sacramento as esposas, e não profanamente. Elas levavam a sério o mandamento bíblico de serem fecundas e Smith faria o melhor que pudesse para instaurar o Reino milenário, plantando sua semente com santa generosidade. Dessa maneira, para alargar o Reino de Deus, os mórmons tomavam muitas esposas.

Mas as tomavam, dizia o *Livro de Mórmon, em espírito.* Tomavam suas belas esposas não como fazem homens sensuais e degenerados, mas como co-construtoras da Cidade de Deus. O casamento com muitas mulheres, para os mórmons, era Casamento Eterno e Celestial. O Sacerdócio Mórmon sancionava e ratificava essas famílias divinas, como colaboradoras do Milênio emergente. E era o ritual da sagrada "aplicação do selo" que fazia a diferença. Fazendo-se um gesto mágico, o casamento era transformado em algo capaz de perdurar além da sepultura.

Os reis egípcios iam para o outro mundo, seus duplos psíquicos alegremente abastecidos com esposas. Os reis sumerianos reivindicavam o direito a possuir a noiva antes do noivo. Os patriarcas hebreus levavam suas concubinas para o regaço de Yahweh. Na selvagem e vasta paisagem da América, parecia a coisa certa para um ousado joão-ninguém como Joseph Smith e seus seguidores restabelecer esses antigos costumes.

Estudiosos permanecem perplexos com essa aventura em casamentos múltiplos, que era tão contrário à velha estirpe puritana da maioria dos mórmons. Algumas testemunhas pouco simpáticas diziam que Joseph Smith era um devasso, cuja conversa sobre casamento celestial constituía simplesmente um expediente para seguir suas inclinações de ter sexo com mulheres sob o apanágio da sanção religiosa[40]. A poligamia, segundo essa opinião, era o distintivo perfeito para um individualismo masculino ultrachauvinista.

Não havia dúvida na mente de Smith sobre o papel subserviente da mulher em seu esquema milenarista. Certamente nenhum exemplo havia de poliandria na Bíblia. No *Revelation on the Eternity of the Marriage Covenant, including Plurality of Wives* [Revelação sobre a Eternidade da Aliança do Casamento, incluindo Múltiplas Esposas], revelação feita a "Joseph, o Vidente", em 1843, havia uma mensagem para a esposa dele, Emma: "E ordeno à minha criada, Emma Smith, permanecer fiel e ligar-se ao meu servo Joseph, e a ninguém mais. E se não cumprir esse mandamento, ela será destruída, disse o Senhor".

Smith, não muito tempo antes de ser assassinado em 1844, lançou-se candidato à presidência dos Estados Unidos. No *An Address to the American People* [Mensagem ao Povo Americano], temos uma amostra de sua plataforma visionária:

> Abolir o costume cruel das prisões, penitenciárias, conselhos de guerra por deserção e deixar que a razão e a amizade reinem sobre as ruínas da ignorância e da barbárie; isso mesmo, eu como amigo universal do homem, abriria as prisões, abriria os olhos e abriria os ouvidos de todas as pessoas para que presenciassem e desfrutassem a liberdade — a liberdade pura[41].

Esse trecho, indistinguível em espírito e quase no fraseado, de muitos exageros transcendentais de Walt Whitman, constituía uma exaltação americana à liberdade. Transbordava de otimismo e progressivismo dos filósofos do Iluminismo. Queria libertar-se dos últimos restos do pecado original. Na verdade, essa era uma doutrina mórmon — de pleno acordo com John Locke — que rejeitava o pecado original. É seguro dizer que as idéias de Smith sobre reforma penal não teriam sucesso na política contemporânea.

Talvez a idéia mais poderosa no Mormonismo seja aquela que encontramos na Renascença e rotulamos de projeto de deificação. A metafísica mórmon era uma estranha mistura de materialismo evolutivo e grosseiro supernaturalismo. Os mórmons ensinavam uma filosofia evolutiva, sumariada em um pronunciamento famoso: "Como o homem é, Deus foi; como Deus é, o homem pode vir a ser." A ordem divina e a humana eram ordens da realidade situadas no mesmo *continuum*. Os deuses foram outrora homens; homens poderiam tornar-se deuses. A mentalidade neste caso assemelha-se curiosamente à dos deificadores do si-mesmo da Renascença, como Pico e Ficino. Haveria acaso um laço entre os humanistas da Renascença e os mórmons americanos? Pode parecer estranho falar nisso, embora a fonte comum dessas correntes evidentemente diferentes de pensamento se encontre na idéia bíblica de que o homem é feito à imagem e semelhança de Deus.

O *Livro de Mórmon* oferecia uma imagem espantosa. Deus, dizia, tinha literalmente forma humana. Deus, na verdade, era um ser humano altamente evoluído. Dessa maneira, qualquer ser humano poderia tornar-se deus. Tornando-se deuses, os casamentos múltiplos passavam a ser uma necessidade. Como deuses, nós, humanos, teríamos que criar nossos universos. No Missouri, em Illinois, e na selvagem paisagem de outro mundo de Utah, os mórmons imaginaram que estavam se transformando em deuses, aplicando o selo e construindo seus haréns patriarcais para desfrutar as maravilhas do "casamento celestial".

O sonho de deificação que saturava a imaginação do Mormonismo relacionava-se com o sonho da abolição da morte. A abolição da morte, para todos os fundadores das sociedades comunistas experimentais que mencionamos, dependia da reorganização das energias sexuais humanas.

A idéia bíblica original vinculara o fim do casamento à derrota da morte e a evolução para o estado angélico. Os shakers acreditavam que, ao abolir inteiramente o sexo, seria possível apressar a derrota da morte. Os perfeccionistas opunham-se também à reprodução, que consideravam como maldição e obstáculo à restauração de nosso potencial edênico. Finalmente, na aplicação do selo à poligamia sagrada, os mórmons pensavam ser possível acelerar a evolução da humanidade para a divindade e a imortalidade. Esta conclusão leva-me a comentar outro episódio na história do milenarismo.

Espiritismo

Na agitação espiritual da Nova Inglaterra e do Estado de Nova York, multiplicavam-se as formas de consciência milenária. Um dos aspectos do Mito do Milênio, como tive oportunidade de frisar, é que os mortos renascem e se juntam ao Reino dos Salvos. Para os profetas zoroastrianos, esse despertar da morte ocorreria ao fim da história.

Para os mórmons, o advento do Milênio estava ligado à prática dos Santos dos Últimos Dias de batizar os mortos. De acordo com essa doutrina, era possível santificar e ressuscitar as almas mortas. O Milênio significava o período em que começaria o progresso para aumentar a família divina, o alvorecer da ressuscitação da espécie. Essa conclusão, na verdade, implicava aumentar o tráfego entre o mundo dos vivos e o mundo dos mortos.

Talvez, por isso mesmo, não foi por acaso que o Espiritismo moderno teve também suas origens na região oeste de Nova York. O Espiritismo começou em 1848, com as irmãs Fox, em Hydesville, Nova York. Dizia-se que batidas em mesas e outros fenômenos inexplicáveis ocorriam na presença dessas moças, e se acreditava que fossem comunicações do mundo dos espíritos. A partir desses princípios, um vasto movimento espalhou-se de Hydesville para a Europa e América do Sul, um tipo de renascimento religioso baseado em alegado contato com inteligências desencarnadas.

John Humphrey Noyes falou na "Era do Espiritismo", que demonstrava "que o mundo está cheio de sintomas do advento de uma nova era de descoberta espiritual"[42]. Noyes, que se considerava um empírico, considerou os novos fenômenos como sinais de que uma nova era do espírito estava amanhecendo. Nordhoff, um repórter investigativo que escreveu sobre os shakers e os perfeccionistas, observou em 1875: "Eles (os shakers) são espíritas declarados e sustentam que 'há a mais íntima conexão e a mais constante comunhão entre eles mesmos e os habitantes do mundo dos espíritos'". E Nordhoff acrescentou, citando a autobiografia de um shaker, que coisas tais como "espiritismo, celibato, confissão oral, comunidade, não-resistência, paz, o dom da cura, milagres, saúde física e separação do mundo são as fundações dos novos céus".

O espiritismo americano não foi um fenômeno isolado. A nova receptividade ao mundo espiritual fazia parte de um despertar geral, na América do século XIX da imaginação milenarista. O Espiritismo era um de vários padrões de sinais e sintomas de que um novo mundo estava emergindo. O aspecto notável do milenarismo americano foi sua tendência para convergir na direção de idéias da ciência e do empirismo. A tendência para a união entre ciência e espiritualidade era evidente já no tempo de John Winthrop, cujas contribuições para o milenarismo foram correspondidas à altura pelas contribuições da nascente ciência americana. E também no Espiritismo americano notamos esse esforço na direção do empírico, um esforço que frutificou no trabalho dos fundadores britânicos da pesquisa psíquica. Como aconteceu com Joseph Priestley e os *philosophes* franceses — para não mencionar alguns escritores da Nova Era —, encontramos o sonho de unir a ciência moderna à espiritualidade antiga[43].

Um Sonho em Evolução

O sonho americano de Milênio continua a evoluir. Começou com a busca medieval por Colombo da terra do Eldorado, o paraíso terrestre que se julgava estar localizado em algum lugar na Ásia, e com a esperança de recriar uma Nova Jerusalém. Prosseguiu com a cidade de John Withrop no alto da colina e transformou-se, de maneira grotesca, nos templos do Mormonismo. Em algum ponto no meio do caminho ocorreu uma mudança decidida, da busca de felicidade espiritual por Hopkins para a preocupação de Locke com propriedades imobiliárias.

Essa mudança, que foi uma mudança de valores, um embrutecimento e literalização do sonho, chocava-se com a América nativa, que, como disse Touro Sentado, não estava "louca por ouro ou posses". Acontece que o desejo milenarista sensual por propriedades imobiliárias, o direito inalienável de possuir "bens" e promover o desenvolvimento econômico não é favorável ao meio ambiente. A "conquista" da fronteira do Oeste foi completa, geograficamente falando, e a América, em um autêntico espírito de arrogância baconiana, conseguiu pôr a terra na roda do suplício e transformá-la em uma gigantesca fábrica. A história mundial, como conquista desse ataque protestante messiânico, ingressou na idade das trevas da proliferação dos tóxicos, que, poderíamos dizer, foi a conseqüência direta, a concretização, bem-sucedida, da cidade no alto da colina, de John Winthrop. As colinas e vales multiplicaram-se com as cidades e com os inumeráveis tentáculos de uma tecnologia irresistível, que se estende cada vez mais e estrangula a vida na terra.

O expansionismo americano radica-se em pensamento visionário. A América, bem no fundo de sua consciência histórica, é impulsionada por poderosas forças psíquicas, entrevistas, por exemplo, no projeto mormonista, neo-renascentista, de deificação do si-mesmo. O Mormonismo, como eu disse anteriormente; é uma religião em crescimento. E atrai dimensões profundas da psique americana.

O Mormonismo nasceu por volta da época do mito do Destino Manifesto, que também atrai camadas profundas da psique americana. Em 1845, um editor de Nova York, John L. Sullivan, cunhou a expressão quando escreveu que constituía "realização de nosso destino manifesto espalharmo-nos pelo continente doado pela Providência para o livre desenvolvimento dos nossos milhões em expansão". Nessa época, a questão em pauta era a anexação do Texas. O Destino Manifesto foi novamente invocado na disputa com a Grã-Bretanha sobre o Oregon e, mais uma vez, usado para justificar a Guerra Mexicana (1846-48), para racionalizar a Compra do Alaska (1847), e para instigar a Guerra Hispano-Americana, em 1898. O Destino Manifesto nasceu do Mito do Milênio e deu aos "milhões em expansão" da América a confiança necessária para dominar a fronteira continental.

Neste século, o mito do Destino Manifesto evoluiu e transformou-se no mito da América como "líder do Mundo Livre". Woodrow Wilson, sonhador de uma esclarecida Liga das Nações, é uma figura fundamental neste particular, um homem que concebia o destino da América em termos messiânicos. E não há dúvida de que o espírito messiânico sobrevive na política americana, mesmo que se manifeste na fabricação de *slogans* banais e mesmo que a pureza de suas origens tenha sido conspurcada por crasso interesse econômico.

Acho que devemos recordar o profundo traço idealista que ressoa na alma americana. Não obstante, a velha consciência da América como Nação Redentora está em baixa, especialmente após a imensa farra da Guerra Fria. Nesta chorosa década de 1990, de oportunidades econômicas cada vez menores, crime e confusão moral, o espectro de uma doença sobrenatural e o sorrateiro desastre ecológico tornaram-se as novas obsessões. O velho mito de que a América deveria ser a guardiã do "Mundo Livre" começa a parecer mais um fóssil de uma esgotada era da profecia.

O sonho americano evoluiu da frugalidade puritana para o consumismo pagão. Impõe-se dizer que a antiga versão do sonho, quando o Mito do Milênio "estava com a corda toda", era um incentivo para façanhas extraordinárias. Em suma, o Mito do Milênio foi uma força orientadora em encruzilhadas críticas na história americana: a descoberta da América, a fundação das primeiras colônias, a expansão territorial de "mar para mar faiscante", o nascimento da nação, a cura da nação na Guerra Civil e, neste século, a liderança do "Mundo Livre".

Será que o poder do mito vive ainda no povo? Nossos líderes parecem pouco inspirados pela velha e severa visão puritana de santidade e nobre destino. A retórica continua presente, para sermos exatos, mas notamos a fadiga, o vazio, a estridência. O sonho americano continua vivo, mas, na maior parte, perdeu o conteúdo espiritual.

A partir de uma pesquisa informal com estudantes universitários, colhi as associações seguintes à expressão "sonho americano": O sonho americano representa a "liberdade de procurar realizar seus próprios objetivos, seja os da pessoa seja os da empresa, de ter uma família carinhosa e entregar-se às próprias fantasias". "O sonho americano consiste em diversão, comida e realização de vida para todos." "Todas as boas coisas que a América pode oferecer, uma casa, uma carreira bem remunerada, família, paz e harmonia."

Simultaneamente, ocorreram revivificações do Mito do Milênio em suas formas mais extremas, mais potentes, mais transformadoras. Uma torrente regular de evangélicos e fundamentalistas da variedade antiga é mais do que visível. Temos uma boa parcela de tipos à la Elmer Gantry freqüentando as novas igrejas eletrônicas, dirigidas por tipos trapaceiros que sabem como explorar a confusão e a ansiedade que perturbam tantos americanos. O Mito do Milênio vive também na tradição do Espiritismo americano e no Transcendentalismo e se relaciona com muito do que é conhecido sob a rubrica de idéias e práticas da "Nova Era". Nos próximos capítulos, estudaremos com mais detalhes esse fenômeno em expansão na América do século XX, notando suas ligações com tributários mais antigos.

Mas, em primeiro lugar, vamos fazer um desvio, passando pelo lado negativo extremo de nosso assunto. O século XX tem sido um século de sublevações apocalípticas. Passemos, portanto, do crepúsculo para a escuridão do pesadelo milenário. Há, neste particular, dois sinistros exemplos. Comecemos com o Comunismo soviético — com o sonho, hoje despedaçado, de um paraíso proletário.

6
O Paraíso Proletário

Esta é a nossa vocação: tornarmo-nos os templários desta busca do Santo Graal, cingir a espada à cinta em seu nome e alegremente arriscar a vida nesta última guerra santa, que será seguida pelo milênio de liberdade.

FREDERICK ENGELS

Neste capítulo, iremos descrever o clima de pensamento apocalíptico da Revolução Russa. Encontramos um sinal desse fato no extremismo e, ocasionalmente, na intensidade fanática com que idéias do século XIX e princípios do século XX foram seguidas na Rússia. Em religião, filosofia e arte, aquele maravilhoso bicho-papão, a "alma" russa, levava freqüentemente as coisas a extremos apocalípticos.

Extremismo apocalíptico alimentou o pensamento sobre a revolução. Em 1931, o filósofo russo Nicolas Berdyaev expressou essa idéia da seguinte maneira:

> Sentimentos apocalípticos, ligados à espera do Anticristo, são muito fortes entre o povo e vêm à luz também em correntes de pensamento religioso nas classes cultas e nos trabalhos de escritores e pensadores russos. Essas tendências permanecem como forças psicológicas, embora em forma secularizada, em movimentos sem ligação com a consciência religiosa cristã. Uma disposição cismática e escatológica, portanto, foi o fato psicológico fundamental do século XIX russo, e se expressaria simultaneamente de forma religiosa e de forma anti-religiosa[1].

Observou Berdyaev que idéias apocalípticas talvez se expressem de formas anti-religiosas. Em vez de odiar o Demônio, o indivíduo odeia o burguês; em vez de adorar o Salvador, adora o líder. No século XII, eles adoravam Maria, a mãe de Deus; no século XVIII, construíram altares à Deusa da Razão.

Apaguem o que está na lousa, disse Locke, e reformem a sociedade; sacudam os grilhões de uma civilização decadente, aconselhava Rousseau. As metáforas dos filósofos transformaram-se em bombas lançadas contra o czar. Os niilistas, populistas e anarquistas russos pensavam em termos finalistas, abrangentes. Queriam apagar o passado, recriar o mundo. Até então, e mesmo depois de 1917, os pintores Malevich e Kandinsky, os poetas Blok e Maiakovski, e o dançarino Nijinsky, expoentes da sensibilidade russa, exploravam extremos apocalípticos. Ou vejam a figura de Karl Marx, como milenarista. Suas idéias, autênticas tempestades de fogo, varrcram a história do século XX. Que tipo de idéias? Qual a razão dessa influência tão poderosa? Acredito que grande parte da resposta é encontrada na indignação justa, profética, profundamente profética, despertada pela crítica de Marx à burguesia.

Extremistas Espirituais Tradicionais

Disse Berdyaev que a Revolução fora um fenômeno religioso. As causas desse fato retroagiam, de certas maneiras, ao passado. O senso russo de missão messiânica pode ser encontrado já nos ensinamentos de um monge do século XV, Philothey. Acreditava ele que quando Bizâncio caiu, a Rússia herdou a autêntica Ortodoxia cristã e que a reforma do mundo estava destinada a surgir dessa fonte cristã pura, e não dos riachos poluídos do Cristianismo romano. Philothey pregava um renascimento próximo do espírito, que ocorreria sob a tutela de Moscou e que ele batizou de a "Terceira Roma"[2].

De modo geral, o Cristianismo Ortodoxo russo é altamente apocalíptico. Considerem, por exemplo, a tradição dos ícones. A arte do ícone é uma arte sagrada, uma forma de prece, um esforço ritual para comunicar-se com o Transcendente. Na tradição ortodoxa, ícones ou imagens sagradas simbolizavam a Encarnação. O ícone era um sinal visual de que Deus estava se tornando humano, ou que a humanidade se tornava divina. Essa interpretação lembra muito o Mito do Milênio, que pensa no fim da história como envolvendo a transformação da humanidade.

De acordo com Leonid Ouspensky, a Encarnação demonstra que "essa imagem é inerente à essência do Cristianismo, uma vez que o Cristianismo é a revelação do Deus-Homem"[3]. O Deus-Homem constituía uma constante no humanismo da Renascença, cuja frase-lema era que "o homem é feito à imagem e semelhança de Deus". A iconologia russa ensinava também que a imagem era a raiz da transformação. São João Evangelista escreveu: "Seremos semelhantes a ele [o Senhor], porque havemos de vê-lo como ele é (I João, 3:2). Ao ver, tornamo-nos. A tradição iconográfica, que implica meditar na imagem visível do poder divino, seria, portanto, parte da "experiência viva de deificação do homem"[4]. Em outras palavras, o ícone seria uma planta arquitetônica da história como escatologia, uma janela aberta para o futuro da humanidade.

Certas imagens do Novo Testamento mereciam veneração especial na Rússia, como, por exemplo, a Transfiguração: Cristo, no alto de um monte, conversa com Moisés e Elias. O rosto de Cristo resplandecia "como o sol", e suas vestes "tornaram-se brancas como a luz". E somos informados ainda que "uma nuvem luminosa envolveu" os discípulos (Mateus, 17:2, 5). A imagem é futurista porque, conforme São Basílio, a Transfiguração era "uma antevisão de Seu glorioso Segundo Advento"[5]. A iconologia representava o lado manso do apocalipticismo russo. A tradição ortodoxa estimulava visões mais extremas do fim do tempo. Os *khlysty*, por exemplo, praticavam a flagelação. Enclave ascético fundado por Danila Filippov, esses crentes procuravam obter os dons do espírito pela autoflagelação, vegetarianismo rigoroso e abstenção de relações sexuais.

Reencontramos, nesse caso, um tema de ampla circulação: a crença em que é possível despertar energia espiritual através do controle do sexo. Essa possibilidade fascinava pensadores russos, como Fedorov, Solovyov e Berdyaev. Nietzsche descreveu o asceta como alguém abrasado de vontade de poder, definição esta que se aplicava aos *khlysty* russos, que pensavam que, ao dominar a natureza carnal, poderiam transcender as leis humanas. Conhecemos bem esse tipo de gente, os denominados "antinomianos" — uma estranha prole, acho eu, do Jesus que curava no sábado, esnobando a lei judaica.

Os niilistas russos, precursores da Revolução, foram rebeldes antinomianos contra a moralidade convencional. O antinomiano mais famoso na ficção foi Raskolnikov, personagem de *Crime e Castigo*, de Dostoievski. Raskolnikov — o nome significa "cismático" — era obcecado pela idéia de que tinha o direito de matar uma velha dona de pensão, porque se imaginava acima da lei. Raskolnikov, aliás, tinha um toque do velho crente ortodoxo — teimoso, fanático, niilista. Tal como o velho crente ortodoxo, queria destruir a ordem constituída. Simultaneamente, claro, sonhava em criar uma nova e exótica ordem.

Um entusiasmo fanático que queria derrubar os portões do céu foi evidente nos *skoptsy*, um grupo que nasceu dos Velhos Crentes Flagelantes. Os *skoptsy*, mais do que ninguém, serviam de exemplo do extremismo apocalíptico russo. *Skoptsy* significa "cunuco". Lembrem-se de Mateus (Mateus, 19:12): "E há outros que a si mesmos se fizeram eunucos, por causa do reino dos céus." Os *skoptsy* eram extremistas russos que aceitaram literalmente a observação sobre eunucos; castravam-se, na esperança de, dessa maneira, apressar o advento do Reino. No mesmo espírito, Orígenes castrou-se no século III.

Em 1757, o fundador do culto da automutilação, Kondrati Selivanov, um *khlyst*, anunciou que 144.000 almas humanas convertendo-se ao *skoptsy* dariam início ao Dia do Juízo Final. Selivanov, tal como a *shaker* Ann Lee, acreditava que o sexo era a causa da servidão humana. A solução para alcançar o Reino de Deus, portanto, consistia em reprimir o sexo. A solução russa: extirpe-se o órgão sexual ofensor. Controle-se o *ophos archaios*, o "antigo poder da serpente", que, de acordo com João de Patmos, constituía literalmente a chave para o Milênio. Dominando essa força vital, poderíamos desencadear a renascença do espírito — criar a Nova Jerusalém, trazer para a terra o Reino dos Céus. Tal era a lógica que condicionava tantos fanáticos russos.

A prática da automutilação continuou durante toda a Revolução Russa. Em 1927, durante a coletivização forçada, a seita contava com dois mil membros[6]. Os Velhos Crentes mutilavam-se quando eram perseguidos ou cometiam suicídio pelo fogo, criando um culto de "auto-imoladores pelas chamas".

A auto-imolação, tal era a ardente esperança dessa gente, constituía uma maneira de acender a *ekpyrosis* apocalíptica, uma conflagração renovadora do mundo. Os que se deixavam consumir pelo fogo eram pessoas que aceitavam literalmente as metáforas da *Bíblia*. Pensavam que poderiam apressar o Dia do Senhor, que "virá, entretanto, como o ladrão, no qual os céus passarão com estrepitoso estrondo e os elementos se desfarão abrasados; também a terra e as obras que nela existem serão atingidas" (II Pedro, 3:10).

Pensadores do Fim

Os pensadores russos do século XIX deram prosseguimento ao espírito do extremismo apocalíptico, influindo poderosamente no emaranhado de eventos que culminaram na Revolução. Talvez seja difícil discernir essas influências, o que torna fácil confundi-las com as seculares. Ainda assim, havia sinais reveladores de milenarismo em ação.

Vejamos, por exemplo, a atitude russa contra a religião. Mais uma vez, recordemos Berdyaev, que viveu durante o período da Revolução de 1917 e observou a psicologia anti-religiosa em ação. Dizia Berdyaev que os russos constituíam "um povo do Fim". Povos do Fim são propensos a cismas, a pensar em termos de cizânia, do princípio do "ou isto-ou aquilo" ou "tudo-ou nada".

A propensão pelo cisma, a inclinação de alguém para tornar-se cismático (*raskol* ou *raskolniki*) é um aspecto característico da história russa, notável sobretudo entre a chamada *intelligentsia*, os intelectuais cismáticos. A *intelligentsia* discutia muito sobre o fim do tempo, o fim da História, o fim do "homem". Benedetto Croce, um filósofo da história, descreveu tal tendência nas seguintes palavras: "O que são nossas histórias de civilização, de progresso, de humanidade... senão a forma da história eclesiástica que está em harmonia com nossos tempos? — isto é — ... de luta contra os poderes das trevas, de versões sucessivas do novo evangelho, renovado a cada nova época?"[7]

O impulso messiânico, "o novo evangelho renovado" de Croce, era evidente na psicologia religiosa invertida da *intelligentsia* russa. O fenômeno básico, disse Berdyaev, envolvia uma inversão dos motivos religiosos e da psicologia religiosa, transformando-os em uma nova esfera não-religiosa, ou anti-religiosa, na esfera dos problemas sociais, de modo a que a energia espiritual da religião fluísse para canais sociais que, por essa razão, adquiririam um caráter religioso e se tornariam uma sementeira para uma forma peculiar de idolatria social[8].

Quando uma psicologia religiosa inconsciente domina uma cultura secular, pessoas tendem a atribuir valor absoluto a idéias e instituições finitas — um tipo de ilusão que alguns chamam de "idolatria". Talvez o exemplo mais óbvio neste particular seja a preservação do rosto revestido de cera e do cadáver embalsamado de Lenin em Moscou, que se tornou objeto de culto do Estado, de adoração e de peregrinação.

Pensadores russos do Fim do Milênio sentiam-se atraídos pelo anarquismo. O anarquismo moderno é uma revivificação da vontade de poder antinomiana, da idéia místico-revolucionária de que a moralidade convencional é dispensável no caminho para a autêntica liberdade. Para o anarquista, isso significava rejeição da autoridade irracional.

Embora a palavra *anarquismo* sugira tipicamente caos, violência e terrorismo, anarquistas como Godwin, Tolstoy e Kropotkin eram em geral contrários à violência. Rejeitavam a autoridade para defender idéias de justiça natural e de comunidade. Eram muito pacíficos em seu anarquismo e, como os chineses taoístas, pregavam a volta a uma forma de vida social de espontaneidade edênica. O historiador George Woodcock define o anarquismo como "um sistema de pensamento social, que visa... à substituição do Estado autoritário por alguma forma de cooperação não-governamental entre indivíduos livres"[9]. Era um ideal que se chocava com a autoridade irracional da sociedade constituída.

William Godwin, pai de Mary Shelley, foi um notável anarquista, que teve como discípulo o grande poeta Percy Bysshe Shelley. Shelley evocou nas palavras abaixo o sonho anarquista de volta à idade áurea:

> A grande era recomeça,
> Os anos dourados retornam,
> A terra gosta, de fato, de uma serpente renovada,
> Suas ervas invernosas, gastas...

O anarquismo poético de Shelley, que se comprazia em imagens de renovação ecológica, tampouco alimentava simpatia pela violência.

A violência, contudo, foi extremamente popular com alguns russos, nos casos em que o lado negativo do credo pareceu ter obtido primazia e o desejo ardente de destruir a autoridade tornou-se um fim em si mesmo. Temos o melhor exemplo nesse particular em Michael Bakunin, um aristocrata transformado em anarquista, um excêntrico até não mais poder, com apetites gargantuescos, e homem com um gosto todo especial por conjuras e conspirações. Menos pensador do que homem de ação, Bakunin fugiu da sociedade czarista e dirigiu-se para Berlim, onde conheceu os Jovens Hegelianos. Estes, que acreditavam que a história era mudança constante, escolheram a palavra revolução, e não reação, como lema da *avant-garde*. O tom revolucionário do influente *Reação na Alemanha*, de Bakunin, era espalhafatosamente apocalíptico:

> Haverá uma transformação qualitativa, uma nova vida, uma revelação vivificante, um novo céu e uma nova terra, um jovem e poderoso mundo, no qual todas nossas atuais discórdias serão solucionadas e se transformarão em um harmonioso todo[10].

Nessa frase, vemos que duas influências se fundem; a bíblica, evidente nas palavras cheias de encanto, "um novo céu e uma nova terra", e a hegeliana, com as quais somos informados de que as "discórdias serão solucionadas e se transformarão em um harmonioso todo".

Bakunin concentrou-se nas discórdias, agarrando-se sombriamente ao lado negativo da dialética hegeliana. De acordo com Hegel, a contradição é a força que move o mundo. Em primeiro lugar, há negação — em seguida, afirmação. Bakunin atribuía todas as mudanças em sua alma russa ao poder criativo da destruição. Esse homem, cujas idéias, vida e fugas lendárias incendiaram o entusiasmo revolucionário, pouco tinha a dizer sobre o lado positivo da revolução. Sua idéia principal era que a sociedade perfeita dispensaria o governo. A prioridade número um era eliminar os governos opressivos — ou seja, a fase negativa da dialética de Hegel.

Vejamos agora as palavras pelas quais Bakunin é mais lembrado: "Vamos pôr nossa confiança no espírito eterno que destrói e aniquila, se não por outro motivo, porque é a fonte insondável e eternamente criativa de vida. A ânsia de destruir é também a ânsia de criar". A frase de Bakunin, "o espírito eterno que destrói" foi uma adaptação do *Geist der stets vereint*, de Goethe, "o espírito que perpetuamente nega". Esse espírito, claro, era Mefistófeles. Como tantos outros românticos do século XIX, os heróis de Bakunin eram o Mefistófeles, de Goethe, e o Satanás, de Milton. Os românticos e anarquistas do século XIX tinham a propensão de se aliarem ao Anticristo, elevando sua Satânica Majestade ao status de princípio de liberdade criativa.

Para que o novo céu e nova terra fossem criados, os velhos céu e terra teriam que ser destruídos. Bakunin discorreu longamente sobre essa destruição. Exilado em Paris na década de 1840, descreveu, nas palavras seguintes, como se sentia, lutando ao lado da classe operária: "Eu absorvia por meio de meus sentidos e de meus poros a embriaguês da atmosfera revolucionária. Era um feriado sem começo nem fim"[11].

Em 1848, escreveu o *Apelo aos Eslavos*, pedindo, nesse momento, a destruição do Império Austríaco, a formação de uma federação de todos os eslavos, profetizando um destino messiânico para a nação russa e proclamando que o povo russo era a esperança do mundo. Na versão bakuniana do Mito do Milênio, os russos eram o povo eleito. A profecia dele confirmou-se, pela metade: "A estrela da revolução subirá alta e independente sobre Moscou, surgindo de um mar de sangue e fogo, e se transformará na estrela guia que liderará uma humanidade libertada"[12]. Ele teve toda razão sobre o mar de sangue e fogo, mas errou quando disse que a estrela levaria a uma humanidade libertada. O Mito é totalista e assim também era o anarquismo de Bakunin:

> O anarquista promoveu a revolução social e cultural. Temos, em primeiro lugar, que purificar nossa atmosfera e transformar inteiramente o ambiente em que vivemos, pois ele serve apenas para nos corromper os instintos e a vontade, constranger nosso coração e inteligência[13].

Os anarquistas queriam derrubar *in toto* a sociedade, arrancar as raízes culturais da consciência. Bakunin, obcecado com a dialética negativa, fez agitação, durante toda vida, em defesa da revolução.

Podemos ficar encantados com imagens arquetípicas fulgurantes de poder e renovação, mas também perder a simpatia por pessoas de carne e osso. Isaiah Berlin disse a mesma coisa nas seguintes palavras:

> O destino de pessoas não o interessava muito, suas unidades de pensamento eram vagas e amplas demais. "Inicialmente, destruam e, em seguida, veremos". Temperamento, visão, generosidade, coragem, fogo revolucionário, força elementar da natureza, estas Bakunin possuía de sobra. Os direitos e liberdades de indivíduos não tinham um papel em sua visão apocalíptica"[14].

Em 1869, Bakunin conheceu um homem mais jovem e mais inclinado a pôr em prática as phantasias mais sombrias sobre a revolução mística. Sergai Nechayev, estudante da Universidade de Moscou, mestre da intriga, conspiração e desinformação, circulou nefastamente pelos círculos revolucionários, pregando o niilismo extremo. Era simples sua fórmula para a revolução: "Aniquilação total"[15]. Nechayev foi o modelo de Dostoievski para Peter Verkhovensky, no livro *Os Possessos*. Bakunin sentiu-se atraído por esse homem estranho, como alguém que, teve a intuição, possuía a coragem insana de transformar em atos suas idéias temerárias.

Os dois colaboraram em vários panfletos anônimos, altamente incendiários e profundamente extremistas. O mais extremado deles intitulava-se *Catecismo Revolucionário*, encontrado em poder de Nechayev quando foi preso em 1870 pelas autoridades suíças. O *Catecismo* descrevia os deveres do revolucionário: ele teria que renunciar à sua individualidade e tornar-se uma espécie de monge exterminador:

> O revolucionário é um homem que fez uma promessa solene. Tem que se ocupar inteiramente com um único e exclusivo interesse, um único pensamento e um único sentimento ardente, pela Revolução... Ele só tem um objetivo, uma ciência: a destruição... Entre ele e a sociedade há uma guerra de morte, incessante, irreconciliável[16].

Nechayev era um niilista apocalíptico. E revelava sua religiosidade invertida com a conversa de ter feito uma "promessa solene". Prometeu servir ao deus niilista da morte e da destruição. O que poderíamos chamar de a mentalidade Nechayev contribuiu para aplainar o caminho que levou ao golpe de Estado bolchevista em 1917 e encontrou sua expressão máxima em Joseph Stalin, que, como tantos outros niilistas russos, começou a vida em um seminário.

Nikolay Chernyshevsky, um dos fundadores do niilismo russo, odiava a escravidão e a injustiça e tornou-se um mártir da religião do egotismo racional. Iniciou a carreira na Igreja Ortodoxa do Oriente e terminou em uma busca fanaticamente séria do Milênio, passando mais de 25 anos em prisões na Sibéria e na Fortaleza de Pedro e Paulo.

O que compelia Chernyshevsky e seus compatriotas era a necessidade de destruir o velho mundo e criar outro, novo e radicalmente melhor. Os revolucionários russos compartilhavam de um único mito, diz Isaiah Berlin: "que logo que o monstro fosse morto, a princesa adormecida — o campesinato russo, despertaria sem maior problema e viveria feliz para todo o sempre". Tratava-se de um sentimento populista em alto grau. Chernyshevsky despertou um acorde de simpatia em numerosas almas desprivilegiadas, nos alienados e desenraizados, que continuavam a multiplicar-se, até serem finalmente seduzidos em massa pela promessa de Lenin, de um paraíso do proletariado.

Profundamente arraigada na memória do mundo há uma visão de transformação cósmica. Entre os Velhos Crentes russos, ela tomou a forma da espera do apocalipse. Os niilistas, anarquistas e populistas ficaram tão fascinados por essa visão quanto os Velhos Crentes. Citando mais uma vez Sir Isaiah: "Todos esses pensadores compartilhavam de uma única e vasta suposição apocalíptica: que logo que o reinado do mal — a autocracia, a exploração, a desigualdade — fosse consumido no fogo da revolução, surgiria natural e espontaneamente de suas cinzas uma ordem natural, harmoniosa, justa"[17].

Dizia o pressuposto apocalíptico que era possível pôr fim à história, saltar por cima de barreiras quase intransponíveis e ingressar em uma nova fase de evolução sócio-cósmica. Os líderes da revolução atraíam poder carismático explorando o pressuposto apocalíptico, profundamente imerso na mentalidade ortodoxa russa.

Em 1863, Chernyshevsky publicou um romance, *What Is to Be Done?* [O Que Fazer?] — cujo título foi aproveitado mais tarde por um fã,

Vladimir Lenin. Ignorado quanto ao mérito literário, o romance era um testemunho do credo revolucionário dos Novos Homens (essa expressão tinha origem em um romance de Turgueniev sobre niilistas, o *Pais e Filhos*. Era um tratado sobre feminismo. Achava Chernyshevsky que, desde que as mulheres tinham sido oprimidas durante tanto tempo pelos homens, os homens de hoje deviam às suas esposas uma grande liberdade para procurar o autodesenvolvimento, especialmente em assuntos de sexo. Chernyshevsky praticava o que pregava, tendo casado com uma bonita e vivaz moça de sua cidade natal, Saratov, que, é preciso que se diga, tirou o máximo proveito de sua emancipação.

Dostoievski fez piada sobre o cumprimento com que um niilista brindou a esposa: "Minha querida, até agora, só amei você", disse ele, ao descobrir que ela arranjara um amante. "Agora, eu a respeito"[18]. Tal como os *shakers* e os perfeccionistas de Oneida, os niilistas russos aceitavam sem reservas as palavras de Jesus sobre a abolição do casamento no reino dos céus.

Embora fosse rico, o principal personagem de *O Que Fazer?* distribui suas posses, abstém-se de vinho e mulheres, inicia maratonas de estudo de 84 horas, e dorme em uma cama de pregos. Rakhmetov, um *khlyst* ou *skoptsy* modernizado, era um masoquista apocalíptico.

A religião, na verdade, surgia pouco abaixo da superfície desses extremistas. Quase todos os niilistas eram estudantes universitários e ateus confessos. Ainda assim, freqüentemente admiravam Cristo, que consideravam um grande revolucionário. E por isso mesmo, antes de assassinar o czar, Dimitry Karakozov fez uma peregrinação ao Mosteiro da Trindade e São Sérgio.

O termo *niilista* foi popularizado no *Pais e Filhos*, de Turgueniev. Muitos dos principais personagens baseavam-se em figuras da vida real, geralmente jovens universitários, filhos da pequena aristocracia pobre, titânicos bebedores de chá, com o hábito elegante de usar bengalas — e misturavam idealismo delirante com ressentimento furioso.

Em *Os Possessos*, Dostoievski recriou o tipo de mentalidade apocalíptica febril desses revolucionários extremistas. Eles protestavam contra a ordem constituída, escarneciam dos costumes burgueses e, acima de tudo, armavam-se com sólida teoria sobre os males da sociedade. De algumas maneiras, os niilistas russos assemelhavam-se aos *hippies* e *yippies* da década de 1960, embora os anos 60 contassem com LSD e os Beatles para lhes temperar as inclinações violentas.

O niilismo russo extremado levava a atos de terrorismo. O ato de terrorismo russo culminante no século XIX foi o lançamento de uma bomba sob os pés do czar Alexandre II, em 1º de março de 1881, matando-o. Ao matar o czar, os jovens assassino e assassina estavam vivendo o evangelho de Nechayev, de terror e destruição.

A ânsia para esmagar o Sistema alimentava o sentimento populista. O populismo santificava o proletariado, que a *intelligentsia* russa cingiu com a auréola do eleito de Deus. O populismo tendia para o *eslavofilismo*, que exaltava a Rússia por seus sublimes objetivos históricos. Mesmo hoje, após a queda do comunismo soviético, o eslavofilismo e xenofobia estão crescendo na Rússia. O adversário satânico no cenário eslavófilo era a Europa. Decadente, racionalista, repugnantemente burguesa, a Europa, pensava-se, afundaria na batalha que explodiria ao fim da história.

Anarquistas, niilistas, populistas, eslavófilos — cada um à sua maneira — eram pensadores do Fim. O governo tinha que acabar, a burguesia tinha que acabar, a Europa tinha que acabar — tudo tinha que ser varrido para longe, antes que os céus pudessem abrir-se e a Nova Jerusalém russa descer à terra.

Não obstante, nem todo extremismo assumia a forma niilista. Alguns construtores russos do Mito do Milênio tinham obsessões mais compassivas. Tal, por exemplo, foi o sonho de ressurreição de Fedorov. Nikolay Fedoravich Fedorov era ilustre entre os pensadores que se ocupavam do Fim. Solovyov, Dostoievski e Tolstoi, sem exceção, admiravam-no. Era um homem que fundia ciência com construções apocalípticas imaginárias. A grande questão para Fedorov era a ressurreição científica dos mortos. Piedoso e ascético na vida diária, ele não podia suportar a idéia da morte, a perda irreparável de pessoas amadas. A morte deixava doente esse mestre da agitação-propaganda metafísica.

Bibliotecário e polímata, Fedorov acreditava na unidade mística da família humana e em que a ciência deveria travar a guerra final contra a "des-unidade" da sociedade. O segredo da unificação da raça humana residia no resgate dos mortos. De que maneira poderia isso acontecer? Fedorov achava que era possível reconstituir os componentes materiais do corpo. "Remonte o motor", dizia ele, "e a consciência a ele voltará."[19] Era uma suposição arriscada e Fedorov não tinha pista alguma sobre *como* isso poderia ser possível, tudo que sabia com certeza era que se rebelava contra a morte. O desejo ardente de Fedorov está vivo e bem vivo na América moderna, no seio do movimento "imortalista".

Fedorov era cientista e místico, crítico social e ativista global. Em 1891, enquanto a Rússia sofria com o fracasso das colheitas e a fome, ouviu falar em trabalhos americanos para controlar o tempo atmosférico. Imediatamente, pôs esses experimentos em um contexto apocalíptico. A raça humana, declarou, deveria empenhar-se em desenvolver uma tecnologia para ressuscitar seus ancestrais mortos. O uso de explosivos para mudar os padrões do clima e enfrentar o problema alimentar inspirou-o. No *The Question of Brotherhood* [A Questão da Fraternidade], escreveu:

> Atualmente, tudo serve à guerra... Se os exércitos fossem encarregados da missão de adaptar tudo, que ora adaptam para a guerra, no controle das forças da natureza, o trabalho de guerra seria, na verdade, convertido no trabalho comum de toda a raça humana[20].

O trabalho diário de Fedorov consistia em descobrir como trazer os mortos de volta à vida. A realização desse sonho exigiria uma revolução no estilo de vida. Em particular, uma revolução em nossa atitude em relação ao trabalho. Lembrem-se, Fedorov era impelido pela ânsia apocalíptica de restabelecer nosso perdido estado de "ligação". Homem que dormia em cima de tábuas e modesto demais para se deixar fotografar, Fedorov era inimigo jurado do trabalho desvinculado de significação. "Separar o pensamento do trabalho é a maior de todas as infelicidades, incomparavelmente maior do que a separação entre ricos e pobres"[21]. Os marxistas chamavam a isso de alienação, de trabalho por mero salário. A mensagem de Fedorov: instile pensamento no trabalho, traga significação para a vida. Mas o que confere significação? Para ele, a meta apocalíptica de ressuscitar os mortos. Esta meta final regularia a tecnologia. Para ele, portanto, a verdadeira finalidade da tecnologia consistia em reconstituir os átomos de todos os mortos e, de alguma maneira, recolhê-los e voltar a juntá-los. Ele pregava a escatologia de Humpty Dumpty, uma phantasia heróica que escarnecia da Segunda Lei da Termodinâmica.

Insistia ainda em que a reconstituição era dever nosso e que contentar-se com o progresso, ao custo de esquecermos nossos antepassados, era falta de caridade. Usem a tecnologia para acelerar a ressurreição — dizia o pensador russo. O melhoramento material da vida seria simplesmente o primeiro passo. Perspectivas mais grandiosas nos aguardavam. A tecnologia, em sua opinião, possuía uma agenda escatológica — a de ressuscitar os mortos e, destarte, trazer o fim da história.

Vimos acima o Mito do Milênio buscando, na Renascença e no Iluminismo, respaldo científico. Fedorov queria também o apoio científico, mas focalizava-se, estranhamente, no resgate dos mortos, e não em melhorar o presente ou o futuro. Da mesma forma como os profetas hebreus imaginavam o Fim, ele achava que os elementos violentos da natureza seriam pacificados e que o leão e o cordeiro aprenderiam a brincar juntos. Embora fosse um patriarca bíblico, ele não tinha medo de questionar os patriarcas da ciência ou pedir-lhes ajuda na busca do Milênio.

Ele tem lugar garantido entre os escatologistas científicos, como Joseph Priestley e Samuel Hopkins. Queria aplicar a meteorologia ao controle das colheitas e, dessa maneira, resolver o problema do suprimento de alimentos. Denominava de "psicocracia" o novo regime que imaginava. Ideal orientador: converter as forças cegas, destrutivas, da natureza e obrigá-las a servir à humanidade. Fedorov sonhava em aproveitar a energia solar e especulava sobre maneiras de explorar a energia eletromagnética que cerca a Terra, como meio para colonizar outros planetas. Ainda assim, todos esses grandes empreendimentos seriam apenas exercícios de aquecimento para o trabalho principal — a Física da ressurreição. Tal como Zoroastro, ele queria reconstituir e reunir toda a família humana.

Algumas de suas fantásticas idéias influenciaram outros pensadores soviéticos, como N.A. Setnitsky, que disse em seu livro, *Sobre o Ideal Final* (1932), que, na Rússia Soviética, a ciência tinha "uma missão peculiar para os especialistas, a de executar a tarefa de estudar as forças cegas e letais da natureza"[22] e orientá-las para serviço à humanidade.

Em 1932, a imprensa soviética repetiu algumas idéias tipicamente fedorovianas, quando falou em desviar o Gulfstream para aquecer a Sibéria e (menos fedoroviano) em desviar *icebergs* na direção da Inglaterra para matar por congelamento capitalistas de frio coração! Dessa maneira, no grande final russo da história, a tecnologia rearrumaria as forças do céu e da terra, destruindo o Anticristo capitalista.

Artistas do Milênio Russo

A Revolução produziu grandes pintores, escultores, poetas e dançarinos. Durante todo o século XIX, estivera se acumulando uma imensa energia de descontentamento que, finalmente, transbordou em imagística milenária.

Vejamos, por exemplo, o caso de Vaslav Nijinsky, o grande dançarino, que se dizia pregar peças na gravidade quando descrevia curvas no espaço. Em 1918 e 1919, enquanto a Rússia lutava na guerra, Nijinsky viveu com a esposa em St. Moritz, na Suíça, onde começava a despencar para o que o mundo chama de "loucura". Durante essa transição, Nijinsky pintou, mexeu em música e escreveu um diário.

O *The Diary of Vaslav Nijinsky* [O Diário de Vaslav Nijinsky] é um livro raro. E leva o leitor a uma viagem por dentro de uma alma rara. O livro é uma corrente borbulhante de gritos, infantis e irresistíveis, frases curtas que saltam de um pico a outro com a lógica do Chapeleiro Louco. Vejam este exemplo:

> Muitas pessoas pensam em dinheiro. Preciso de um pouco dele para levar adiante meus planos. Todos nós temos planos e objetivos e ganhamos dinheiro para atingi-los, mas são diferentes os problemas de cada um. Eu sou problema de Deus, não do Anticristo. Eu não sou o Anticristo. Eu sou Cristo. E ajudarei à humanidade.

Nijinsky começa notando que pessoas pensam em dinheiro (uma observação bastante sensata) e daí corre para a idéia de que é Cristo e que planeja salvar a humanidade. Ora, o messianismo é um dos temas do Mito do Milênio e Nijinsky caiu em ilusões messiânicas.

"Eu sofri mais do que qualquer outra pessoa no mundo", escreveu no início do diário. "O fogo dentro de mim não apaga. Vivo com Deus. Vim para aqui a fim de ajudar — eu quero o paraíso na terra. Neste momento, a terra é um inferno." Realmente. O mundo estava em guerra em 1918. Em meio ao inferno da guerra, Nijinsky sonhava com um paraíso na terra.

E delirava contra o comércio e a ciência, que via como obstáculos ao paraíso, como causas da guerra. "Eu sei o que dá origem a guerras... o comércio, [que]... é a morte da humanidade. Eu gostaria que todas as fábricas fossem destruídas... A terra está sufocando e, por conseguinte, peço a todos que abandonem as fábricas. Sei que isso é necessário para a salvação da terra... Eu sou o Salvador... todos os cientistas têm que abandonar seus livros e vir a mim."

O junguiano John Perry estudou a interação entre phantasias messiânicas arquetípicas e psicose. Muitos dos pacientes psicóticos de Perry passaram por um tipo de apocalipse interior, uma desintegração e renovação, dominadas pelos símbolos e arquétipos do Mito do Milênio. Perry sentiu-se intrigado com os desvarios messiânicos de Nijinsky.

Descobriu ele que precisava "transliterar" as imagens de seus pacientes esquizóides messiânicos. "Em vez da declaração: 'Fui chamado por escolha especial para salvar o mundo', deveríamos ler: 'Há uma imagem surgindo em meu mundo psíquico representando um redentor, um herói messiânico'"[23]. A imagem, segundo Perry, preenchia uma função psíquica válida. Mas surgem problemas quando o indivíduo se enredava literalmente demais na imagem. O "ego psicótico identifica-se com cada imagem ou processo arquetípico" que, diz Perry, sufoca todo potencial criativo do arquétipo. O Mito do Milênio fornecia material tanto para o si-mesmo criativo quanto para o ego psicótico.

Se em Nijinsky encontramos a loucura do exagero messiânico, no poeta Vladimir Maiakovski o impulso messiânico tomou uma direção diferente. Maiakovski projetou o messianismo em um personagem histórico específico, o grande Lenin.

Em 1917, ao 24 anos de idade, Maiakovski tinha uma folha de antecedentes de diabruras revolucionárias, que lhe causaram problemas com as autoridades. Em 1912, ele fora um dos quatro que assinaram o Manifesto Futurista Russo, *Uma Bofetada na Face do Gosto Público*. (O fundador italiano do Futurismo, Marinetti, fizera uma viagem muito proveitosa à Rússia. O Futurismo escarrava no passado e, quiliasticamente, exaltava o "moderno" — a velocidade, a violência, a máquina.)

Em 1914, Maiakovski escreveu o poema iconoclástico "A Nuvem Ofegante", que tivera originariamente o título "O Décimo Terceiro Apóstolo". A religiosidade invertida de Berdyaev inspirou esse pretenso São Paulo da Revolução Russa. "O Décimo Terceiro Apóstolo" consistia de quatro partes, sumariadas por Maiakovski sob quatro *slogans*: "Abaixo seu amor!" (Maiakovski, como John Humphrey Noyes e outros rebeldes milenaristas, sofria as agonias de amor não correspondido e transformava uvas amargas em visões apocalípticas.) "Abaixo sua arte!" "Abaixo seu sistema!" E, finalmente, "Abaixo sua religião!"

O "A Nuvem Ofegante" é um poema espantoso, cheio de ira, ameaças e ternura. Para uma prova, vejam abaixo — um aparte dirigido à mãe, um comentário sobre si mesmo:

> Mãe!
> Seu filho está lindamente doente...
> Cada palavra,
> até mesmo uma piada,
> que sua boca crestada pela febre arrota,
> salta como uma prostituta nua através da fumaça
> de um prostíbulo em chamas.

Profeta que pedia a renovação total da vida humana, Maiakovski não podia resistir a comparar sua profecia sobre a revolução (errou por um ano!) à imagística da crucificação:

> Coroado com os espinhos da revolta,
> o ano de 1916 se aproxima.

Quando chegou a Revolução, Maiakovski recebeu-a de braços abertos e chamou-a de "minha revolução"[24]. Em seguida, dedicou-se a propagar o novo evangelho comunista na mídia popular, escrevendo para revistas e jornais, confeccionando cartazes políticos e produzindo uma dezena de peças de teatro.

Quando Lenin faleceu no dia 22 de janeiro de 1924, o bardo hiperbólico desabafou a dor nacional em um longo poema, intitulado "Vladimir Ilyich Lenin". Descreveu-o como "o trabalho mais importante que jamais escrevi"[25]. Maiakovski, poeta da Revolução, investiu em Lenin os atributos de um messias. A loucura messiânica de Nijinsky transformava-se, nesse momento, na revolução messiânica de Maiakovski. De repente, voltávamos à companhia dos rebeldes místicos medievais, que punham as esperanças em um Papa Angélico. Vejamos alguns fragmentos:

> Com sua mente, ele abrangeu todo o planeta,
> e viu coisas fora do alcance do olho comum.

Lenin, disse o poeta, era o olho clarividente da raça humana. Tal como o Papa Angélico ou o Último Imperador do Mundo, da Idade Média, Lenin lutara ferozmente contra o princípio do mal — o Capital:

> surgiu uma ditadura humana, proletária,
> para destruir o Capital e derrubar-lhe a prisão-castelo.

Maiakovski alimentava sentimentos profundos por Lenin:

> Então por que, dele sequer parente, eu receberia bem a morte,
> louco de contentamento, e com prazer morreria
> para que ele pudesse tomar uma única respiração a mais.

Nessas palavras, parece-me, ouvimos o eco dos antigos mártires, indivíduos que acreditavam que um novo espírito começara a soprar pela história e estavam dispostos, às vezes com uma irresistível boa vontade, a dar a vida para provar suas crenças. Segundo Maiakovski, qualquer russo decente faria isso:

> Nenhuma única alma entre nós, acho,
> em todas as minas e fábricas, do Leste a Oeste,
> hesitaria em fazer o mesmo, ao menor sinal.

Maiakovski cantava a camaradagem do martírio, queria unir-se à grande alma da humanidade sofredora e enfrentava a morte com apocalíptica coragem.

A grande alma da humanidade estava encarnada no Messias. Lenin liderara a humanidade na última guerra contra o "Capital, Sua Majestade", a força do mal que:

> bombeava ouro para o ventre dos bancos,
> enquanto que, nas bancadas de trabalho, magra e encurvada,

a classe proletária falava baixinho e cerrava fileiras. O poeta lembrava ao povo que um grande líder estava a caminho:

> Mas, lembrem-se, ele está vindo, está próximo,
> O Homem, o Paladino, o Vingador, o Lutador.

Em uma única palavra, o Messias.

> E o chamado veio, de cabana e cortiço,
> abafando o choro das crianças:
> Vem, protetor! Redentor, vem!
> E iremos à luta aonde quer que nos enviar!

Para Maiakovski, a palavra *proletariado* soava como "música grandiosa que levantará os mortos para lutar". Essa música, que prometia reerguer os mortos, lembra-me a Dança do Fantasma dos índios americanos em fins do século XIX na América, quando eles acreditavam, contra toda razão, que, através da dança — hiper-Nijinsky — era possível ressuscitar os mortos.

Tal como Fedorov, Maiakovski queria que a história chegasse ao fim, queria que os mortos saíssem das sepulturas e queria que todas as velhas contas fossem ajustadas. O fim da história era possível, cantava Maiakovski, porque o Messias estava chegando:

> Ele está vindo — sábio e líder — para declarar
> guerra a você, para acabar com a guerra para sempre.

Tal como Woodrow Wilson, que Nijinsky também amava, Maiakovski acreditava que era possível travar uma guerra que acabasse com todas as guerras — um sonho apocalíptico quintessencial. Acabar para sempre com a guerra — esta era a maneira de falar no fim da história. Para Maiakovski, o fim da história estava próximo e seria uma nova sabedoria libertadora:

> Conheci um operário — ele era analfabeto,
> mas, ainda assim, ouvira um discurso de Lenin,
> e por isso sabia tudo.

Lenin, por pura força do espírito, transmitia gnose revolucionária a um operário analfabeto. Lenin não era um pensador humano comum; sua palavra era um raio enviado para acabar com as trevas de milênios:

> Cortada pelo raio dos panfletos de Lenin,
> suas folhas chovendo sobre multidões crescentes.
> A classe bebia até fartar-se da luz de Lenin e,
> iluminada, libertava-se da escuridão de milênios.

Durante 79 anos, o túmulo de Lenin foi local de peregrinação. Lenin fora um santo, um avatar, um *boddhisattva*:

> Desfraldem a bandeira da guerra santa
> contra os patrões do mundo!

A despeito das palavras altissonantes, Maiakovski suicidou-se com um tiro em 1930, tendo sido sua fantasia messiânica destruída por decepção amorosa e começo da Rússia stalinista.

Outro poeta revolucionário, Alexander Blok, falecido em 1921, foi poupado de conhecer Stalin. Em Blok, que começou como poeta simbolista e foi seduzido pela Revolução, encontramos também parte da robusta imagística messiânica, fervendo e subindo, mas, no seu caso, em vez de transformar Lenin em Messias, o proletariado foi diretamente sacralizado. O proletariado tornava-se um novo veículo para transformar história em escatologia.

Blok deu a seu maior poema revolucionário o título de "Os Doze" — numa referência aos Doze Apóstolos. No "Os Doze" captamos a sujeira, a desorganização, o trovão das massas em movimento, o avanço irresistível de forças humanas:

> Avante, avante, avante,
> Proletários.

Era uma guerra de deuses:

> Do que jamais o salvou,
> O ícone emoldurado em ouro?

Destruir os ícones! O mundo estava nas dores de parto. Todas as velhas imagens deveriam ser quebradas e ceder espaço para as novas. Tudo isso era muito desnorteante, e capitalistas acovardados corriam em busca de abrigo:

> Vento, o cortador,
> O gelo, em nada melhor!
> O burguês, na encruzilhada,
> Enterra o nariz nas peles.

Blok terminava o hino às massas proletárias de uma forma surpreendente. Em uma reviravolta metafórica, compara o proletariado sofredor à velha imagem do Messias cristão:

> Oh, ele marcha em passos soberanos...
> tendo à frente a bandeira tinta de sangue...
> coroado com uma grinalda de rosas brancas
> Jesus Cristo continua a caminhar.

Velhos arquétipos jamais morrem; simplesmente reaparecem em lugares esquisitos — como em revoluções.

O *zeitgeist* revolucionário inspirava os poetas russos, mas também pintores e escultores. Fedorov usou a ciência para promover suas obsessões apocalípticas; os pintores, a arte. Para Gaubo, Malevich e Kandinsky, a pintura era metafísica em ação. Era a busca de uma nova realidade, a rejeição sistemática do velho céu e da velha terra. Era a criação de um novo céu, como disseram, e cada obra era condicionada por sua própria "realidade interior". Para esses artistas russos, a arte tornou-se uma busca do Milênio.

Coube a Wassily Kandinsky pintar o primeiro quadro inteiramente abstrato. Em 1910, sete anos antes da revolução política, iniciou sua própria revolução artística. Renunciou à imitação da natureza e resolveu criar novos mundos da arte, novos espécimes da realidade. A intenção do pensamento de Kandinsky, que se alimentava de teosofia e ocultismo, era a de ser como que uma sonora bofetada na face. A arte não-objetiva era o mesmo descontentamento de Freud com a civilização, anunciando-se de uma nova maneira, como um apelo às armas contra a maneira predominante de ver as coisas. Que houvesse novas realidades, além do mobiliário de "coisas" vulgares — novas criações de forma e cor.

Foram muitas as influências na obra de Kandinsky. Cordial com sua ortodoxia russa nativa, era também observador atento da ciência. Mais interessado na poética da ciência do que na própria ciência, descobriu escatologia na mecânica quântica, que, achava, provava como era sem substância o denominado mundo material. Quando ouviu dizer que o átomo fora cindido, chegou logo a uma visão apocalíptica: "A destruição do átomo pareceu-me ser a mesma coisa que a destruição do mundo."

Kandinsky falava em sentido metafísico. As coisas materiais eram fantasmas de uma realidade mais esquiva, mais sutil. Lembramo-nos da bomba atômica. A fissão do átomo significava que um novo poder — na verdade, um poder apocalíptico — entrara na história. No léxico dos tempos correntes, o apocalipse nuclear continua a ser uma metáfora viva.

A estética apocalíptica de Kandinsky valeu-se das idéias de Rudolf Steiner. De acordo com Steiner, a civilização ocidental estava correndo pelos trilhos da história a caminho da autodestruição e só a revolução espiritual poderia nos salvar. Steiner, como acontecia na tradição icônica ortodoxa de Kandinsky, dissera que a arte deveria servir ao espírito: "... quem quer que mergulhe nos tesouros internos ocultos de sua arte será um co-autor invejável na pirâmide espiritual que chegará ao céu"[26].

A arte, portanto, tornava-se um veículo para o apocalipse e as improvisações abstratas de Kandinsky adquiriam o caráter de epifanias do céu na terra. Sua arte queria superar o papel de imitadora da natureza objetiva — o objeto era o inimigo e teria que ser destruído. Repetindo Bakunin, para Kandinsky cada ato de destruição era um ato de criação.

A arte de Kandinsky foi aprimorada pela imagística ortodoxa russa. Pintou São Jorge quatro vezes, sete Juízos Finais e uma Ressurreição dos Mortos. São Jorge, cujo trabalho consiste em matar dragões, era um messias substituto e a Ressurreição e o Juízo Final eram temas apocalípticos. Em sua *Autobiografia*, Kandinsky manifestou a intenção quiliástica que o animava:

> De muitas maneiras, a arte assemelha-se à religião... Seu desenvolvimento consiste de uma iluminação súbita, semelhante a um raio... esta iluminação mostra, com uma luz cegante, novas perspectivas, novas verdades. Teria o Novo Testamento sido possível sem o Antigo? Poderia nossa época, a de *limiar da "terceira" revelação*, ser concebível sem a segunda? [27]

Acrescentei os itálicos porque quero focalizar que, no século XX, a expectativa joachinina medieval de uma terceira era, uma terceira revelação, uma terceira manifestação do espírito, ainda estava muito viva. Kandinsky relacionava a arte não-objetiva radical que então criava a uma nova era do espírito — a uma *terceira revelação*.

Kasimir Malevich foi outro fundador da arte não-objetiva russa com preocupações ligadas a uma nova era. Tal como a maioria dos milenaristas, Malevich queria reconstruir o mundo. Com esse fim em vista, segundo ele, as formas da natureza teriam que ser dominadas e destruídas. "As coisas desapareceram como se fossem feitas de fumaça", escreveu em 1914, "para ganhar espaço na nova cultura artística, a arte aborda a criação como um fim em si mesmo e como maneira de dominar as formas da natureza"[28].

Em 1913, Malevich deu a esse ideal de arte pura o nome de "Suprematismo" e pintou o quadro mais abstrato até então produzido, um grande quadrado preto sobre um fundo branco. A intenção extrema do Suprematismo era clara: "Só com o desaparecimento de um hábito mental, que vê nos quadros pequenos cantos da natureza, madonas e Vênus desavergonhadas, conheceremos um mundo de arte pura, viva". O Suprematismo, ou arte não-objetiva, era uma tentativa de purificar pela arte, ao destruir um hábito mental. Os exemplos de Malevich impressionavam. Ele era contra as "Vênus desavergonhadas". Malevich demonstrava o nojo de um velho niilista contra a sensualidade pagã.

Malevich e Kandinsky divergiam em três pontos em suas estéticas milenaristas. Considero esses pontos como pistas para compreender um rompimento mais profundo na mente milenarista. Em primeiro lugar, vejamos a atitude deles em relação aos contemporâneos. Seria ela inclusiva ou cismática? Inclusiva, no caso de Kandinsky. Ele sentia *rapport* com a tradição iconográfica ortodoxa e era também receptivo aos cubistas, simbolistas, futuristas, dadaístas.

Malevich era antipassado e raivosamente ingrato com o presente. "Limpem as praças do que resta do passado, porque templos de nossa imagem vão ser erigidos." Absorveu as idéias dos futuristas, mas em seguida voltou-se contra eles. "Abandonamos o Futurismo, e nós, os mais ousados, cuspimos sobre o altar do passado." Cuspir no altar do passado era em si mesma a pose, levada à perfeição, pelos futuristas. Eles quebravam todos os ícones das musas. Diante de John Cage, Russolo defendeu a filosofia da música como ruído. Malevich estava se comportando como o *raskol* russo típico, como um ingrato profissional e caluniador.

Em segundo lugar, Kandinsky conservava a cor, a liberdade completa da imaginação formal, incluindo o direito de modificar as formas da natureza. Malevich, em um frenesi puritânico, queria — para usar suas palavras, "dominar" a natureza. Tanto que eliminou a cor — uma rica dimensão da experiência humana. Criou o primeiro quadro em preto e branco, o primeiro quadro incolor. Foi impiedoso no ataque à ecologia da imaginação. E reduziu suas formas ao quadrado. Derramava-se sobre uma mandala mecânica e desolada, uma espécie de ícone de resignação.

A terceira maneira pela qual os dois artistas diferiram foi na atitude relativa à religião. Kandinsky interessava-se pelas histórias populares contadas pela avó, respeitando a fé de seus antepassados. Malevich repudiou toda a velha ortodoxia, trocando-a pelo bolchevismo, tão dogmático como qualquer religião.

Durante a Revolução, Kandinsky voltou à Rússia, onde ele e seus colegas vanguardistas foram, durante algum tempo, bem recebidos pelos bolchevistas. Esse estado de graça, porém, durou apenas enquanto Trotsky esteve no poder. Logo que Lenin tomou posse, os maiores artistas da Rússia foram obrigados a abandonar o país. Sob Lenin, a intolerância cismática de Malevich tornou-se uma áspera realidade política e os artistas revolucionários tiveram de exilar-se.

Kandinsky e Malevich mostraram duas maneiras como o Mito do Milênio pode desenvolver-se: inclusiva ou exclusiva, de cores vivas e reveladoras de vida ou incolor e rigidamente controlado, criativamente sintonizado com o passado religioso do indivíduo ou raivosamente voltado contra ele. Essa bipolaridade é um tema recorrente na história do Mito.

O Milênio Marxista

Os traços escatológicos do Marxismo foram notados por vários autores. A epígrafe deste capítulo, extraída de um trabalho de Engels, denota milenarismo. Nessas palavras, encontramos referência ao Santo Graal, à guerra santa, ao milênio. Engels e Marx foram mais do que cientistas políticos, foram profetas, menestréis modernos do Mito do Milênio.

Em primeiro lugar, temos a idéia de que a história, como um todo, tem um significado e que ela constitui um movimento na direção da consumação final. A fé na marcha inevitável da história para o futuro é típica do milenarismo. A idéia de que a história acabará quando acabar a consciência de classe é uma doutrina secular das últimas coisas, uma escatologia transbordante dos sentimentos religiosos ardentes e virados pelo avesso de Berdyaev.

Em segundo, temos o dualismo do marxismo, a tendência para endemoninhar a burguesia como o último obstáculo ao paraíso proletário na terra. Esta idéia reflete também um aspecto habitual da mente milenarista. Ao longo destas páginas, tomamos conhecimento de vários candidatos ao posto de Anticristo. Durante a Reforma e no início da história americana, a Igreja Romana despontava como favorita. Com Marx, o alvo tornou-se o dinheiro, ou melhor, certa maneira desumana como ele é usado como instrumento de poder. Marx denominou de "capital" esse expediente de exploração demoníaca do ser humano.

O mal final é a conspiração promovida pelo capital, uma força que se infiltra em todos os aspectos da sociedade. No *Manifesto Comunista*, Marx vai rapidamente a esse ponto:

> Nossa época, a época da burguesia, exibe o seguinte aspecto característico: ela simplificou o antagonismo de classe. A sociedade em seu todo está se cindindo em dois grandes campos hostis, em duas grandes classes que se opõem diretamente: a *burguesia* e o *proletariado*.

E assim o palco está montado para o Armagedon, segundo o estilo marxista.

A revolução comunista de Marx, tal como o apocalipse bíblico, era total e mundial: uma revolução mental, cultural e social — uma guerra santa. Ou, nas palavras iniciais do *Manifesto Comunista*: "Um espectro está assombrando a Europa — o espectro do comunismo. Todas as potências da velha Europa entraram em uma santa aliança para caçar e exorcizar o espectro."

Em terceiro, por essa dialética de *jihad* perambula o Anticristo. Vejamos como Marx via o desenrolar da história:

> Em toda a história até este momento, constitui certamente um fato empírico que indivíduos isolados, com a expansão de suas atividades em uma escala histórico-mundial, tornaram-se cada vez mais escravizados por um poder hostil.

Chamado de Anticristo no Mito do Milênio, Marx deu-lhe o nome de "capital", o poder monetário e a mentalidade que o promove. É o cimento de sistemas sociais que funcionam de acordo com os princípios da guerra de classe. O capital é um poder que o gênio da história deixará passar sem pena. Forças sociais terão que surgir, garante-nos Marx, desses conflitos da sociedade. O povo derrubará o Anticristo capitalista. Está empiricamente comprovado, diz Marx que por meio da derrubada da ordem social vigente, por meio da revolução comunista, isto é, da abolição da propriedade privada, esse poder — o poder alienador da moeda — será dissolvido e que, em seguida, a emancipação de cada indivíduo isolado será conseguida na mesma extensão em que a história transformar-se em história mundial.

O fato de o marxismo usar as vestes do materialismo não o torna menos milenário. A verdade é que há tanto milenaristas materialistas quanto espiritualistas. Marx, claro, não indicou a razão pela qual a história deveria chegar ao fim com a conquista proletária. De acordo com sua opinião sobre a história como guerra de classe, o proletariado deverá gerar uma nova classe antagônica. Marx, porém, abandonou seu realismo e adotou a fé em que a história estava chegando ao fim.

A ideologia marxista forneceu um novo mito de povo eleito — o proletariado, um novo foco do mal, um novo Anticristo — o capitalismo, a burguesia, uma nova visão do céu e da terra — a sociedade sem classes, a morte da alienação. No fim, a Revolução Russa caiu nas mãos de um monstro, a encarnação da vontade de poder — daquele homem assustador de olhos pequenos, redondos e luminosos, Joseph Stalin.

O Deus que Fracassou

O motivo por que todos os esquemas utópicos estão condenados ao fracasso reside na sua propensão fatal para serem seduzidos por trapaceiros espirituais, acreditavam Dostoievski e Solovyov.

O "A Lenda do Grande Inquisidor", como foi contada por Ivan, no *Os Irmãos Karamazov*, sugeriu obscuramente a chegada do reinado de desumanidade de Stalin. Fábula amarga do Segundo Advento, Ivan Karamazov conta a seu piedoso irmão Alyosha como Cristo voltou a Sevilha, Espanha, no século XVI. Não reconhecido inicialmente, Cristo apareceu na cidade, mas foi logo preso pelo Grande Inquisidor.

O Grande Inquisidor? Bem, ele era o Papa, o Anticristo, um símbolo cínico do poder mundano que explora a debilidade espiritual da humanidade. O Grande Inquisidor, um homem de "lábios exangues devido à idade", arrastou o silencioso Cristo para uma pequena cela de prisão e o transformou em platéia de um discurso bombástico.

Cristo, queixou-se o Inquisidor, não conseguiu compreender o que o povo realmente queria. O erro básico, devido à superestimação cruel da capacidade humana, fora esperar amor, livremente dado, do ser humano típico, criatura assustada e desorientada. O que a pessoa típica realmente quer é pão para alimentar o corpo e, para alimentar o espírito — o mistério, o milagre e a autoridade. Era cínica a lenda contada por Ivan. O Papa, o Inquisidor, o Estado — estavam todos acumpliciados com "o espírito sábio e temido, o espírito de autodestruição e não-existência"[29]. Estavam do lado do Satanás — o próprio que tentou Cristo no deserto.

Cristo, como vocês se lembram, resistiu às tentações do Demônio. Recusou-se a criar milagrosamente pão e a envergar o manto do orgulho, do poder e da autoridade. Porque nem só de pão vive o homem, mas também da palavra de Deus. Mas pensar assim era um erro grotesco, disse o Inquisidor.

Os seres humanos são fracos, "rebeldes impotentes" e prefeririam muito mais ser alimentados do que viver livres. Odiavam o fardo da liberdade e da responsabilidade e eram mais felizes quando arrebanhados para comunidades servis de animais contentes. Cristo era um idiota em esperar tanto assim do homem. O Inquisidor de Dostoievski, que não acreditava em Deus nem no além, era o pastor relutante de uma humanidade que temia a liberdade, "porque nada jamais foi mais insuportável para o homem e a sociedade humana do que a liberdade".

O Anticristo de Dostoievski era o sistema social, que explorava a fraqueza da natureza humana — o medo à liberdade, a preferência pelo conforto, pela segurança, pela ignorância. Stalin, caberia dizer, tal como o Grande Inquisidor de Dostoievski, explorou a "ânsia covarde pela unidade universal", a prontidão em vender a alma por pão e confortos para o corpo. A ironia, claro, era que o povo russo sob Stalin nem iria ter pão nem os confortos do corpo.

Vladimir Solovyov foi talvez o modelo de Dostoievski para o puro Alyosha, a quem Ivan contou a lenda. O livro de Solovyov intitulado *Guerra, Progresso e o Fim da História* contém um capítulo intitulado "História Sumária do Anticristo". O autor leva-nos em uma viagem pela mente de um egotista de sangue gelado, uma alma devorada pela inveja e vaidade. O Anticristo, depois que escutamos às escondidas seus pensamentos, parece-nos uma caricatura monstruosa de tendências que reconhecemos em nós mesmos. O Anticristo de Solovyov, não muito diferente, aliás, do de Dostoievski, é uma espécie de câncer espiritual, que se empanturra dos instintos vis da humanidade. Solovyov, tal como tantos quiliastas mais antigos, identificava o Anticristo com o poder de enganar e com a falsa bondade.

E advertia contra o "poder unificador do mundo do Anticristo, que 'pronunciará palavras altissonantes e nobres' e lançará um véu de bondade e de verdade sobre o mistério do desregramento total na ocasião de sua revelação final"[30]. Tal como o Grande Inquisidor de Dostoievski, o Anticristo de Solovyov incorpora a capacidade humana de auto-ilusão.

Dostoievski e Solovyov profetizaram um tempo de concentração desumana de poder nas mãos de um único ser humano. Estudaram a fundo a submissão russa ao poder, sustentando que o mal mais insidioso no mundo, o verdadeiro Anticristo, é a falta de energia espiritual. O poder "demoníaco" de Stalin, segundo essa interpretação, seria produto do fracasso moral da humanidade. Em outras palavras, nós somos o Anticristo.

Berdyaev, que viveu durante a era de Stalin, acabou de expurgar o caráter literal do Milênio. O "Fim" da história para esse pensador russo significava o fim de uma forma de consciência. O Fim apontava para a transformação interior, e não para eventos externos ou para visitações oriundas do Além. A recusa em aceitar o literal libertava-nos do feitiço da cronologia. Isso porque, se o Fim é uma transformação da consciência, qualquer tempo pode ser o fim do tempo. O Dia do Senhor torna-se o nosso dia, uma questão de tempo interior e sincronia interior. Os horários criados por Daniel e usados pelos fundamentalistas tornam-se irrelevantes — pior ainda, transformam-se em obstáculos.

No mundo de Berdyaev, cada dia de vida era um apocalipse, uma jornada ao fim da história. O Fim virá quando nos libertarmos daquilo que o pensador russo denominava de "ponto de vista objetivo". Berdyaev descrevia a questão da seguinte maneira: "O significado metafísico e epistemológico do fim do mundo e da história denota o fim do ser objetivo e a superação da objetificação"[31]. Esta era a maneira desajeitada de Berdyaev falar em respeitar a excepcionalidade de todos os seres humanos, celebrando nossa "dignidade", descoberta na Renascença. O apocalipse era um momento individual, uma epifania pessoal, um fim do "mundo da necessidade".

Os artistas russos tentaram ainda "superar" a objetividade do mundo criando arte não-objetiva. Malevich escreveu, em 1927, um manifesto, *O Mundo Não-objetivo*. Kandinsky libertou a arte da servidão a objetos e a formas naturais. Berdyaev pensou que o Comunismo soviético era um triunfo horrendo do pensamento objetivo e acreditava que ele provavelmente continuaria a causar danos, de formas sempre novas e mais sutis.

A Revolução Russa moldou a história do século XX, e com resultados apavorantes: um desperdício catastrófico de preciosos recursos planetários, dor e morte evitáveis de milhões de pessoas, o surgimento de imensas paranóias coletivas, o desencadeamento de convulsões geopolíticas, uma corrida armamentista poderosa e monumentalmente desperdiçadora, distorções demoradas de prioridades humanas e, em 1962, a tentativa de impor a idéia de céu na terra levou o mundo à beira do holocausto termonuclear. A imaginação visionária russa, no que interessa às suas conseqüências políticas, deve ser considerada como um trágico fracasso.

Mas em seguida, nas palavras de George Kennen, um "milagre" aconteceu — Mikhail Gorbachev. Escreveu Gary Hart: "Mikhail Gorbachev, virtualmente sozinho, acabou com a Guerra Fria." Hart considerava Gorbachev um "mistério". "Não sabemos por que ele resolveu alterar fundamentalmente e, não raro, universalmente, as políticas, práticas, doutrinas e preceitos de sua vasta e perturbada nação"[32]. Gorbachev instituiu a *glasnost* ("abertura") e a *perestroika* ("reestruturação") — políticas que, como a Revolução de 1917, abalaram o mundo. A *glasnost* e a *perestroika* foram idéias com uma conotação caracteristicamente milenária. Mikhail Gorbachev concluiu seu livro, *Perestroika* (1985), com um apelo a toda a humanidade para que trabalhasse em prol da "Idade Áurea".

Idade Áurea à parte, a *glasnost* e a *perestroika* de Gorbachev desencadearam forças tremendas. Sob a liderança de Boris Yeltsin, a democracia luta para nascer. Por outro lado, o alcoolismo, o divórcio, o crime, o antisemitismo, o eslavofilismo e o nacionalismo estão crescendo em um país à beira do caos econômico. Além disso, a *glasnost* deu margem à violenta anarquia na Geórgia e a guerras desumanas de purificação étnica na Bósnia.

Muitas e sinistras forças, mantidas sob controle por 70 anos de dominação comunista, foram soltas. O mundo ficou atônito com os resultados que Vladimir Zhirinovsky obteve nas urnas em dezembro de 1993. A nova abertura demonstrou que era um vácuo. O capitalismo liberal do Ocidente não fora automaticamente aceito. Com a KGB fora das costas do povo russo, a Máfia substituiu-a. O resultado é uma situação de vida cada vez pior para a maioria dos russos. Descobriu-se que os valores ocidentais não são panacéias mágicas.

Não é de espantar que tantos russos se sintam atraídos para o neo-hitleriano Zhirinovsky e falem nos bons e velhos dias do expansionismo czarista, na fraternidade eslava, e em anti-semitismo. Fiel à fórmula, o sofrimento econômico e a sublevação social criaram milenarismo negativo: racismo e busca de bodes expiatórios, como, por exemplo, pode ser visto na popularidade de um homem que disse na CNN que Bill Clinton era "sexualmente impotente", porque foi esnobado pelo presidente!

Reestruturação — o fim do mundo conhecido — neste caso, o fim da União Soviética. Essa reestruturação — como São João a descreveu em sua visão clássica — libertou sinistras forças satânicas e criou condições para o conflito social de massa. A reestruturação na União Soviética revelou também alguma coisa sobre a durabilidade da imaginação religiosa. Acontece hoje uma imensa revivescência religiosa na Rússia. O Centro de Pesquisa da Opinião Pública, em Moscou, ouviu milhares de pessoas em 1991 e descobriu que conversões religiosas em massa estavam ocorrendo a uma taxa desconhecida desde a Idade Média. Conclusão do sociólogo Andrew Greeley: "São Vladimir derrotou redondamente Karl Marx."

A Rússia está em meio a um Grande Despertar da Ortodoxia Cristã, juntamente com suas propensões apocalípticas. Entrementes, Boris Zaladov, um Rasputin louro da Nova Era, está conquistando mulheres com suas vibrações curadoras e dizendo que a única maneira de evitar o Armagedon consistirá em liberar "energia psíquica". Na Rússia, idéias da Nova Era estão atraindo um bocado de atenção. OVNIs, cura holística, magia branca e outros tópicos da Nova Era têm grande voga em Moscou. Ou como diz Aleksandra Yakovleva, diretora da revista *Caminho Interior*, de Moscou, voltada para a Nova Era: "Descobrimos maneiras como as pessoas podem mudar sua vida, mudando sua consciência" (citado no *New York Times*, em 6 de dezembro de 1992).

Do eslavofilismo à Nova Era, a *glasnost* detonou um pandemônio de possibilidades para o futuro russo. No momento, há tudo para quem queira pegar. "A velha ordem morreu, a nova ordem ainda não nasceu e, no interregno, há muita morbidez", disse Antonio Gramsci.

A Rússia parece incapaz de convocar seu velho entusiasmo visionário para enfrentar o futuro, e nem está preparada nem inclinada a adaptar-se aos costumes do Ocidente. O povo russo, neste momento, é um povo com necessidade de um novo mito. (Essa conclusão parece descrever cada vez mais pessoas, em toda parte, em nosso mundo intervalar.) Elas terão ainda que tornar realidade sua versão do Mito do Milênio, sem se escravizarem ou se destruírem.

Ninguém sabe se a Rússia — talvez arrastando consigo a Europa e o resto do mundo — vai nos lançar a todos em uma Nova Idade das Trevas. Ao descrever o Novo Paradigma Russo de que fala Gary Hart — o que Gorbachev tornou possível —, temos esperança de que surja o lado mais amigável da alma russa: não a truculenta geometria de Malevich, mas a paleta sociável de Kandinsky; não o ardente desejo de destruição de Bakunin, mas o desejo ardente de Fedorov, de instilar vida; Nijinsky, não Nechayev; Solovyov, não Stalin.

Mas prossigamos em nosso caminho. Chegou a hora de descer ainda mais fundo nas fantasmagóricas profundezas da imaginação milenarista.

7
O Messiânico Terceiro Reich

Coisas desmoronam; o centro não pode resistir;
Anarquia absoluta despenca sobre o mundo,
A maré tinta de sangue é liberada e, em toda parte,
A cerimônia da inocência é reprimida;
Os melhores perdem toda convicção, enquanto os piores
Transbordam de ardente intensidade.

WILLIAM BUTLER YEATS
The Second Coming

No dia 15 de julho de 1940, o *New York Herald Tribune* publicou uma matéria sobre um soldado nazista mortalmente ferido, que um padre vem consolar. O jovem nazista repeliu o padre: "O Führer é a minha fé", disse. "Não quero nada com sua igreja. Se o senhor quiser ser bom comigo, tire a foto de meu Führer do bolso do peito de minha túnica". O jovem beijou a foto, um sorriso de bem-aventurança espalhando-se pelo seu rosto, e murmurou, antes de morrer: "Meu Führer, sinto-me feliz em morrer por sua causa."

A matéria oferece uma pista sobre a natureza do Nacional-Socialismo alemão. O soldado moribundo encontrava-se sob o efeito de uma profunda emoção religiosa. Acho que é possível provar que a nação que seguiu Adolf Hitler, através do Holocauto e até sua própria destruição, se encontrava sob o império de uma profunda emoção religiosa. Como escreveu Nicholas Goodrick-Clarke, autor de um livro sobre as raízes ocultas do Nazismo, "algo mais... do que medo foi necessário para manter uma grande parte do povo alemão leal ao Terceiro Reich nazista, através das maiores provações, demonstrando notável coragem e espírito de resistência quase que até o amargo fim"[1].

O desemprego em massa, a inflação e o humilhante Tratado de Versalhes moldaram, sem a menor dúvida, o movimento hitlerista. Mas teria havido alguma coisa mais, que precisaria ser levada em conta para explicar o pesadelo nazista? Esse algo mais foi chamado de "metapolítico"[2] por Peter Viereck, em seu estudo das raízes românticas da mente nazista. *Metapolítico* referia-se ao antimaterialismo romântico e ao anticapitalismo, ao misticismo do *Volk*, e ao racismo mítico que sustentou a ideologia nazista.

Segundo C. G. Jung, a possessão psíquica era a chave para compreender o aspecto metapolítico do Nacional-Socialismo. Em um ensaio de 1936, intitulado "Wotan", escreveu ele: "O impressionante sobre o fenômeno alemão é que um único homem, que estava obviamente 'possuído', contaminou uma nação inteira em tal extensão que tudo foi posto em movimento e começou a rolar por si mesmo, com destino à perdição"[3]. O único homem era, naturalmente, Adolf Hitler.

Mas ele fora possuído pelo quê? Em parte, como alegava Jung, pela imaginação centrada em divindades pagãs, como Wotan. Lembramo-nos, a propósito, da profecia de Heine em 1834: "Thor, saltando para a vida armado com seu gigantesco martelo, esmagará as catedrais góticas". Em minha opinião, esse tipo de ataque apoplético nazista foi desencadeado por uma estranha mistura de paganismo germânico e milenarismo. O inconsciente cultural nazista abrigava uma mistura de símbolos pagãos e arquétipos cristãos. Ou antecipando meus principais argumentos: na versão nazista do Mito do Milênio,

• Hitler surge como um messias arianizado

• a figura do Anticristo assume as cores de uma ficção inspirada no racismo, como no *Myth of the Twentieth Century* [O Mito do Século XX], de Alfred Rosenberg

• a idéia apocalíptica de eleito é reduzida à condição de uma categoria de biomito

- a expectativa de um Armagedon bíblico se transforma em um crepúsculo dos deuses teutônicos.
- e, o que constitui a distorção mais espetacular, o Reino do Céu é reduzido ao estado de Terceiro Reich Nazista.

Na aventura nazista, a força emocional do Mito do Milênio foi potencializada por idéias mágicas, românticas, ocultas e racistas. A cruz cristã e a cruz suástica eram diametralmente opostas no que representavam. Não obstante, no inconsciente profundo do teutônico nazista, os dois símbolos aparentemente se reforçaram, criando uma potente mistura de força psíquica.

Numerosos estudiosos comentaram o milenarismo nazista. Carl Lowith chamou atenção para a tradição joachinina medieval, com suas visões de uma próxima terceira era, que se transformou no Terceiro Reich Nazista[4]. Norman Cohn encontrou semelhanças entre o movimento hitlerista e rebeldes místicos medievais, como Thomas Müntzer. No *Warrant for Genocide: The Myth of the Jewish World Conspiracy and the Protocols of the Elders of Zion* (1967) [Fundamentos para o Genocídio], Cohn argumentou que a insegurança, a anomia geral e o endemoninhamento do povo judeu foram aspectos comuns aos nazistas e aos milenaristas medievais. Eric Voegelin (1952), James M. Rhodes (1980) e Nicholas Goodrick-Clark (1985) estudaram esses paralelos e sua possível importância. Seria útil, por conseguinte, dizer alguma coisa sobre os precursores milenários de Hitler.

Um Precursor Medieval de Hitler

Segundo a tradição bíblica, o povo escolhido de Deus anseia por resgate divino, espera um messias que destruirá os maus e enaltecerá os eleitos. A esperança no resgate divino continuou a viver na consciência ocidental. Nos tempos medievais, por exemplo, alimentou a crença no advento de um Papa Angélico — um Führer, ou líder, puro em retidão e grande em poder.

No século XVI, a tradição gerou Thomas Müntzer, um rebelde místico alemão, cujas pretensões messiânicas fanáticas qualificam-no como precursor de Adolf Hitler. Müntzer era um culto humanista antes de conhecer Niklas Storch, em 1520. Os dois aceitaram velhos ensinamentos taboritas e alegaram manter comunicação direta com o Espírito Santo. Foram, como se diria hoje, "canais".

A missão de ambos era formar uma Liga dos Eleitos, uma idéia que realmente atraiu os analfabetos, os desorientados e os pobres. Preparar-se para a chegada do Milênio pela força das armas, tal era o teor da mensagem: "A espada é necessária para exterminá-los", disse o inspirado profeta, "porque os ateus não têm direito de viver, salvo os que o Eleito resolver poupar"[5]. Essa farisaica presteza em matar o próximo foi uma característica da qual Adolf Hitler também compartilhou. Hitler, em seus delírios românticos, gostava de falar em o Eleito "tornar-se Deus". Inchada com um senso de poder oculto, a Liga do Eleito, tal como o *juggernaut* militar nazista, era presunçosa e pouca importância dava à vida humana.

Müntzer envolveu-se nos levantes de camponeses da época, explorando a inquietação social e mobilizando os pobres em uma guerra santa contra o Sistema. No fim, a mania milenarista foi esmagada por fogo de artilharia superior e Müntzer, capturado, acabou sendo decapitado.

Alguns marxistas demonstraram afinidade pelo desumano, considerando Müntzer como um dos precursores do credo comunista[6]. (Müntzer e seus discípulos mataram alguns padres e donos de terras e, por conseguinte, formaram no lado do bem, da verdade e da história.) Müntzer, como diz Norman Cohn, pouco se importava com o destino de seus seguidores, interessando-se principalmente pelos "extermínios em massa" que teriam que preceder o Milênio. Ele se tornara, como diria John Perry, psicoticamente identificado com uma parte do Mito messiânico.

De que modo um humanista se transforma em milenarista sedento de sangue? Ou, em outras palavras, de que maneira um mito desumaniza um ser humano? O russo Berdyaev deu parte da resposta: quando o homem se endurece para ver o mundo, especialmente outras pessoas, como números, abstrações, objetos. As próprias palavras de

Müntzer nos dizem algo sobre suas prioridades. No panfleto intitulado *O Desmascaramento Explícito da Falsa Crença do Mundo sem Fé*, ele invoca a justiça ideal contra os príncipes — "pois levaram a vida comendo e bebendo bestialmente, da juventude em diante foram criados da forma a mais delicada e *em toda vida nunca tiveram um dia ruim.*" (itálicos nossos.)

Com o "em toda a vida nunca tiveram um dia ruim", Müntzer revela involuntariamente o ressentimento profundamente maligno que o consumia. Ódio e ressentimento estiveram aparentemente por trás de seu sanguinolento apelo à justiça apocalíptica e a revindicação à liderança messiânica tornou-se uma justificativa para sua brutalidade e seu espírito agressivo. Isso era verdade no tocante a Müntzer e a outros fanáticos medievais e é verdade no que se aplica aos fanáticos do século XX.

O Messias em Botas de Montar

Invocar justificação messiânica para a brutalidade e a agressão foi um aspecto importante na carreira de Adolf Hitler. Para começar, o Nacional-Socialismo estava comprometido com o *Führerprinzip*, "o princípio de liderança", um eco político da idéia de messianismo que escarnecia da democracia e pregava obediência absoluta ao líder. A legenda sob um retrato de Hitler no quartel-general nazista em Munique dizia: "Nada acontece neste movimento, exceto o que eu desejo."

O *Führerprinzip* era um conceito irracional, com raízes fincadas no romantismo e na filosofia alemã. O princípio de liderança nazista estava ligado à mística vontade geral de Rousseau — no qual o líder corporificava a vontade. E tinha afinidade com a idéia do *daemonic*, como no *daimon*, ou "espírito guia", de Sócrates, e com o gênio do indivíduo, que seria um infalível guia interior. O princípio de liderança nazista nasceu da poética nietzschiana do super-homem e do culto do herói wagneriano.

Três idéias hegelianas ajustavam-se bem ao princípio em causa: em primeiro lugar, a de que o Estado era a idéia Divina encarnada na terra;

em segundo, a de que o mundo germânico representava o mais alto desenvolvimento da Idéia divina; em terceiro, a de que havia "indivíduos de importância histórica mundial"[7]. Este último seria um instrumento, não raro inconsciente, da "vontade do Espírito do Mundo"[8].

Tais como os rebeldes místicos antinomianos da Idade Média, e da mesma maneira que o super-homem de Nietzsche, o indivíduo de importância histórica mundial situava-se "além do bem e do mal". Ou como disse Hegel: "Uma forma tão poderosa assim, porém, terá que esmagar sob os pés muitas flores inocentes — destruir muitos objetos em seu caminho". Não digo que Hitler tenha conscientemente tomado como modelo para si mesmo a filosofia de Hegel, mas não há dúvida de que seu princípio de liderança ajustava-se ao *zeitgeist* hegeliano. Tal como o Credo do Apóstolo cristão, o Partido Nazista, como disse Hermann Rauschning, tinha um credo hitlerista. "Todos nós acreditamos, nesta terra, em Adolf Hitler, nosso Führer, e reconhecemos no Nacional-Socialismo a única fé que pode trazer a salvação ao nosso país"[9].

O próprio Hitler se considerava um messias, e o mesmo pensavam outros alemães. Lembrem-se os leitores de que iniciamos este capítulo com as palavras finais de um soldado nazista moribundo, demonstrando que Hitler se transformara em um Cristo substituto. Notem em seguida as observações de um repórter americano. Quando Hitler, em certo dia de setembro de 1934, entrou em Nuremberg, milhares de nazistas agitavam bandeiras com a suástica e aplaudiam-no histericamente, gritando: "Queremos nosso Führer!" O repórter escreveu:

> Fiquei chocado com aquelas faces, especialmente com a face das mulheres. Elas me lembraram as expressões alucinadas que vi certa vez, no interior da Louisiana, na face de alguns Holy Rollers que estavam prestes a tomar a estrada. Elas erguiam os olhos para ele como se ele fosse um Messias, as faces transformadas..."[10].

Os comícios à luz de tochas em Nuremberg e outras reuniões públicas assumiam o caráter de revivescências religiosas e as entradas de Hitler em cena eram orquestradas como se fossem epifanias. "Não demorou muito tempo para que o povo alemão ficasse pronto para dar o curto passo de ver em Hitler não um homem, mas o Messias alemão"[11], escreveu Walter Langer, que compilou dados sobre as phantasias messiânicas do ditador.

Em um comício nazista realizado em 1937 em Nuremberg, uma foto imensa de Hitler ostentava a seguinte legenda: "No Início Era o Verbo". De acordo com o Prefeito de Hamburgo: "Nós não precisamos de padres nem de pastores. Nós nos comunicamos diretamente com Deus por meio de Adolf Hitler". Em Odenwald, em letras pretas sobre uma gigantesca tela branca, palavras proclamavam: "Nós acreditamos em Santo Hitler". O *Reichmaster* para Assuntos da Igreja, Hans Kern, declarou: "Adolf Hitler é o verdadeiro Espírito Santo". Um americano de Chicago que assistiu à encenação de Autos da Paixão em Oberammergau, comentou: "Essas pessoas são loucas. Isto não é uma revolução, mas um revivescimento religioso. Eles pensam que Hitler é Deus. Acreditem ou não, uma alemã sentada ao meu lado... quando içaram Cristo na Cruz, disse: 'Lá está ele. Ele é o nosso Führer, nosso Hitler"[12]. Até mesmo o grande filósofo Martin Heidegger acreditou durante algum tempo que Hitler representava o advento da "Santidade".

O arquiteto Albert Speer passou vinte anos na prisão de Spandau, em Nuremberg. Hitler enfeitiçara Speer, que era um homem inteligente e sensível. As francas observações de Speer sobre si mesmo ajudam-nos a compreender alguma coisa da atração sedutora de Hitler. O mal, aparentemente, aplica sua mais potente magia quando apela para o eu "superior".

"Hoje, em retrospecto", escreveu Speer, comentando seu primeiro encontro com Hitler, "tenho freqüentemente a impressão de que alguma coisa me arrabatou do chão naquele momento, arrancou-me de todas minhas raízes e orientou para mim um feixe de forças sobrenaturais"[13]. Jung escreveu que Hitler possuíu o povo alemão. De acordo com Speer, Hitler sabia como apelar para o nobre lado romântico do povo. O discurso de estímulo rotineiro de Hitler era: "Quanto mais alto o homem erguer a vista, mais ele crescerá"[14].

Hitler apelava para ideais transpessoais: "O ariano não é o maior em suas qualidades mentais, como tais", declarava, "mas, sim, na extensão da boa vontade em pôr toda sua capacidade a serviço da comunidade".

O homem sente necessidade de servir a uma comunidade mais ampla. Os nazistas exploraram-na e seduziram os alemães lisonjeando-lhes as melhores qualidades. O Mito do Milênio torna fácil a sedução pelo idealismo.

Se outros o viam como o Messias, Hitler fazia a si mesmo idêntico cumprimento. Na vida pública e privada, revelava suas pretensões ao messianismo. Em 1923, pernoitou em uma pensão em Obersalzberg, onde Dietrich Eckart observou o futuro Führer andando em passos duros de um lado para o outro, brandindo um chicote de couro de rinoceronte, bravateando-se de suas ambições para a esposa do dono do estabelecimento. Com ares proféticos, profligou a cidade de Berlim:

> ... a luxúria, as perversões, a iniqüidade, o exibicionismo debochado e o materialismo judaico repugnaram-me tanto que quase perdi a cabeça. Cheguei quase a me imaginar como Jesus Cristo, quando foi ao Templo do Pai e encontrou os agiotas"[15].

Enquanto comemorava no famoso Hofbräuhaus, em Munique, a publicação do *Mein Kampf,* Hitler pensava no verdadeiro significado do ministério de Cristo. "Cristo", disse ele, "foi o maior dos antigos guerreiros na batalha contra o inimigo do mundo, os judeus". Em seguida, acrescentou: "O trabalho que Cristo iniciou, mas não pôde terminar, eu — Adolf Hitler — concluirei"[16].

De acordo com James Rhodes, o tristemente famoso *Mein Kampf* [Minha Luta], de Hitler, é provavelmente a melhor chave disponível para compreender a mente de um "messias" milenarista[17]. A frase inicial desse estranho livro traía a vaidade fantástica do autor: "Hoje me parece providencial que o Destino tenha escolhido Braunau-sobre-o-Inn como minha cidade natal." Logo no início, idéias grandiosas sobre destino e providência divina. Foi profético o fato de a cidade natal de Hitler situar-se na fronteira entre a Áustria e a Alemanha. "Um único sangue exigia um único Reich", isto é, a Alemanha e a Áustria teriam que ser unificadas. A cidade natal de Hitler, então, tornou-se "o símbolo de uma grande missão". Se o leitor quer mais um exemplo de retórica messiânica, basta virar uma página e chegar à dedicatória, que fala na "ressurreição" do povo alemão. Os nazistas gostavam muito de conversas desse tipo, sobre destino, providência divina, missão, ressurreição — isto é, a linguagem do Mito do Milênio.

O *Mein Kampf* criou condições para uma "das maiores revoluções do mundo", uma luta de proporções escatológicas. Em 1925, ele viera a considerar-se como destinado a viver um papel central nessa luta. A luta, como aliás todas as lutas milenaristas, era concebida em termos totalistas e dualistas. Na mente de Hitler, um mal absoluto tinha que ser totalmente eliminado. Da mesma forma como pensara Müntzer, seu precursor medieval, o ateu tinha que ser passado a fio de espada. Essa era a única maneira de trazer o Milênio à terra.

Hitler acreditava que a Providência Divina o incumbira da missão de resgatar o povo alemão de um inimigo cruel e implacável. Referindo-se a si mesmo, disse: "O destino um dia lhe concede (ao povo oprimido) o homem bem dotado para esse fim, que finalmente traz a realização pela qual por tanto tempo ansiara." Hitler considerava-se como a corporificação das ânsias de libertação do povo alemão — a encarnação da vontade geral de Rousseau.

Mas Hitler não foi o único nazista que se entregou a phantasias messiânicas de importância histórica para o mundo. Outros nazistas embeberam-se também delas —, como, por exemplo, o Ministro da Propaganda, Joseph Goebbels. Goebbels, doutor em literatura românica, escreveu um romance, *Michael: A German Fate in the Pages of a Diary*. Rhodes considera o *Michael* como "o melhor auto-retrato existente de um messias apocalíptico"[18]. Nessa mal disfarçada phantasia do si-mesmo, Michael torna-se herói sacrificial por um "novo Reich". E grita: "Eu sou um herói, um deus, um redentor." E chega à conclusão de que sua "palavra salvadora ressuscitará" o povo. E continua:

> Eu me levanto, tenho o poder
> De acordar os mortos...
> As fileiras se encherão, uma legião surgirá,
> Um *Volk*, uma comunidade.
> A finalidade nos liga.
> Estamos unidos na fé,
> Na vontade forte...
> E dessa maneira criaremos o Novo Reich.

Goebbels, tal como Fedorov, que conhecemos no último capítulo, quer despertar os mortos e se sente convocado pela alma do povo. O salvador Goebbels, juntamente com Goering e o próprio Hitler, foi uma das três figuras mais poderosas do movimento nazista. Não obstante, coube a Hitler assumir, em vez de Goebbels, o status de santidade final, como pode ser visto em seu diário de sicofanta. Uma amostra antiga, de 6 de julho de 1926: "Weimar. Hitler falou. Sobre política, a Idéia e organização. Profundo e místico. Quase como se fosse um evangelho. Arrepiamo-nos quando o acompanhamos pelas bordas do abismo da vida. Agradeço aos Fados por nos terem dado esse homem."

Mas basta disso. O povo alemão, o soldado alemão, ilustres intelectuais alemães, os colaboradores mais chegados e o próprio Hitler compartilhavam da phantasia de seu status messiânico no Nacional-Socialismo. Além do mais, acontece algumas vezes que a interação de fatores externos se combina em um caso de sincronia para reforçar e, por algum tempo, nos sustentar as ilusões. Esse parece ter sido o caso de Adolf Hitler, cuja sorte em escapar da morte em várias ocasiões serviu para robustecer-lhe a ilusão de que o "Destino" o escolhera para uma missão especial.

Um sinal da força da phantasia do Hitler messiânico é que, como aconteceu com James Dean e Elvis Presley, algumas pessoas ainda se recusam a acreditar que ele tenha morrido e pensam que ele fugiu de Berlim ao fim da guerra, ou mesmo que se escondeu em outra dimensão, onde continua a trabalhar. Uma vez que messias são enviados por poderes divinos, eles não morrem tão facilmente assim, de modo que o mito da sobrevivência de Hitler continua gravado no subsolo psíquico[19].

O erudito embaixador chileno Miguel Serrano, autor de *C.G. Jung and Hermann Hesse* [C. G. Jung e Hermann Hesse], por exemplo, acreditava piamente no status sobrenatural de Hitler. Em data tão recente quanto 1984, Serrano publicou um volume de 600 páginas com o chocante título *Adolf Hitler, el Último Avatara* [Adolf Hitler, o Último Avatar]. Serrano argumentava que Hitler foi o Décimo Avatar de Vishnu, cuja encarnação deveria coincidir com o fim da *Kali Yuga* ("a Idade das Trevas") e, dessa maneira, dar início à Nova Era. Serrano pensava que Hitler escapara de Berlim em 1945, a bordo de um disco voador alemão.

Aparentemente, o Führer desapareceu no Pólo Sul, entrando em um reino invisível, de onde ainda trava guerra esotérica contra o Demiurgo. O Embaixador Serrano pensa que essa guerra é sobre a purificação do sangue hiperbóreo, uma substância que se diz derivar de condensações "da luz do Sol Negro, do Raio Verde"[20]. O sangue puro obcecava outros defensores da supremacia da raça ariana. A tenacidade dessas idéias fantásticas na mente de um homem culto, com experiência mundana, trinta anos após a morte de Hitler, diz muita coisa sobre o feitiço do arquétipo do Messias que se formou em torno de Adolf Hitler.

O Anticristo Judaico

No cenário dualista básico do Mito do Milênio, o Messias luta contra o Anticristo. Nesse ponto, o movimento nazista foi também fiel ao Mito. Porque, da mesma maneira que Hitler representou o papel de Messias, o povo judeu foi escolhido para o papel do Anticristo. Phantasias milenaristas contribuíram para modelar a forma que o anti-semitismo assumiu no Nacional-Socialismo.

Ler o *Mein Kampf* implica compreender de que maneira o anti-semitismo foi fundamental para a ideologia de Hitler. Hitler jamais esqueceu a "questão judaica". Como ele mesmo a descreveu, a missão de acabar com os judeus era comparável a restabelecer a saúde um ser vivo matando um "bacilo", um agente de doença e infecção. Esse ponto não pode ser subestimado. A phantasia nazista sobre um Terceiro Reich milenário exigia a destruição do povo judeu, da mesma maneira que a visão de João, do Reino do Céu, exigia a destruição do Anticristo.

Embora o Anticristo seja uma figura vaga, com uma história complicada, vários de seus aspectos são muito claros. Ele é o inimigo universal da humanidade e representa o mal puro, completo. Enganosamente parecido com Cristo, o Anticristo, mentiroso e trapaceiro, esconde-se por trás da máscara do bem. O Novo Testamento liga-o aos falsos profetas. A guerra que ele trava é total. Talvez seja um personagem particular da história, com numerosos subordinados, muitos imitadores, e tenha contado com numerosos precursores. Ou pode surgir sob a forma de um grupo de pessoas. Para os nazistas, o Anticristo era o povo judeu.

Embora inevitável a luta contra o Anticristo, ela trará o Reino de Deus. O Anticristo é um inimigo do Segundo Advento de Cristo, um acicate à consumação dos tempos — ou, no linguajar nazista, parte da "solução final".

No *Mein Kampf*, para que todo o mundo a conhecesse, Hitler projetou a imagem do Anticristo sobre o povo judeu. O estranho é que esse livro, em vez de servir como laudo mais do que suficiente para que ele fosse internado em um asilo de loucos, tornou-se um bestseller e enriqueceu-o. As citações seguintes foram extraídas do *Mein Kampf*[21] e servem de exemplo de como ele projetava a imagem do Anticristo sobre os judeus.

Meditando sobre a questão da "social-democracia", escreveu: "Fui dominado por sombrias apreensões e um medo destruidor. Vi em seguida diante de meus olhos uma doutrina, composta de egotismo e ódio, que pode levar à vitória, segundo leis matemáticas, mas, ao assim fazer, pôr fim à humanidade." A doutrina que ameaçava "pôr fim à humanidade" estava ligada "à natureza de um povo". Mas só "o conhecimento do que eram os judeus forneceria a chave" para compreender essa doutrina, letal para o mundo. De acordo com Hitler, os judeus eram responsáveis por uma maneira de pensar que prometia "pôr fim à humanidade".

Em seguida, explicava como se tornara anti-semita, contando grotescamente como, ao longo dos séculos, os judeus "haviam adquirido aparência humana". Uma vez que o Anticristo é um princípio não-humano, Hitler sentiu-se obrigado a ver o povo judeu como basicamente não-humano, também. Logo que conseguiu a "chave" para compreender a ameaça, o Führer olhou em volta com uma nova atenção. "Aonde quer que eu fosse, comecei a ver judeus e, quanto mais deles via, mais profundamente eles se tornavam diferentes a meus olhos do resto da humanidade". Que ameaça era essa que Hitler via escondendo-se em todos os lugares?

O povo judeu fazia parte de uma conspiração da "imprensa mundial", estava por trás de todas as patifarias, da prostituição (assunto este que o obcecava) à conspiração marxista. No "marxismo", escreveu Hitler, "o... objetivo era, e continua a ser, a destruição de todos os Estados não-judeus". As "crostas" caíram-lhe dos olhos, suas introvisões se "tornaram mais freqüentes" e ele percebeu o que havia por trás da "astúcia diabólica desses corruptores". Note-se: a astúcia diabólica é a marca registrada do Anticristo.

Hitler estava horrorizado com a "fecundidade" ilimitada dos judeus, com seus "números imensos", com a "pestilência espiritual" deles, que era "pior do que a Peste Negra", era uma "infecção" que ameaçava "envenenar a alma dos homens, como vetora de germes da pior espécie". Os nazistas eram maníacos por saúde. A guerra contra o Anticristo judeu era perversamente holística. O Anticristo judeu era um perigo tanto médico quanto espiritual.

Para Hitler, tratava-se de uma guerra total. A sociedade alemã estava ameaçada pelo "marxismo", uma "doutrina judaica". O marxismo, tal como o Anticristo, constituía uma ameaça internacional, uma ameaça a toda a humanidade. A própria natureza estava sitiada. "A doutrina judaica do marxismo rejeita o princípio aristocrático da natureza e substitui os privilégios eternos do poder e da força pela massa dos números e por seu peso morto." Tão letal era o princípio do Anticristo que ameaçava o "princípio aristocrático da natureza". O que quer que isso seja.

Na opinião de Hitler, o princípio judaico satânico era o inimigo da personalidade humana, da raça, da cultura, da humanidade. Hitler tirava proveito do medo que o homem tem do satânico. Sabia que, para mobilizar o povo, precisava de um princípio espiritual. Mais uma vez, quero frisar o perigo peculiar do Mito do Milênio. Aceito literalmente, ele transforma o mundo em um teatro de guerra espiritual. A guerra contra o marxismo internacional judaico era mais do que econômica e política. Era uma guerra espiritual e, como tal, capaz de despertar as mais profundas emoções.

Hitler julgou necessário afivelar uma máscara espiritual na força bruta. "A aplicação apenas da força, sem o ímpeto de uma idéia espiritual básica, como ponto de partida, jamais poderá levar à destruição de uma idéia... exceto sob a forma do extermínio completo, até o último intérprete da idéia..." Estas últimas palavras contêm uma arrepiante profecia da "solução final", uma idéia que exalava o mau cheiro de loucura quiliástica. Hitler compreendia a psicologia da guerra santa. "Qualquer violência que não tenha por origem uma base espiritual, firme, será episódica e de resultados duvidosos. Carecerá da estabilidade que só pode assentar-se em uma visão fanática." Hitler, assim, considerava o espiritual igual ao fanático.

A ameaça do povo judeu representava a "destruição dos habitantes deste planeta". A ameaça, sobrenatural e total em alcance, era a velha ameaça corporificada no Anticristo. Hitler, o messias em botas de montar, podia, em conseqüência, escrever o seguinte: "Por isso mesmo, acredito hoje que estou agindo de acordo com a vontade do Criador Todo-Poderoso. Ao defender-me contra os judeus, estou lutando pela obra do Senhor."

Hitler endemoninhou e dualizou o povo judeu. Escreveu: "Não há como fazer um pacto com os judeus. Só poderá haver o duro 'ou este ou aquele'". Em um estratagema esperto, estabeleceu uma distinção entre raça e religião, insistindo em que o problema judaico nenhuma relação tinha com religião. Dizer que o povo judeu era uma "comunidade religiosa" seria uma "grande mentira". Hitler era contra perseguição religiosa. Se o problema fosse simplesmente questão de religião, talvez fosse possível converter os judeus. Para levar adiante a confrontação total, o duro "ou este ou aquele", argumentava que o povo judeu era uma entidade biológica, uma raça. Como raça, tinha natureza inalterável, persistia, dessa maneira, o antagonismo essencial, e poderia pregar uma *jihad* contra o Anticristo judeu. O Anticristo significava pura vontade de poder. E, portanto: "Hoje não são príncipes e amantes de príncipes que pechincham e barganham sobre fronteiras nacionais, mas o judeu inexorável, que luta por domínio sobre as nações".

Povo Eleito, Raça Superior

Constitui uma das ironias da história que os nazistas tenham torcido a idéia judaica de povo eleito e a usado como arma de destruição em massa contra o povo judeu. No Velho Testamento, Deus escolhe o povo judeu para que este sirva à sua vontade e finalidade e não para conferir vantagens a este povo. A escolha é um fardo, um desafio, uma obrigação, não um atestado de mérito ou sinal de superioridade. A escolha de Israel tinha o objetivo de mostrar ao mundo a glória de Deus. A escolha pressupunha um julgamento rigoroso dos pecados nacionais (Amós, 3:2). Além disso, as bênçãos da escolha corriam sempre o risco de serem suspensas, em caso de incredulidade ou desobediência. Isaías profetizou que só os restantes fiéis seriam salvos para colher os benefícios da idade áurea, após o julgamento dos pecados de Israel (Isaías, 10:20-22; 4:3, 27:6).

O ressentimento nazista com a escolha dos judeus, tão evidente no *Mein Kampf*, tinha origem, portanto, em uma interpretação tendenciosa. Além do mais, para os profetas, a escolha referia-se ao indivíduo, não ao povo como um todo, e haviam começado a recuar da idéia de um pacto exclusivo com o povo judeu. A visão nazista de escolha, portanto, era uma caricatura da profecia.

De alguma maneira, a idéia profética de escolha sofreu uma mutação e ressurgiu sob a forma de racismo ariano. Os nazistas transformaram a idéia de escolha moral em mito biológico racista. O *Mein Kampf* conclui com o seguinte pensamento: "Um Estado que, nesta era de envenenamento racial, dedica-se a cuidar de seus melhores elementos raciais terá que, algum dia, tornar-se o senhor da terra." O mito racista nesse caso serve para justificar um lance na disputa pelo poder mundial. Tudo estava programado, o mapa rodoviário do Milênio nazista fora desenhado no *Mein Kampf*: purifique a raça e torne-se o senhor da terra.

O testamento do Führer continha longas discussões sobre raça e cultura, com muita conversa sobre "o ariano fundador de cultura". Os arianos seriam não só os fundadores da cultura, mas também da própria "humanidade". "Toda cultura humana, todos os resultados da arte, ciências e tecnologia que hoje vemos foram quase exclusivamente produto criativo de arianos." Essa idéia levava à "inferência" de que "toda humanidade mais nobre" e a própria idéia de "homem" seriam subprodutos arianos.

A raça ariana superior, por conseguinte, tinha o direito de usar não-arianos para construir a futura cultura milenarista. "Sem a possibilidade de usar seres humanos inferiores, os arianos nunca teriam sido capazes de dar os primeiros passos para a cultura futura." O maior obstáculo à realização desse destino sublime seria o "envenenamento" do "sangue". Hitler tornou-se obcecado com a idéia de preservar o "sangue" ariano do veneno, da infecção e da contaminação.

As opiniões pseudocientíficas de Hitler derivavam de tradições racistas mais antigas. Uma das mais fortes nesse particular foi a filosofia romântica de Richard Wagner. Em 1881, Wagner estava se saturando do *Essay on the Inequality of the Human Races* [Ensaio sobre as Desigualdades das Raças Humanas], do Conde Gobineau. Em seguida, escreveu vários artigos expondo suas opiniões sobre a "purificação" da raça ariana. Wagner queria despertar e purificar a "força inconsciente da raça", que julgava ser a solução para os problemas da Alemanha ou, especificamente, da democracia, do materialismo e, claro, dos judeus. A força mística que ele queria purificar provinha das origens divinas da raça ariana. As estirpes não-arianas tinham prosaicas origens darwinianas, descendiam "de macacos"; a raça nórdica "remontava suas origens aos deuses" e, em conseqüência, "fora selecionada para governar". Wagner elaborou um programa de purificação, baseado em vegetarianismo, antivivisseccionismo e anti-semitismo. Era um programa que visava à "regeneração da raça humana".

Nietzsche, eventualmente, rompeu com Wagner[22], cuja música lhe inspirara o primeiro livro: *O Nascimento da Tragédia*. Na verdade, Nietzsche desprezava o anti-semitismo, o racismo e o nacionalismo alemão. Não obstante, a poética da "besta loura", na qual vasou alguns de seus *insights*, foi cooptada pelos nazistas e reduzida a uma condição de literalidade selvagem. O pensador alemão gostava de dizer que a "raça superior", bem como o 'super-homem", estavam "além do bem e do mal". Ele fazia uma distinção entre a moralidade do senhor e a moralidade do escravo e referia-se com desprezo à moralidade do escravo "cristão", que apresentava como sintoma de uma vitalidade declinante. O *Übermenschen* de Nietzsche assemelhava-se mais aos Homens Espirituais de Joachim, aristocratas de uma nova dispensação interior, do que aos soldados nórdicos da SS.

A ideologia racial nazista derivava dos trabalhos de um francês, Gobineau, que mencionamos acima, e do inglês Houston Stewart Chamberlain. Em 1908, Chamberlain casou com a filha de Wagner, Eva, naturalizou-se alemão em 1915 e, em 1923, conheceu Hitler, por quem ficou empolgado. Explicou suas convicções raciais em um livro, *The Foundations of the Nineteenth Century* (1912) [Os Fundamentos do Século XIX]. Na phantasia de Chamberlain, o princípio de raça se opõe ao de "caos", lembrando essa tese o apocalipse babilônico, no qual Marduk luta contra Tiamat, a deusa do Caos.

A raça teutônica, dizia Chamberlain, abrigava a "alma" da cultura moderna e deveria evitar ser diluída no caos formado por latinos, mongóis e semitas. Os "esplêndidos bárbaros (teutônicos)" teriam que "abrir caminho, com um esforço indizível da noite do caos para um novo alvorecer". A entrada do povo alemão na história mundial, portanto, seria um evento de importância apocalíptica. Poderes misteriosos orientavam a história do povo alemão, dizia. "O anjo guardião dessa linhagem estava sempre a seu lado, amparando-o quando ele perdia pé, avisando-o como faria o *daemon* socrático..." De acordo com a angelologia cristã, nações, como um todo, têm anjos guardiões, uma idéia aqui invertida e transformada em mitologia de raça, tornada obscura por uma "daemonologia" platônica.

O ex-inglês wagneriano descrevia, nas palavras abaixo, a embriaguês da consciência coletiva — o êxtase de perder-se em uma entidade psíquica mais ampla:

> A raça ergue o homem acima de si mesmo, dota-o de poderes extraordinários — eu quase poderia dizer, sobrenaturais — e dessa maneira, diferencia-o inteiramente do indivíduo que provém de uma mistura caótica de pessoas tiradas de todas as partes do mundo.

Para aguçar a exaltação religiosa da consciência de raça, Chamberlain defendia a eugenia, observando que os melhores cães de esporte irlandeses eram produtos de seleção artificial. De cães, ele saltou para a conclusão de que o teutônico é "o maior de todos os poderes na história da humanidade". Não obstante, ameaçado nesse instante pelos avanços sinistros do caos racial e da contaminação sangüínea, o futuro parecia sombrio, de modo que Chamberlain nada podia prometer, senão uma "luta de vida ou morte". E, quanto a essa luta, foi profético. O Terceiro Reich entrou, de fato, em uma luta assassina contra o "caos" de "raças" não-arianas.

As idéias de Chamberlain, uma estranha mistura de mito e pseudociência, influenciaram profundamente o construtor de mito nazista, Alfred Rosenberg, autor do *The Myth of the Twentieth Century* [O Mito do Século XX], publicado em primeira versão em 1930. Rosenberg era o editor do jornal oficial nazista, o *Der Voelkische Beobacter* ("O Observador Popular"). Com Rosenberg, aproximamo-nos mais das forças psíquicas vivas que inspiraram a brutalidade e o fanatismo nazista. Em 1934, Hitler criou para Rosenberg o cargo de Diretor da Educação do Partido e da *Weltanschauung*. A essência da *Weltanschauung* ("visão de mundo") pode ser vista na quarta capa do livro: "O mito do século XX é o mito do sangue, que sob o símbolo da suástica dá início à revolução racial mundial. É o despertar da alma da raça que, após um longo sono, acaba com o caos racial"[23].

Esse livro, que só perdia para o *Mein Kampf* como escritura sagrada nazista, revelava a ânsia alemã por um novo mito, pelo qual pautar a vida. Mito, disse Viereck em um percuciente estudo, é um termo honorífico, significando alguma coisa como "fé necessária, inspiração, ânsia unificadora de massa, ou um conhecimento popular mais autêntico do que a verdade"[24]. Mas havia outro ponto essencial no mito de Rosenberg: só a raça, e jamais o indivíduo, tinha alma. A nação expressa a alma da raça, sendo o atlante nórdico o mais desenvolvido na terra, a causa de tudo que é superior na história mundial. O maior perigo para a Alemanha era a contaminação causada por almas de raças inferiores. "A missão do nazismo é construir uma idade áurea, repurificando a alma da raça"[25]. E o *Myth* de Rosenberg revela qual é o segredo da história: "Nada pode mudar o fato único de que o significado da história mundial, refulgindo a partir do norte, passou por toda a terra, transportado pela raça loura de olhos azuis"[26].

A ilusão de escolha, de raça superior, exigia a criação de polícia secreta e conclaves de elite. Dessa maneira, a phantasia encarnou-se. A SS de Heinrich Himmler era uma organização de elite destinada a treinar a classe governante e eliminar toda oposição. A SS usava o caractere S, uma runa antiga. E dirigia os campos de concentração, projetados para purificar e preservar a raça superior da ação dos inimigos.

A runa era uma velha linguagem germânica de sinais, uma linguagem de signos dirigidos a um nível mental pré-racional. A runa mais poderosa usada pelos nazistas foi a suástica, a roda do sol, ou cruz em movimento. Conforme veremos no próximo capítulo, a Nova Era americana enamorou-se também da runa. (Há ainda outros notáveis paralelos.)

Disse Jung que a Alemanha fora possuída pelo arquétipo de Wotan, o Deus da Guerra, da magia e da poesia. Wotan inventou também a runa. A runa, nos velhos tempos, era um conjunto de hiéroglifos nórdicos, a linguagem "muda" dos gigantes de Vico, usada por adivinhos, poetas, rezadores que mudavam o tempo atmosférico, guerreiros, amantes e feiticeiros. A Ordem Germanen, fundada em 1912, era uma sociedade rúnica. Seus membros assinavam os nomes usando caracteres rúnicos. Runa conferia proteção em batalha. Pareciam-se um pouco com os talismãs usados na magia da Renascença, dispositivos psicotrônicos para manipular as energias sutis do universo.

O mito nazista da raça superior nórdica — ou versão alemã da idéia de povo eleito — nascia de complicadas raízes. Além dos românticos e de pensadores que estudaram a questão da raça, como Wagner, Chamberlain e Rosenberg, houve influências ocultas. Um único exemplo terá que ser suficiente. Um monge católico renegado, Lanz von Liebenfels, era um homem obcecado pela *theo-zoologia*, "a zoologia dos deuses". A religião, no caso desse autor, era reduzida à biologia, a heróis arianos e a homens-símios. Os arianos, claro, corporificavam a luz, a saúde, a lourice solar e a coragem leonina, para não mencionar a audácia e a criatividade superlativas. Os homens-símios, por outro lado, eram as encarnações patéticas da Sombra de nosso *self*: sinistros, enganadores, cruéis, gananciosos, sensuais, feios e profundamente estúpidos.

Devido à fraqueza das mulheres (sexualmente enfeitiçadas pela animalidade dos homens-símios), os dois tipos começaram a produzir híbridos. Com a miscigenação, as raças transformaram-se em uma Babel de inferioridades. Por sorte, em algumas espécies vira-latas, remanesce — graças a Thor — uma preponderância de *sangue* ariano. Liebenfels, tal como os wagnerianos, construía numerosas phantasias tendo o sangue como tema. A forma do crânio estimulou também a vida de phantasia nazista. Uma vez que o crânio dos judeus apresentava, segundo diziam, certas propriedades diabólicas, eles eram considerados assemelhados aos homens-símios. Liebenfels possuía uma mente abrangente. Pensava que o sexo feminino era tão orientado para o símio quanto o povo judeu. Por isso mesmo, de acordo com ele, "a alma da mulher tem alguma coisa de pré-humano, alguma coisa demoníaca, alguma coisa enigmática". Segundo esse visionário, a maioria dos marxistas era constituída também de "pré-humanos". Como o destino queria, Adolf Hitler, em 1909, visitou Liebenfels em Viena, numa época em que estava numa pior.

Armagedon e Crepúsculo dos Deuses

O Mito do Milênio explora visões de guerras finais. Os eleitos para o triunfo ganham bem-aventurança perfeita. No *Livro do Apocalipse*, Armagedon é o local onde ocorre a última guerra. Armagedon, a batalha de todas as batalhas, terá que acontecer. Este é o lado assustador do Mito. Mas há também um lado que dá margem à esperança: após a batalha, ocorre o renascimento do mundo — os tempos felizes, o Milênio.

Hitler explorou a esperança transcendente, mas apenas para usá-la para fins inconfessáveis. Dê-lhe uma causa pela qual possa lutar, e o povo lutará até a morte. Uma sensação de nervosismo ante um Armagedon iminente, a sensação de que o conflito final estava para acontecer, saturou a mente nazista. Em fascinante descrição do movimento hitlerista, James M. Rhodes refere-se à tendência alemã para a "histeria ontológica". Esta consistiria de um medo prolongado de aniquilação iminente, pânico este causado por insegurança de vida. Há pessoas que dela sofrem em tempos de calamidades, de desorientação.

Michael Barkun[27] estudou os ambientes sociais favoráveis a reações milenaristas. A calamidade, disse Barkun, é uma das principais variáveis nesse particular. Quando o mundo parece desabar, seres humanos se agarram a qualquer palha. Ansiando em desespero por orientação, têm a atenção atraída para imagens arquetípicas, que lhes fascina e acalma a alma perturbada. E, no caso dos que aceitam tudo literalmente e dos indivíduos brutais, imagens contribuem para dar um foco à ação — ação violenta, desumanizadora. Essa conclusão aplicou-se a numerosas pessoas na Alemanha do entre guerras.

Nessa época, uma palavra popular no léxico nazista era *colapso*. Coisas começaram a entrar em colapso em novembro de 1918. Em primeiro lugar, o mutilante Tratado de Versalhes e as ondas de choque que a ele se seguiram: o levante espartaquista, a insurreição comunista em Munique, a ocupação do Ruhr pelos franceses, problemas na fronteira com a Polônia. A vida na Alemanha estava em ruínas: desemprego, inflação, falências, greves, distúrbios de rua, chocantes perversões sexuais, perda do lugar de moradia, fome geral, quadrilhas assassinas rondando as ruas, tiroteios, cadáveres nas calçadas, e assim por diante. O mundo parecia, realmente, estar desmoronando. A sensação de colapso gerou a histeria ontológica. Os alemães estavam prontos para dar ouvidos a um messias sedutor — a Adolf Hitler, sonhador romântico e pintor fracassado que descobriu que tinha "uma voz".

Em meio às calamidades do pós-guerra, surgiram os sonhos do Milênio nazista. Estudando-lhe os discursos, a retórica exagerada, descobrimos que aparece com freqüência a palavra *ressurreição*. Hitler, a voz de fanáticos cheios de esperança, usou repetidamente essa palavra, de cunho religioso. Em fevereiro de 1935, disse ele: "Comemoramos a orgulhosa *ressurreição* da Alemanha." Em setembro do mesmo ano: "Através de nós e em nós, a nação *ressuscitou*." E, dois anos depois: "Hoje, a Alemanha, na verdade, *ressuscitou* e *ressuscitou* como trabalho nosso." Em outubro de 1938: "Parece um milagre que, em tão poucos anos, tenhamos podido experimentar uma nova *ressurreição* alemã." Em novembro de 1940, ele declarou que liderava *"uma nova ressurreição"* do povo alemão[28].

A visão quiliástica básica é bipolar, isto é, a ressurreição pressupõe o Armagedon. Tem que haver a confrontação final. O nazista eleito combateria o Anticristo judeu. Batalhas finais, porém, exigem soluções finais, o que levou à escatologia prática do chefe da SS, Heinrich Himmler. Foi ele quem, em agosto de 1941, ordenou ao comandante de Auschwitz que se preparasse para a "solução final": "O Führer ordenou que a questão judaica fosse resolvida de uma vez por todas... Todos os judeus em que pudermos pôr as mãos deverão ser destruídos, ou os judeus, um dia, destruirão o povo alemão"[29]. Temos aí o mito do Armagedon tornado literal na política horripilante do Holocausto.

Armagedon — a palavra é mencionada uma única vez no *Livro do Apocalipse* — é um local simbólico, um lugar onde é travada a batalha das batalhas, o prelúdio a uma nova era. Armagedon, o tema de uma guerra final de liberação cósmica, figura também na mitologia dos povos do norte. Os contadores de lendas da Islândia falam em Ragnarok, "o destino fatal dos deuses", a batalha final que precede o fim do mundo. No século XII, bardos vikings mudaram o sentido da palavra *Ragnarok*, de modo que ela hoje significa "o crepúsculo dos deuses"— que, na ópera wagneriana, tornou-se *Götterdämmerung*.

Um velho poema dos Edda, *Voluspa ("o que dizem os profetas")* descreve o crepúsculo dos deuses. A história tem semelhanças com o *Livro do Apocalipse*. Em um grande assalto final, de tempestade e cataclisma, deuses e gigantes se chocam, e terremotos e inundações varrem a humanidade. Wotan é a primeira baixa no morticínio cósmico. Após o crepúsculo, porém, novos deuses surgem em um mundo novo e pacífico — ou seja, a imagem principal do Milênio Cristão, ainda que ligeiramente distorcida. Isto porque, de acordo com a profetiza: "O dragão negro fugiu para muito longe e a reluzente serpente deixou as profundezas da cova." Ao contrário do apocalipse de João, a serpente é solta ao fim dos tempos. Em um novo Valhalla, "Eu vejo um salão, tão brilhante quanto o sol e revestido de ouro; nele as nações valorosas viverão, viverão em alegria por tanto tempo quanto podemos profetizar"[30]. Como sempre, após a pavorosa destruição, visões de renovação e abundância.

Heine meditou também sobre o passado pagão de um povo que despertava de um sono de mil anos. O martelo de Thor se ergueria no alto, disse o poeta, e esmagaria as catedrais. A mitologia nórdica, desde os românticos irmãos Schlegel, vinha se mexendo inquieta nos sonhos e phantasias dos alemães. Transbordou das academias para a periferia em princípios do século XX. A Ordem Germanen, por exemplo, ativa de 1912 a 1922, pregava o mito de uma raça superior nórdica de guerreiros mágicos. Mitos, porém, podem tomar estranhos desvios para se transformarem em realidade. Iniciados na Ordem Germanen, de Berlim, tinham o crânio medido com um "planômetro" para lhes confirmar o *pedigree*. Em 1942, Himmler aplicava o planômetro em prisioneiros russos.

Imagens do Armagedon e de Ragnarok misturaram-se na consciência inquieta do submundo alemão, encantando poetas arruaceiros como Dietrich Eckart e nômades boêmios como Hitler. Na história do Mito do Milênio, encontramos casos semelhantes de influência recíproca entre culturas. Durante a Renascença italiana, por exemplo, o Mito do Milênio cristalizou-se em torno de imagens da idade áurea greco-romana e da tradição hermética. Bombas de tempo míticas semelhantes entraram no ambiente mental nazista. Mais uma vez, porém, com diferenças. Em vez de Asclépio, o Deus da Cura hermético, Wotan, o Deus da Guerra e da Destruição extasiante da mitologia nórdica saltou rosnando e bufando no palco da história. A Alemanha foi varrida por estudos de ocultismo.

O panfletista Guido von List misturava ideologia *voelkish* com ocultismo. Juntamente com Lanz von Liebenfels, ajudou a criar o mito da raça superior ariana. List, educado como católico romano, converteu-se a Wotan. E isso aconteceu devido a uma estranha experiência psíquica. Em uma catacumba sob a Catedral de São Estêvão, em Viena, List convenceu-se de que encontrara por acaso um altar pagão arruinado, um local de adoração do velho Wotan. E sentiu-se esmagado pela sensação de uma presença impressionante[31]. Foi uma dessas grotescas experiências transformadoras, como as que freqüentemente são noticiadas na América. Rosenberg, no *Myth of the Twentieth Century*, teve razão quando escreveu: "Wotan, como espelho primevo das forças da alma eterna do homem nórdico, está vivo hoje como há cinco mil anos"[32].

Em seu ensaio de 1936 sobre Wotan, Jung expressou a opinião de que a catástrofe alemã era um exemplo de possessão em massa. No plano psíquico, o Nacional-Socialismo surgiu em virtude de nada menos do que uma invasão de arquétipos pagãos. A energia estranha de antigos guerreiros nórdicos, que lutavam com uma fúria frenética, foi subitamente liberada. Em vez de Cristo, Guido von List imaginou que Wotan estava voltando, o Deus alemão da Guerra e das Runas, o responsável pela libertação da besta, o novo guerreiro furioso do Milênio Nazista. A perspectiva de um Armagedon foi recebida com entusiasmo pelo Nacional-Socialismo. Os nazistas foram exemplos da força da perversão espiritual. Hitler imaginou que era o Messias mas comportou-se como um psicopata. E o Reino do Céu? O que havia para falar a esse respeito, salvo os campos de extermínio?

O Reino do Céu: o Milênio Nazista

Jesus falou no advento do Reino do Céu, e o *Livro do Apocalipse*, na "cidade santa, a Nova Jerusalém, descendo do céu à terra". Os milenaristas medievais imaginavam o advento de novas formas de realidade social. Os nazistas escreveram rapsódias sobre um "novo e melhor Terceiro Reich", o "Reich de mil anos", o "novo Reich", a "nova Alemanha", uma "nova criação", e assim por diante.

Suposto que Hitler fosse o Messias do Milênio Nazista, exatamente como seria esse Milênio? Ficamos em dificuldade para dar resposta a essa pergunta. Dificilmente se encontraria uma pista para um conteúdo positivo da idade áurea nazista. Hitler e Albert Speer gostavam de brincar imaginando-se como os arquitetos do novo Reich e se divertiam com diagramas e maquetes — na maior parte de imensas estruturas em mármore, extraordinariamente monótonas, muito frias, irremediavelmente inanimadas, tal como os quadros abstratos de Malevich. Um mundo de "faces pétreas", como Primo Levi descreveu os guardas de segurança em Auschwitz.

Por um momento, voltemos à imagem básica do Milênio, da forma descrita no *Livro do Apocalipse*, de João. O que vemos é a serpente sob sete chaves durante mil anos, uma imagem, em um nível, simbólica de repressão e rigidez — o símbolo enfeitiçador da força vital acorrentada em um abismo insondável. Nesse particular, os nazistas estavam em acordo secreto com o *Livro do Apocalipse*.

Para os nazistas, a "velha serpente" transformou-se na parte racialmente inferior da humanidade, o rebotalho infeccionado que teria que ser exterminado. Aprisionar a serpente, ou força geradora, é uma metáfora que se ajusta à prática de internar seres humanos em campos de extermínio. Vistos sob essa luz, os campos de extermínio foram horrendas representações literais de uma das principais imagens do *Livro do Apoca-*

lipse. Houve, lamento dizer, laços sobrenaturais entre o *Livro do Apocalipse* e o Holocausto. Por mais chocante que seja a idéia, houve uma conexão, uma sinistra continuidade, uma relação deformada, entre aquele documento sagrado e o movimento hitlerista. Tal como o *Livro do Apocalipse*, o movimento hitlerista embriagou-se com o desejo ardente de poder e a recusa desumana de perdoar adversários. O Reino do Céu nazista foi uma perversão gigantesca do espírito, tendo como inesquecível marca registrada os crematórios, um pesadelo de dimensões incompreensíveis.

Do Pesadelo para o Autoconhecimento

Havia uma contracorrente apocalíptica na dinâmica psíquica do Nacional-Socialismo. Em mito, pompa, doutrina, ritual, simbolismo e emocionalismo, o nazismo constituiu uma revivescência religiosa típica, acentuadamente milenarista.

De primeira importância foi o fato de que o movimento teve seu líder messiânico na pessoa de Adolf Hitler. Como ele mesmo disse no *Mein Kampf*, Hitler considerava-se o Führer messiânico da Alemanha. Tão potente foi esse encantamento que a crença no messianismo de Hitler ainda persiste em certos círculos, como vimos no caso de Miguel Serrano. Mais inquietante é o crescente e cada vez pior movimento dos *skinhead* neonazistas na Alemanha de hoje, um movimento que se distingue por um tipo peculiar de xenofobia estupidamente brutal. No nazismo *skinhead*, os novos demônios são os turcos — e, de resto, quaisquer estrangeiros.

De acordo com o velho cenário apocalíptico, o Messias preparou-se para enfrentar o mal absoluto, o formidável Anticristo. Neste particular, também, o movimento hitlerista explorou a ânsia pelo Milênio, escolhendo como bode expiatório o povo judeu, considerado como o Anticristo. Essa projeção paranóica letal surgiu repetidamente na história mundial — e desta vez com conseqüências realmente fatais.

Uma terceira conexão Nazista-Milênio é a idéia de eleição, escolha. Os nazistas insistiram, com unhas e dentes, na ficção de que eram os eleitos, a elite, os fundadores da civilização, os arquétipos da super-humanidade nórdica. Ao longo de toda história, a phantasia da eleição incendiou a imaginação de milenaristas. Os nazistas exploraram essa parte do mito com tudo que tinham.

Depois de eleitos para purificar o mundo, o que haveria em seguida? Haveria ainda a missão de transformar em realidade a convulsão metafísica tão ardentemente desejada, o novo estilo de vida, em suma, o Milênio vivo e real.

A fórmula exigia um conflito final, o Armagedon, um Ragnarok ou Götterdämmerung — batalhas de dimensões assombrosas, destruidoras do mundo. Os nazistas conseguiram êxito brilhante em tornar real essa parte do Mito. Dispensa dizer que não houve benefício para ninguém. Era tudo inferno, nem uma única nesga de céu.

Não obstante, a ânsia positiva de renovação, a esperança na transformação próxima, tocou o âmago da visão apocalíptica. A retórica nazista, o mito e a propaganda serviram a esse anelo vago, mas profundamente sentido. A máquina da propaganda agitou as massas com espalhafatosa arte em cartazes e reuniões à luz de tochas. Em um nevoeiro de anseios religiosos, *slogans* nazistas justificavam ação brutal e criavam oportunidades para almas descontentes — e eram muitas — para descarregar ódio destrutivo sobre supostos inimigos.

O que haveria para aprender sobre nós mesmos com o aborto do Mito do Milênio nas mãos dos nazistas? Talvez que a pior forma do mal opera através da máscara do bem. Hitler teve êxito ao manipular ideais. Amontoou desprezo sobre o materialismo e falou na necessidade de espírito de comunidade. Desprezou, como fazem também os marxistas, o egoísmo burguês e o individualismo apolítico, indiferente ao próximo. Hitler sentiu os anseios espirituais da época e usou-os para promover seus próprios fins. Atendeu às necessidades da imaginação germânica com metas coletivas meticulosamente definidas, destituídas de qualquer ambigüidade e fornecidas em retórica hiperbólica.

O maior desafio ao autoconhecimento é o apego cego às nossas virtudes. É difícil criticar aquilo que consideramos como nossas virtudes. Embora o espírito enlanguesça sem ideais, o idealismo pode vir a ser o maior dos perigos. E foi o fogo do idealismo que levou os alemães a usar o martelo de Thor. Os nobres ideais do socialismo foram as bandeiras sangrentas da Revolução Russa e, dizem alguns, foi um idealismo mal-orientado que levou a América ao Vietnã. Ao que parece, nossos melhores anjos continuam a nos meter em encrencas.

O perigo do espírito milenarista é seu desejo ardente de moralizar, ou melhor, sua apavorante necessidade de simplificar o universo moral. Trabalhando no mais simples dos níveis, é uma mente que pensa — que precisa pensar — em nítidos contrastes e absolutos esmagadores. Em um mundo de cinzas infinitas, ela só vê o preto e o branco. A parte mecânica, do cérebro semelhante a um computador, assume o comando e nos obriga a nada mais ver, exceto os irmãos de sangue ou os inimigos desumanos. O grande desafio é desenvolver autoconhecimento — enfrentar o pequeno Hitler que vive dentro de todos nós.

PARTE II
FUTURÍSTICA

Parte Dois: Futurística

A América é, por conseguinte, a terra do futuro, onde, nas eras que se estenderão diante de nós, o fardo da História Mundial se revelará.

GEORGE WILHELM HEGEL
Introduction to the Philosophy of History

P ode parecer que o Mito do Milênio, um dos incentivos à Revolução Russa e ao Movimento Nazista, foi desacreditado de uma vez por todas. Além desses fracassos óbvios da grande visão mítica, o século XX presenciou também outros movimentos, radicados em phantasias quiliásticas, que terminaram em desastre. Os suicídios em massa em Jonestown em 1978 e os assassinatos em massa em Waco, Texas, em 1993, por exemplo, permanecem vivos na memória da maioria das pessoas. Ainda assim, o Mito do Milênio não está absolutamente morto nem esgotou suas energias.

A esperança, a ânsia, o sonho que impelem pessoas a buscar um futuro extraordinário na terra continuam a ser forças que temos que considerar. A partir deste momento, voltamos à pista do grande Mito, principalmente porque ele continua a abrir caminhos no cenário americano.

O papel do milenarismo na descoberta, colonização e fundação dos Estados Unidos da América foi discutido no Capítulo 6, "A Nova Jerusalém *Yankee*". A esperança em uma nova era continuou viva nos ideais de uma cidade celestial dos filósofos do Iluminismo, ideais estes que foram perfilhados por Thomas Jefferson, especificamente na Declaração de Independência e, acima de tudo, naquelas palavras, de importância histórico-mundial, sobre o direito à busca da felicidade.

Alusões ao milenarismo ficaram evidentes nos discursos de George Bush sobre "A Nova Ordem Mundial" e de Bill Clinton sobre a "Nova Aliança". Conforme teremos oportunidade de ver, a ânsia de tornar realidade o Milênio americano continua a ser fator importante em outras áreas da vida americana. Em minha opinião, a busca do Milênio americano continua a ser uma opção viável, descendo mais fundo do que a retórica política superficial, e mais promissora do que em trapaceiros conhecidos, como Jim Jones e David Koresh. Vou tentar demonstrar esse fato nos capítulos restantes deste livro.

Hegel Fala sobre o Futuro da América

O filósofo Hegel teve algumas idéias interessantes sobre a América — sobre a América do Norte, em particular, que considerava como um local "onde prevalece a mais ilimitada liberdade da imaginação no tocante a assuntos religiosos"[1].

A própria filosofia de Hegel era escatológica em sua alegação básica, de que a história do mundo é a história da liberdade. Na versão de Hegel da profecia quiliástica de Joachim, o medo ao patriarca e à dominação será substituído algum dia por uma era do espírito, caracterizada por amor e liberdade. Não obstante, para Hegel, a liberdade era fundamental porque, sem ela, o amor jamais poderia existir. Tanto ele quanto Berdyaev pensavam que a *substância* da história era o *sujeito*, isto é, a "pessoa humana"[2]. O desenvolvimento pleno do indivíduo livre, como aliás para os humanistas da Renascença, era o *significado* da história.

No *A Filosofia da História,* de Hegel, na seção intitulada "A Base Geográfica da História", lemos: "A América é, por conseguinte, a terra do futuro, onde, nas eras que se estenderão diante de nós, o fardo da História Mundial se revelará." A América, destarte, transforma-se no teatro histórico para o apocalipse, o local onde o objetivo da história será revelado.

Ao contrário do que disse Marx, Hegel compreendia, de fato, as condições materiais da história. Para Hegel, portanto, geografia era destino, e a Europa estava velha, anquilosada, cansada. A América, jovem e vasta, em dois lados banhada por oceanos, era o ambiente natural para outras aventuras da espécie humana, que, segundo ele, é impulsionada pela ânsia de chegar ao fim da história comum.

Hegel oferecia algumas indicações sobre a psicologia da América do Norte, ignorando a América do Sul, que era católica e autoritária. A psique americana era governada pelo "princípio da confiança", disse. Inspirada pela confiança, a América iria até os limites da liberdade na terra. A geografia e o destino americanos prefiguravam um rompimento com todos os pressupostos e condições precedentes da história.

"Caberá à América abandonar o terreno onde, até agora, se desenvolveu a História do Mundo", escreveu o filósofo alemão. Uma idéia semelhante foi sugerida por Marilyn Ferguson em seu bestseller de vanguarda cultural, *A Conspiração Aquariana** (1980). Vejamos as palavras com que ela inicia o livro: "Uma rede poderosa, embora sem liderança, está trabalhando no sentido de promover uma mudança radical nos Estados Unidos. Seus membros romperam com alguns elementos-chave do pensamento ocidental, podendo até mesmo ter rompido a continuidade da história."

Para que não nos sintamos tentados a ignorar essa proclamação quiliástica como sendo uma hipérbole da Nova Era, poderíamos lembrar outro bestseller recente, *The End of History and the Last Man* [O Fim da História e o Último Homem], de autoria de Francis Fukuyama, funcionário do Departamento de Estado. Argumenta Fukuyama que a história, entendida como a luta para obter liberdade, chegou praticamente ao fim na América, no sentido em que o mundo em geral reconhece agora a preeminência dos ideais ocidentais de liberdade e democracia. A messiânica consciência americana de si mesma reflete nesse livro as metas do Mito do Milênio.

A Auto-Invenção Americana

A América é uma terra com propensão milenarista porque é também um experimento em andamento de invenção de si mesma. Edmundo

---

*Publicado pelo Selo Nova Era da Editora Record, Rio de Janeiro, 1982.

O'Gorman defendeu essa tese no *The Invention of America* (1961) [A Invenção da América]. Colombo, argumentou ele, não "descobriu" a América, porque não havia coisa alguma para ser descoberta. Desde o início, tudo o que aqui existia foi confiscado, interpretado à luz de idéias preexistentes, dotado de significado — em uma única palavra, *inventado*. A América é o país onde a idéia do homem ou mulher que "vence por esforço próprio" encontrou o lar mais acolhedor.

A América é um lugar onde pessoas compreendem que a realidade é inventada, é uma espécie de sonho consciente, da forma fixada na expressão *o sonho americano*. Constitui destino da América estar para sempre se reinventando, não apenas culturalmente, como, por exemplo, através da máquina de sonhar hollywoodiana, mas constitucionalmente, porque um povo que tem o direito de emendar sua própria Constituição conseguiu, na verdade, institucionalizar a revolução. É uma nação, na metáfora de Lincoln, *concebida* em liberdade. A América, em outras palavras, é um ato de imaginação criativa e os americanos continuam a explorar o significado das palavras de Lincoln.

Essa abertura para nossa própria identidade como nação, a boa vontade em nos reinventarmos e nos transcendermos, é o que torna a América um país idealmente apropriado para os anseios milenaristas. Por isso mesmo, no limiar de um novo milênio, parece oportuno refletir sobre esse aspecto de nossa história e sobre as raízes visionárias da experiência americana.

Walt Whitman — O Bardo do Milênio Americano

Para compreender como esse espírito jorra da terra e é, por assim dizer, nativo à fisiologia do continente, ouçamos as palavras do bardo do Milênio americano — Walt Whitman. Tal como Fukuyama e Ferguson, Whitman foi, à sua própria maneira, um leitor, senão discípulo de Hegel. O poema que começa com o verso "Tua mãe, com tua igual prole" está repleto de sentimento milenarista. (O estado de espírito de exaltação levava Whitman ao limiar da linguagem bíblica.)

A América, diz ele, é a "nau da Democracia" e os porões dentro de seu casco guardam o passado, o presente e o futuro da humanidade:

> Guardas não só tua aventura, nem a do continente
>   ocidental apenas,
> Todo *résumé* da terra flutua sobre tua quilha, ó nau...
> Em tua companhia, o Tempo viaja confiante, as nações
>   antigas afundam ou navegam contigo...
>
> Pelos ciclos da história, por todas as nações, línguas,
>   para aqui enviadas,
> Prontas, reunidas aqui, para construir um mundo
>   mais livre, vasto, vibrante,
> O autêntico Novo Mundo, o mundo da ciência universal,
>   da moral, e da literatura que virão.

Whitman via na América um lugar onde toda atividade humana poderia ser reformada, descobertos uma infinidade de novos significados, reencontrada a liberdade essencial ao homem e, dessa maneira, na realidade, a história seria levada ao fim:

> Cérebro do Novo Mundo, que missão a tua,
>   Formular o Moderno — e da grandiosidade
>   incomparável do moderno,
> De ti mesma, a ciência para refundir poemas, igrejas, arte,
> (Refundir, talvez descartá-las, encerrá-las — talvez o traba-
>   lho delas já esteja feito, quem sabe?)

A nuvem que pairara sobre o "espírito do homem" durante milênios, a dúvida, a suspeita, o medo, a decadência — seria dissipada para sempre. Surgiria uma nova raça de atletas espirituais. Tal como Joachim, Blake, Hegel, Whitman via na história um movimento na direção da milenização e da transcendência das instituições:

> ... tu, em nenhuma única Bíblia, Salvadora, apenas.
> Teus incontáveis salvadores, latentes dentro de ti, tuas bíblias,
> incontáveis dentro de ti, iguais a quaisquer outras, divinas
> como quaisquer outras.

Whitman antevia uma próxima raça de "bardos sacerdotais, de sábios cósmicos". Um de seus trabalhos mais proféticos como "sábio cósmico" foi o poema intitulado "Anos do Moderno". A peça é, no espírito de Hegel, a previsão de uma época de liberdade humana total e de democracia revolucionária. O "comum" seria enaltecido e a alma adquiriria uma nova vida. "Nunca foi o homem comum, sua alma, mais ativo, mais semelhante a Deus." Esse povo americano divino disseminaria o evangelho da liberdade e da consciência cósmica por toda a terra. E, com um característico toque americano, faria isso com ajuda da tecnologia:

> Com o navio a vapor, o telégrafo elétrico, o jornal, os
>   engenhos maciços da guerra,
> Com esses e fábricas espalhadas pelo mundo, ela interligará
>   toda a geografia, todas as terras.

Tal como o Presidente Bill Clinton, Whitman queria eliminar todas as barreiras ao comércio mundial. Previa também a "aldeia global" de Marshall McLuhan e as novas "vias expressas da informação" que o Governo Clinton quer instalar. Whitman teria se sentido eufórico com redes globais de computadores, como a Internet. Que oportunidade para a humanidade reunir-se e abraçar-se em um êxtase de consciência cósmica eletrônica!

Whitman enaltecia a tecnologia como um meio para alcançar uma solidariedade milenarista do espírito humano. Nessa conformidade, escreveu: "Estarão todas as nações se comunicando? O globo terá apenas um único coração?"

Em uma violenta explosão de expansividade democrática, perguntou: "Estará a humanidade se formando em massa?" *Em massa* era uma das expressões favoritas de Whitman. Nessa linha de raciocínio, encontramos sugestões da *noogenesis*, de Teilhard de Chardin, a formação de uma nova esfera mental terrestre, e mesmo do gênesis do fim da história da Mente Superior, de Arthur C. Clarke, da forma descrita no romance *Childhood's End*. [Fim da Infância]. O bardo sacerdotal, porém, experimentou também sensação de perigo em relação ao futuro e caiu em uma imagística apocalíptica bem explícita: "A terra, inquieta, enfrenta uma nova era, talvez uma guerra divina global."

Nessas palavras escutamos o augúrio da *jihad*, da cultura, da civilização e das guerras religiosas que ora presenciamos. Ninguém sabe o que acontecerá em seguida, dizia Whitman, "embora portentos encham os dias e as noites", enquanto cambaleava bêbado "em uma estranha febre extática de sonhos" sobre premonições de coisas gigantescas e sinistras que estavam por vir, coisas que pairavam em um limbo cizento do ainda "irrealizado". Evidentemente, Whitman via alguma coisa sem precedentes no horizonte da história americana.

O prefácio de Whitman ao *Leaves of Grass* [Folhas da Relva] qualifica-o como um poeta do Milênio americano. Nessa peça, ele tentava redefinir a função do poeta, superando o poeta de Shelley como "legislador da raça humana". Para Whitman, poeta e profeta eram a única e mesma coisa. A nova poesia não era uma zona estética especializada. E como essa poética não era endereçada ao Bizâncio do mundo imaginário, como no caso de Yeats, mas ao homem e mulher "comuns" e a um lugar específico, a América, era milenária em escopo e sentimento.

A América era o ponto focal da visão, a culminação poética da história da raça humana, não uma nação, mas "uma nação borbulhante de nações", onde "os próprios Estados Unidos são basicamente o maior dos poemas". Milenária era a phantasia — prevista pelos humanistas da Renascença, repetimos — de que a própria vida se transformaria um dia em arte, que homens e mulheres eram as maiores invenções de si mesmos, que a arte no futuro serviria à nossa borbulhante, sensual, variada e turbulenta vida terrestre. A obra-prima de John Dewey, *Art as Experience*[3] [Arte como Experiência], adotou essa postura whitmanesca, na qual a estética funde-se com a própria vida, derrubando as barreiras que escravizavam os estilos de vida hierárquicos do Velho Mundo.

A poesia de Whitman evoca o caos criativo desse casamento de arte e vida. Seus versos livres, suas frases rolantes e expansivas ("regougo bárbaro", como as chamava), a mistura de gíria, palavras estrangeiras, termos científicos, ritmo de fala, que combinavam o comum com o encantatório, o amor pelas listas e catálogos panorâmicos, a fusão de tiradas bombásticas egotistas com propaganda mística democrática, seu profetismo andrógino misturado com clichês chulos produziam no leitor uma espécie de êxtase de chauvinismo arrogante e belicoso.

As pessoas comuns eram enaltecidas por "seu apego imorredouro à liberdade". "O Presidente tira o chapéu para elas, e não elas para o Presidente — e isto, também, é poesia sem rima". A fantasia central milenária dizia que a América era, de alguma maneira, em seu povo, sua história e geografia, a encarnação de um novo tipo de poesia. Por isso mesmo, encontramos no prefácio tantas observações sobre o poeta americano, numa projeção e justificação da poética do próprio Whitman, fundamentada, se podemos aceitar a palavra de Richard Bucke[4], seu admirador canadense, na experiência de sua consciência cósmica.

A velha phantasia milenária de deificação do si-mesmo reaparece na poética americana de Whitman. O tom é incansável, de uma inclusividade dionisíaca total. "A ciência exata e suas atividades práticas", por exemplo, "não constituem impedimentos para os maiores poetas. O "julgamento direto" do poeta consiste em "inundar-se com a era imediata, como se ela fosse formada de imensas marés oceânicas".

Mais uma vez repetindo — sem dúvida, involuntariamente — o profeta medieval da nova era, Joachim de Fiore, Whitman continuou:" Não haverá mais sacerdotes. O trabalho deles terminou... Uma raça superior lhes tomará o lugar. Uma nova ordem surgirá... cada homem será seu próprio sacerdote." E, em seguida, a mensagem superdemocrática dos "grandes poetas": "Vocês pensam que só poderia haver um Supremo? Nós afirmamos que pode haver incontáveis Supremos."

Além disso, a linguagem americana é o que não acontece com nenhuma outra, a linguagem da nova era, "a língua escolhida para expressar crescimento fé auto-estima liberdade justiça igualdade amizade amplitude prudência espírito de decisão e coragem. É um meio que irá exprimir perfeitamente o inexprimível." A maneira de expressar-se do poeta americano consistia em ser "transcendente e novo". É aquele que fala uma linguagem direta que brota da alma, um vidente, um indivíduo completo e autônomo.

A poética do Milênio americano de Whitman contém temas e motivos que estudaremos nas páginas seguintes. Embora não fossem inteiramente novos para a América, descreviam continuidades na história do Mito do Milênio.

Certas obsessões básicas continuavam a reaparecer. Algumas retroagiam à fonte principal do pensamento milenário, com seu poder de sacudir o mundo, ao *Livro do Apocalipse*, como, por exemplo, à idéia de renovação cósmica e social. Outras eram rebentos de movimentos milenários, radicados na tradição bíblica, mas que passaram a fazer parte da história em datas posteriores, como, por exemplo, durante a Idade Média, a Renascença ou o Iluminismo.

Esses rebentos relacionavam-se com o que denomino de heresia da autotransformação. Uma deles, por exemplo, seria a idéia de uma raça de novos homens — super-homens espirituais, que viveriam além do bem e do mal —, a idéia da deificação de si-mesmo continua a reaparecer. Essas continuidades, note-se, revolvem em torno de um pequeno conjunto de metatemas. O que segue é uma antecipação dos capítulos restantes do livro:

• No Capítulo 8, estudaremos a Nova Era Americana através da lente do Mito do Milênio. Na perspectiva do Mito, numerosos temas que aparecem sob esse rótulo injurioso assumem uma nova importância. Até mesmo as alegações mais frívolas parecem diferentes quando vistas contra o pano de fundo da estrutura profunda do mito.

• No Capítulo 9, examinaremos a idéia apocalíptica de que haverá sinais e portentos sugerindo o fim do mundo. Hoje em dia, denominamos de *anomalias* esses sinais e portentos e o fato é que, sejam eles enganosos ou autênticos, informações sobre fenômenos irritantemente inexplicáveis continuam a chegar em volume crescente. O que tudo isso significa, que transformações são prenunciadas por esses augúrios que surgem no céu noturno do futuro? O Mito do Milênio nos oferece um guia para interpretação.

• Capítulo 10: A tecnologia moderna, que evoluiu rapidamente no século XX, está convergindo para um encontro com a imaginação apocalíptica. A tecnologia não é exclusivamente um fenômeno racional. Ela está, acredito, sob domínio de um arquétipo inconsciente. O que impulsiona a tecnologia ocidental são as energias orientadas para o futuro da mente milenarista. O *Livro do Apocalipse* nos fornece uma pista do que a tecnologia está se esforçando para realizar — nada menos do que "um novo céu e uma nova terra".

• O Capítulo 11 passa em revista uma das phantasias mais antigas da mente milenarista — a abolição da morte. Quais as possibilidades de que esse sonho venha a transformar-se em realidade, esse que é o sonho final? À luz de toda faixa de habilidades humanas hoje conhecidas, poderemos acaso começar a formar uma nova visão da morte?

• Cultores do Mito entrevêem um tempo em que os relacionamentos humanos mudarão, transcendendo o coração dividido que perturba a humanidade pecaminosa. O Capítulo 12 analisa idéias utópicas sobre uma revisão do amor, do sexo e das relações sociais humanas.

8
A América da Nova Era

Uma rede poderosa, embora sem liderança,
está trabalhando no sentido de promover uma
mudança radical nos Estados Unidos.
Seus membros romperam com alguns elementos-chave
do pensamento ocidental, podendo até mesmo ter rompido
a continuidade da História.

MARILYN FERGUSON
A Conspiração Aquariana

A Nova Era americana é um fenômeno complicado, sem fronteiras claras. Embora seja, de certa maneira, uma construção artificial, impulsionada pelo consumismo e pela publicidade, muitas de suas principais idéias radicam-se em tradições antigas. A Nova Era é um *poutpourri* de iniciativas e efeitos, variando de superficiais a intelectualmente instigantes, de sinistras a espiritualmente ousadas. Neste capítulo, propomo-nos a examinar a Nova Era pela ótica do Mito do Milênio.

Focalizarei o cenário americano, embora o fenômeno não seja simplesmente americano, mas global, com abundantes sinais de vida na Grã-Bretanha, Alemanha, Itália, mundo hispânico, Rússia pós-soviética, China, Europa Oriental e outras regiões do mundo.

Os ancestrais imediatos da Nova Era americana incluem o Mesmerismo, a Teosofia, o Novo Pensamento, o Espiritismo, o Swedenborguianismo e o Transcendentalismo da Nova Inglaterra. Dois temas invariavelmente perpassam esse movimento: o primeiro, a revolta idealista contra o materialismo invasor da vida e da ciência moderna; o segundo, estreitamente relacionado com o primeiro, a busca de renovação espiritual em fontes situadas fora da corrente principal da religião e a renovação corporal fora da ciência oficial.

As origens dos interesses da Nova Era podem ser encontradas no Mito do Milênio. E o que quero focalizar aqui é justamente essa dimensão mais antiga da Nova Era. Feito isso, tornar-se-á claro, ou assim espero, em que sentido a Nova Era é uma renovação de antigas esperanças visionárias. A "Nova Era", como disse o escatologista psicodélico Terence McKenna, parece-se mais com uma "revivescência do arcaico"[1].

Antipatia à Nova Era

Malhar a Nova Era tornou-se moda e tem origem em diferentes fés religiosas. Entre as mais violentas figuram as fundamentalistas cristãs e as evangélicas. Nessa conformidade, Kerry D. McRobert, no *New Age or Old Lie* [Nova Era ou Velha Mentira], proclama: "São válidas as preocupações de alguns escritores cristãos, de que um agourento sistema, como a Nova Era poderia abrir o caminho para o reino do Anticristo..." Aparentemente, alguns cristãos de mente literal interpretaram pelo que parecia o *A Conspiração Aquariana*, de Marilyn Ferguson, e imaginam que estão em andamento conspirações diabólicas. Por esta altura, tenho esperança de que os leitores já tenham se acostumado ao hábito de certas pessoas de pregar o rótulo de Anticristo nos inimigos. No capítulo sobre o Terceiro Reich, isso aconteceu com os judeus; no capítulo sobre o paraíso proletário, coube esse papel à burguesia e ao capitalismo; agora, o alvo escolhido é a Nova Era americana.

No outro lado do espectro, encontramos um bom marxista como Michael Parenti criticando a Nova Era por seu "quietismo político"[2]. Alega ele que o idealismo da Nova Era é um engodo para negar os males concretos da sociedade capitalista. A desigualdade econômica, a poluição, a opressão — todos os males que atormentam a sociedade — seriam situações que criamos por razões cármicas ou metafísicas de algum outro tipo. Para os quietistas da Nova Era, o único remédio consiste em trabalhar sobre nós mesmos — e a sociedade que se dane!

Intelectuais seculares irredutíveis sentem-se também obrigados a desancar a Nova Era. Um de meus favoritos neste particular é a descrição que Harold Bloom deu do movimento, como sendo "laranjada". Doce, em suma, mas sem substância. Para justificar o argumento de Bloom, abro ao acaso o catálogo da *Newlife Expo '93*, e encontro este exemplo de *kitsch* apocalíptico: "'O Curso de Avatar: o fim da Busca'" é um curso que promete ao interessado redesenhar suas crenças, de modo a que ele possa 'criar o mundo que preferir'". Notável! E, sobretudo, quando o autor acrescenta: "Esta tecnologia é simples, divertida e milagrosamente eficaz." Milagres podem ser divertidos, mas esse *hype* tem toda probabilidade de desencantar intelectuais sinceros e alarmar os mecanismos de repressão contra falsos profetas.

Dito isso, tenho que acrescentar que até mesmo essas extravagâncias têm uma história e uma estrutura profunda. De qualquer modo, da maneira como a interpreto, a Nova Era americana é um movimento alojado no Mito do Milênio arquetípico, cujo curso sinuoso vimos acompanhando aqui. Muito longe de ser uma moda passageira, o pensamento da Nova Era é uma volta, no século XX, a idéias muito antigas e muito persistentes.

Ou como diz o respeitado *New Age Encyclopedia* [Enciclopédia da Nova Era], de J. Gordon Melton[3]: "O Movimento da Nova Era pode ser definido por sua experiência principal de transformação". E a transformação, conforme vimos notando ao longo de todas estas páginas, é um dos principais temas do Mito.

O *A Course in Miracles*, profecias no estado de quase-morte, apocalipses de abduções por alienígenas, a retórica criadora de deuses de canalizadores, as declarações de curadores holísticos, a sabedoria das runas, cristais, *I Ching*, baralho do Tarot, astrologia — eu poderia estender ainda mais a lista, mas o importante é que a Nova Era americana é um apelo à transformação, um exercício de imaginação descontente, uma consciência infeliz, faminta de uma nova identidade espiritual. O descontentamento exemplificado pela Nova Era é profundo em nossa história e começou com os peregrinos. Harold Bloom tem razão quando diz que "extravagante como seja a Nova Era, ela é apenas a mais espalhafatosa de todos os originais americanos que expressaram nossa exuberância espiritual nacional"[4]. Examinemos essa exuberância em uma amostra de algumas idéias e atividades da Nova Era.

O Movimento Holístico de Saúde

No *A República*, de Platão, Sócrates fala com irônico desprezo do culto dos *somatophiliacs* — literalmente, amantes do corpo. Os somatófilos superam em número os filósofos ou os amantes da verdade, queixou-se Platão. Em nossos dias, eles também predominam. A somatofilia americana assume numerosas formas: o culto da juventude, a aptidão física, as vitaminas, a dieta. Entrementes, os filósofos da Nova Era estão empenhados em salvar o corpo do sinistro dualismo cartesiano. A somatofilia é evidente na busca da imortalidade criônica (refrigerada), como veremos adiante. Uma sensível percepção da dimensão saúde está no ar, enquanto a mídia, constantemente, discorre sobre doenças, trazendo-nos boas e más "notícias da medicina" e advertências diárias e novas versões de avisos sobre a variedade interminável de ameaças insidiosas à nossa saúde.

Na verdade, há boas razões para desenvolver interesse por novas maneiras de focalizar a saúde e o tratamento. Em primeiro lugar, existem realmente novas ameaças à nossa saúde: os perigos da comida industrialmente processada, as toxinas e a poluição por toda parte no meio ambiente; doenças novas e difíceis de diagnosticar de falhas do sistema imunológico, doenças de estresse e do choque do futuro; e um sistema de assistência médica que pode ser fatal à nossa existência econômica. Todas essas razões justificam o interesse pela medicina preventiva, em tudo aquilo que nos puser a salvo do Sistema médico.

O descontentamento com o Sistema médico não é um fenômeno marginal. Com o início do Governo Clinton em 1993, a Primeira Dama Hillary Rodham Clinton lançou uma cruzada para reformar o Sistema médico americano. A Sra. Clinton, note-se, foi ridicularizada por falar no que dizem ser seus sentimentos Nova Era.

Em um artigo publicado na *New York Times Magazine*[5], o autor referiu-se a ela como "Santa Hillary". Em uma ilustração que acompanhava o artigo, ela era vista com os braços cruzados, com ares de "santarrona", segurando uma espada. E havia também uma auréola coroando-lhe a cabeça. O autor repreendia a Primeira Dama por falar em "política de significado" e por dizer que a América sofre da "doença de sono da alma". Não o tipo de conversa geralmente ouvida em lugares finos. O repórter do *Times* torceu o nariz para a Primeira Dama por ter manifestado apreensões com "a vida empresarial predominantemente aquisitiva e competitiva" e por ter dito que nós americanos precisamos trabalhar para redefinir "quem somos nós como seres humanos nesta era pós-moderna".

Evidentemente, tentar reformar nosso sistema de tratamento de saúde é como querer lançar uma cruzada milenarista, uma vez que tocará, como não poderá deixar de acontecer, questões fundamentais de significado, valores, natureza do *self*, e assim por diante. Chegar ao fundo de nossos problemas de saúde implicaria exigir que questionássemos algumas suposições fortemente enraizadas sobre a maneira como pensamos e vivemos.

O cínico autor do artigo no *Times* teve razão quando escreveu: "Mas na verdade há, à medida que os nevoeiros do misticismo da Nova Era começam a dissipar-se, um aspecto claro na mensagem da Sra. Clinton. E ela é, fundamentalmente, uma mensagem muito antiga e tipicamente americana, uma mensagem que ultrapassa intencionalmente as fronteiras normais da política e penetra no território da religião." Um bom exemplo histórico desse misticismo vago que transcende as "fronteiras normais da política" foi a cruzada abolicionista contra a escravidão. O fervor apocalíptico americano foi despertado, durante a cruzada antiescravidão, em figuras notáveis como Harriet Beecher Stowe, autora de *Uncle Tom's Cabin* [A Cabana do Pai Tomás], e a sufragista Julia Ward Howe, cujo "Hino de Batalha da República" expressou a esperança milenarista no fim da escravidão. A questão da escravidão tocou um nervo moral, embora nem todo mundo sentisse isso imediatamente. Da mesma maneira que a injustiça da escravidão demorou para penetrar na percepção do *status quo*, a injustiça diferente, mas igualmente sistêmica, de nosso sistema de assistência médica tem demorado para penetrar na consciência americana. Exatamente como os abolicionistas consideravam a escravidão como um obstáculo ao renascimento nacional, pode-se argumentar hoje que o mesmo acontece com o materialismo e o capitalismo médico nacional.

Para compreender claramente a situação, temos que examinar a estrutura profunda do Mito. O movimento holístico de saúde nos Estados Unidos reflete o espírito dos profetas, que previam um mundo em que não haveria mais doença e onde o potencial divino do corpo humano teria plena fluição. A partir das profecias mazdeanas iranianas e até as Epístolas de São Paulo e a filosofia neoplatônica, tem se desenvolvido uma tradição de super-saúde, uma ânsia futurista pelo corpo divino. No Movimento do Potencial Humano, também nos Estados Unidos, essa tradição ganhou sua mais recente e mais abrangente voz no magistral *The Future of the Body"*(1992) [o Futuro do Corpo], de Michael Murphy.

Os ideais holísticos americanos radicam-se no Novo Testamento. Jesus liderou um ministério de cura espiritual, dando destaque ao valor do amor e da fé[6]. Mestres da saúde holística dizem também que o amor, a esperança e a espiritualidade são fundamentais para nossa saúde e bem-estar, são forças que podem ser mobilizadas para curar, às vezes de formas surpreendentemente anticonvencionais. O *Love, Medicine and Miracles* [Amor, Medicina e Milagres], de Bernie Siegel, diz isso com grande clareza: o amor — o remédio negligenciado pelo Sistema médico — pode fazer "milagres". Por *milagres* tenho em mente uma ampla faixa de grandes progressos no sentido de uma maior integridade.

O lado radical da visão holística pode ser visto na obra de John Humphrey Noyes, que conhecemos no Capítulo 5. Noyes insistia na ligação entre cura, ressurreição e revolução social. Todas elas estavam entrelaçadas — como dizemos hoje — "holisticamente".

> A abolição da morte será o último triunfo do Reino de Deus. Cristo não poderá salvar o corpo até que tenha "destruído toda [atual] autoridade e governo" e reorganizado a sociedade. É verdade que, uma vez que a vida funciona legitimamente de dentro para fora, a revolução social não deve começar até que o poder da ressurreição seja estabelecido no coração... Dessa maneira, a destruição do estilo do mundo tem que preceder a ressurreição do corpo[7].

Antes que o corpo possa ser salvo e abolida a morte, portanto, a sociedade terá que ser "reorganizada". Tal como dizia Marx, a revolução social precisará preceder a renovação humana. Mas, ao contrário de Marx, para

Noyes a revolução baseava-se no despertar do "poder de ressurreição" do coração.

A Nova Era não detalha essas conexões com tanta clareza como fez Noyes, mas elas estão latentes na idéia do holismo. Na verdade, são poucos os profissionais da saúde que se interessam hoje pelas dimensões *sociais* da cura. A ênfase é posta na cura de indivíduos isolados, no resgate da criança interior, no trabalho através da família disfuncional, e assim por diante[8]. Questões mais amplas de patologia social em absoluto constituem interesses importantes.

Curadores mais radicais da Nova Era que se alinham com o pensamento de Noyes dizem que há forças espirituais ainda não utilizadas e sequer reconhecidas pelo Sistema médico. A cura terá que trabalhar todas as dimensões do indivíduo. O trabalho, a economia, o meio ambiente (intenso e externo), os relacionamentos (pessoais e sociais) — todos eles figuram na equação curadora. Dessa maneira, desejar reformar o sistema de assistência médica nos Estados Unidos implica um desafio muito grande, porquanto põe em pauta questões sobre valores e pressupostos organizadores da vida — como, por exemplo, a lógica do dinheiro versus a lógica da necessidade. No sistema americano, só os ricos e os que têm dinheiro para pagar cobertura ampla podem obter bom tratamento médico. Para a classe médica, a doença grave ou o acidente podem acarretar a ruína econômica, enquanto milhões são obrigados a enfrentar doenças graves com poucos recursos, ou absolutamente dinheiro algum.

A reforma da dimensão da saúde reveste-se de implicações explosivas. Da perspectiva holística, por exemplo, a idéia de poluição ambiental adquiriria uma nova dimensão. O reformador sincero teria que enfrentar o problema de poluição da informação, da poluição de valores e da poluição estética. Um sistema holístico focalizaria as necessidades tanto do ambiente interior quanto do exterior. Teria que ampliar o conceito de ambiente e tratar de questões de ecossistemas emocional, espiritual e simbólico.

Logo que o motivo do lucro perdesse primazia para o motivo profético, todas as instituições e todos os aspectos da vida americana tornar-se-iam sujeitos a uma revisão de alto a baixo. A indústria automotiva, a indústria de alimentação, a indústria de entretenimento, a indústria da mídia — todas elas e mais ainda protestariam contra uma revisão fundamental à luz de ideais holísticos de saúde. A implementação prática desses ideais acarretaria a derrubada de instâncias intocáveis da sociedade americana.

O movimento holístico de saúde, porém, na prática, sequer produziu uma mossa no Sistema médico ou na sociedade em geral. Se o princípio tivesse sido aplicado, porém, estaríamos dando os primeiros vacilantes passos para um Milênio americano. A razão é que tudo que fazemos, pensamos e sentimos, e todos aspectos de nosso meio ambiente, estão relacionados com nossa saúde. As repercussões de uma revolução real, holística, seriam efetivamente "apocalípticas".

A saúde autêntica e total implicaria desenvolver nosso potencial realmente transcendente, do ponto de vista da tradição apocalíptica, o que equivaleria a dizer que nosso atestado de saúde seria a ressurreição corporal. Estar atrasado no caminho para a realização dessa meta significaria que todos nós estamos basicamente doentes, e a existência normal, como disse Platão, seria realmente uma doença e, a vida comum, um hospital. A Primeira Dama tocou de fato um nervo público delicado ao falar em "política de significado"[9].

As premissas do movimento holístico de saúde nos Estados Unidos retroagem, passando pelo idealístico Novo Pensamento e pela Ciência Cristã, de Mary Baker Eddy e Phineas Quimby, a antigas tradições cristãs e proféticas de hiper-saúde. É uma tradição que nega a inevitabilidade da morte e da doença e declara que ser "sadio" é explorar ao máximo nosso potencial psicossomático "divino".

O movimento holístico de saúde, portanto, parece estar na crista de uma onda temporal apocalíptica. A seita Adventistas do Sétimo Dia, por exemplo, é um movimento que surgiu quando o Milênio millerita deixou de acontecer em 1840. John Harvey Kellogg e seu irmão, Will Keith Kellogg, aliaram-se a Ellen Harmon White, conhecida como a profetiza da saúde[10] e fundadora do Adventismo do Sétimo Dia. Como milhares de outros americanos do nordeste do país, White e os Kelloggs foram empolgados pela profecia do fim dos tempos, de Miller.

Talvez, raciocinaram os adventistas, quando a profecia de Miller falhou, nós não fôssemos puros o bastante para receber o Milênio. Vamos, portanto, purificarmo-nos e nos preparar para o Arrebatamento. Mas como? Por que não comer certo e esforçar-se para obter aptidão física? Por que não transformar nosso corpo em instrumento perfeitamente afinado para o Arrebatamento? Dessa maneira, um esforço para preparar-se com vistas ao Milênio encontra-se na origem do movimento de reforma da assistência médica e da temperança nos Estados Unidos[11].

Os irmãos Kellogg, pioneiros dos alimentos sadios e fundadores do império da pipoca, lideraram também uma campanha contra a masturbação, mas romperam quando Will insistiu em misturar açúcar com a pipoca orgânica inicial, cedendo, dessa maneira, a interesses mundanos e erigindo um obstáculo no caminho do Milênio. White e os Kelloggs sublimaram a ânsia de ressurreição do corpo, transformando-o em um programa holístico de saúde. Tal como o Grande Sinete na nota de dólar, a caixa de pipoca Kellogg está incluída nas coleções de um museu *pop* de imaginação milenarista.

O Holismo e o Futuro do Corpo

A Nova Era americana é um fenômeno amplo, unificado por profundas ânsias milenaristas. Estende-se desde os fundadores do império da pipoca, os Kellogg, até Michael Murphy, o co-fundador de Esalem e pioneiro do movimento Potencial Humano. Murphy escreveu um livro que define um novo gênero: uma planta baixa profético-enciclopédica do futuro do corpo.

No *The Future of Body*[12], ele conclui que a humanidade está a "caminho de uma vida extraordinária, que, acredito, inclui tipos de amor, alegria e corporificação além de nossa presente capacidade de conceber". Essa frase notável sumaria uma coleta maciça de dados de medicina, pesquisa psíquica, recordes extraordinários no esporte, religião comparada e antropologia. Murphy adota o que chama de "empirismo sinóptico" para expor seus fatos e constrói uma visão do potencial do corpo humano. Ao contrário da maioria dos especialistas, ele leva em conta toda a faixa de dados pertinentes. O movimento holístico de saúde implica uma nova concepção de existência corporificada, com origens no corpo de ressurreição de luz, espiritual, neoplatônico, cristão e islâmico[13].

Murphy lança uma ponte de imaginação profética, ligando-a à perspectiva evolutiva. Traduz conceitos como "graça" em contextos empíricos para nos permitir pensar sobre os limites mais distantes do desenvolvimento humano. Diz ele: "Reestruturando a visão cristã do ponto de vista do desenvolvimento, aqui proposto, as doutrinas do Juízo Final poderiam simbolizar um novo domínio evolutivo, e os 'corpos ressurrectos dos justos' poderiam representar uma corporificação metanormal"[14]. Considerando juntas ciência e profecia, Michael Murphy une-se às fileiras de outros pioneiros americanos da escatologia científica.

A Busca de um Novo Paradigma

Na Nova Era americana, a ânsia apocalíptica por uma nova época cósmica é evidente na busca de novos paradigmas. O *Structures of Scientific Revolutions* [Estruturas das Revoluções Científicas], de Thomas Kuhn, fornece a terminologia apropriada, *paradigma* e *anomalia*.

O *paradigma* é o modelo sócio-mental geral que define o que é real e pesquisável no domínio do real. A *anomalia* refere-se a eventos que não se encaixam em um dado paradigma. Anomalias são irritantes para nossos olhos epistêmicos. Como tais, estimulam a busca de paradigmas melhores, mais abrangentes. As anomalias são a substância da ciência da vida, embora, na prática, sejam freqüentemente ignoradas ou rejeitadas asperamente. A anomalia é o termo científico para o portento e a maravilha — palavras originárias do léxico profético.

De que maneira a busca de novos paradigmas se relaciona com a busca do Milênio? Pensem no assunto da seguinte maneira: o Mito do Milênio é a visão de uma nova realidade, um novo céu e uma nova terra. Um novo paradigma é também uma visão de uma nova realidade. Mas, neste caso, quem fala é o cientista, e não o profeta. Uma mudança de paradigma pode, na verdade, ser descrita como uma espécie de apocalipse. E os pensadores da Nova Era dizem que precisamos justamente disso: de uma mudança radical em nosso conceito de realidade, um novo paradigma para o céu e a terra — ou, em linguagem científica, de uma nova cosmologia. O paradigma é um mapa ontológico, um conjunto de diretrizes para o que podemos fazer, vivenciar ou esperar fazer e experienciar. Hoje muita gente pensa que o velho paradigma não consegue fazer justiça ao conjunto de fatos naturais ou a todo o potencial humano. Acima de tudo, há uma necessidade de paradigmas que se apliquem à crise ecológica.

Qual, então, o problema com os velhos mapas da realidade? O filósofo Alfred North Whitehead ofereceu um diagnóstico no seu *Modes of Thought* [Formas de Pensar], no capítulo intitulado "Natureza Viva". Desde o aparecimento da ciência no século XVII, parece que nos encontramos em um universo feito de matéria sem vida, um lugar morto, mecanizado — ou, na palavra de Max Weber, *desencantado*. A maior queixa contra o velho paradigma, tanto quanto posso ver, é que ele destrói o animismo ou, em outras palavras, exclui a alma do universo, despoja-o de sentimento, significado, finalidade, beleza.

Ora, se o universo é uma coisa morta, a aventura humana é estragada no seu âmago; a sombra da morte paira sobre tudo; são vedadas todas as possibilidades de alegria e comunhão. Daí a necessidade de um novo paradigma. Rupert Sheldrake deu a um de seus livros o título *O Renascimento da Natureza*, que sumaria em poucas palavras o objetivo do novo paradigma. Lembro-me da estranha observação de São Paulo, de que toda a criação está "gemendo" para renascer. Evidentemente, Paulo, Whitehead e Sheldrake concordam em que nossa visão da natureza está, em certo sentido, morta e quer renascer.

O paradigma da Nova Era, portanto, é uma busca de renascimento. No vocabulário moderno, quer superar uma visão de mundo mecanicista, newtoniana, cartesiana, dualista, hierárquica, autoritária, patriarcal, antiecológica e não-espiritual. O inimigo é a natureza morta, e mortal para a esperança, de que falava Whitehead, aquele cenário de pedaços e fragmentos de matéria impenetrável, flutuando sobre uma matriz insensível de espaço, uma natureza sem poder redentor, destituída de vida e cor. Disse o historiador Edwin Burtt que, depois de Galileu ter criado a visão mecanicista de mundo, os seres humanos, reduzidos à impotência espiritual[15], tornaram-se observadores acidentais de um universo governado por causas desconhecidas.

O novo materialismo científico acarretou conseqüências práticas. Pior que tudo, a concentração prometeuniana no homem desencadeou aquilo que viemos recentemente a personificar como Gaia, a Mãe-Terra. No início, o estupro tecnológico do planeta foi lento. A situação, porém, culminou em fins do século XX: o ataque em massa contra o meio ambiente, a dizimação descontrolada das espécies animais, a destruição de florestas tropicais úmidas ricas em ecossistemas, a pilhagem e o saque de culturas nativas e a toxicose geral do ambiente, que deprime com uma pressa cada vez maior nosso espírito coletivo.

O novo paradigma buscado pelos crentes da Nova Era remediaria tudo isso. Paradigma que promete o renascimento da ecologia de Gaia, ele anuncia o retorno da cosmologia animista, um relacionamento mais amigável e harmonioso entre o homem e a natureza. Isto, claro, está de inteiro acordo com o Mito do Milênio.

A Poética da Ciência da Nova Era

A convergência de mito e paradigma justifica falar um pouco sobre a *poética* da ciência da Nova Era.

Com poética da ciência tenho em mente algo exato. É algo diferente de seu valor lógico ou explicativo. O que importa na poética é o valor real para a imaginação, a capacidade de aproximar o homem, em um diálogo emocional significativo, da natureza.

A questão para a poética da ciência é a seguinte: uma dada teoria, lei, experimento, observação me ajudará emocionalmente a viver neste mundo? Atendem elas às necessidades criativas da minha alma e aos imperativos da comunidade social e cósmica?

A poética da ciência é em si independente e podemos estudá-la dessa maneira. A Nova Era constitui um movimento em busca de uma nova poética da ciência. Em nossos tempos de empanzinamento e caos de informação, o homem precisa de novos mapas e guias metafísicos. Necessita, como disse Joseph Campbell em um de seus livros, de "mitos pelos quais possa viver"[16]. Dessa perspectiva, passemos os olhos por algumas idéias científicas que empolgaram a imaginação da Nova Era. Meus comentários se restringirão a seu valor imaginativo para pessoas que tateiam no escuro em busca de paradigmas de renovação animista.

A hipótese de Gaia, de James Lovelock, postulando que o planeta Terra é, em certo sentido, um organismo vivo, constitui um exemplo perfeito da nova poética da ciência. Em primeiro lugar, ela reinstala a mitologia no coração da ciência da Terra e atrai também os buscadores que criticam os paradigmas "dominados pelo homem", ao invocar a antiga deusa grega e dotá-la de novo status científico. A despeito da negativa de Lovelock, de a teleologia ser parte de sua hipótese, os novos buscadores de paradigma dizem que Gaia tem objetivos e que até reage conscientemente aos males desencadeados pela humanidade. Dando um exemplo, ouvi fanáticos de Gaia dizer que a AIDS é sua maneira de proteger-se contra o excesso de população.

A hipótese de "morfogênese" de Rupert Sheldrake acrescentou uma imagem que atrai a imaginação da Nova Era. Sheldrake sugeriu que poderíamos compreender a história da religião à luz da hipótese dos campos morfogenéticos. Gênios religiosos, como Jesus e Buda, desvendaram novas formas de experiência e consciência e tornaram mais fácil para nós imitar-lhes o comportamento e vida interior, enriquecendo, dessa maneira, o "campo morfogenético" associado ao Cristianismo e ao Budismo. A própria ressurreição, sugeriu Sheldrake, poderia ser vista sob essa luz[17].

Sheldrake reencanta a natureza ao considerar-lhe as leis como hábitos que podem em si estar evoluindo. Essa idéia, já em gestação, por assim dizer, na filosofia de Bergson e Whitehead, reveste-se de um imenso poder poético. Isso porque, se as leis da natureza não são escritas em pedra, então novas leis serão possíveis, e poetas e profetas que prevêem uma nova natureza, governada por princípios mais amigáveis, poderão estar na pista de alguma coisa.

O antigo filósofo xamânico Empédocles, por exemplo, disse que, na cosmologia, havia dois princípios, *Nethos* e *Philia*, "Conflito" e "Amizade". Se a natureza é mais maleável no contexto de tempo criativo, como sugeriu Sheldrake, então é razoável alimentar a esperança de que Empédocles e João de Patmos estejam certos ao imaginar a possibilidade de um mundo radicalmente mais amigável do que o que conhecemos na atual dispensação. Postas inteiramente à parte seus méritos científicos (dignos de respeito, em minha opinião), a hipótese da morfogênese, que Sheldrake acrescentou ao nosso mapa mental, é rica em significação poética.

Sheldrake não está sozinho na argumentação, cada vez mais sólida, contra o darwinismo. O darwinismo baseia-se na idéia de que a vida evolui gradualmente. O registro fóssil, porém, nega respaldo à imagem gradualista de evolução da vida. Ao contrário, segundo a prova fóssil, a vida evolui, como afirmam Stephen Gould e Niles Elredge, subitamente, como um ladrão que chega sorrateiro na noite cósmica. A evolução ocorre em saltos "intervalares".

A mudança para uma imagem de evolução repentina é uma salto para uma visão apocalíptica. O repentino no tempo geológico, claro, não equivale ao súbito no tempo apocalíptico — e estou falando em nuanças poéticas e não em equivalência literal. Na visão apocalíptica, a nova natureza, os novos céu e terra, surgem de uma maneira que sugere um progresso milagroso, mais parecido com um salto quântico ou uma novidade fractal ejetada pelo vórtice do caos. O novo pode emergir a qualquer instante e talvez seja, como disse certa vez o poeta Lautreamont, "convulsivo". Na verdade, a escatologia trata de convulsões na história do tempo.

O físico David Bohm tornou-se cada vez mais popular nos círculos da Nova Era. Propôs ele a idéia da totalidade e da "ordem implicada"[18]. Bohm é um físico que se manifesta contra as teorias mecanicistas da natureza, que matam a alma. Tal como Whitehead, ele quer reanimar, reencantar a natureza. A idéia de que todas as partes da natureza são envolvidas por algum tipo de totalidade atende a uma necessidade de integração — no velho linguajar do mito — no Reino de Deus. A poética da ciência de Bohm é clara, porque, de acordo com ele, todos nós emergimos de um terreno implicitamente holístico, de modo que, mesmo em nossa separação explícita, continuamos envolvidos pela unicidade do ser.

Ou vejamos o universo holográfico descrito por um talentoso divulgador de assuntos científicos, Michael Talbot[19]. Baseado na obra de Karl Pribam e outros autores, o livro revisualiza a realidade, com efeitos harmoniosos sobre a imaginação espiritual. O holograma parece àqueles que lhe investigam as propriedades como possuindo as chaves para novas dimensões do si-mesmo e da realidade. Da mesma forma que o médico e escritor Larry Dossey fala em PES "não-local", o holograma tem o valor poético de nos ajudar a imaginar que somos capazes — pelo menos em algum aspecto profundo de nós mesmos — de transcender o tempo e o espaço. Tudo isso relaciona-se com o Mito do Milênio. O universo holográfico de Talbot tira-nos do universo antigo, desencantado, mecanicista, ao dar-nos um contexto para revalidar milagres que (vejam no capítulo seguinte) figuram no atual redespertar do Mito do Milênio.

O universo holográfico de Talbot atende a uma profunda necessidade da Nova Era, de conexão e comunidade. Se todas as partes estão em todo lugar e todos os lugares em toda parte, então todos nós estamos ligados, estamos todos envolvidos uns com os outros, todos somos parte de uma comunidade invisível. Da mesma maneira que a ordem implicada de David Bohm, o universo holográfico reencanta a natureza ao nos permitir acreditar que somos parte de um todo maior. No holograma ou na ordem implicada há espaço para imaginar unicidade mística; no universo mecanicista, não.

A poética da nova ciência revolve em torno de imagens de descontinuidade, auto-organização e progressos súbitos — imagens que são como que ecos do Mito do Milênio. Uma nova imagem científica que sugere um grande progresso cósmico é a do "salto quântico". Repleto de nuanças escatológicas, o "salto quântico" abriu caminho na cultura popular — na publicidade, na ficção, nos programas de TV. Talvez o melhor livro que evoca a poética da mecânica quântica seja o *Taking the Quantum Leap* [Pulando o Quantum], do físico-educador-xamã Fred Alan Wolf[20]. Perguntei a Fred se ele gostaria de comentar as implicações milenaristas ou apocalípticas da Nova Física e, em particular, do "salto quântico". Ele respondeu, dizendo: "Em sentido figurativo, o salto quântico é uma grande e inesperada mudança, um salto na evolução, um salto além de tudo imaginado antes. Implícito nessa idéia há um risco, porque, quando saltamos, não sabemos o que vamos fazer." E Wolf acrescentou: "Às vezes, o 'salto' leva a arrependimento pessoal, mesmo que suas conseqüências últimas produzam uma nova visão da humanidade e do universo."

Wolf observa ironicamente que até os fundadores da nova física — ele mencionou Planck, Einstein e Shrödinger — "ficaram tristemente perturbados com suas descobertas". O lado humano de nossa natureza arrepia-se todo com a idéia de risco, que satura nosso universo em evolução. "Parece que em todas as ocasiões em que ocorre um salto quântico, na matéria ou na consciência, há em andamento alguma coisa que tende a combatê-lo. Na matéria, denominamos a isso de inércia; na mente, de preconceito ou simplesmente de pura teimosia".

Se Wolf está certo, a mecânica quântica — e a moderna cosmologia evolutiva, diria eu — contém um *insight* da realidade e de nossa situação como seres humanos que ainda não compreendemos bem. Em minha opinião, o *zeitgeist* milenarista prepara-nos para esse *insight*. A poética da mecânica quântica recorre à esperança milenarista de que não estamos limitados pela velha dispensação de um universo mecanicista desencantado, mas que uma incerteza prenhe de possibilidades, uma nova abertura e fluidez saturam o universo e, acima de tudo, que a "realidade" não é algo fixo ou autônomo, mas uma parceira co-criativa, modificadora de estruturas, uma "função de onda", cujos resultados, sob a forma de "colapsos", dependem da participação humana.

Mais um exemplo da poética da nova ciência: o trabalho de Ilya Prigogine abarca Física, Química, Biologia e tem algo a contribuir para a poética de reanimar nosso mundo. Na verdade, vários aspectos do trabalho desse químico, galardoado com o Prêmio Nobel, assumem a forma de apoio poético ao Mito do Milênio. Segundo ele, em uma natureza desencantada, a entropia é tudo. O universo está parando, como uma vela que se consome lentamente. O relógio está andando para trás em tudo. No fim, como Bertrand Russell lamentou no *Free Man's Worship* [Adoração do Homem Livre], o universo terá uma morte por calor e a vela da criação se apagará. Se jamais houve uma cosmologia desencantada, esta é justamente assim. A entropia torna-se o Anticristo, o inimigo que reduziria tudo à inexistência.

Prigogine, porém, traz de volta os anjos da novidade ao grande quadro e transforma a entropia em causa de criatividade. Isso porque a entropia ocasiona flutuações, velhas estruturas se desfazem, partes, fragmentos e elementos do mundo são jogados de um lado para o outro, tal como confete em uma máquina randômica. Mas há boas notícias: as flutuações permitem que surjam certos princípios — mardukianos e apolínicos — que gerem uma nova ordem de existência. A realidade de Prigogine é bipolar: destruição e recriação, caos e os novos céu e terra, os lados escuro e iluminado do apocalipse.

Prigogine oferece aos buscadores de um novo paradigma uma estimulante maneira de pensar o tempo. Não mais inimigo, o tempo se torna amigo, um aliado na co-criação de novas realidades. Essa visão criativa dá substância às esperanças do Mito do Milênio, que glorifica os poderes criativos do tempo.

A Fadiga da História e o Mito do Sertão Bravio

A civilização renasce na imaginação poética, disse Vico. O anelo por uma nova poética teria origem na "fadiga da história"[21]. As velhas imagens ficariam cansadas, perderiam sua carga numinosa, decairiam, transformando-se em dogmas, virariam clichês. O homem, em conseqüência, viaja para lugares exóticos e tempos mágicos, como Ponce de Leon, a fim de encontrar a Fonte da Juventude no *mundus imaginalis* das florestas úmidas da Flórida.

Ora, uma velha imagem na psique americana é a do sertão, do Oeste selvagem. O pioneiro, sempre explorando, sempre vencendo as fronteiras, os jovens indo sempre para o Oeste, à cata de ouro e de tesouros, caubóis armados em uma busca rude do Milênio.

O mural de Emmanuel Leutze que celebra a expansão para o Oeste, pintado no Prédio do Capitólio, em Washington, D.C., em 1863, mostra o otimismo missionário que caracteriza o milenarismo. Leutze pintou o grande mural durante a Guerra Civil e a peça tornou-se motivo de inspiração para um sem-número de pessoas. Nathaniel Hawthorne considerava-o "cheio de energia, esperança, progresso, um movimento irreprimível para a frente", um "bom augúrio" durante "tempos sombrios". O mural de Leutze foi um farol de esperança durante a crise apocalíptica da Guerra Civil. Suas imagens apontavam para um tempo após o Armagedon, para um novo Éden. "Para oeste!" — era o grito da época.

A respeito do sertão, escreveu R.W. Emerson em 1844: "O grande continente que habitamos será substância e alimento para nossa mente, bem como para nosso corpo. A terra, com suas influências tranqüilizadoras, sanativas, deverá reparar os erros da educação escolástica e tradicional e pôr-nos em relações justas com homens e coisas". O Oeste selvagem americano e suas "influências sanativas" despertaram a imaginação milenarista de Emerson. A terra em si, disse o sábio da Nova Inglaterra, transformaria a psique da velha dispensação.

Em fins do século passado, surgiram sinais de fadiga na América. A nação se movera rápido demais, talvez sem a ponderação ou reverência necessárias, através do "sertão". Os cavalos de ferro cruzavam as planícies e o homem iniciou a grande obra de entrelaçamento da América: o correio a cavalo, a estrada de ferro, as companhias de aviação, as vias expressas da informática, os satélites espiões no espaço. Em suma, o desaparecimento do sertão bravio e, em seu lugar a racionalização, a mecanização e a comercialização de Gaia, a Mãe-Terra.

Uma ânsia pela recuperação da virgindade selvagem e do sertão bravio já começara na década de 1890, quando Jack London escreveu o *Call of the Wild* [O Chamado Selvagem], uma parábola nietzschiana de primitivismo sobre um cão chamado Buck, seqüestrado para ser usado na corrida do ouro de Klondike. Buck, um canino alimentado artificialmente, teve que agüentar os rigores da natureza selvagem, antes de despertar para seus poderes selvagens autênticos. Buck ouviu o chamado selvagem e recuperou seu autêntico *self*, tornando-se uma espécie de cão renascido.

Em fins do século XX, a Nova Era americana estudou ativamente o que Buck tivera que experimentar um século antes — o chamado do sertão. Robert Bly ensina ao homem como fazer fincapé, tocar seus tambores, e religar-se com o arquétipo do Homem Selvagem. Clarissa Pinkola Estes, *en rapport* com Buck e Jack London, está ensinando às mulheres da Nova Era a conhecer a loba criativa que nelas há e, em contraponto com Bly, fazer fincapé e sujar as mãos com o arquétipo da Mulher Selvagem. A Nova Era procura o selvagem e o sertão revela o que Mircea Eliade chamou de nostalgia do paraíso, uma nostalgia que avulta no sonho milenarista.

O Mito do Centésimo Macaco

Há um mito que tem circulado amplamente na consciência da Nova Era, o mito do centésimo macaco. A história do centésimo macaco é um comentário sobre a necessidade profunda — eu diria, milenarista — de acreditar na possibilidade de um progresso milagroso e inesperado. A história começou com um livro de Lyall Watson, *Lifetide: A Biology of the Unconscious* (1979) [Fluido Vital: Biologia ao Inconsciente]. Watson, em curtas palavras e de forma exploratória, mencionou um fenômeno estranho, possivelmente envolvendo telepatia em massa, que disse ter sido observado na década de 1950. Escreveu ele:

> No outono daquele ano (1958), um número não especificado de macacos, na ilha de Koshima, estava lavando batatas doces no mar... Digamos, para fins de argumentação, que o número era de noventa e nove, e que, às 11h de uma manhã de terça-feira, mais um converso foi acrescentado ao bando, da forma habitual. A adição do centésimo macaco, porém, aparentemente levou o número através de algum tipo de patamar, gerando uma espécie de massa crítica, porque, à noite, quase todos estavam fazendo a mesma coisa. Não só isso, mas o hábito parece ter saltado barreiras naturais e surgiu espontaneamente, como cristais de glicerina em jarros lacrados de laboratório, em colônias de macacos em outras ilhas, e no continente em um bando em Takasakiyama.

Uma vez alcançada a massa crítica — isto é, o centésimo macaco —, o comportamento aparentemente se espalhou por toda a população. No que não é de surpreender, numerosas pessoas aproveitaram o excitante potencial implícito na história de Watson. O centésimo macaco não poderia ser um modelo para mudar o mundo humano? Se, por exemplo, um número crítico de seres humanos pudessem aprender a ser carinhosos e pacíficos, amor e paz não poderiam espalhar-se por toda a população humana? Se trabalhássemos para atingir a massa crítica, não poderíamos, por exemplo, iniciar uma nova era de paz na terra?

No fim, Liall Watson teve que reconhecer que seu centésimo macaco tinha escassa base na realidade. Mas esse fato não impediu que a idéia deitasse raízes e se transformasse em uma metáfora poderosa de esperança na comunidade preconizada pela Nova Era. A idéia de "saltar barreiras naturais", introduzindo um curto-circuito nos limites da natureza, lembra o Mito do Milênio, que enxerga um agente sobrenatural à espera, nos bastidores da história humana.

Ken Keyes, fundador dos Living Love Seminars [Seminários do Amor Vivo], publicou em 1982 um livro intitulado *The Hundredth Monkey* [O Centésimo Macaco], que oferecia uma técnica para instituir a Nova Era com a formação de uma massa crítica de almas iluminadas. A história do centésimo macaco tocou um nervo sensível e, rapidamente, adquiriu status mítico. O mito do centésimo macaco, tal como o do Milênio, descreve um momento da história em que a sociedade experimenta um progresso súbito e inesperado, produzido por meios supranormais, e instaura um novo modo de ser.

A Convergência Harmônica

Freqüentemente, milenaristas sentem-se tentados a marcar a data do Fim. Em toda a história ocidental, profetas anunciaram datas específicas, baseadas nos cálculos quiliásticos de algúem, nas quais deveriam acontecer o fim da velha era e o alvorecer da nova. Deixei de compilar essas datas. Dificilmente passou uma década nos dois últimos mil anos sem que um ou outro grupo não tenha sido empolgado pela expectativa do *kaput* cósmico.

O ano de 1843 marcou uma das datas mais famosas, escolhida pelos milleritas. Num exemplo mais recente, o dia 22 de outubro de 1992 foi marcado como dia do Arrebatamento, data esta escolhida por um profeta coreano de origens suspeitas e que, posteriormente, foi mandado para a prisão por engabelar os crentes. Mas são numerosos os outros exemplos. Os crentes americanos na Nova Era sucumbiram também à velha tentação.

Dessa vez, a data foi 16-17 de agosto de 1987. O alegado evento, que se tornou alvo de um bom número de piadas nos jornais, veio a ser conhecido como Convergência Harmônica, promovida por um historiador de arte, José Arguelles, autor do *The Transformative Vision* (1975) [Visão Transformadora], e do *The Mayan Factor* (1987) [O Fator Maia]. Em uma frase curiosamente monótona, Arguelles falou escatologicamente sobre o "clímax da matéria". Baseando-se em mitos dos índios americanos, calendários e profecias, ele previu que, naquele dia, um renascimento coletivo da consciência humana começaria — uma nova era de amor, cooperação e consciência planetária.

O *Wall Street Journal* notou ironicamente o advento da Convergência Harmônica, que seria uma peça de sincronicidade astrológica superbenigna. Os crentes na Nova Era agarraram a idéia e pessoas (milhões, segundo os cálculos de Arguelles) reuniram-se para santificar o evento em lugares dotados de poder sagrado em volta do mundo: na Califórnia, no monte Shasta, no Peru, em Machu Pichu, no Egito, nas Grandes Pirâmides, no Japão, no monte Fuji e, para os que não tinham meios para viajar, a colina ou praia mais próxima. A Convergência Harmônica, orquestrada pelo professor de arte transformado em quiliasta, apertou todos os botões da consciência da Nova Era.

Para que ocorresse a convergência, pelo menos 144.000 pessoas (aquele número mágico) teriam que começar a trabalhar intensamente, gerando energia positiva, evocando, dessa maneira, tanto o Mito do Centésimo Macaco quanto a numerologia bíblica. Os celebrantes vieram munidos de cristais, aceleraram a si mesmos para concentrar as necessárias boas vibrações. Falou-se em aumento de visitas de "embaixadores galáticos" — ou, numa tradução, os anjos do fim dos tempos do apocalipse do velho tipo. Surgiria uma nova consciência da Terra como ser senciente, em sintonia com a hipótese de Gaia e, finalmente e (mais ou menos) de acordo com o modelo bíblico, a Convergência desencadearia mudanças na Terra, quedas catastróficas nas bolsas-de-valores e outros *débâcles* na civilização industrializada — tudo isso como prelúdio à "Era das Flores".

Evidentemente, o Mito do Milênio influencia outras pessoas que não apenas os fundamentalistas cristãos. Mas, para que isso aconteça, o Mito tem que ser posto em nova embalagem, traduzido, por assim dizer, de mitos surrados e conhecidos para outros, novos e exóticos. Dar nova embalagem ao Mito é um macete para anular a fadiga da história.

Algumas Manias da Nova Era, Via Mito

A Nova Era americana exibe uma grande variedade de curiosidades intelectuais. Submetendo-as a exame rigoroso, descobrimos ligações com o Mito do Milênio.

Consciência dos Cristais. O fascínio pelas gemas e cristais é uma das características da Nova Era americana. Aos olhos dos críticos, esse fato prova a superficialidade do movimento. Não seria tudo isso apenas exibições de mau gosto de *yuppies*, temperadas com uma pitada de ansiedade existencial? Esse amor por gemas e cristais não seria apenas uma máscara refinada, espiritualmente correta, de consumismo? Um cínico poderia fazer essas perguntas.

Minha opinião é que há uma base profunda nas coisas que fascinam a Nova Era. O que dizer dos cristais? Haverá uma estrutura profunda na consciência dos cristais? Durante toda a história, pessoas usaram gemas e cristais como talismãs e acreditaram que eles eram dotados de propriedades curadoras e protetoras. Suas propriedades reflexivas estimulavam, de forma estranha, a imaginação e, até mesmo, quem sabe, o sistema nervoso. O místico Jacob Boehme, por exemplo, olhava por acaso um prato de latão quando, de repente, um raio de sol caiu sobre o mesmo, refletindo-se em seus olhos. Boehme foi imediatamente acometido por visões estonteantes, que lhe transformaram a vida. O latão, claro, não é cristal, mas funcionou como um cristal quando refletiu a luz do sol nos olhos de Boehme.

Mas quero mencionar aqui dois textos clássicos que tratam das últimas coisas que se referem a gemas, cristais e pedras preciosas. O primeiro é o Mito da Terra Verdadeira, de Platão, descrito no *Fédon,* um diálogo sobre morte e imortalidade. A Terra que habitamos não é a Verdadeira Terra, disse Sócrates. Nós, humanos, ocupamos uma minúscula parte da Terra, um bolsão, uma caverna, abaixo da superfície, fechada nas névoas e sombras da ilusão, muito distante do mundo da luz do Sol. Se pudéssemos sair desse buraco escuro na Terra, e pisar a planície de Toda Terra, descobriríamos um mundo diferente. Nossa percepção das coisas se tornaria *etérica*. O mundo em volta nos pareceria de extraordinária claridade e entraríamos, por meio de clarividência, em comunhão com deuses e deusas. Veríamos as formas e cores da natureza com os olhos de pintores e poetas.

Diz Sócrates: "Nossas pedras altamente valorizadas, sárdios e jaspes, são fragmentos das que lá existem, mas, lá (na Verdadeira Terra), tudo é igual a elas ou ainda mais belo" (*Fédon*, 110e). Temos aqui, talvez, uma pista para o fascínio produzido pelas pedras preciosas: elas são "amostras" visíveis da consciência mais alta — que Platão chama de *etérica* —, que experimentaremos após a morte e chegada à Verdadeira Terra. De acordo com a história de Sócrates, o céu *está* na terra e temos apenas que purificar a alma para ver e saber. E para fazermos o que é melhor para nós teremos que "morrer", isto é, soltar a alma do corpo e purificar as portas da percepção. Para Platão, cristais e pedras preciosas eram símbolos de consciência ao fim do tempo ordinário.

O outro exemplo é extraído de nosso texto mestre, o *Livro do Apocalipse*. O autor desse potente talismã psíquico resolveu construir com cristais e pedras preciosas a visão da Nova Jerusalém. "A estrutura da muralha é de diamante; também a cidade é de ouro puro, semelhante a vidro límpido. Os fundamentos da muralha da cidade estão adornados de toda espécie de pedras preciosas" (*Apocalipse*, 21:18). Na lista das pedras preciosas, as seguintes: diamante, lápis-lazúli, turquesa, cristal, topázio, quartzo, esmeraldas, pérolas e safiras.

Como na alegoria da Verdadeira Terra, de Platão, João não viu templos na Nova Jerusalém, porque o próprio Deus estava presente, em lugar do templo, nem havia sol nem lua porque o fulgor de Deus iluminava a cidade celestial. Tanto no caso de Platão quanto de João, pedras preciosas simbolizavam uma mudança quiliástica de consciência. Dessa perspectiva, a atração da Nova Era por cristais parece embebida no simbolismo do fim dos tempos.

Mas há outro ângulo que merece ser notado. Em círculos da Nova Era, os cristais são considerados algumas vezes como meios para sintonizar extraterrestres. Certa vez, observei o falecido Marcel Vogel, um inventor que trabalhava para a IBM, deixar encantado um grupo de crentes na Nova Era com uma palestra sobre um cristal que tinha na mão; um meio, disse ele, de se sintonizar com seres inteligentes das Plêiades. Esta é uma interpretação moderna e, de certo modo, literal do Mito, de que o homem poderá manter contato face a face com seres de outros mundos. Qualquer que seja a interpretação que nos agrade mais, acredito que o encanto de pedras preciosas e cristais demonstra a aspiração por um progresso súbito e inesperado e reflete nossas ânsias milenárias.

Sinais Mudos e Artes Divinatórias. Os crentes na Nova Era americana são atraídos pelas artes divinatórias: runas, Tarot, *I Ching*, astrologia, e assim por diante. O que quer mais que sejam, essas coisas me parecem meios de tentarmos nos orientar em um mundo cujos sinais e símbolos tradicionais não nos dizem mais coisa alguma. O que as runas, o Tarot, e todo o resto têm em comum é aquilo que eu poderia denominar de seu magnetismo imagístico. Eles nos estimulam a imaginação de maneira que os símbolos tradicionais não conseguem mais fazer.

Vico, meu mentor em filosofia da cultura, dizia que, nos estágios formativos de uma nova civilização, certo tipo de linguagem predomina. Ela consistiria de "caracteres poéticos", que Vico considerava uma linguagem de "sinais mudos", ou hieróglifos mágicos. Os sinais mudos constituiriam a linguagem dos deuses. Eles nos estimulam os sentimentos heróicos, que ligam pessoas ao criar um *sensus communus*, ou "consciência compartilhada". Vico levava muito a sério a etimologia de *religião*, como algo que *liga* pessoas. Se assim é, a experiência de solidariedade humana baseia-se no poder de sinais mudos. A cruz é um exemplo tirado da história cristã. O feitiço da suástica sobre os nazistas seria outro.

Os adeptos da Nova Era sentem-se atraídos pelos sinais mudos das runas, dos Círculos em Plantações, dos arcanos maiores do Tarot, das linhas cheias e partidas do *I Ching*, e assim por diante. Em termos correntes, podemos pensar nesses sinais como meios de concentração da atenção, para nos sintonizarmos com o inconsciente criativo. Começamos a compreender o encanto — e, no caso de Hitler, o perigo — desses sinais mudos, modeladores e energizadores potenciais de novos movimentos sociais.

Segundo Vico, sem a linguagem primordial dos sinais mudos — tão atraentes para os cultores americanos da Nova Era —, sociedades tendem a entrar em processo de desintegração, devido a uma "razão maliciosa" descontrolada. Por "maliciosa", Vico entendia a razão amputada do senso comum mítico de um povo. Um exemplo do que ele chamava de "razão maliciosa" seria o intelecto científico trabalhando para o complexo militar-industrial.

A necessidade de uma linguagem de sinais mudos poderá, portanto, ser considerada como indicação da necessidade de redescobrir um novo *sensus communus*, um novo sentido de solidariedade humana. O encantamento obscuro lançado por esses glifos, com propriedade de comover a alma, explora a necessidade profunda em nossa cultura de "ligação" e comunidade, aspectos estes que ora desaparecem rapidamente da vida e sociedade comuns na América.

Para alguns, runas e astrologia podem parecer coisas rasas, mas, repetimos, se sondarmos a base profunda, surge um quadro diferente. As runas, com sua obscura ressonância nórdica, as cartas do Tarot com suas obsedantes imagens do Mágico e do Louco, os signos do zodíaco, podem ser vistos como instrumentos que ora tentamos usar para mapear e orientar nosso futuro incerto. Se Vico tinha razão, eles são sinais, mudos mas eloqüentes, de que uma nova consciência comum está lutando para nascer na sociedade americana. São sinais de protesto contra o caráter fragmentado dos modos predominantes de experiência. Tais protestos seriam típicos do descontentamento milenário.

Autoconvidados. Vejamos outra curiosidade da Nova Era. Esta foi criação de uma jornalista de Washington, D.C., que virou profetiza. (Transição esta razoável, se pararmos para pensar um pouco no assunto.) Ruth Montgomery lançou a idéia dos "autoconvidados" no livro *Alienígenas Entre Nós** (1979). De acordo com os Guias Espirituais de Ruth, autoconvidados são seres altamente evoluídos, desencarnados, que "mereceram o direito de assumir o controle de corpos rejeitados". Uma idéia estranha, sem a menor dúvida, mas parte de uma mensagem muito mais ampla: corpos tomados de empréstimo são necessários para ajudar a humanidade neste momento de transição para a Nova Era. Pelo que dizem os Guias de Montgomery, em 1999 vai ocorrer uma mudança da posição

---
*Publicado no Brasil pelo Selo Nova Era da Editora Record, Rio de Janeiro, 1994.

dos pólos que matará milhões de pessoas, abrindo caminho para a Idade Áurea. (Mais uma vez, notem o velho hábito de escolher uma data para o apocalipse.)

Ora, o autoconvidado seria uma espécie de zumbi divino. Estaríamos cercados por eles, manipuladores da realidade, secretamente introduzindo sintonia fina na transição para uma Nova Era? Caberia acreditar que pessoas que aceitam a idéia dos autoconvidados não se sentem muito felizes com as circunstâncias em que vivem. Se, por exemplo, você tem baixo senso de auto-estima, a idéia de um ET superior, bem intencionado, apossando-se de seu corpo até que poderia ser uma perspectiva agradável.

As possibilidades do indivíduo seriam ainda melhores, do ponto de vista milenarista. Não diz a *Bíblia* que estranhos talvez sejam anjos disfarçados? E que o Fim será anunciado pela vinda de legiões de anjos? Os autoconvidados ajustam-se perfeitamente à phantasia lisonjeira de que somos anjos disfarçados, enviados para apressar o advento do Milênio. Para os metafisicamente deprimidos, os autoconvidados poderiam parecer também aliados. Contra o pano de fundo daquilo que é julgado por alguns como um cientismo claustrofóbico, a idéia de autoconvidados da dimensão X oferece uma imagem, um sinal mudo, que aponta uma saída. Ou poderíamos considerá-los como sintomas da solidão cósmica que sentimos, como arautos de um novo tipo de comunidade.

Os autoconvidados estariam aqui há milênios, segundo dizem os Guias de Montgomery. Alguns exemplos notáveis: Cristo, Benjamin Franklin e Albert Einstein. Neste momento, incontáveis milhares desses extraterrestres estariam entre nós como instrumentos secretos da próxima transformação. O *Livro do Apocalipse* descreve o caos cognitivo como o ambiente de grande e súbito progresso cósmico. Os autoconvidados seriam um belo acréscimo a esse caos cognitivo. Uma vez que, de qualquer maneira, ninguém sabe realmente quem é nestes tempos anômicos, não deve surpreender que algumas pessoas aceitem bem a idéia de ETs apossando-se de nosso corpo e lhe dando uma identidade.

Crença na Próxima Mudança da Posição dos Pólos

Segundo o *Livro do Apocalipse*, o Fim será acompanhado por violentas mudanças na Terra. A nova era ecológica americana pensa a mesma coisa. Ruth Montgomery não foi a única a prever cataclismos. Mudanças na Terra — erupções vulcânicas, maremotos, tufões, deslocamento de massas continentais e assim por diante. Numerosos outros profetas dizem a mesma coisa. Talvez o mais conhecido dos profetas da mudança de pólos tenha sido Edgar Cayce, cujo olho clarividente viu o Japão afundando no mar, o norte da Europa fraturado em um piscar de olhos, a Califórnia sob as águas, e até a Cidade de Nova York encoberta. Os adeptos da Nova Era invocam também a profecia dos índios americanos para ratificar suas premonições sobre mudanças na Terra.

À medida que aumentam as ansiedades com os problemas ecológicos, velhas profecias de mudanças adquirem novo significado. Pessoas que tiveram contatos com OVNIs falam repetidamente em mudanças. No livro *Pole Shift*[22] [Mudança Polar], John White faz um estudo cuidadoso da literatura sobre mudanças profetizadas para a Terra. Em um trabalho recente[23], White reconheceu que os psíquicos que previram essas grandes mudanças erraram e chegou à conclusão de que as profecias foram manifestações simbólicas do inconsciente, não premonições literais, mas apelos a uma espécie que parece decidida a causar sua própria destruição, para que abra os olhos. A mudança na posição dos pólos, assim, tornou-se um símbolo de catástrofe ecológica:

> Se uma mudança na posição dos pólos destruir a civilização, algumas pessoas sobreviverão, segundo as predições e profecias. A grande perda de vidas abrirá espaços no meio ambiente, onde novas formas de vida poderão emergir. Os indivíduos profundamente sintonizados com os processos cósmicos transformar-se-ão em sementeira, da qual, segundo dizem alguns, evoluirá, de forma acelerada, uma nova raça, uma humanidade superior[24].

Lembrem-se da idéia bíblica sobre remanescentes salvos, a esperança de que uma minoria esclarecida surgirá no fim do tempo e formará a "sementeira" de uma "humanidade superior". White acha que essas profecias dizem respeito não a uma sublevação geográfica, mas a uma convulsão psíquica, concordando com a opinião de Ken Ring sobre as visões de indivíduos que passaram pela experiência de quase-morte. Segundo Ring, elas são "reflexos da psique coletiva de nossa época, que está gerando imagens próprias de morte e regeneração planetária, para as quais almas sensíveis de nossa era servem de vetor"[25].

Com Ken Ring e John White, estamos nas antípodas da atmosfera mental fundamentalista. Ainda assim, o Mito do Milênio resiste e descobre novas vozes nesses autores, como aliás acontece em outras dimensões do *zeitgeist* da Nova Era. O Projeto Ômega, de Ring, e o Homo Noeticus, de White, juntaram-se às imagens dos sinais mudos, que fazem parte de um renascimento espiritual que luta para vir à luz neste nosso universo desencantado.

Tirando o Melhor Proveito da Nova Era Americana

Como americanos, herdamos um extenso legado mítico. Desde os primeiros dias, o país serviu como local de criação e implementação de grandes mitos. Alguma coisa na paisagem — o vasto céu, as paisagens sobrenaturais de Utah, a costa da Califórnia, a dormitar sobre uma linha de falha geológica, olhando na direção do Pacífico e para o Oriente, alguma coisa nas paisagens marinhas e nas montanhas "cor de púrpura"— convida a imaginação a levantar vôo. Há alguma coisa louca e extravagante em tudo isso e, nesse particular, Hegel teve razão. Mas ele disse também que a América seria o lugar onde a Idéia da História se levantaria da sepultura do velho Mundo e iniciaria as aventuras do futuro.

Se meu argumento neste capítulo está certo, a Nova Era americana não é uma moda tola, mas a manifestação de profundas compulsões espirituais, parte de uma compulsão que ora se faz sentir, radicada em uma história de peregrinos e em um Mito de Milênio de imigrantes. Vimos acima o espírito admirável com que os adeptos da Nova Era procuram abrir as fronteiras da consciência humana, livrar o corpo da doença e mesmo da morte, recriar a mitologia do futuro, explorar maneiras de unir céu e terra, e estimular a reunião de ciência e espírito.

Os críticos, claro, têm também argumentos válidos. Nenhuma atividade humana complexa deixa de ter seu lado sombrio. Vi com meus próprios olhos o lado sombrio da Nova Era. Em minha opinião, os críticos da Nova Era nos Estados Unidos têm razão em deplorar a inflação psíquica, o vício em clichês — e pior ainda, e mais irritante, certo tipo de fundamentalismo e correção espiritual. Há também aquela consciência de prosperidade muito suspeita, o comercialismo transparente, a ignorância da história, o primitivismo intelectual, as conversas perigosas sobre carma e criação da própria realidade, além de tendência para o quietismo político.

Por outro lado, um dos aspectos da Nova Era é o recrudescimento democrático. Bem de acordo com o *Livro de Joel*, jovens e velhos, donas-de-casa e agricultores estão tendo visões e canalizando sonhos. De vez em quando, temos que nos ver a braços com um messias da Nova Era. Mas qualquer pretensão a messianismo, nos Estados Unidos, teria que enfrentar a imprensa. Se Gary Hart, Bill Clinton e incontáveis outros não conseguiram esconder suas propensões menos que presidenciais, nenhum profeta autonomeado iria muito longe com a nossa imprensa e *paparazzi* abelhudos.

Nenhum líder religioso, por mais carismático que seja, poderá evitar as implacáveis notícias críticas e as indústrias que promovem o cumprimento da lei, como Jimmy Swaggert e Jim Bakker descobriram. A recordação de histórias apocalípticas de horror, de Jim Jones e David Koresh, gravaram, com toda probabilidade, um pouco de ceticismo em nosso sistema nervoso. Qualquer candidato a messias seria obrigado a sentar-se diante do olho planetário do *Larry King Live*, da CNN, com verrugas e tudo.

A Nova Era revela grande interesse pela mitologia. O aumento da capacidade de reconhecer o mito como mito deve proteger-nos também da possibilidade de cairmos vítimas de messias de araque. Devemos poder identificar rapidamente os sintomas da loucura messiânica, a conversa racista de purificação étnica, o mau cheiro de anti-semitismo, os hábitos de dualizar, dogmatizar e endemoninhar. Há muito disso por aí, mas, temos esperança, com escassa possibilidade de sucesso em grande escala.

A democracia é nossa maior arma contra a patologia do messianismo. Uma das megatendências de que fala o futurólogo John Nasbitt é a repulsa à hierarquia e a concentração em redes. A criação de redes, tornada excepcionalmente possível na Nova Era pelas telecomunicações, é incompatível, como disse Marilyn Ferguson no *A Conspiração Aquariana*, com a idéia de liderança autocrática, messiânica ou não.

Ainda assim, críticos temem que o interesse pelo irracional possa transbordar e transformar-se em práticas antidemocráticas. Há, para sermos exatos, algumas inquietantes similaridades entre os interesses da Nova Era americana e os interesses que foram também compartilhados por nazistas. O arquicriminoso nazista Rudolf Hess, por exemplo, sentia grande interesse por ocultismo, mitologia, vegetarianismo, magia, runas, astrologia, doutrina das correspondências e fitoterapia. Mas sua história não é excepcional nesse interesse por idéias da "nova era". Estudiosos como Peter Viereck e Goodrick-Clarke documentaram a história emaranhada do *zeitgeist* da "nova era" que formou a mentalidade nazista.

Os interesses dos nazistas e da Nova Era americana se tocam em pelo menos três pontos: 1) fascínio pela mitologia, especialmente pelo desejo de explorar mundos míticos fora da *Bíblia*; 2) preocupação com o corpo, hoje em dia chamado de movimento holístico de saúde; e 3) aversão ao modernismo, cientismo e materialismo burguês. Os pontos em comum parecem bastante reais. A busca de um novo mito, a ânsia por renovação terrena, o descontentamento com um materialismo que esmaga a alma são sinais gerais de desejo de renovação espiritual. Deverão essas semelhanças entre os nazistas e as idéias da Nova Era americana ser motivo de preocupação?

Perigos, sem dúvida, existem, embora, em minha opinião, sejam grandemente exagerados. Não acredito, como pensam os fundamentalistas, que a Nova Era é Satanás disfarçado; nem concordo com os racionalistas que dizem que ela é apenas "laranjada", destituída de qualquer substância espiritual. O Mito do Milênio americano, como tive oportunidade de dizer no Capítulo 5, retroage historicamente ao Iluminismo europeu e à democracia cristã anglo-saxônica. A história psíquica da Nova Era americana fundamenta-se nos ideais da Renascença-Iluminismo, de liberdade, igualdade, fraternidade, tolerância e liberdade religiosa, ideais de individualismo e universalismo, busca da felicidade, e assim por diante. Em contraste, o Mito do Milênio nazista e comunista seguiram um molde cultural que destacava raça, subserviência ao coletivo (o russo *sobornost*) e deuses menos amigos (Wotan, em vez de Cristo). As diferenças me parecem importantes. A primeira versão respeita pessoas como tendo certos direitos inalienáveis; a outra trata-os como engrenagens na máquina do Estado.

O Mito do Milênio manifesta-se de duas maneiras. Na primeira, como frisou Norman Cohn, a aspiração é filtrada através de desorientados, ignorantes e ressentidos párias da sociedade, justificando política revolucionária violenta; na segunda, como faço questão de frisar, o Mito funciona pelo lado humanístico, gerador de vida, do ser humano.

Acho justo dizer que, na vertente renascentista-iluminista-americana do Mito, o bom potencial tem maior probabilidade de melhorar a condição humana do que a vertente assassina Müntzer-Stalin-Hitler. Acho importante manter esse duplo foco sobre as possibilidades.

Tal como na Renascença italiana, que se inspirou na Idade Áurea da Antiguidade pagã para restaurar seu espírito moribundo, a Nova Era americana lança os olhos para as filosofias orientais perenes e para as realidades xamânicas, com o objetivo de instilar nova vida em sua fatigada imaginação espiritual. Talvez a Nova Era seja apenas um começo, a precursora de uma Renascença americana.

9

Anomalias do Fim dos Tempos

> *E acontecerá depois que derramarei*
> *o meu Espírito sobre toda a carne;*
> *vossos filhos e vossas filhas profetizarão,*
> *vossos velhos sonharão, e vossos jovens*
> *terão visões; e até sobre os servos e*
> *sobre as servas derramarei meu Espírito*
> *naqueles dias.*
>
> JOEL, 2:28-29

No mapa bíblico do fim da história, há indicações ao longo do caminho denominadas de "sinais" e "portentos". Eles fazem parte de uma faixa mais ampla de fenômenos conhecidos como "milagres". No Novo Testamento, três palavras gregas descrevem três aspectos dos milagres: *teras*, "maravilha ou portento"; *dynamis*, ou "poder"; e *semeion*, ou "sinal ou significado". Juntas, as três lançam luz sobre o significado de milagres. "Milagres" são sinais ou portentos de que um novo poder está prestes a aparecer na história — um poder que promete nos transformar a vida.

Jesus, nos Evangelhos, e o *Livro do Apocalipse*, de João, referem-se a falsos profetas e a falsos milagres. Eles seriam de um lado os profetas que enganam e, de outro, os milagres sem um significado mais nobre. Falsos profetas e falsos milagres são também sinais do fim do tempo. Em termos seculares, a confusão de alegações e contra-alegações em questões de metafísica, informações controvertidas sobre fenômenos incomuns, e guerras de paradigmas constituiriam sinais de mudanças espetaculares, que surgirão na consciência do povo em geral.

De acordo com a *Bíblia*, fenômenos incomuns acompanharão a subversão catastrófica da realidade, que terá que preceder o fim do tempo e o advento do Reino do Céu. Ou, na linguagem da ciência, sinais e maravilhas são *anomalias* que indicam que um novo modelo de realidade está em formação.

Acontece que as comunicações sobre eventos aparentemente anômalos estão aumentando. Algumas delas parecem confirmar as profecias bíblicas. Na verdade, aparentemente, todos os fatos anômalos que discutiremos adiante são sinais de mudanças próximas na experiência da realidade humana. No que se segue, nem tentarei explicar nem justificar informações correntes sobre anomalias. Minha preocupação aqui é com o *semeion*, ou significado que possam ter para a consciência humana, ora em mutação.

Acredito que os aspectos fictícios e factuais são difíceis de separar em muitos, senão na maioria das histórias sobre experiências anômalas. Seu conteúdo puramente objetivo é matéria de interesse de parapsicólogos. Na vida prática, porém, fato e ficção se fundem, verdade e mito se misturam de forma inconsútil. E é esse domínio da phantasia criativa, onde história e imaginação se tornam uma só, que examino neste capítulo. Isso porque, qualquer que seja a natureza final ou a explicação exata dos fenômenos, eles estão mudando a maneira como vemos a realidade.

Reexame do Derramamento do Espírito, de que Fala Joel

Segundo o profeta Joel, o Reino messiânico será precedido pelo derramamento do Espírito: "E acontecerá depois que derramarei o meu Espírito sobre toda a vossa carne; vossos filhos e vossas filhas profetizarão; vossos velhos sonharão e vossos jovens terão visões; até sobre os servos e sobre as servas darramarei meu Espírito naqueles dias" (Joel, 2:28-29). O último versículo é intrigante. O grande dia da transformação será assinalado por uma democracia de estados alterados de consciência. Jovens e velhos, homens e mulheres, pessoas de todas as situações na vida tomarão lugar no grande derramamento.

Alguma coisa semelhante a um derramamento democrático do espírito parece, de fato, estar ocorrendo exatamente agora, em fins da década de 1990. Sejam ou não os derramamentos através de canalisadores, visionários de experiências de quase-morte ou indivíduos contactados por OVNIs, ou ainda pessoas que enxergam anjos, a profecia de Joel, de uma democracia de estados alterados de consciência, está aparentemente em vias de tornar-se realidade.

O estudioso de anomalias John Keel tem provavelmente razão, quando diz que "toda geração é, de seu ponto de vista singular, a última geração". De certa maneira, trata-se de algo inevitável, porquanto toda geração tem que enfrentar sua própria morte e renascimento coletivo. Tendo dito isso, é difícil evitar a sensação de que nossos tempos *são excepcionais*. Em primeiro lugar, tudo é exagerado e acelerado, graças à tecnologia: a capacidade de destruir, a capacidade de criar. Acima de tudo, as novas tecnologias da informação estão criando um clima de mudança apocalíptica em acelerado. De qualquer modo, somos tocados pela grande variedade de maneiras como o "espírito" está sendo derramado. Vejamos alguns exemplos.

Profecias Através de Canalização e de Experiências de Quase-Morte

Na América democrática, sempre a fazer exame de consciência, o derramamento do espírito de que fala Joel assumiu a forma de *canalização*. Embora variem as estimativas, não há dúvida de que milhares de pessoas, para falar apenas na América, estão canalizando fontes superiores de inteligência extrafísica[1]. Se levamos Joel a sério e pensamos no derramamento espiritual sobre pessoas comuns como anunciando uma transformação da consciência — o "Dia do Senhor", na linguagem de Joel, ou o "fim de uma era", nas palavras de Jung —, então a canalização poderia muito bem parecer um sintoma de transformação desse tipo. Acredito, no entanto, que a importância da canalização está menos no conteúdo da mensagem, e mais como sinal de que estão se abrindo as comportas do inconsciente coletivo.

A canalização é a contrapartida moderna da profecia. O canal, como o profeta ou o médium, seria um veículo através do qual informações de uma fonte "superior" de inteligência seriam transmitidas. Entre os grandes médiuns da Inglaterra vitoriana e princípios do século XX na América, a informação alegadamente provinha de espíritos desencarnados. Os médiuns vitorianos estavam ansiosos para confirmar a realidade da vida além da sepultura e consolar os enlutados. A canalização moderna aproxima-se mais da profecia bíblica. A mensagem viria de fontes transcendentes, oferecendo diretrizes morais e estímulo metafísico. A prova de vida no além é freqüentemente omitida. Os canalizadores modernos, tal como os antigos profetas, trazem a dupla notícia do fim do mundo e de seu renascimento glorioso.

Imagens de cataclismo cósmico aparecem no Capítulo 24, do Evangelho de Mateus: "O sol escurecerá, a lua não dará a sua claridade, as estrelas cairão do firmamento e os poderes dos céus serão abalados." No caso de vigilantes convictos do fim do tempo, problemas ecológicos correntes, tais como o aquecimento global e o buraco na camada de ozônio são sinais de uma próxima calamidade, de dimensões bíblicas. A lista bíblica de portentos inclui pestes, o que levou alguns crentes, desagradável como seja dizer isso, a escolher a epidemia de AIDS como prova do fim iminente do tempo. Terremotos e outras mudanças na Terra são acontecimentos comuns mencionados por canalizadores, como Edgar Cayce, e vieram a ser considerados por muitos como sinais do próximo Milênio.

Exemplos modernos do derramamento espiritual de que fala Joel foram estudados pelo psicólogo transpessoal Ken Ring. Pessoas que tiveram experiência de quase-morte falaram em visões proféticas de importância global. O conteúdo dessas visões mostra um padrão bipolar que reflete o Mito do Milênio. Prevêem guerras cataclísmicas e sublevações geofísicas, que seriam seguidas por uma "nova era de paz e fraternidade humana". Ring chama a atenção para os fundamentos arquetípicos cristãos desses episódios visionários e sugere que podem ser projeções planetárias da experiência típica de quase-morte:

Seja a terra abalada por catástrofes naturais, por guerra nuclear, ou por ambas, a terra e a vida que nela existem sobreviverão. Mas haverá mais do que isso: emergirá uma Nova Era e as mudanças devastadoras que a precederam serão entendidas como purificações necessárias para afetar a transformação da humanidade em um novo modo de ser. Por analogia, da mesma maneira que indivíduos que tiveram experiência de quase-morte podem ter sido obrigados a suportar a dor e o sofrimento associados ao trauma de quase morrer, antes que possa ocorrer uma transformação pessoal positiva, o mundo talvez precise suportar uma "experiência planetária de quase-morte", antes que possa despertar para uma consciência coletiva mais alta, mais espiritual, tendo como núcleo o amor universal[2].

Toda experiência de quase-morte (EQM) é um apocalipse particular. Nos casos dos visionários de experiências proféticas de quase-morte de que fala Ring, a abrangência apocalíptica do tempo estendia-se além do foco pessoal e abraçava o mundo em geral. O "trauma de quase morrer" é um prelúdio inevitável de "um novo modo de ser". Trata-se de puro milenarismo.

Ao focalizar o núcleo transpessoal das experiências de quase-morte, Ring nos deu uma idéia geral da mente escatológica espontânea — o nível da mente em todos nós que, de alguma maneira, "vê" o plano-diretor, a face teleológica do ser. O que impressiona é o otimismo com a preservação da vida. Nos visionários proféticos de quase-morte de que fala Ring, descobrimos o que William James chamou de "a função sim", a vontade embriagante de defender a vida a todo custo, mesmo durante a morte. Diante de nossos olhos, desdobra-se um poder que gosta de usar numerosos disfarces. E ele é, se não estou enganado, o poder do Mito do Milênio.

A canalização e as EQMs mostram o mesmo *zeitgeist* apocalíptico desenrolando-se, o senso de que um fim está próximo, mas também um novo começo. O fato de tantas pessoas terem aparentemente as mesmas idéias em estados alterados, seja durante a quase-morte, seja em canalização durante o transe, sugere-me que está ocorrendo uma remodelação espontânea da consciência *coletiva*. O fato de a maioria dos canalizadores repetir as mesmas idéias, freqüentemente nos mesmos estilos pseudobíblicos, confirma essa opinião. É como se a mesma mensagem estivesse tentando abrir caminho à força para a consciência pública, uma mensagem que se vale de qualquer canal disponível e aceita expressar-se de qualquer forma grosseira que seja possível. E o que está chegando através dos canais é um apelo por mais vida, abundância, ânsia por transcendência de limites. Lembramo-nos do apetite de Ficino pelo infinito, que volta a nos obcecar, um apetite manifestado repetidamente pelos canalizadores da Nova Era, com suas conversas sobre infinitude e advento de uma humanidade divina.

Mensageiros do Fim dos Tempos

A palavra *anjo* tem origem grega e significa "mensageiro" ou "portador de notícias ou novas". A palavra grega relativa a *evangelho* (em saxão, *gode-spell*) é *euangelion*, "boas novas" ou "boas notícias". O evangelho cristão, portanto, está etimologicamente relacionado com anjos. As boas notícias, as boas novas trazidas pelos anjos, falam no próximo Reino de Deus — no fim do velho mundo e no nascimento de um novo. O evangelho, em suma, é uma mensagem de boas notícias e a boa notícia é que um novo princípio de realidade está prestes a fazer seu aparecimento na história — em outras palavras, um apocalipse, ou *desvendamento*. Os anjos, na teologia cristã, estão associados ao fim do tempo que se avizinha.

E seria de bom alvitre considerar contra esse pano de fundo o atual recrudescimento do interesse pelos anjos. A crença neles é muito antiga, de modo que não temos que nos surpreender com sua volta em fins do século XX. O culto católico do anjo da guarda já estava bem adiantado[3], quando a mania por eles deslanchou na América e começou a espalhar-se, transbordando dos crentes na Nova Era para o público em geral. "Anjos na América", aliás, é o título de uma trilogia montada na Broadway sobre AIDS, quase-morte e anjos da guarda. Centenas de livros comentam todos os aspectos dos anjos. Apareceu até uma enciclopédia em que eles são o tema exclusivo. Grupos de comunhão com anjos surgiram também, juntamente com empresas que trabalham e vendem pelo sistema de mala direta, centros e convenções, todos eles dedicados a histórias populares sobre anjos. Na América, os negócios com anjos estão indo de vento em popa. E, como se para confirmar que eles realmente chegaram à cena americana, a revista *Time*, em seu número de 27 de dezembro de 1993, publicou uma matéria de capa intitulada "Nova Era de Anjos", informando que uma pesquisa descobrira que 69% dos americanos acreditam que eles existem[4].

"O que, em nome de Deus, está acontecendo?" — perguntava a revista. Para alguns, talvez seja fácil explicar o fenômeno. Vejamos um comentário do editor da *New Jersey Angel Watch Newsletter*: "O mundo está em uma encrenca muito pior do que em qualquer outro tempo. Estamos reconhecendo nosso próprio senso de impotência". Histórias de encontros com anjos variam de fatos realmente enigmáticos[5] a meras coincidências, que indivíduos que as experimentaram acham que provam a intervenção angélica.

Tais como canalizadores, visitantes espaciais e epifanias de Maria, mãe de Deus, os anjos, aparentemente, fazem parte de um SOS psíquico sistêmico, uma irradiação supranormal a pedir ajuda para uma humanidade que parece cambalear à beira do fim da história. O inconsciente coletivo americano, porém, não se deixou intimidar pelas críticas do racionalismo. A imaginação popular prossegue seu caminho, seguindo uma agenda própria. Nenhuma escola acadêmica de pensamento pode lhe deter o curso.

Boatos sobre anjos parecem fazer parte do derramamento do espírito que, segundo Joel, assinalaria o "Dia do Senhor". O Novo Testamento dá também testemunho da ligação entre anjos e o Segundo Advento. Cristo aparece "enviando seus anjos, com grande clangor de trombeta, os quais reunirão os seus escolhidos, dos quatro ventos" (Mateus, 24: 31). De modo que isso pode ser parte da significação da mania pelos anjos: é um estratagema para reunir os eleitos, os escolhidos, os felizardos destinados a participar do grande e próximo progresso cósmico.

Outro trabalho que caberia aos anjos seria o de acordar os mortos para se submeterem ao Juízo Final. De acordo com a Primeira Epístola aos Tessalonicenses, o Senhor voltará com anjos "e os mortos em Cristo ressuscitarão primeiro" (I Tess., 4:16). Seria também trabalho dos anjos separar os justos dos pecadores: "Quando vier o Filho do homem em sua majestade e todos os anjos com ele, então se assentará no trono de sua glória; e todas as nações serão reunidas em sua presença, e ele separará uns dos outros" (Mateus, 25:31-32).

O Novo Testamento atribui aos anjos um trabalho muito importante no drama impressionante do Segundo Advento. A tradição cristã continua nesse espírito, por exemplo, no *Segundo Livro Sibilino*[6], que mostra os anjos derrubando os portões da morte e levantando os mortos. Os patriarcas da Igreja consideravam também os anjos como mensageiros do fim do tempo. São Efraim, conhecido como o bardo do Segundo Advento, por exemplo, escreveu:

> E então o Senhor aparecerá nos céus tal como o raio, com uma glória indizível. Os anjos e arcanjos seguirão à frente de sua glória, como se fossem línguas de fogo... E as tumbas serão abertas e, num abrir e fechar de olhos, todos os mortos se levantarão e verão a beleza santa do Noivo[7].

À luz da tradição, anjos parecem ser formas da energia criadora necessárias para desencadear o fim da história, erguer os mortos, e enfrentar a beleza terrível do fim do tempo.

Algumas descrições de anjos podem ser confusas. Ocasionalmente, encontramos histórias instigantes, como no *Angels of Mercy*, de Rosemary Ellen Guiley[8]. Essas histórias de suposta ajuda "angélica" verídica, de anjos que parecem intervir no mundo físico, seriam acréscimos à crescente tempestade psíquica, cada vez mais forte, do Mito do Milênio, que ora volta a despertar, após dois mil anos de expectativa inquieta, frustração e novas esperanças.

Os OVNIs e o Milênio

Anjos do fim do tempo chegarão pelo céu "como raios" e "línguas de fogo". Essas imagens levam-nos a examinar outro tipo de anomalias do fim do tempo. Lado a lado com o recrudescimento de *fin de siècle* dos anjos, temos o moderno fenômeno dos OVNIs (Objetos Voadores Não Identificados).

Serão os OVNIs anjos reempacotados para pessoas da era espacial? Mensageiros atualizados com notícias do fim da história? Trata-se de uma opinião plausível, acho eu. Como acontece com a revivescência dos anjos, muito mais pode estar acontecendo do que parece à primeira vista, com essas histórias irritantemente complexas. Motivos milenaristas são partes sutis e, às vezes, claras das histórias sobre OVNIs. O que quer que os OVNIs sejam em si — e isso ninguém sabe com certeza —, eles anunciam mudanças interessantes no Mito do Milênio.

A moderna era dos OVNIs começou em meados do século XX, embora os papas do assunto insistam em que Visitantes Alienígenas de Outra Dimensão têm estado conosco desde os primórdios da história. O *Livro de Daniel*, no Velho Testamento, é freqüentemente mencionado para provar que os ETs mantinham relações amigáveis com profetas dos tempos bíblicos. Autores populares, como Zecharia Sitchin e Erich von Daniken são mais ou menos hábeis em contar histórias provocantes sobre intervenções de ETs na história humana.

Nos últimos cinqüenta e tantos anos, milhares (talvez milhões) de pessoas em todo o mundo, e de todas as situações de vida, comunicaram encontros com Objetos Voadores Não Identificados. Pilotos e astronautas falaram publicamente de seus avistamentos, embora não raro desmentindo o que disseram antes ou recaindo no silêncio depois de terem falado. Alega-se detecção por radar de astronaves alienígenas e marcas físicas aqui deixadas. Encontros de primeiro grau podem ser, como noticiado em vários casos, prejudiciais à saúde. Muitas pessoas dizem que conversaram com ocupantes de naves alienígenas. O fenômeno tornou-se muito mais complicado ultimamente, com notícias recentes de abduções praticadas por extraterrestres. David Gotlib, um médico canadense que publica o *Bulletin for Anomalous Experiences* [Boletim de Experiências Anômalas], preparou um código cuidadosamente elaborado de conduta para médicos que têm que tratar de indivíduos anomalisticamente traumatizados[9]. Menciono esse fato para frisar que estamos lidando com um fenômeno de grandes proporções e que profissionais de saúde responsáveis levam-no muito a sério.

Anjos da Decepção?

Quem quer que examine a extensa literatura alusiva ao assunto será forçado a concluir que *alguma coisa* muito estranha está acontecendo. Até mesmo o Relatório Condon, de 1996[10], que desmentiu oficialmente a existência de qualquer coisa anômala, contém um núcleo de casos inexplicados. Jacques Vallee[11] (leitura essencial no tocante ao fenômeno OVNI) calcula que, no século XX, desde que investigadores começaram a reunir dados, cerca de 14 milhões de pessoas podem ter tido encontros com OVNIs — um número grande demais, diz Vallee, para serem visitas procedentes do espaço sideral.

Vallee defende a realidade física e paranormal do fenômeno OVNI. Por outro lado, não acha que a prova aponte para ETs vindo do espaço. Com muito maior probabilidade, alega, os OVNIs são prova de uma realidade inteiramente "metalógica" e ultradimensional. Seu principal argumento é que a Inteligência X, que parece interagir quase fisicamente com seres humanos, não procede do espaço exterior, mas de alguma dimensão desconhecida da realidade. E essa dimensão reveste-se de uma clara coloração milenarista.

No *Messengers of Deception* [Mensageiros da Trapaça], Vallee concluiu que no fenômeno OVNI há um fator de desinformação. Ora, o *Livro do Apocalipse* menciona com destaque a falsa profecia, a desinformação, como sinais do fim dos tempos. O pregador fundamentalista George Vandemann[12], ao contrário de Vallee, nenhuma dúvida tem de que a origem dessa desinformação é o próprio Demônio. Vandemann fornece exemplos extraídos do *Mothman Prophecies* [Profecias dos Bruxos], de John Keel, de inteligências alienígenas entre nós, que enganam com intenção aparentemente letal. O folclorista Peter Rojcewicz chamou atenção para o componente diabólico no que é conhecido como pesquisa OVNI, no filme "Homens de Preto", seres sobrenaturais que intimidariam pessoas que avistaram OVNIs e investigadores independentes[13].

A verdade é que, quem procurar respostas simples para o enigma OVNI vai ficar desapontado. Os fenômenos OVNI atraem o curioso para uma casa de Orates metafísica, cheia de alçapões epistêmicos e espelhos mágicos. Não obstante, o fenômeno — as pepitas de fatos autênticos, as ilusões, a desinformação, até mesmo as "armações" flagrantes — sugerem idéias de renovação apocalíptica. Repetidamente emerge o tema seguinte: nós estamos a caminho de um acerto de contas com o Eschaton. Tal era a opinião, aliás, de um antigo e ilustre comentarista.

Jung, Discos Voadores, Mandalas e Mudança de Deuses

Em princípios da era dos OVNIs, Carl Jung escreveu sobre o lado apocalíptico dessas espaçonaves. O *Civilization in Transition* (Jung, 1950, vol. 10) [Civilização em Transição], contém uma monografia, "Discos Voadores: Um Mito Moderno de Coisas Vistas nos Céus". Abundante em introvisões fecundas, o livro trata principalmente de sonhos com OVNIs e do simbolismo OVNI na arte. Interessava-o o aspecto psíquico do fenômeno, embora estivesse aberto à realidade do componente físico: "... ou projeções psíquicas refletem um eco de radar, ou então o aparecimento de objetos reais proporciona uma oportunidade para projeções mitológicas".

Jung deu grande importância à forma circular, de disco (bem como a luminosidade) do disco voador típico. Quaisquer que possam ser as causas dos avistamentos, disse, elas imediatamente nos levam a projetar mitos de "deuses". O mito OVNI é sobre salvação por parte de deuses que vêm do céu. Desorientados, olhamos para o céu em busca de respostas a torturantes perguntas íntimas. "A atual situação mundial parece ter sido calculada como nunca para despertar expectativas de um evento sobrenatural redentor." No alvorecer da era cristã, o evento redentor era a ressurreição de Cristo; em nosso tempo, o aparecimento de discos voadores.

De acordo com Jung, os fatos psiquicamente desestruturadores da II Guerra Mundial modelaram o mundo atual. Os campos de extermínio nazistas e os escombros radiativos de Hiroshima tornaram a Civilização Ocidental objeto de zombaria. A violência praticada contra a psique coletiva resultou em "mudanças na constelação de dominantes psíquicos". Estaríamos enfrentando o fim de um "mês platônico", movendo-nos da era de Peixes para a era de Aquário. E seria uma transição, disse Jung, cheia de transformações violentas.

Na Introdução de seu livro sobre discos voadores, Jung adotou um tom excepcionalmente solene. Sentiu-se compelido a dar um aviso sobre "eventos próximos que estão de acordo com o fim da era". Esta não fora a primeira vez que dera um aviso desse tipo: no ensaio de 1936 sobre Wotan, falou na mudança dos deuses e na ascensão do movimento nazista.

O disco é uma mandala, segundo Jung, um símbolo circular do si-mesmo. O homem começou a ver no céu símbolos do si-mesmo completo — símbolos projetados "lá fora" — porque perdera a base interior de sua totalidade. Quanto mais psicologicamente desenraizadas, mais pessoas projetam símbolos de totalidade sobre figuras messiânicas. O mito cristão que manteve o Mundo Ocidental coeso nos últimos dois mil anos estaria doente e Jung especulava sobre que besta violenta surgiria no interregno entre deuses e arquétipos.

Ver no céu OVNIs semelhantes a mandalas teria origem na necessidade de "compensar a mente dividida de nossa era". No caos da transformação, criaríamos "a imagem da personalidade divina-humana, do Homem Primordial, ou Anthropos... um Elias que invoca o fogo dos céus, sobe aos céus em uma carruagem de fogo, e é um precursor do Messias..." Em uma era de viagens espaciais, com a fé cristã vacilando sobre as pernas, o "homem moderno" acharia mais fácil aceitar o milagre tecnológico — um Messias vindo do espaço exterior. O livro de Robert Short, *The Gospel from Outer Space* [O Evangelho do Espaço Exterior], apresenta com grande clareza esse argumento[14].

O Evangelho do Espaço Exterior

Outro aspecto da história dos OVNIs envolve alegações de contatos com extraterrestres. Indivíduos que comunicam esses encontros são denominados de "contactadores". Os mais famosos entre eles tiveram seu dia de glória na década de 1950, embora, recentemente, novas astrelas tenham surgido. Whitley Strieber, cujo *Comunhão**, uma história de encontro com alienígenas, foi sucesso de livraria, constitui um exemplo re-

---
*Publicado no Brasil pela Editora Record, Rio de Janeiro, 1989.

cente. Strieber é um talentoso autor de ficção científica, um mestre da imaginação macabra, um ecologista sincero e um liberal do melhor calibre. Não tendo a menor necessidade de chamar atenção para si mesmo, Strieber, ainda assim, diz que está em comunicação com seres alienígenas, que chama de "os visitantes".

O *Communion* de Strieber foi transformado em filme. E, neste particular, cumpre notar que Hollywood fez sua parte ao alimentar a imaginação coletiva com imagens de contacto com alienígenas. Dois exemplos bem conhecidos, ambos notáveis sucessos de bilheteria: *Contatos Imediatos do Terceiro Grau* e *ET*.

O estabelecimento de contato seria uma forma de profecia e, de modo geral, após a experiência, os contactados desenvolvem uma espécie de sentido missionário. A tentativa de pôr em prática a missão freqüentemente perturba e pode mesmo destruir a vida do indivíduo. Como os profetas de antanho, os contactadores modernos entram costumeiramente em choque com o Sistema. Profetas antigos e contactadores modernos concordam em que o Fim está próximo e que uma nova era se aproxima.

O Dr. Leo Sprinkle, psicólogo da Universidade de Wyoming, é talvez o mais experiente e simpático ouvido na América para aqueles que alegam ter mantido contato com OVNIs. O Dr. Sprinkle é um homem dotado de calor humano, humor e dom de empatia. Possui a habilidade rara de penetrar na mente de pessoas que estiveram na borda da realidade comum. Diz Sprinkle:

> Em minha opinião, o fenômeno OVNI é um fator importante na experiência total de uma nova era... mensagens sugerem que haverá muitas mudanças nas condições da Terra e da humanidade, incluindo ênfase crescente em desenvolvimento espiritual... Acredito que enfrentamos uma tarefa sobremodo emocionante e provocante, a de compreender as implicações físicas, biológicas, psicossociais e espirituais do fim de uma antiga era e o despertar da "Nova".

Os contactadores, como os antigos profetas, insistem em que um poder super-humano, de outro mundo, uma inteligência e tecnologia superiores supervisionam o curso da história humana. Tais Entes Superiores estariam nos orientando a história e planejariam intervir para iniciar uma nova era de desenvolvimento humano. Eles, freqüentemente, têm phantasias messiânicas. Em tempos antigos, tipos semelhantes tornavam-se fundadores de novas religiões, eram apedrejados até a morte ou queimados na fogueira. Em nosso tempo, eles escrevem livros e se tornam astros ou estrelas da mídia. Às vezes, perdem o emprego, cônjuges pedem o divórcio, tornam-se pessoas estranhas ou se afastam de colegas e da sociedade.

Na década de 1950, muitos americanos tornaram-se conscientes de que a ciência se transformara em uma ameaça à sobrevivência planetária. O complexo militar-industrial trabalhava a todo vapor amontoando arsenais atômicos. Contactadores como George Adamski, George King e Orfeo Angelucci, como antenas psíquicas que captariam esse perigo muito real, tornaram-se missionários dedicados a salvar a humanidade do Armagedon nuclear.

Vejam, por exemplo, o caso de Orfeo Angelucci, operário da indústria aeroespacial, sobre o qual Jung escreveu em seu livro sobre OVNIs. Pensava Jung que a história de Angelucci demonstrava o poder tremendo dos "dominantes psíquicos" que então emergiam. Examinemos algumas frases tiradas do *The Secret of the Saucers* (1955) [O Segredo dos Discos Voadores], de Angelucci. A inteligência ET declarou-lhe:

> Ela (uma mudança devastadora na Terra) foi permitida como última esperança de acordar a humanidade para a compreensão terrível do preço horrendo que terá que pagar, se iniciar o sangrento holocausto do Armagedon... Mas, se o horror da Guerra do Fim de uma Era ocorrer, nossas legiões estarão preparadas para ajudar a todos os que não estiverem espiritualmente mobilizados contra nós.

O tom neste caso é um pouco menos feroz do que o de João de Patmos e outros antigos canalizadores. A mensagem tornou-se mais liberal — ajuda extraterrestre estará disponível a todos que não resistirem. O profetismo de Orfeo começou com um avistamento clássico de OVNI, desenvolvido telepaticamente, e culminou em visões de uma bela Estrela Irmã e um Cristo muito simpático. E o Cristo-Aparição disse a Orfeo:

> Lembre-se, Orfeo, que foi revelado, há não muito tempo, que seres de outros mundos caminham hoje pela Terra. Todos eles são um duplo [um "hóspede", ou anjo, que "hospedamos" sem saber] do outro e entraram por livre e espontânea vontade no vale de lágrimas que é a Terra, a fim de ajudar à humanidade... Só por seus frutos poderão eles ser conhecidos. Este é o início dos mistérios da Nova Era.

Contactadores, na década de 1990, profetizavam no mesmo estilo. Em 1987, conversei com um contactador chamado Ron, que trabalhava para a Northrop Aerospace. Vozes e visões levaram-no a deixar o trabalho, que se relacionava com a produção de armas e interferiam em suas atividades. Após deixar a Northrop, matriculou-se em um programa de treinamento para tornar-se guarda florestal. Os evangelizadores do espaço exterior aparentemente aprovavam essa profissão ecologicamente correta.

Algumas pessoas fazem pouco caso dos contactadores, considerando-os como gente insignificante que quer aparecer. Essa conclusão poderia aplicar-se a Orfeo. Mas o que dizer de Whitley Strieber, um homem de letras realizado? Tampouco explica a conduta da Dra. Rauni Leena Luukanen-Kilde, médica-chefe da Lapônia finlandesa e também autora de um bestseller sobre a vida após a morte.

Conheci e conversei em várias ocasiões com ela, uma mulher superiormente inteligente. A Dra. Luukanen-Kilde viaja pelo mundo fazendo palestras sobre suas experiências telepáticas, que continuam, com ETs que a estão educando — em preparação para a próxima purificação da raça humana. Em um espírito digno dos antigos profetas, Rauni submete-se contente à vontade de seus ETs, que (diz ela) consideram-nos, como seres humanos, como poderíamos considerar uma forma de vida promissora mas refratária.

Os ETs, além disso, tampouco estão aqui como turistas ociosos. Chegaram para efetuar um experimento em genética. Como conta Rauni, ETs extraíram-lhe óvulos. Isso foi um comportamento extremamente intrusivo, mas Rauni é maleável nesse particular. Ao que parece, os intrusos estão aqui com o objetivo de produzir uma raça híbrida, uma nova espécie de humanidade, destinada, de acordo com a médica finlandesa, a substituir a raça corrente, disfuncional. Rauni me contou que tem permissão para ver periodicamente e acalentar sua prole híbrida.

A Dra. Luukanem-Kilde, uma mulher imponente, diz que seres humanos são como "baratas" ou "cachorrinhos" em comparação com os visitantes. Se somos ou não dignos de salvação como espécie é matéria de debate entre a médica e seus mentores extraterrestres. Uma das histórias que ela conta seria apavorante, se fosse verdadeira. Os ETs causaram a catástrofe de Chernobyl, alega ela, como castigo aplicado a soviéticos pouco dispostos a colaborar e como aviso a outros governos. Como mentores da raça humana, os ETs de Rauni são draconianos. Conforme vimos, uma atitude de brutalidade com transviados não foi rara nos casos de alguns expoentes da tradição profética.

Abduções Alienígenas

A médica finlandesa representa o que parece ser uma evolução no fenômeno OVNI. A Dra. Luukanen-Kilde é simultaneamente um tipo clássico de contactador da década de 1950, embora sua história inclua os motivos mais recentes de abduções praticadas por alienígenas. Desde a década de 1980, o fenômeno OVNI tomou uma direção esquisita — se isso faz sentido, uma vez que todo esse fenômeno é sumamente esquisito. A imaginação pública — livros, mídia, pesquisadores, CNN — tem focalizado a atenção nas abduções. De acordo com essas comunicações, uma raça alienígena de anões de olhos grandes, acinzentados, está abduzindo seres humanos e levando-os para naves espaciais, onde os usam para criar uma nova espécie de humanidade híbrida. Trata-se de uma alegação extraordinária, mas que quase poderíamos esperar ouvir em épocas transbordantes de expectativas apocalípticas.

Embora outros países comuniquem também abduções por alienígenas, os Estados Unidos estão à frente nessas histórias de estupros cósmicos. O caso de Barney e Betty Hill em 1961, transformado mais tarde em filme, marcou o início da grande loucura americana de abdução de fins de século[15]. Mais uma vez, fatos que exacerbam a phantasia milenarista abundam no cenário americano.

Segundo o pesquisador-historiador David Jacobs, milhares, talvez milhões, de pessoas foram abduzidas pelos "cinzentos" baixotes, levados para espaçonaves extraterrestres e submetidas a exame médico e procedimentos intrusivos de reprodução. Budd Hopkins falou também em detalhes sobre "o grande interesse por assuntos de reprodução por parte dos ocupantes dos OVNIs". Esse interesse incluiria a inseminação artificial de mulheres abduzidas, a remoção de fetos e a aparente criação de híbridos, prole esta que exibiria uma mistura de aspectos humanos e alienígenas"[16].

Pintor americano respeitado e transformado em pesquisador de OVNIs, Hopkins tornou-se um abrigo humano para pessoas que acreditam que foram seqüestradas por alienígenas. Hopkins é muito taxativo ao insistir em que eles estão abduzindo e efetuando tais experimentos genéticos[17]. A prova neste particular permanece circunstancial. Não há evidência médica de embriões desaparecidos e nada para confirmar a existência de implantes, teoricamente inseridos nos abduzidos e que seriam dispositivos de identificação.

A despeito das dificuldades em aceitar pelo valor aparente as histórias de abdução, poderíamos ainda acreditar que elas contêm um núcleo de autenticidade. John Mack, escritor premiado com o Pulitzer e psiquiatra de Harvard, realizou recentemente um estudo do fenômeno da abdução e concluiu que a experiência é autêntica, no sentido em que representa uma síndrome psiquiatricamente inclassificável.

Mack, contudo, ao contrário de Hopkins, não está convencido de que alienígenas estejam literalmente abduzindo pessoas. Acha ele que algo diferente, mas não menos radical, vem acontecendo. Em sua opinião, o fenômeno OVNI é parte de um processo misterioso que está abalando o paradigma ocidental. Considera esse processo como doloroso e torturante, alguma coisa como uma fuga da caverna platônica, um fenômeno fértil em implicações para a evolução humana. Acredita Mack que, antes que os seres humanos possam transcender seu atual estado de consciência, eles precisarão ser arrancados, violentamente se for preciso, do feitiço hipnótico do velho paradigma ocidental. O fenômeno OVNI parece estar fazendo justamente isso.

Segundo Mack, "a única guerra digna de ser travada hoje é contra o paradigma da guerra". A idéia de "guerra contra paradigma" é um análogo secular do motivo do conflito final no Mito do Milênio. O perigo, porém, segundo pensa Mack, reside na "reificação da metáfora", o que acontece quando phantasias dualísticas são aceitas pelo seu valor literal e ocorre projeção de arquétipos messiânicos ou do Anticristo sobre indivíduos ou grupos.

John Mack conversou comigo sobre o conteúdo apocalíptico da experiência do abduzido. Os abduzidos que, à parte isso, descobriu serem pessoas normais, transbordam de "imagens apocalípticas de destruição da Terra, colapso da infra-estrutura, da forma de governo, de desertificação do planeta, de poluição no sentido de destruição completa da vida, e de transformação geofísica. À medida que me relatam essas experiências, eles acham que elas são realmente proféticas — e para eles isso é o futuro, e não simplesmente imagens ameaçadoras."

Não obstante, ao discuti-las após sessões de hipnotismo, abduzidos parecem mais abertos à idéia de que elas possam ser mais metafóricas do que literais. (John White chegou a uma conclusão semelhante sobre o status da mudança de posição dos pólos.) Pensam os abduzidos que as imagens, implantadas telepaticamente na mente deles ou por meio de dispositivos de filtragem pelos alienígenas, representam não o que terá que acontecer, mas o que poderá acontecer. Os alienígenas trazem-nos notícias de mundos possíveis, embora não necessários. São fiéis à tradição profética, não necessariamente "proféticas, mas, possivelmente, como avisos"[18].

O que quer que exista por trás do mistério dos OVNIs, o conteúdo imagístico das histórias de abdução casam com o Mito do Milênio. Essas abduções parecem ser uma das maneiras como o Mito está se fazendo sentir na história contemporânea. Para começar, a própria idéia de ser abduzido, levado por seres de outros mundos, é semelhante à profecia do Arrebatamento no Novo Testamento. Vejamos a descrição clássica, extraída de I Tess., 4:16-17:

> Porquanto o Senhor mesmo, dada a sua palavra de ordem, ouvida a voz do arcanjo, e ressoada a trombeta de Deus, descerá dos céus, e os mortos em Cristo ressuscitarão primeiro; depois nós, os vivos, os que ficarmos, seremos arrebatados com eles, entre nuvens, para o encontro do Senhor nos ares.

Por dois mil anos, cristãos em toda parte vêm esperando, sonhando, imaginando, desejando, rezando, acreditando e, dessa maneira, tentando provocar a experiência de serem arrebatados de uma vida difícil e levados para longe de tudo que é mau e brutal na existência terrena. Uma expectativa profunda de ser levado por seres divinamente benevolentes tem colorido a imaginação coletiva há milênios.

Mas, em uma era de viagens espaciais, podemos também pensar de outra maneira no Arrebatamento. Muitas pessoas acreditam hoje que foram arrebatadas para longe por humanóides, não raro em conluio com humanos de tipo nórdico. Em alguns casos, ocorreram efeitos físicos, lesões inexplicadas, punções, incisões, dores. Neste particular, os arrebatamentos por OVNIs repetem descrições de arrebatamento religioso. Em sua autobiografia, Teresa d'Ávila escreveu que foi abduzida por um anjo e trespassada no coração por uma lança. Curiosamente, quando ela morreu, a autópsia revelou uma marca inexplicada de lança no tecido do coração[19].

A forma dos alegados estupros por ETs é rica em simbolismo apocalíptico. A forma mais popular de abdutor alienígena, por exemplo, conforme visto na capa do *Communion*, de Strieber, é evidentemente infantil, de aparência até mesmo fetal. Estudiosos da psicologia junguiana podem ficar espantados com o simbolismo de ETs que parecem crianças. Poderíamos dizer, por exemplo, que as histórias sobre alienígenas têm como tema o arquétipo da Criança Divina. A Criança Divina representaria o futuro, segundo Carl Jung[20], e o futuro humano estaria cada vez mais duvidoso. Na descrição dada por Jung do arquétipo da Criança, esta, ameaçada de destruição, reage e recupera-se com poder divino. O arquétipo da Criança representaria poder criativo indestrutível.

O arquétipo da Criança — a imaginação coletiva das crianças — poderia estar em violento caos nos dias presentes. Vemos as faces famintas de crianças na Somália, seus corpinhos mutilados na Bósnia, e crianças da *intifada* jogando pedra nos soldados israelenses e sendo espancadas e mortas a tiros. A cruzada de horror das crianças não é evidente apenas em países devastados pela guerra. Crianças estão se matando na América em número sem precedentes e cometendo suicídio a uma taxa alarmante. O problema é mundial. As crianças estão atravessando tempos difíceis em toda parte. Elas têm que se ajustar a casamentos desfeitos, famílias numerosas, desestruturação econômica. E junte-se aos assassinatos, aos suicídios e aos maus-tratos o fato de que, em todo o mundo, crianças estão sendo raptadas e vendidas em escravidão sexual.

A turbulência, sofrimento, privações, escravização literal e seqüestros estão, sem a menor dúvida, sendo registrados em nossa consciência. O horror imposto a crianças em toda parte poderia, sugiro, estar criando phantasias vivas de abduções por alienígenas. Contra a paisagem apocalíptica sombria do futuro, é possível pensar nas abduções por alienígenas, comunicadas e experimentadas por tanta gente, como materializações inconscientes de energias psíquicas perdidas; energias, talvez, de crianças assassinadas, vítimas de abusos, abortadas.

Essas energias psíquicas poderiam, de forma que não compreendemos ainda, ser transformadas em entidades quase autônomas, vagabundas espaciais que aleatoriamente ou por associação seriam atraídas para pessoas em estados mentais receptivos, talvez à beira do sono ou quando perdem a consciência durante hipnose. Dennis Stacy, o cético editor da revista *MUFON (Mutual UFO Network)*[21], sugeriu que os abdutores alienígenas são "anjos vingadores", numa resposta ao sentimento de culpa dos americanos por causa do aborto.

Jung diria que quando a criança, que simboliza o futuro, corre perigo, uma energia criativa é convocada das profundezas da natureza. A Criança Divina em perigo é uma força perigosa. A idéia de um arquétipo "irado" — energias humanas caóticas, famintas por novas formas de expressão — deveria nos fazer parar e pensar um pouco. As histórias de abdução levam-nos de volta ao lado sombrio do Mito. Nessas narrativas, ouvimos muita coisa sobre criaturas usadas contra sua vontade, brutalizadas, apavoradas, objetificadas com fria e científica indiferença.

Aparentemente, os alienígenas tratam os seres humanos como os seres humanos freqüentemente se tratam reciprocamente. Talvez os "aliens" das histórias de abdução, que pisoteiam direitos humanos, sejam na realidade nós mesmos. Poderíamos pensar neles como uma espécie viva de pesadelo que, temporariamente, se materializa e nos ataca em atos de vingança. Ora, eu não digo que esta é a explicação correta ou a explicação das abduções — mas alguma coisa semelhante parece possível e é compatível com a dinâmica do Mito do Milênio. O fenômeno OVNI, visto sob esta luz, como uma perturbação do arquétipo da Criança, é uma mensagem sobre o fim da civilização, mas, ao mesmo tempo, sobre a liberação das energias do futuro — uma vez que a criança é o "futuro potencial"[22].

Círculos em Plantações e o Milênio

Um fato a notar a respeito do século XX é o aparecimento de novos tipos de anomalias ou, se o leitor for cético, novos tipos de fraudes. Muito longe de explicar todos os mistérios, a ciência parece continuar a tropeçar em outros. Por exemplo, descobriu recentemente que cerca de noventa por cento da matéria existente no universo é "negra", invisível para os seres humanos. A matéria negra é identificada indiretamente pelos seus efeitos gravitacionais. O fato de cosmologistas dizerem que nada sabemos sobre noventa por cento do universo físico deveria nos tornar intelectualmente humildes.

Ora, seja fraude, seja uma nova anomalia, desde a década de 1980 têm surgido relatos em todo o mundo sobre formações inexplicáveis que aparecem em campos e plantações de cereais. A Inglaterra, em um raio de 100km de Stonehenge, é o ponto focal desses relatos. As formações em campos plantados tornaram-se mais complicadas na década de 1990. Alegam algumas pessoas que suas formas seguem os conjuntos de Mandelbrot e são desenhadas de acordo com intervalos musicais. Ainda assim, a imagem central continua a ser o círculo, de modo que a mandala, ou o símbolo da inteireza, está pipocando novamente na consciência pública.

Especialistas dizem que podemos distinguir os Círculos autênticos dos falsos pela maneira como as plantas são pressionadas para baixo, sem que sofram danos. Prefiro, contudo, limitar a discussão à autenticidade desses círculos[23]. *Qualquer* que seja a origem dos círculos em plantações, eles alimentam, como acontece com o fenômeno OVNI, os fogos da imaginação milenarista. Os Círculos em Plantações foram, na verdade, ligados a avistamentos de OVNIs. Uma especulação: os círculos que aparecem em culturas de cereais são mensagens de Gaia, ou a Deusa Mãe-Terra, em prol de restauração. Agora que a idéia de que a Terra é um organismo vivo foi comprovada por James Lovelock, a idéia de que ela esteja nos enviando sinais através dos Círculos em campos de trigo adquire um certo interesse. Vigilantes dos Círculos insistem em que a Mãe-Terra está tentando desesperadamente nos dizer alguma coisa.

Um artista gráfico americano que utiliza computadores, Peter Sorenson, publica a *Millenium Magazine*. Sorenson realizou várias investigações *in loco* dos Círculos em Plantações na Inglaterra e me descreveu sua impressão profunda de que presenciara um mistério transcendente. O artigo de fundo de Sorenson, no número de janeiro de 1991, da *Millenium Magazine,* tinha o título de "Círculos em Plantações: Apelo à Humanidade para que Acorde."

Sorenson vê nos Círculos sinais de intenção escatológica. Compara-os ao monolito no filme *2001 — Uma Odisséia no Espaço*, de Arthur C. Clarke, aquele grande símbolo de ficção científica de um macaco transformando-se em homem. Por analogia, os Círculos em Plantações significam que, mais uma vez, surgiu um ponto crítico na evolução humana. Os Círculos indicariam, diz Sorenson, que a humanidade está prestes a mudar. "Em face dessa presença, os negócios como sempre não poderão continuar por muito tempo." O Fim, em suma, está próximo.

Um observador dos Círculos, Paul Von Ward, diz o seguinte: "Ao ver uma formação nova, temos a impressão de que todos os talos se nivelam em resposta a algum comando." A sugestão: um poder transcendente sobre a natureza é responsável pelos Círculos. Que tipo de poder? O que há por trás dos ideogramas e pictogramas e seu valor precioso? Segundo Sorenson, os Círculos que fotografou revelam propriedades geométricas que correspondem ao diagrama cabalístico-rosacruz do século XVI, de "o Pai, o Filho e o Espírito Santo". Mas essa configuração, continua Sorenson, tem que ser compreendida em sentido universal, sendo a lei da trindade um tema em todas as tradições religiosas. Em outras palavras, a Inteligência por trás dos Criadores dos Círculos é uma força espiritual universal. "Sugiro que, em qualquer lugar onde formos, nos incontáveis planetas habitados espalhados pelo espaço, encontraremos compreensão espiritual avançada, que reconhece o aspecto triuno do Ser Amoroso Criador."

Do ponto de vista lógico, nada há nesse fenômeno enigmático que justifique essa alegação extravagante. Os sentimentos de Sorenson, porém, refletem um fervor milenarista antiqüíssimo. Sorenson prevê uma "humanidade unificada com a chegada do Milênio". "É agora ou nunca", diz ele. "Após cinqüenta milhões de anos, no momento em que estamos simultaneamente na encruzilhada da Utopia ou da ruína total, reconhecer o Amor talvez seja o segredo para a sobrevivência. Isso parece que é tudo o que há nos Círculos em Plantações".

Eu gostaria de encerrar esta seção com observações feitas por dois dos mais conhecidos investigadores científicos dos Círculos. Pat Delgado, por exemplo, está convencida de que o fenômeno é uma "demonstração de energias e de uma inteligência além do reino do dogma científico." Os Círculos, em suma, fazem parte do paradigma da guerra, de que falou John Mack — parte de um drama cósmico, de um despertar cósmico. "O drama em andamento da formação do enigma dos Círculos em Plantações constitui uma tentativa deliberada de expandir nossa consciência"[24].

O co-autor britânico de Delgado (também engenheiro), Colin Andrews, parece-me um homem ainda mais apaixonadamente comprometido com a opinião de que os Círculos em Plantações fazem parte de um clímax histórico em evolução, de proporções apocalípticas. Segundo Andrews, os Círculos são sinais de que "uma dimensão distante intocável está se tornando mais próxima, à medida que nossa consciência muda mais rapidamente do que em qualquer outro tempo na história documentada"[25].

Em uma palestra de Andrews a que compareci, ele fez uma advertência sombria sobre o que João de Patmos chamou de "guerra no céu". Forças sombrias, declarou ele, estariam se mobilizando no horizonte humano. Uma guerra de paradigma, uma guerra espiritual da mais alta importância, seria iminente. De acordo com Rosemary Ellen Guiley, observadora cética do fenômeno dos Círculos e das redes que ele gerou, Andrews e outros entusiastas acreditam sinceramente que uma conspiração mediada pela CIA, de dimensões demoníacas, está em andamento. Mais uma vez, reencontramos a mentalidade da conspiração que satura o fenômeno OVNI, tão típico do *Livro do Apocalipse*, com sua observação sobre os falsos profetas.

Liberando as Forças do Futuro

O que podemos concluir deste levantamento de "sinais" e "maravilhas" que, fraudulentos ou autênticos, são noticiados em número elevado nos dias atuais?

Carl Jung iniciou seu livro sobre discos voadores com uma advertência sombria sobre o futuro. No ensaio sobre Wotan, ele dera também avisos sobre o futuro. Jung considerava a revivificação da adoração de Wotan e o aparecimento de discos voadores como sintomas de uma mudança coletiva, que desencadearia tremendas forças psíquicas. O ego ia capotar em um mar de religiosidade, inspirado pelas qualidades superiores do ser divino. Wotan era um deus guerreiro mágico. O estudo de Wotan por Jung foi um alerta contra uma próxima sublevação sanguinolenta, uma possessão em massa induzida pelos nazistas e o crepúsculo dos deuses. De modo que, para nós, a questão é a seguinte: O que poderia significar a atual torrente de notícias sobre anomalias?

Vejamos as notícias cada vez mais numerosas sobre visões da Virgem Maria. Nos últimos tempos, essas visões têm acontecido, ou pelo menos são noticiadas, com freqüência cada vez maior nos Estados Unidos. Thomas Petrisko, o editor de *Our Lady Queen of Peace* [Nossa Rainha da Paz], diz que as notícias sobre aparições de Maria aumentaram tanto na última década que é quase impossível lhes acompanhar o número.

O *Livro do Apocalipse* contém a estranha visão de uma "mulher vestida de sol" (*Apocalipse*, 12:1), uma figura descrita como estando em guerra contra um "Dragão vermelho". Cristãos conservadores pensavam geralmente que o Dragão vermelho era o Império Vermelho Soviético, um candidato ao Anticristo. O Anticristo soviético, porém, entrou em colapso, embora visões de Maria continuem a ser noticiadas com freqüência crescente.

Talvez seja uma boa idéia olhar em outra direção para decodificar o mistério mariano. Em minha opinião, a epifania da mulher vestida de sol é arquetípica e desperta acordes profundos daquilo que Lincoln denominou de nossa "memória mística". É uma imagem atraente do feminino em guerra contra com aspecto negro do masculino. Seriam então as atuais visões de Maria sinais de uma cisão arquetípica na mente humana? Prenunciariam elas, de alguma obscura maneira simbólica, a grande guerra de paradigma entre o Masculino e o Feminino — entre Javé e Démeter, Thor e Afrodite, em guerra, em luta final, antes do fim da velha dispensação da história e o surgimento da nova?

As visões de Maria nos séculos XIX e XX coincidiram com épocas de conflitos arrasadores. Alguns exemplos: As visões que Catherine Laboure teve de Maria prefiguraram a Revolução Francesa, profetizando a guilhotina para os padres. As visões de Fátima em 1917 assinalaram o nascimento do Império Soviético, uma época de desumanização. As visões em Zeitun, Egito, estiveram ligadas à dissensão entre muçulmanos e cristãos coptas, que permanece sem solução até hoje. Em 1981, crianças começaram a ter visões de Maria em Medjugorje, uma aldeia nas montanhas, perto da Bósnia, na Herzegovina. A mensagem era de paz para um país que, desde então, mergulhou em uma guerra infernal. As visões marianas parece que prefiguram a aproximação de tumultos sociais.

Na década de 1990, visões de Maria começaram a acontecer com uma freqüência crescente nos Estados Unidos. Milhares de pessoas convergiam para locais de supostas epifanias, não raro invadindo e pisoteando propriedades privadas, tomadas pela emoção de contemplar a Mãe de Deus. Como nos outros exemplos que dei, a visibilidade cada vez maior da Mãe Maria na América pode ser um sinal de que forças de mudança, possivelmente de mudança turbulenta, estão em ação.

Reconheço que é uma reflexão sombria, mas que talvez tenha um lado brilhante. Eu me pergunto se as visões de Maria na América não seriam de certa maneira uma resposta ao destino infeliz de tantas crianças em nossa sociedade e no mundo em geral. E caberia especular se essas imagens persistentes da feminilidade sagrada não seriam sinais de um despertar de forças psíquicas arquetípicas, que foram abafadas e distorcidas durante milênios. Ou como disse o filósofo grego Heráclito, muito tempo antes do nascimento de Cristo: Quando nos afastamos do caminho da justiça cósmica, as "Erínias, as ministradoras da Justiça", nos encontrarão. As Erínias eram divindades femininas ferozes, conhecidas também como "as Fúrias".

Seriam esses aparecimentos de Maria algo como erupções da imaginação coletiva, uma resposta ao fracasso das religiões dominadas pelo homem nos dois mil últimos anos? Estariam elas, de alguma misteriosa e fantasmagórica maneira, expressando forças coletivas inconscientes, em revolta contra a civilização que produziu Hiroshima e os campos de extermínio nazistas?

As visões de Maria, os OVNIs e outras anomalias psíquicas talvez sejam sinais de tensão crescente em nossa mentalidade coletiva. Se Jung teve razão, elas profetizam o perigo de que o centro não agüentará mais e que forças psicológicas, normalmente adstritas às suas órbitas regulares, serão perigosamente liberadas. Talvez a América psiquicamente anômala esteja a caminho de um evento que, como a Guerra Civil, poderá ser assustadoramente transformador, mas também necessário para o segundo renascimento da nação.

Anomalias significam fins e novos começos. Olhem em volta. A prova é difícil de negar. Uma mudança de deuses está acima de nós. Após dois mil anos, a cruz, indubitavelmente ainda viva e poderosa, tornou-se, apesar disso, uma pergunta, um fardo para muitos, e para outros uma porta dos fundos para o niilismo, como vimos em nazistas e comunistas de mentalidade messiânica. Sem um centro no interregno, o ciclo recomeça e a forma da cruz muda para a *ankh*, a mandala, a suástica, a serpente, o cristal, o disco voador — o planeta azul no espaço.

Por que estariam explodindo os arquétipos? O encantamento hipnótico de dois mil anos de Cristianismo está passando. O planeta Terra entrou em uma nova fase de sua história. A ciência, o produto da inteligência humana, pôs tudo de pernas para o ar. No século XX, uma espécie de bípedes ridículos obteve de repente poder titânico sobre a natureza. Os seres humanos agora têm poderes divinos para destruir e criar.

Ora, se como alegam James Lovelock e Lynn Margolis, Gaia, nossa Mãe-Terra é, em algum sentido, realmente viva, ela tem de possuir uma mente, mas uma mente sem dúvida muito mais estranha do que a nossa. Para colocar ainda sob outra perspectiva nossas anomalias do fim do tempo, digamos que Gaia está tentando conversar conosco. Sua mente, carecendo de gosto pela clareza cartesiana, comunica-se em uma linguagem de símbolos e arquétipos. Talvez esteja falando conosco na linguagem enigmática dos Círculos em Plantações e dos discos voadores, anjos e visões de Maria, alienígenas cinzentos e Homens de Preto, e assim por diante.

Talvez estejamos recebendo sinais, das profundezas da natureza e da humanidade coletiva, de que estamos em uma encruzilhada na estrada do tempo e da história.

Quem sabe quais forças a mente de Gaia poderia desencadear ao sentir o ataque à vida, os maus-tratos a que estamos submetendo seu corpo e os seus filhos humanos mais jovens e mais promissores? Evidentemente, enfrentamos uma era de guerra espiritual. Já as vimos no horizonte, figuras esbatidas prontas para matar médicos ignorantes da lei, porque a voz da consciência lhes sussurra que o aborto é errado. Na Bósnia, cristãos ortodoxos exterminam católicos e muçulmanos, e católicos e muçulmanos se matam uns aos outros. Em Ruanda, em 1994, a guerra entre tribos resultou na matança de centenas de milhares de indivíduos. Observadores especulam se essas carnificinas geradas por ódio entre tribos não seriam um presságio de volta à barbárie medieval (ver a matéria de capa da revista *Time*, em 16 de maio de 1994). O indizível olha-nos na cara todos os dias, na tela da televisão. Não é de espantar que as crianças enchem as galerias de videogames, jogando o Exterminador 2. Estarão elas se preparando psiquicamente para o Dia do Juízo Final?

Anomalias são sintomas de desmoronamento, do fim de uma visão de mundo, mas também sinais do alvorecer de uma nova visão. Serão as notícias crescentes de anomalias, e atividades estranhas de alienígenas, sintomas de um tipo de mergulho psicótico nas profundezas curadoras, a jornada através de um túnel escuro, ao fim do qual a luz da transformação nos espera?

10
Tecnocalipse Agora

*E aquele que estava assentado no trono
disse: "Eis que faço novas todas as coisas."*

APOCALIPSE, 21:5

*O espaço cibernético está para o ato de pensar assim como
o vôo está para o ato de rastejar. A origem desse
fascínio é a promessa de controle sobre o mundo por meio
do poder da vontade. Em outras palavras, é o sonho antigo
da magia que, finalmente, se aproxima de despertar em
algum tipo de realidade.*

MARCOS NOVAK
Liquid Archetypes in Cyberspace

No último capítulo, estudamos o domínio das anomalias do fim dos tempos. Neste capítulo, vamos analisar as relações entre a tecnologia e o Mito do Milênio. A tecnologia reflete também a pressão do Mito para que entre na história. Com o objetivo de identificar tal pressão, cunhei uma palavra, *tecnocalipse*, ou "a convergência da tecnologia e da imaginação apocalíptica".

As dimensões do tecnocalipse apenas começam a despontar para nós, enquanto nos aproximamos dos fins do século XX. Ciência e tecnologia começaram a transformar inteiramente a existência humana com invenções tais como a bomba atômica, as viagens espaciais, a criogenia, a engenharia genética, a nanotecnologia, a realidade virtual, e assim por diante, fenômenos estes repletos de conotações apocalípticas.

O *Livro do Apocalipse* descreve a transformação completa da natureza — "um novo céu e uma nova terra" (*Apocalipse*, 21:1). "O primeiro céu e a primeira terra passaram", disse a voz, falando ao profeta João, "Eis que faço novas todas as coisas". O que pretendo mostrar neste capítulo é que a tecnologia, considerada como uma atividade total e a longo prazo, está sendo compelida a realizar exatamente essa renovação de toda criação. Em particular, acredito que o impulso principal da tecnologia é no sentido de reconstruir o corpo humano.

Na Epístola aos Romanos, Paulo escreveu que o mundo natural sofria de um defeito fundamental. Segundo ele: "... toda criação será redimida do cativeiro da corrupção, para a liberdade da glória dos filhos de Deus. Porque sabemos que toda a criação a um só tempo geme e suporta angústias até agora... igualmente gememos em nosso íntimo, aguardando a adoção de filhos, a redenção de nosso corpo" (Romanos, 8:20-23). A visão bíblica de renovação total da natureza e da existência corporal retroage a Isaías: "Pois eis que crio novo céu e nova terra; e não haverá lembrança das coisas passadas" (Isaías, 65:17). Felicidade, alegria, harmonia completa com uma nova natureza serão realidades no próximo Reino messiânico. Em linguagem moderna, a natureza ingressará em uma nova época de evolução cósmica.

A Tecnologia do Novo Céu e da Nova Terra

A crença em que um rompimento com a natureza, como a conhecemos, é possível, pode ser encontrada em muitas tradições antigas. Mircea Eliade falou da nostalgia do paraíso pelo homem. Além dos hebreus, os romanos a sentiram. Virgílio, por exemplo, na Quarta Écloga, previu o advento de uma idade áurea, na qual as leis da natureza e da sociedade humana seriam radicalmente alteradas. No Capítulo 8, descrevi a visão de Platão da verdadeira terra. Henry Corbin discutiu a "terra celestial" dos psicovisionários mazdeanos e xiitas[1].

Tal como Platão e São João, os visionários iranianos esperavam uma terra transfigurada. Segundo Corbin, imaginação ativa seria a faculdade capaz de discernir a terra celestial. A imagem é o ponto focal de nossa vida mental, onde sentido e espírito se unem. "E a propriedade dessa imagem será exatamente a de afetar a transmutação dos dados sensoriais, sua decomposição e transformação na pureza do mundo sutil, a fim de restabelecê-los como símbolos a decifrar... Essa percepção através da Imaginação, por conseguinte, equivale a uma 'desmaterialização'"[2].

Este último ponto interessa a um grande tema do tecnocalipse: a tendência da tecnologia de desmaterializar — não apenas a si mesma — mas também a própria existência humana. Como podemos observar na tendência para a miniaturização, por exemplo, computadores estão se tornando cada vez menores. Esse fato talvez pareça paradoxal, uma vez que associamos tecnologia a materialismo. O paradoxo, no entanto, desaparece logo que refletimos no que ela realmente faz, que é reduzir as limitações da existência material em nossa experiência do mundo. O telefone, por exemplo, aniquila o espaço no que interessa à voz humana; a televisão, à imagem humana, e assim por diante — e cada aspecto da tecnologia permite que o homem se estenda através do tempo e do espaço. A natureza nos limita cada vez menos. Por trás da tecnologia, há o impulso para reestruturar a natureza, um impulso na direção de um segundo gênesis.

Os profetas viram tudo isso, obscuramente, em visões. Com o mundo moderno, a visão começou a encontrar maneiras de encarnar fragmentos de si mesma. O historiador Ernest Tuveson, na verdade, escreve sobre uma "Nova Jerusalém mecânica". Robert Boyle, por exemplo, viu as "grandes descobertas" da nova ciência como "indicações fecundas" de algo maravilhoso a acontecer, dando-nos "fundamentos para boa esperança, de que Deus está se apressando para terminar algumas grandes obras, em uma exibição mais gloriosa..."[3]. Boyle falou da próxima ampliação das faculdades perceptivas e intelectuais do homem. Na "grande renovação do mundo" por ele imaginada, os seres humanos continuariam a explorar a natureza. Nem mesmo a morte deteria a evolução da consciência, "porque é provável que todas nossas faculdades sejam, em um futuro estado abençoado, ampliadas e aguçadas". A idéia de progresso científico e técnico concebida por Boyle, por conseguinte, funde-se com a meta escatológica de um "futuro estado abençoado"[4]. A ânsia por imortalidade, por futuros novos céu e terra, está neste caso vinculada à evolução da nova ciência e da tecnologia.

Três Visões da Tecnologia dos Novos Céu e Terra

Voltando ao presente, há três maneiras para falar sensatamente sobre a tecnologia de um "novo céu e terra".

1) A primeira diz respeito ao poder prodigioso sobre a natureza que o homem adquire cada vez mais.

2) A segunda surge sob o título de criação de novos ambientes, de mundos autônomos. Ciência e tecnologia começaram a criar (ou a pensar em criar) novos mundos, no sentido de construir novos ambientes, como, por exemplo, a formação de análogos da Terra ou modificação das condições físicas de planetas como Marte, habilitando-os a receber migrantes espaciais humanos. A formação de um análogo à Terra é um cumprimento literal das profecias de João e Isaías sobre novos céus e terras. A Biosfera 2, a tentativa de dois anos de duração de criar um ecossistema auto-sustentável, um biomundo em si, constitui outro exemplo recente de construção de um novo céu e nova terra. Outro exemplo, que focalizo aqui, é o espaço cibernético e a realidade virtual (RV).

3) O terceiro exemplo do tecnocalipse envolve os trabalhos crescentes em bio-engenharia. A idéia de criar por esse meio um novo tipo de ser humano torna real a visão milenarista de Robert Boyle, de uma "físico-teologia".

O tecnocalipse dá prosseguimento à obra do Iluminismo americano e europeu, ao lado progressista da Reforma, ao humanismo da Renascença, às esperanças dos psicovisionários iranianos e às apirações de João de Patmos, Platão e Isaías. A tecnologia moderna, vista sob esta luz, é a mais recente e mais poderosa expressão de uma tradição visionária que retroage às origens da civilização humana. A tecnologia moderna, sugiro aqui, não é simplesmente o monstro de Frankenstein que freqüentemente parece ser, ou mero acréscimo ao conforto e conveniência louvados por Samuel Hopkins, mas um instrumento inconscientemente orientado pelas visões milenaristas de fim da história. Examinemos agora, em maiores detalhes, esses três caminhos para o tecnocalipse.

Um Novo Poder sobre a Natureza

Máquinas seriam secretamente impulsionadas por phantasias escatológicas. A maneira de entender essa idéia consiste em examinar o que elas fazem. De modo geral, elas produzem o efeito de tornar o mundo mais leve, de reduzir a dificuldade do mundo natural em mover-se, assim como minimizar seu antagonismo aos desejos humanos. Conforme notado acima, elas têm a tendência para desmaterializar o mundo. Arno Penzias, do Bell Labs, o homem que descobriu em 1964 o brilho remanescente do Big Bang, diz, por exemplo, que estamos no limiar de uma "Era de Transparência da Informação". De acordo com o profeta Daniel (Daniel, 12-4): "Muitos o esquadrinharão... e o saber se multiplicará." Uma revolução nos transportes e nas comunicações está chegando, proclamou o apocalíptico Daniel, muitos séculos antes de Penzias.

O mesmo está acontecendo com a revolução na consciência que temos do tempo. Através da televisão, de filmes, de projeções de computador, a tecnologia promete tornar todos nós, como o Bill Pilgrim de Kurt Vonnegut, "livres do tempo". Libertar-se do tempo, escapar do tempo natural, constitui um dos principais aspectos do tecnocalipse. A tecnologia está acelerando a experiência do tempo e criou mesmo um novo tipo de doença, que Alvin Toffler denominou de "choque do futuro". Estamos, dizem os tecnovisionários, a caminho de um salto quântico no poder das máquinas, que mudará rapidamente todas as regras do jogo da realidade. A Física Quântica, afirmam alguns teóricos, talvez torne mesmo possível viagens no tempo.

Não há exemplo melhor da expansão cada vez maior da capacidade humana do que aquilo que K. Eric Drexler descreve como a "próxima era da nanotecnologia". O *Engines of Creation* [Os Mecanismos da Criação], o título do livro de Drexler, leva-nos por um atalho científico de volta ao *Livro do Gênesis*. Tradicionalmente, criação é negócio de deuses. Na mecanística Nova Jerusalém, isso se torna trabalho de engenheiros.

Embora as opiniões de Drexler sejam extrapolações de áreas bem sólidas da ciência, tal como a química orgânica, a nanotecnologia constitui ainda ciência visionária. A nanotecnologia é uma tecnologia molecular. O nanômetro é a bilionésima parte do metro, o tamanho da molécula. Com a nanotecnologia, embarcamos com Isaac Asimov em uma Viagem Fantástica e ecompanhamos o Incrível Homem que Encolhe numa descida ao mundo do tão pequeno a ponto de desaparecer.

Desde a Idade da Pedra, a tecnologia tem operado "em grosso", como na gravação em pedra e na xilogravura. O artista ou construtor pega um objeto volumoso e lhes refina a forma. Os nanotecnologistas construirão do nível molecular para cima, controlando as moléculas ao controlar as leis da sua ligação determinadas pela química orgânica. Capturarão as nanomáquinas que fazem funcionar os organismos vivos, extrairão seus mecanismos químicos e as farão trabalhar. Com a nanotecnologia, segundo Drexler, entraremos na era da abundância milenarista, desenvolveremos maneiras de produzir corpos biônicos, ampliaremos nossos movimentos a todo sistema solar e mais além. A consciência americana de prosperidade encontrará na nanotecnologia o aliado supremo.

Entre as tecnologias possíveis, nenhuma dá mais suporte ao Milênio do Iluminismo do que a nanotecnologia. Futurólogos americanos geralmente promovem o otimismo, como, por exemplo, Naisbitt e Aburdene (no *Megatrends 2000* [Megatendências 2000]), e Cetron e Davies (no *American Renaissance* [Renascimento Americano]). Estes últimos escrevem: "Nos próximos cinquenta anos, os Estados Unidos continuarão a ser o país mais produtivo do mundo, o mais poderoso, o mais rico e o mais livre. No ano 2000, poucos entre nós terão razão para duvidar disso." Esfandiary, um autonomeado "transumano" entre nós, prega também prosperidade e otimismo. E conclui seu *Up-Wingers* [Altos Vôos] com as palavras seguintes: "Que não tenhamos medo da visão e da esperança. Foram os ousados visionários que nos trouxeram até aqui — dos pântanos sombrios primordiais para onde estamos hoje — estendendo as mãos para as galáxias, estendendo as mãos para a imortalidade." Timothy Leary pertencia à companhia desses otimistas constitucionais, confiante como era em que os seres humanos poderiam estar a ponto de aprender a "galvanizar" o próprio cérebro. O otimismo de Drexler, porém, supera o de todos seus predecessores:

Com a nanotecnologia, poderemos ser capazes de fazer praticamente tudo o que quisermos, em qualquer volume que quisermos, e fazer isso de modo barato e limpo. Pobreza, falta de moradia e fome poderão ser banidas. A poluição poderá ser eliminada. Poderemos finalmente abrir a fronteira do espaço. Com ajuda dos poderosos sistemas A1, poderemos atacar as aplicações mais complexas da nanotecnologia, incluindo cirurgia molecular para reparar tecidos humanos. E essa técnica poderá eliminar o envelhecimento e a morte. Pessoas em toda parte lutam por maior riqueza e melhor saúde. Com esses progressos, poderemos tê-los — todos nós[5].

Que declaração sobre o potencial humano! Agora vejam a passagem abaixo, semelhante em espírito, de autoria de Irineu, um dos antigos patriarcas da Igreja:

Chegarão dias em que vinhas crescerão, cada uma delas com dez mil galhos, e em cada galho dez mil ramos, e em cada ramo dez mil brotos, e em cada um dos brotos dez mil cachos e em cada um dos cachos dez mil uvas, e cada uva, quando esmagada, produzirá vinte e cinco *metretes* de vinho[6].

Temos aqui uma visão de prosperidade materialista e, como a visão nanotécnica de Drexler, ela promete nada menos do que uma nova cosmologia da abundância. A diferença, claro, é que Irineu esperava que Deus fizesse o milagre, enquanto que, para Drexler, a nanotecnologia será o santo milagreiro: "A nova tecnologia trabalhará, com controle e precisão, com átomos e moléculas individuais; chamemo-la de *tecnologia molecular*. Ela mudará nosso mundo de mais maneiras do que poderíamos imaginar.[7]"

A chave para esse milagre milenarista de poder criativo será as montadoras celulares. "Uma vez que as montadoras nos permitirão pôr os átomos em quase qualquer arranjo razoável, elas nos darão meios para construir quase tudo que as leis da natureza permitam que exista." Stewart Brand, fundador da revista *Whole Earth Review*, fala da próxima era das "realidades do projetista". A invasão do território das divindades começou. Drexler, com a confiança de um mago da Renascença, diz: "Com as montadoras, poderemos reconstruir nosso mundo ou destruí-lo." As montadoras trabalharão em conjunto com as desmontadoras. A desmontadora será uma nanomáquina que procederá ao desmonte de um objeto, ao mesmo tempo gravando-lhe a estrutura na memória. Uma vez gravada a informação estrutural, as montadoras começarão a tirar cópias perfeitas do objeto — de modo barato, limpo, eficiente. O Milênio tecnológico será uma pechincha.

Críticos dizem que as idéias de Drexler são implausíveis, dada a maneira como moléculas se comportam: Drexler pensa nelas de forma rígida e mecânica demais. Suas nanomáquinas não funcionarão porque o mundo molecular é difuso demais, e assim por diante. Essas dúvidas em nada diminuem a confiança e o entusiasmo de Drexler, cujo lema é: "Se puder ser feito, será feito." A nanotecnologia será uma "revolução sem paralelo".

Biosfera 2

O Mito do Milênio está nos compelindo a recriar e a reincorporar a nós mesmos — a renovar a Terra, a redescobrir e, se necessário for, a reprojetar o Jardim do Éden. É dessa maneira que podemos encarar a Biosfera 2, uma tentativa, muito criticada, de criar no interior de uma cúpula de vidro um sistema vivo aberto, energeticamente aberto — em suma, uma biosfera. A Biosfera 2 é uma tentativa de construir uma arca de Noé computadorizada, um microcosmo vivo da Terra, independente, e por fim, quando aperfeiçoada, transportável.

Os técnicos projetaram um meta-ecossistema no qual tudo o que respiram, comem e bebem é reciclado. E assim o círculo se fecha, a mandala da inteireza, o símbolo de nossa divindade, sob o disfarce da primeira tentativa de preparar ambientes completos para participar da formação de análogos da Terra e da migração espacial. A Biosfera 2 é um bom exemplo dos efeitos secundários seculares da imaginação profética de Isaías e de João de Patmos.

O magnata texano Ed Bass custeou o experimento do novo gênesis, de dois anos de duração, no sul do Arizona. Treze voluntários, homens e mulheres, tomaram parte no experimento, na maior tentativa até hoje feita de criar uma ecologia sintética. O trabalho era formidável, o que talvez tenha levado um dos bionautas, Peter Warshall, a observar: "Projetar um biolar é uma oportunidade de pensar como Deus." Que o experimento tinha conotações apocalípticas é sugerido pelo fato de que circularam boatos de que tudo aquilo era um ensaio de gala para o pós-apocalipse, um plano maligno de bilionários para se salvarem, na próxima quebra da ordem mundial.

Sobre a engenharia de biosferas, escreveu Dorian Sagan: "Estamos na primeira fase de uma metamorfose planetária, de um rompimento da onda biótica"[8]. Quebrar a onda biótica significa que o futuro da Terra está agora nas mãos de engenheiros. A Biosfera 2, à parte seus avanços técnicos e em planejamento — é um marco de importância simbólica, o ponto final na onda temporal da história da Terra. Isso porque, antes que as viagens espaciais e a colonização de outros mundos se tornem possíveis, a engenharia da biosfera terá que ser dominada. A Biosfera 2, um experimento em biologia espacial, antecipa-se a um desafio que terá que ser enfrentado para produzir um habitat sustentável no espaço. Não podemos migrar sozinhos para o espaço. Teremos que levar conosco toda a onda biótica da qual evoluímos.

Abrindo a Fronteira Espacial

Drexler descreve o futuro em um capítulo intitulado "O Mundo Além da Terra". O Programa Espacial Americano caiu em estagnação após o Projeto Apolo, que Drexler acha que foi apenas uma cerimônia destinada a marcar presença. O Programa renascerá com a nanotecnologia.

Há cerca de um século, o visionário russo Konstantin Tsiolkovsky disse o seguinte: "O homem não permanecerá para sempre na Terra. A busca de luz e de espaço leva-lo-á a penetrar nos limites da atmosfera, timidamente no início, mas, no fim, para conquistar todo o espaço solar." Em 1961, outro russo, Yuri Gagarin, tornou-se o primeiro homem a viajar no espaço. Como sempre, a visão precedeu a tecnologia.

De acordo com Drexler, estamos prestes a tornar realidade o sonho de Leonardo, isto de uma maneira que o teria deixado boquiaberto. Usaremos no espaço as imensas fontes de energia solar, extrairemos minério da lua e dos asteróides, criaremos terras tão grandes como a Europa e mares tão vastos como o Mediterrâneo no espaço de gravidade zero. Haverá liberdade e abundância para todos, *literalmente*, em um novo céu e nova terra. "Recursos do espaço e montadoras que se reproduzem", declara Drexler, "acelerarão essa tendência histórica muito além dos sonhos dos economistas, lançando a raça humana em um novo mundo".

Timothy Leary, que ajudou a lançar a América nas viagens ao espaço interior, por intermédio de drogas psicodélicas na década de 1960, tornou-se também um defensor das viagens pelo espaço exterior. Em março de 1976, Leary cumpria pena na Penitenciária Federal de San Diego pela temeridade de reanimar, no século XX, o arquétipo de Sócrates. Na prisão, ele escreveu um trabalho intitulado "Guerra e Centralização como Prelúdios à Migração Espacial"[9].

O texto fazia perguntas sobre a "meta da evolução". Leary descartava, considerando como becos sem saída as velhas metas de expansão territorial, competição tecnológica e homogeneidade cultural. A velha tecnologia criara uma "sociedade electróide-organizada, quase insetológica em sua centralização"[10]. (*Insetológico*, um adjetivo curioso, aparece no *Livro do Apocalipse* de João e na Interzona de William Burroughs. A palavra *insetológico* consta também da descrição dos "visitantes" feita por Whitley Strieber.

As inclinações quiliásticas de Leary transpareciam em seu otimismo: "O que se perde no pessimismo é o fato de que nossa espécie está cavalgando uma imensa onda cerebral evolutiva, um crescimento gigantesco de liberação de informações, que deve ter sido planejado com algum objetivo em vista"[11]. O objetivo da evolução humana, segundo Leary, seria — S.M.I.^{2}L.E. As palavras significam Space Migration, Intelligence Increase, and Life Extension [Migração Espacial, Aumento da Inteligência e Prolongamento da Vida]. Dizia Leary que essa evolução tinha por objetivo o domínio progressivo de ecossistemas, expansão e vôo pelo espaço, "para longe do puxão da gravidade". Realmente — para longe do puxão da gravidade. Como antigamente, a morte e a gravidade continuam a ser inimigos apocalípticos.

"A maioria das revelações religiosas e das cosmologias que orientaram a humanidade no passado concorda em que os objetivos da vida serão encontrados no 'céu acima'. Certamente não é por acaso que anjos alados, reinos celestiais, descidas e ascensões messiânicas sejam temas básicos encontrados em quase todas as teologias." Concordo com a generosa hermenêutica evolutiva do simbolismo religioso e do discurso mítico, proposta por Leary. Deuses, messias, anjos e outros instrumentos de poder sobrenatural são entendidos aqui como metáforas do potencial evolutivo humano. A religião, se interpretada com olhos policognitivos, antecipa-se ao futuro da ciência.

A profecia, especialmente quando prevê o advento do Eschaton, é um retrato de desenvolvimento transumano. A guerra entre ciência e religião é desnecessária, sugere Leary, é o produto de mentes tornadas superficiais pelo medo. Nenhuma guerra desse tipo incomodou Galileu, Newton ou Einstein. A guerra entre ciência e religião seria uma guerra entre monoteístas da imaginação.

Quanto ao prolongamento da vida ser a meta da evolução, Leary concorda com Nikolay Fedorov, nosso visionário russo inimigo da morte, que conhecemos no Capítulo 6, quando diz: "A morte é o único inimigo da humanidade. A derrota da morte deve ser a preocupação básica e central da ciência. A morte deve ser apagada, como quem apaga uma vela"[12]. Ou, como disse John Donne: "Morte, tu morrerás." No caso de Leary, o desafio à morte tornava-se um apelo por mais tecnologia. Ele, na verdade, aplicou o cérebro à esperança milenarista de imortalidade criogênica. Devo dizer, contudo, que no *logo* escato-evolutivo de Leary, a ênfase era no Aumento da Inteligência. Ele, corretamente, frisava como seriam o prolongamento da vida e a migração pelo espaço sem aumento da inteligência. Gente longeva no espaço com mente retardada seria uma zombaria de qualquer Milênio científico.

O Espaço Cibernético e o Novo Céu e Terra

Pessoas estão saudando hoje o espaço cibernético — ou realidade virtual — com o mesmo entusiasmo que demonstram pela nanotecnologia.

Enquanto a nanotecnologia é uma visão de poder divino sobre a natureza física, o espaço cibernético é a visão de um novo ambiente, onde a imaginação humana terá liberdade para reinventar e reincorporar a realidade. A idéia de viagens em realidades sintéticas computadorizadas, como também a idéia de nanomáquinas todo-poderosas, sugere que os seres humanos estão na cúspide de um novo estágio da evolução cósmica.

Marshall McLuhan revelou-se como profeta do espaço cibernético quando escreveu, em 1964: "Hoje, após mais de um século de tecnologia elétrica, estendemos nosso próprio sistema nervoso central em um abraço global, abolindo espaço e tempo no que interessa ao nosso planeta"[13]. O espaço cibernético amplia nosso sistema nervoso além de nosso *self* individual naquilo que McLuhan chamou de "a aldeia global".

O espaço cibernético nasceu nas cavernas paleolíticas de Lascaux. Quando os homens pré-históricos fizeram, nas paredes da caverna, marcas que lembravam imagens de animais, eles criaram o primeiro espaço alternativo como morada da imaginação humana. Deram o primeiro passo para a criação da máquina de sonhar que é o espaço cibernético. Contar uma história é criar um sonho consciente. O espaço cibernético é a tecnoficção do sonho consciente, a técnica para produzir aquilo que o romancista William Gibson chamou de "alucinação consensual"[14].

A humanidade não consegue agüentar realidade demais, disse T.S. Eliot. O espaço cibernético é a solução para a necessidade humana de escapar da rotina de uma vida encurralada no espaço-tempo, um meio além do princípio da realidade de Freud. Eu gostaria de expor a questão da seguinte maneira: se o espaço é o teatro da *Realpolitik*, o espaço cibernético abre a porta para a "Surrealpolitik".

Os magos egípcios pensavam que podiam (ou fingiam que podiam) dar vida a imagens mediante uso de encantamentos apropriados. Os magos da Renascença pensavam que o ser humano poderia controlar as forças da natureza através da manipulação de ícones e fórmulas verbais. Em fins do século XX, manipulamos os ícones da Apple Computers ou do Microsoft Windows.

A América, a terra natal do espaço cibernético, liderou no desenvolvimento do telefone, do fonógrafo, da lâmpada elétrica, do rádio, do cinema, da TV e do computador. Espaço cibernético é o nome para a convergência, cada vez mais acelerada, das tecnologias da comunicação. O espaço cibernético, conceito este ainda incompleto, representa um mergulho coletivo na direção do Eschaton da informação. O Eschaton, no plano da tecnologia, assinala aqui o aparecimento de um novo ambiente: o prolongamento do homem a um novo céu e terra eletrônicos. Invenção após invenção, progresso após progresso, esta última onda para os Últimos Dias evolui sem parar.

O telefone foi fundamental para tornar possível a telepresença e a interatividade. Escreveu McLuhan: "Com o telefone, ocorre uma ampliação do ouvido e da voz que é uma espécie de percepção extra-sensorial". O rádio proporcionou telepresença múltipla, mas carecia de interatividade. A gente podia desligar o Prefeito La Guardia, enquanto ele lia histórias em quadrinhos durante uma greve de jornalistas, mas não podíamos respondê-lo. Hoje em dia, com as prefeituras eletrônicas, temos telepresença visual e auditiva, com a capacidade de milhões de participantes interagirem entre si.

Estamos observando os primórdios de um novo espaço lógico, uma "toda parte" eletrônica instantânea, a qual todos podemos ter acesso, nela entrar e vivenciar. A comunidade virtual torna-se o modelo de um Reino do Céu secular. Como disse Jesus, no Reino do Pai há muitas moradas, de modo que já há muitas comunidades virtuais, cada uma delas refletindo suas próprias necessidades e desejos. No WELL (Whole Earth 'Lectronic Link), por exemplo, podemos nos ligar a comunidades virtuais de interesses que variam de histórias em quadrinhos à culinária, de pirataria eletrônica a hipercartas, de AIDS a anjos.

No espaço cibernético, deixamos o corpo e imergimos em outro ambiente, entramos, por assim dizer, no mundo da projeção astral eletrônica. Por trás disso, existem séculos de aspiração humana por vitória sobre a morte e a matéria. Aqui encontramos um elo crucial entre a escatologia antiga e a tecnologia moderna. Notem os passos que foram dados neste século. O cinema tornou possível o primeiro êxodo em massa para um espaço cibernético parcialmente evoluído. Experimentamos uma telepresença parcial (na maior parte visual). No cinema às escuras, tivemos, psiquicamente falando, nossas primeiras experiências eletrônicas fora do corpo.

A indústria do entretenimento alimentou a busca desse aspecto do espaço cibernético, de novas dimensões de expansão sensorial e de telepresença. O *Cinerama*, de Fred Waller, não produziu grandes filmes, mas foi um passo no caminho da imaginação popular americana, em luta para libertar-se do espaço e do tempo. O *Sensorama*, de Morton Heilig, era uma máquina que nos levava em passeios de motocicleta simulados pela cidade de Nova York. Sentíamos o vento no rosto e os cheiros simulados da cidade, que eram ejetados pelo forro da poltrona. Embora a iniciativa de Helig nunca tivesse se tornado um sucesso comercial, o inventor considerava o *Sensorama* como um instrumento educacional, uma maneira de estender e organizar a experiência em um mundo crescentemente caótico. Visto assim, o espaço cibernético transforma-se em um meio educativo para o próximo milênio[15].

Myron Krueger é outro profeta do espaço cibernético — uma versão eletrônica do novo céu e nova terra. Até agora, nenhuma tentativa fiz de definir o espaço cibernético (ou realidade virtual), porque o conceito permanece aberto. A definição de Krueger, porém, merece ser citada na íntegra:

> Uma realidade virtual domina inteiramente nossos sentidos e nos imerge em um mundo simulado, criado por recursos gráficos de computador. Interagimos com esse mundo de uma forma inteiramente natural, usando nosso corpo. Esse mundo pode ser habitado por criaturas gráficas e por imagens de outras que se encontram em localizações diferentes. Uma vez que as leis de causa e efeito podem ser conciliadas neste caso, qualquer fantasia interativa que possa ser imaginada poderá ser também experimentada[16].

Uma realidade virtual — Krueger deixa implícito que o conceito é pluralista — constitui um mundo novo de criaturas gráficas, um mundo no qual podemos penetrar e deixar à vontade, um mundo onde tudo que podemos imaginar pode ser experimentado.

No caso da televisão, ficamos do lado de fora, olhando para uma caixa que contém, e mostra, uma imagem móvel. Na realidade virtual, penetramos na caixa, atravessamos a tela e imergimos em um mundo, como imergimos em um sonho. Movemo-nos em um mundo estereoscópico, de gravidade alterada. Pomos o capacete na cabeça, ajustamos a luva controladora de dados — e lá estamos! Somos um cirurgião em uma mesa de operação, um astronauta trotando na superfície de Júpiter, uma molécula de açúcar na corrente sangüínea.

As observações de Krueger sugerem outra idéia sobre o espaço cibernético. Nele, criamos nossa própria realidade. (Encontramos o clichê da Nova Era em um tecno-ambiente pós-cármico.) Criamos objetos informacionais — "criaturas gráficas", como as chama Krueger — e as organizamos para habitar mundos simulados. Podemos dotar essas entidades gráficas, esses *golems* e *tulpas,* de tanta inteligência como quisermos. Em seguida, inventamos regras, histórias ou imaginamos maneiras de interagir com elas. Dessa maneira, com ajuda de uma máquina, podemos brincar de Deus.

O músico-inventor Jaron Lanier é conhecido por ter projetado um instrumento para o espaço cibernético conhecido como luva controladora de dados. A luva orienta os cibernautas para seus mundos virtuais. A luva é um novo polegar opositivo. Com o primeiro polegar opositivo, tornamo-nos o *homo faber*; com a luva controladora de dados, tornamo-nos o *homo imaginalis*. O espaço cibernético implica o prolongamento radical de nosso sistema nervoso a espaços informacionais cujos limites são tão vastos quanto a imaginação humana.

De acordo com expoentes entusiásticos do assunto, o espaço cibernético possibilita também a ampliação de nossas liberdades básicas. Mitchell Kapor, co-fundador da Electronic Frontier Foundation, por exemplo, sugere que a via expressa digital está nos levando para uma nova política jeffersoniana de informação. "Na verdade", escreve ele, "a vida no espaço cibernético parece estar sendo modelada exatamente como Thomas Jefferson teria desejado: assentada na primazia da liberdade individual e no compromisso com o pluralismo, a diversidade e a comunidade"[17].

Claro, tudo isso continua a ser um sonho utópico. Da maneira como estão as coisas, a tecnologia da Nova Jerusalém talvez apenas aprofunde a divisão de classes entre os "informacionalmente" ricos e os desprivilegiados. Podemos ainda, com boas razões, temer o domínio pelas empresas, para não dizer que os quinhentos canais da via expressa da informação poderiam, tal como a velha mídia, transformar-se em quinhentos canais de fornecedores de produtos comerciais ao mais baixo denominador comum.

Tecnologia Satânica: Um Interlúdio

Na verdade, nem todos estão otimistas com o futuro do espaço cibernético. Esse espaço, dado seu espantoso potencial de formação de redes, talvez pareça a via expressa para uma utopia democrática jeffersoniana, e Capor tem razão em insistir em liberdade total nessa fronteira. Não obstante, o Mito que estamos usando como farol para o futuro nos diz que a época de transição é uma época em que temos que enfrentar o desafio de forças satânicas.

O *Livro do Apocalipse* vê um mundo escravizado e brutalizado por uma tecnologia satânica que domina a mente através de manipulação de imagens animadas. O falso profeta é o escravo da Besta. Através de "milagres", "lhe foi dado comunicar fôlego à imagem da besta, para que, não só a imagem falasse, como ainda fizesse morrer quantos não adorassem a imagem da besta" (*Apocalipse*, 13:15).

Em 1987, chegou às telas um filme brilhante, que estudava a metafísica do espaço cibernético e o controle da mente. O *Videodrome*, de David Cronenberg, é uma história de tecnocalipse. No filme, o videodrome é um sinal de vídeo que cria um tumor no cérebro, de acordo com o Professor Brian Oblivion, "tumor" este que é na realidade um prolongamento orgânico do cérebro, um órgão capaz de perceber novas realidades. Imagens saem das telas de TV e dissolvem-se as fronteiras entre alucinação e realidade. Max (papel vivido por James Woods) introduz a cabeça em uma tela de TV que se liquefaz, pratica amor virtual com Deborah Harry que, por sua vez, se transforma de imagem de TV em *femme fatale* em 3-D. A batalha pela mente da América será travada no videocampo, é o que nos diz o Dr. Oblivion. "Televisão é realidade", proclama ele. Televisão é o futuro humano. A realidade é um vídeo pornô-místico, com conotações de iniciação e automutilação.

Uma atmosfera de ameaça apocalíptica satura o *Videodrome*. Vemos Deborah Harry apagar, extática, um cigarro aceso no seio, em um gesto que lembra as mulheres russas da seita Skoptsy, mulheres que mutilavam os seios para apressar o Segundo Advento. Em um lance pelo poder mundial via Missão Raio Catódico, estímulos sadomasoquistas acionam mecanismos alucinatórios para controlar a mente coletiva. A nota apocalíptica é tocada com mais clareza no tema culminante do Videodrome, o "início da nova carne". Fiel ao Mito, a nova carne da ressurreição pressupõe crucificação.

"Para tornar-se a nova classe, temos que matar a velha classe." Esse o motivo por que o Videodrome teve que emergir dos filmes classe B, filmes que retratavam sadismo erótico que terminava em morte. Como no *Livro do Apocalipse*, o morticínio real em massa parece a coisa indicada antes do Grande Progresso. A última imagem do *Videodrome* mostra-nos Max (James Woods) estourando os miolos, desmembrando-se, no prelúdio necessário à sua Transfiguração no espaço cibernético.

No filme, imagens que ganham vida ameaçam tomar conta do mundo. Nessa versão hollywoodiana do Mito, Satanás opera uma gigantesca máquina de alucinação e o sadismo é usado para abrir as comportas neurais, preparar a alma para a epifania da "nova carne" e, dessa maneira, para a nova dispensação do "*mondo* sobrenatural". O *Wild Palms*, uma minissérie da ABC dirigida por Oliver Stone em 1992, foi outra excursão pelo vídeo do tecnocalipse. E eu incluiria nesta curta lista o *Terminator* 2 (e os videogames que o filme gerou), como apocalipses *pop*, nos quais o Anticristo é identificado com a Máquina. A imaginação popular da América é assombrada por imagens apocalípticas.

E também o são certos momentos críticos na história americana do século XX. Na verdade, alguns dos piores pesadelos de São João tornaram-se realidade neste século. O irado João, exilado na ilha de Patmos, viu a chegada de um tempo em que o homem traria o fogo do céu e o faria chover sobre a Terra, um tempo em que o povo seria destruído em massa com letal eficiência.

Para um exemplo recente, vejam o caso do bombardeiro Stealth (invisível), esses esguios agentes alados de destruição em massa — o legado da Lockheed ao potencial assassinato apocalíptico da América. O bombardeiro Stealth, indetectável pelo radar, adquire um aspecto sobrenatural, sinistro. Nenhum bombardeiro Stealth foi derrubado na Guerra do Golfo Pérsico. A destruição que choveu sobre Bagdá foi um apocalipse patmosiano do lado sombrio da tecnologia humana. Enquanto isso, o mundo assistia a todo o cenário (editado) em um dispositivo de imagem que João de Patmos parece ter profetizado há dois mil anos. Será que João viu tudo isso em uma bola de cristal?

Quando assistiu à explosão da primeira Bomba A, Robert Oppenheimer citou Shiva, o deus hindu da destruição: "Agora eu me torno a morte, o destruidor de mundos." Uma phantasia primeva de destruição do mundo — manifestada há muito tempo pelos profetas de Israel e pelos videntes da Índia — tornou-se, naquele dia em Alamagordo, uma realidade física que a tudo crestava. A Bomba reificou a metáfora da destruição divina. Cenários de dizimação imensa, outrora criaturas da imaginação mítica, apareceram como metástases no tecido da história humana.

O *Livro do Apocalipse* é um museu vivo, um jardim zoológico dos maiores pesadelos do mundo. E eles se tornam visíveis quando João começa a trabalhar naqueles terríveis selos. Após abrir o quarto selo, ele tem a visão de um "cavalo amarelo e seu cavaleiro, sendo este chamado Morte, e o Inferno o estava seguindo, e foi-lhes dada autoridade sobre a quarta parte da terra para matar à espada, pela fome, e com a matança por meio das feras da terra" (*Apocalipse*, 6:8). À medida que os selos são abertos, o abismo insondável escancara-se e as ferozes abominações que estão no fundo irrompem em raiva farisaica contra todos aqueles "que não têm o selo de Deus sobre suas frontes" (*Apocalipse*, 9:4).

Uma nova era começou com o bombardeio de Hiroshima, no dia 6 de agosto de 1945. Nesse dia, a imaginação do Fim adquiriu um novo significado, um novo poder para materializar-se e gravar-se no mundo. A Guerra Fria pode ter acabado, mas não acabou a ameaça de apocalipse nuclear. Os arsenais do apocalipse continuam em seus lugares, e países como o Iraque e a Coréia do Norte estão resolvidos a ingressar a todo custo no Clube Nuclear. Crescendo sem cessar em todo mundo a instabilidade social e política, o perigo da tecnologia satânica continua tão real, se não mais ainda, do que nunca. Por essa razão, a esperança milenarista de renovação da humanidade — com a ajuda da tecnologia — torna-se mais, e não menos, urgente enquanto nos aproximamos do ano 2001.

A Bioengenharia da Super-Humanidade

O lado sinistro da tecnologia está em toda parte e é indubitavelmente vasto o potencial de destruição, distorção e dominação. Mas voltemos à imagística positiva do *Livro do Apocalipse*, à visão positiva de um novo céu e uma nova terra. No momento, estamos examinando o lado técnico da visão. A tecnologia moderna nos dá imenso poder sobre a natureza, bem como um meio ambiente virtual para a imaginação explorar, mas promete também criar um novo tipo de ser humano — um novo tipo de "carne", como o imaginado por Paulo de Tarso e David Cronenberg.

A idéia de uma super-humanidade é encontrada em outras e mais antigas tradições. No mundo antigo, Plutarco escreveu a respeito das profecias dos videntes toscanos:

> Certo dia, quando o céu estava sereno e claro, ouviu-se um som de trombeta, tão agudo e triste que espantou e assustou toda a cidade. Os sábios toscanos disseram que ele anunciava uma nova raça de homens e uma renovação do mundo.

Um som não identificado, vindo de um céu claro e sereno — um som como o de uma trombeta. Trombetas figuram também no Apocalipse de João. A trombeta é um sinal de que uma grande mudança está próxima, que uma velha forma da humanidade está para acabar e que uma nova forma vai emergir. Essa antiga esperança e expectativa humana está tendo um novo despertar através da ciência e da tecnologia.

Vejam, por exemplo, a idéia prometeica, inteiramente herética, da bioengenharia. A biotecnologia sugere que o tempo do grande salto quântico, o grande progresso para uma nova época cósmica, pode estar realmente próximo. A inteligência humana está prestes a conseguir uma importante cabeça-de-ponte técnica no que costumava ser prerrogativa de Deus: o projeto, talvez a criação de vida.

O pintor Salvador Dali, um fascinado pela tecnologia, saltou também para conclusões imaginativas sobre o futuro da ciência. Seu mais famoso quadro, de relógios que se derretem, foi influenciado pela Teoria da Relatividade, de Einstein. Dali tinha grandes esperanças no potencial da bioengenharia: "Estou convencido de que o câncer será curável, que os transplantes mais espantosos serão realizados, e que o rejuvenescimento celular estará conosco em futuro próximo. Restituir a vida a alguém será meramente uma operação diária. Eu esperarei dentro de meu hélio líquido, sem o menor sinal de impaciência"[18].

Sem dúvida, estamos ainda longe de uma super-humanidade biônica, mas a idéia popularizou-se (lembrem-se da série *A Mulher Biônica*) e faz parte do *zeitgeist* corrente. Refletida na phantasia costumeira da ficção científica, a de *cyborgs* (organismos cibernéticos), a evolução biônica de uma "nova humanidade" já começou. Em 1990, um espetáculo biônico percorreu doze cidades nos Estados Unidos, com exibição do que havia de mais moderno no campo da "medicina de substituição"[19]. A exposição mostrava os últimos progressos em próteses de membros, tecnologia de transplante de órgãos e outras ajudas ortopédicas.

Recentemente, foi realizado em Utah o primeiro transplante de pulmão. Graças a um minúsculo implante coclear de 22 canais inserido no ouvido, crianças surdas de nascença podem agora aprender a ouvir — e dizer — palavras. Implantes antiarrítmicos (dispositivos de desfibrilação) podem prolongar a vida de pacientes cardíacos. Como um exemplo da "nova carne", retalhos de pele plástica que liberam nitroglicerina ou hormônios são hoje procedimentos científicos padronizados. Implantando neurônios de fetos no cérebro de pacientes, cientistas médicos obtiveram progresso no alívio de sintomas do mal de Parkinson. Implantes de pênis e seios tiveram menos do que sucesso em trazer o milênio do corpo perfeito. A injeção de geléia de silicone nos seios pode causar escleroderma, uma doença que faz o corpo mumificar a si mesmo. Realmente, um exemplo de tecnologia satanicamente descontrolada.

Ainda assim, a compulsão para aperfeiçoar o projeto do corpo humano não poderá, tudo indica, ser detida. Os experimentos continuarão e não vejo razão para duvidar que sucesso crescente será obtido. A tecnologia está em toda parte acelerando, tecnologias diferentes estão convergindo e tudo parece pronto para o que Whitehead denominou de "avanço criativo". Dada a compulsão que sentimos para conseguir a imortalidade e aperfeiçoar nosso corpo, a bio-engenharia forçosamente será levada adiante. Resta ver o que emergirá, se os horrores frankensteinianos ou a "nova raça" da humanidade, de que falava Plutarco. Seja como for, em toda parte, vemos fronteiras se abrindo para a criatividade humana.

Os profetas anteviram um tempo em que a natureza prodigalizaria sobre nós suas riquezas — Deus interviria, faria com que leão e cordeiro vivessem juntos em paz, a natureza seria para sempre clemente e frutífera. No velho Mito, Deus tornava tudo isso possível; no novo, o homem faz. O FDA faz. Em março de 1990, por exemplo, o Federal Department of Agriculture (Ministério da Agricultura) aprovou uma enzima, a quimosina, que foi produzida por intermédio de uma técnica de recombinação do DNA. Empresas, por conseguinte, são as novas divindades. A Calgene, uma empresa de biotecnologia agrícola situada em Davis, Califórnia, conseguiu, valendo-se de engenharia genética, modificações na biologia do milho, uma planta normalmente resistente à mudança. Entramos assim tranqüilamente na era de projetistas de alimentos — um passo importante, caberia dizer, na direção do Milênio americano.

Mas algo mais radical está em preparação — a era de seres humanos de grife. Em 1990, o Hastings Center Report discutiu questões de genética e a nova "maleabilidade humana". Trata-se de um fenômeno que gera polêmica. As opções vão muito além de terapia genética para curar distúrbios correntes. Elas incluem a escolha de características desejáveis e sua potencialização através da bio-engenharia. É uma técnica de fins do século XX para criar a nova humanidade de que falava Paulo. Nela, mapeamos o genoma humano — há 100.000 genes em cada célula humana — e, em seguida, passamos, como os magos da Renascença, a tentar projetar um ser humano melhor.

Essas perspectivas são embriagantes. Hoje já há bioengenheiros começando a especular sobre o DNA do amor, da inteligência e de outros traços sociais desejáveis. Sem dúvida, ouviremos protestos contra os perigos de criar uma humanidade mecânica. Nada indica, porém, que o debate impeça a experimentação. A atração de brincar de Deus é grande demais. Podemos agora não só imaginar uma versão melhorada da espécie humana, mas, nesta época de tecnocalipse, aspirar a milagres ainda mais portentosos.

Paul Levinson, em uma declaração intitulada *The Extinction of Extinction* [A Extinção da Extinção], reclama para a ciência o potencial inteiramente chocante de reverter os estragos do tempo natural e provocar a ressurreição, da morte fóssil, de formas de vida extintas. A idéia foi sugerida no *Jurassic Park,* de Michael Crichton. Trazer de volta do abismo do tempo um dinossauro é uma façanha que a pessoa comum poderia atribuir a Deus. No velho Mito, foi Deus quem resgatou Jesus dos mortos. Hoje, a Mitsubishi ou a Calgene prometem o poder da ressurreição. Ou como diz Levinson: "O céu bem pode ser um imenso catálogo de códigos de DNA, e voltar do reino dos mortos — no que interessa à espécie — pode ser tão simples quanto descobrir o lugar certo onde inserir o código"[20].

Mas nem todos estão emocionados com a perspectiva de lidar com formas de vida de grife. A ficção científica explorou as possibilidades sinistras neste particular. Em *Algeny*, Jeremy Rifkin adverte contra bactérias assassinas de laboratórios de genes, movidos pelo lucro, monstros invisíveis atacando populações indefesas e iniciando uma peste digna do apocalipse de João. No *Jurassic Park*, Michael Crichton compôs uma cena eco-apocalíptica de dinossauros assassinos, revividos a partir de DNA fossilizado. Neste caso, a phantasia de reerguer os mortos funde-se com o medo primitivo de que eles voltem para nos fazer mal.

A bio-engenharia oferece a esperança de rejuvenescimento e longevidade. Revisar o roteiro da vida e da natureza — a ponto de trazer de volta espécies extintas — parece algo que exigirá muito tempo. Por isso mesmo, no que não é de surpreender, o Mito quereria que, pelo menos, recuperássemos o tempo de vida que nos foi destinado no Éden. Roy Walford, gerontologista e um dos que tomaram parte no experimento Biosfera 2, calcula que esse período deve ser de pelo menos 120 anos. Walford, tal como Luigi Cornaro[21], seu predecessor da Renascença, acha que o segredo da longevidade consiste em comer menos.

Nesta conjuntura na onda temporal humana, os seres humanos são aparentemente programados para envelhecer e morrer. A entropia seria a predadora, da qual não poderíamos escapar. Mas suponhamos que há mecanismos, que podem ser descobertos, envolvidos no esquema que leva à morte? Não seria possível reinicializar o relógio que desliga a genética da juventude? Reesquematizar nosso corpo de modo que ele possa, digamos, começar a envelhecer aos quinhentos anos de idade? Em novembro de 1993, a revista *Health* publicou como artigo principal uma matéria intitulada "A Droga Antivelhice". Em 1990, o gerontologista Daniel Rudman, da Faculdade de Medicina de Wisconsin, em Milwaukee, injetou o hormônio de crescimento humano (um elemento químico produzido pela glândula pituitária) em uma dezena de homens e obteve mudanças fisiológicas equivalentes de dez a vinte anos de inversão do processo de envelhecimento. A despeito dos resultados duvidosos em alguns dos que haviam recebido as injeções, um entusiasta viu na técnica um potencial milagroso e fundou um centro de rejuvenescimento no México. "Acreditamos piamente que podemos deter o processo de envelhecimento", diz ele. Outro crente no hormônio lembra a mitologia: "Este remédio poderia ser o que Ponce de Leon andou procurando"[22].

Na verdade, o envelhecimento em nada parece diferente de outros problemas de bio-engenharia. Dada nossa ânsia milenarista por vida infinita, minha expectativa é que a ciência não desistirá, até que compreenda e aprenda como controlar e mesmo reverter o mecanismo do envelhecimento. O projeto antienvelhecimento é compatível com o plano de Michael Murphy para o futuro do corpo humano. Murphy vê em seus dados um futuro sobrenatural para o corpo. Nós podemos estar desenvolvendo, se Murphy tem razão, poderes corporais extraordinários. Analisando "sinopticamente" todos os dados, ele pensa que o corpo está preparado para ingressar em uma nova fase de sua evolução cósmica. Um entusiasmo semelhante foi manifestado por Drexler: "... o doente, o velho e o enfermiço sofrem, sem exceção, de configurações mal arranjadas de átomos, seja essa condição causada por vírus invasores, passagem do tempo ou carros que nos atropelam. Dispositivos para rearrumar os átomos poderão relocalizá-los nos lugares certos."

A nanotecnologia oferece uma ajuda à bioengenharia para produzir o super-homem. O mesmo acontece com a Inteligência Artificial (IA). A imaginação apocalíptica vê na IA mais do que apenas um macete para humilhar seres humanos que pensam que são bons no xadrês. Vernor Vinge, que se dedica à ficção especulativa[23], fala na próxima Singularidade Tecnológica. A Singularidade de Vinge seria um aspecto possível do Eschaton. Trata-se de um evento que provavelmente ocorrerá em princípios do próximo século (Vinge acredita que isso aconteça entre 2005 e 2030) e que será um salto quântico do progresso tecnológico, que vem se acelerando exponencialmente neste século. "Estamos à beira de uma mudança comparável ao aparecimento da vida humana na Terra", proclama Vinge.

Os computadores talvez estejam a ponto de "despertar" para níveis de inteligência super-humana e de autonomia. Esse despertar super-humano talvez ocorra em redes de computadores ou de outras maneiras possíveis. A Singularidade, quando chegar, será um "ponto em que nossos velhos modelos terão que ser descartados e uma nova realidade dominará". A marca dessa Singularidade induzida pela IA será a natureza "descontrolada" do fenômeno — um pouco parecida, acho, com o Hal do filme *2001,* que escapa ao controle e começa a decidir coisas por si mesmo.

A idéia principal é que a noção de um salto quântico em inteligência mediada por máquina torna concreto e plausível o antigo sonho profético de uma nova super-humanidade. O espaço cibernético, o cérebro global, ou Mente Geral eletrônica que estamos atualmente construindo, e que a América sob o Governo Clinton aparentemente quer em suas vias expressas de informática com cabos ópticos, poderiam, combinados com uma possível Singularidade IA, fazer parte da sopa primordial da qual poderia estar evoluindo uma nova máquina-organismo psicofísica. A Inteligência Artificial é concebivelmente o ingrediente principal em nosso ambiente paralelo em formação, as redes "eletroimaginativas" do espaço cibernético.

Das próteses à terapia da velhice e às tecnologias antienvelhecimento, à medida que novas informações se tornarem disponíveis e o possível se torne real, um número cada vez maior de pessoas sentirá a atração da imortalidade física — a ânsia para prolongar, enriquecer e melhorar a qualidade da vida. No início, as oportunidades para prolongar a vida estarão à disposição apenas dos ricos. Mas, com tecnologias sempre em evolução, as que prolongam a vida se tornarão portáteis, mais baratas, mais fáceis para o usuário. Elas e novas tecnologias convergirão sinergeticamente com a crescente compulsão para chegar ao estado de super-humanidade. Máquinas cerebrais, como as descritas no *Megabrain,* de Michael Hutchison, ou "alimentos inteligentes", como a hidergina, que se diz aumentar o acesso à memória ao aumentar o fluxo sangüíneo para o cérebro[24], entrarão no reservatório de memória e atrairão aventureiros evolutivos — os indivíduos que Timothy Leary chamava de "futantes" [mutantes do futuro]. E desde que voltamos a mencionar Timothty Leary, cabe acrescentar os psicodélicos à lista de tecnologias futantes — as substâncias que tornam o cérebro humano transparente ao hiper-espaço informacional.

Dada a busca jeffersoniana da felicidade e a nova fronteira do espaço cibernético, que tem como fundamento a busca da liberdade imaginativa, acho que podemos esperar, à medida que as informações pertinentes se tornarem disponíveis a um número sempre maior de pessoas, afirmativas cada vez mais esganiçadas sobre os direitos sempre maiores à vida. O Mito do Milênio, se nos estimula a prever alguma coisa sobre o futuro, é que o homem continuará a sofrer de um incorrigível descontentamento divino. Da mesma forma que o Iluminismo lutou pelos direitos da humanidade, é provável, no novo iluminismo, que o homem lute cada vez mais pelos direitos à super-humanidade.

A clonagem parece muito natural em uma era de tecnocalipse. Ela nos permitirá depositar, desde a infância, nosso potencial genético em um banco e fazer saques repetidos sobre nossas reservas, regenerando um rim gasto aqui, um coração danificado ali e, com um pouco de sorte, prolongar a vida física, tanto em nós mesmos quanto em uma família de clones potencialmente infinita. A clonagem, em minha opinião, ajusta-se perfeitamente ao Milenarismo Mórmon. Joseph Smith acreditava que o mórmon autêntico estava evoluindo para transformar-se em deus; mas, para ele, a maneira como um deus prova sua divindade é replicando-se, gerando, tornando-se pai de um reino. Os mórmons tornaram-se deuses através de reprodução poligâmica. A clonagem parecia uma tecnologia feita no céu para os criadores de deuses mórmons.

A Última Vestimenta

O Milênio terá estilo. As pessoas descobrirão a *última vestimenta*. De modo que é bom prepararmo-nos para uma mudança de guarda-roupa. Na última vestimenta — no patamar do Fim —, nossas roupas serão concebidas de tal maneira que nosso equipamento de nano-telecomunicação será costurado inconsutilmente, por assim dizer, em nossas camisas, cuecas, calcinhas e sutiãs. Por isso mesmo, a grande *designer* de roupas femininas Donna Karan diz: "O futuro da moda se baseará na tecnologia — em tecidos e em eletrônica personalizados"[25]. O traje se misturará com a telecomunicação. Desaparecerá a fronteira entre pele e vestuário e nós nos tornaremos nossa roupa.

O estilo na era do tecnocalipse dará destaque a roupas que nos proporcionem o êxtase da informação. Onde quer que estejamos — no trabalho, dando um passeio, voando em um avião — poderemos nos conectar com o espaço cibernético — e vaguear por onde quisermos na Mente Geral eletrônica. No caso do Brainman, no *Hammer of God*, de Arthur C. Clarke, as imagens eram fornecidas diretamente ao cérebro, ladeando os sentidos, através de um capacete feito de milhões de microssondas. "Dessa maneira", diz Clarke, "a realidade virtual torna-se teoricamente indistinguível da realidade[26]. Esse progresso equivaleria a uma revolução, observa Clarke, que mudaria tudo.

A revolução criaria o potencial de ligação com tudo, ao mesmo tempo libertando-nos dos aspectos físicos da tecnologia. Clarke acha que o passo seguinte na evolução humana será a fusão da máquina com o homem, uma síntese, um *cyborg*, que culminará na emigração da humanidade a partir da Terra e no seu renascimento na Mente Superior galática. Em seu livro de não-ficção, *How the World Was One* [Como Era o Mundo], diz ele que a indústria de telecomunicações deveria dar as boas-vindas ao ano 2001 acabando com todas tarifas incidentes sobre conversas telefônicas a longa distância — um passo na direção da unidade mental global, o que seria (sugere Clarke) bom negócio.

As especulações de Arthur C. Clarke sobre a integração da tecnologia da comunicação com nosso corpo futuro fornece um ícone para um autêntico tecnomilênio. No século XVII, Robert Boyle disse que a ciência do futuro expandiria nossas faculdades intelectuais e perceptivas. Um corpo eletrônico ou tipo *cyborg* tornaria realidade essa profecia. Continua Clarke: "Posso imaginar uma era de pessoas em imobilidade total, quando mandaríamos amputar as pernas porque desperdiçaria energia mantê-las em funcionamento." O corpo em si seria insignificante, em comparação com a qualidade da experiência. "Se pudéssemos experimentar tudo sentados em uma cadeira — "ligados", por assim dizer — por que deveríamos nos preocupar com a realidade?"[27].

Os *designers* de moda e os visionários da ficção científica concordam neste particular: nossa futura vestimenta — nosso novo corpo — transcenderá a velha carne e se tornará cada vez mais instrumento de sintonia fina de telecomunicação. Nosso corpo de carne bela mas imperfeita se tornará eletrônico — e, em seguida, fotônico — e dessa maneira se ligará a todos os demais corpos e, no fim, a toda existência. Dessa maneira, assim como os profetas milenaristas de antanho imaginavam um dia em que o homem usaria um corpo astral ou de luz, os tecnovisionários, baseando-se em sua própria perícia profética, chegaram a uma visão semelhante de hipercorporificação pós-humana.

Conclusão

Ingressamos na era do tecnocalipse — em um tempo em que ciência e tecnologia começaram a acelerar com tal rapidez que um tremendo choque ontológico está prestes a despedaçar nosso velho senso de realidade. Suposições básicas sobre a realidade estão sendo derrubadas, enquanto possibilidades de ação e experiência estão se tornando disponíveis.

Essas mudanças na posição dos pólos em nossas redes de realidade e em filtros de conceitos parecem-se estranhamente com reificações de metáforas e arquétipos apocalípticos. A escatologia está ingressando na tecnologia. E parece que faz isso da seguinte maneira: o apelo por um apocalipse é um apelo pela renovação total da natureza, por um novo céu e uma nova terra, e por um novo tipo de ser humano.

A recriação tecnológica do céu e da terra está acontecendo em pelo menos três frentes. A primeira envolve o puro poder de dominar a natureza para o bem ou para o mal — a abundância da nanotecnologia ou a perdição nuclear. A segunda amplia nossa capacidade de comunicação, de criação de um céu virtual, que podemos povoar com demônios ou anjos de nossa própria invenção. A terceira, através da bioengenharia, promete metamorfosear e transformar o animal humano em um *cyborg* de características etéreas — análogos de anjos, nossa forma no céu após a ressurreição, segundo a escatologia do Novo Testamento.

No toque final que Arthur C. Clarke põe na idéia de realidade virtual, podemos ver com grande clareza a maneira como a imaginação apocalíptica está impulsionando a tecnologia. Quando envergarmos a última vestimenta, o que vestiremos será a maneira como nos comunicaremos, usaremos nosso mundo e nos tornaremos nosso mundo. Homem e máquina irão fundir-se e a distinção entre realidade física e realidade virtual, técnica e mito, corpo e alma, desaparecerá.

Profecia e tecnologia convergem, à medida que passamos por uma mutação e nos transformamos em uma espécie feita de luz. Concretizando todas suas tendências históricas, a tecnologia literalmente nos iluminará, libertando-nos da tirania da carne e das limitações do tempo e espaço terrenos. Mas será esse o fim — ou apenas o começo? Estas serão as questões que discutiremos nos dois últimos capítulos.

11
O Futuro da Morte

*Só os fracos se resignam à morte final
e substituem, por outro desejo, o anelo
pela imortalidade pessoal.*

MIGUEL DE UNAMUNO

*Os seres humanos continuam orientados
demais para a morte, sentindo-se culpados
demais, submissos e fatalistas demais
para exigir a imortalidade. Até mesmo para
ter esperança de consegui-la.*

F. M. ESFANDIARY
UP-WINGERS

A tecnologia oferece a visão audaciosa de liberdade com "fiação eletrônica". Mas seria este o último passo em nossa evolução? Não seria possível, como sugeriu Arthur C. Clarke, que o passo seguinte fosse o de livrarmo-nos da "fiação"? Clarke faz justamente isso no *Childhood's End* [Fim da Infância], em que o fim dos dias mostra os últimos homens da Terra subindo em uma onda telepática em direção à Mente Cósmica.

E assim somos levados a perguntar: Haveria quaisquer limites à ciência e à tecnologia? Há fundamento para a esperança de escapar da morte? De acordo com expoentes religiosos e seculares do Mito do Milênio, a resposta é sim: há motivo para a esperança de transcender até essa barreira. Em um capítulo após outro, vimos essa esperança sugerida ou enfaticamente manifestada. De Zoroastro a Benjamin Franklin, de Daniel a Joseph Smith, ela tem sido um motivo que se repete: algum dia, de alguma maneira, os seres humanos — como dizia Timothy Leary — "apagarão" a morte.

Se quisermos formar uma imagem verossímil de como isso poderá ser feito, teremos que esticar a imaginação até o limite. E fundir em um só todo um vasto conjunto de disciplinas. Uma escatologia científica do século XX seria uma mistura sinestésica de vários tipos de tradição, teoria e dados. A fusão que tenho em mente continua no futuro, porque, no momento, essas áreas de interesse permanecem isoladas entre si. Mas, no que interessa a um projeto de imortalidade em grande escala, a fusão é essencial — religiosa e científica, antiga e moderna.

São duas as tradições, a profética e a mística: a fé do Oriente Próximo no rejuvenescimento ou ressurreição do corpo e a visão filosófica grega e do Extremo Oriente, que afirma que a alma é imortal. O Oriente Próximo acalenta a esperança de que chegará uma época em que o corpo humano será rejuvenescido ou ressuscitará, ao passo que sábios indianos, tibetanos e filósofos ocidentais dizem que a alma é, por natureza, imortal, fato este que podemos confirmar por experiência aqui e agora.

Ora, reencontramos esse contraste tradicional nas tentativas científicas modernas de defender a viabilidade da imortalidade — ou, pelo menos, de algum tipo de sobrevivência. Temos, por exemplo, os modernos "imortalistas" científicos, que aceitam a tradição do Oriente Próximo e salientam a possibilidade de o homem obter poderes, talvez ilimitados, de prolongar a vida. Aqui encontramos um fio que se desenrola a partir de Gilgamesh, passa por Jesus, passa por figuras do Iluminismo, como Joseph Priestley e milenaristas excêntricos, como Nikolay Fedorov, até chegar à biotecnologia. Esse fio foi, no último capítulo, denominado de tecnocalipse, embora tenhamos nos recusado, em companhia de Arthur C. Clarke, a aceitar a visão de transcendência através de "fiação eletrônica".

A pesquisa psíquica e a psicologia transpessoal levam adiante a tradição dos gregos e das religiões do Extremo Oriente. Há mais de cem anos, um pequeno grupo de pesquisadores sérios vem tentando demonstrar, usando métodos da ciência, que algum aspecto da personalidade humana sobrevive à morte. Além disso, desde a década de 1960, psicólogos transpessoais estudam as chamadas experiências de pico — místicas, extáticas, criativas, encontros expansivos com estados do ser fora do tempo e não-locais. A pesquisa psíquica e a psicologia transpessoal tentam provar que há um componente eterno na personalidade humana.

Acredito que temos que reunir todos esses quatro enfoques: os ressurreicionistas do Oriente Próximo e suas contrapartidas modernas, os prolongadores da vida, de formação científica, os eternalistas gregos e do Extremo Oriente e a moderna pesquisa psíquica e a psicologia transpessoal.

Enfoques da Abolição da Morte: a Tétrade

1) ***Ressurreição do Corpo*** Tradição Profética: Gilgamesh, Zoroastro, Cristo	3) ***Imortalidade da Alma*** Filosofia e Misticismo: Platão, Upanishads, Zen
2) ***PK, biotecnologia*** ***nanotecnologia***	4) ***Pesquisa psíquica,*** ***psicologia transpessoal***

Nestas páginas, claro, só podemos mesmo descrever sumariamente algumas ligações entre esses enfoques e tentar estabelecer uma agenda para um futuro diálogo. No momento, é pouquíssimo o diálogo. À parte algumas exceções, a ciência não parece interessada na ressurreição ou na imortalidade e a religião mostra-se apática no tocante ao lançamento de pontes que a liguem aos profetas científicos do prolongamento da vida. Tampouco os imortalistas biotécnicos e os pesquisadores psíquicos parecem inclinados a conversar. Meu apelo é para que se reúnam sob a bandeira do Mito do Milênio e que iniciem o que não poderá deixar de ser um diálogo de suprema importância. O Mito do Milênio oferece-se para unir a humanidade na busca de meios para transcender a maldição da morte.

Rejuvenescimento e Ressurreição: Insinuações Proféticas

A história do herói épico sumeriano Gilgamesh é a mais antiga do mundo e conta uma busca pela vida eterna. O ponto decisivo na história ocorre quando o herói, Gilgamesh, perde seu amado companheiro e alterego Enkidu. O choque com a morte do companheiro acorda Gilgamesh e o inspira a iniciar uma longa jornada pelo Mar da Escuridão, passando pelo povo do escorpião, cruzando as negras profundezas de uma montanha, deixando para trás o Dilmun, o paraíso terreno, e seguindo em busca do Utnapishtim — o Distante.

O Distante sobreviveu ao Dilúvio, como aconteceu com Noé em outra história, pelo que os carprichosos deuses da Mesopotâmia concederam-lhe o dom de vida eterna. Quando, após a longa jornada, o herói finalmente o encontra, ele lhe diz: "Eu lhe revelarei, Gilgamesh, um assunto secreto, um segredo dos deuses eu lhe direi." O segredo envolvia uma tecnologia de rejuvenescimento, a base de uma espécie de escatologia botânica. "Esta planta é uma planta diferente, com a qual o homem poderá recuperar seu alento vital. Eu mesmo a comerei"[1].

Gilgamesh, matador de monstros e desprezador de deusas, pediu e obteve do Distante a planta mágica. Mas, de volta para casa na cidade de Uruk, teve um lapso fatal de atenção. Para refrescar-se do calor do dia, parou e mergulhou em uma poça d'água; nisto uma serpente apareceu e roubou a planta do distraído herói. A serpente, dessa forma, arrancou de Gilgamesh o segredo da imortalidade.

No Velho Testamento, a serpente reaparece como símbolo de sabedoria proibida, como a tentadora e sedutora da humanidade, a guardiã secreta da imortalidade. E ela disse a Eva sobre a proibição de comer da árvore no centro do jardim: "É certo que não morrerás" (*Gênesis*, 3:4). "Conhecerás o bem e o mal, serás como os deuses" (*Gênesis*, 3:5). Voltaremos ao simbolismo da serpente no último capítulo. Será suficiente dizer aqui que essas velhas histórias do Oriente Próximo registram um conflito de indecisão entre a idéia de imortalidade e o poder do homem.

A idéia de que seres humanos poderiam ser capazes de mudar a física de seu corpo mortal, que existiria um alimento dos deuses, e que o rejuvenescimento sobrenatural seria possível, era muito adiantada e já profetizava o imortalismo moderno — a crença tecno-pagã na psicofísica da imortalidade. Ou como disse o Distante, é possível "recuperar o alento do homem".

Claro, a busca de Gilgamesh continuaria. Outros lhe seguiriam as pegadas, na esperança de que um grande progresso para transcender a morte fosse possível. O iraniano Zoroastro formulou uma visão de coisas finais. No fim do tempo, entraríamos no mundo do corpo ressurrecto, ingressaríamos naquilo que um visionário iraniano posterior chamou de mundo arquetípico do "Hurqalya"[2]. Neste caso, em lugar de uma planta, a esperança mudava para o poder supremo de Ahura Mazda, o precursor do monoteísmo bíblico.

Acontece que a visão de ressurreição de Zoroastro é surpreendentemente hedonista. No *Grande Bundahishn*, por exemplo, encontramos uma curiosa imagem de função sexual recuperada — uma imagem que teria deliciado Isaac Asimov e outros antinatalistas: "A todos os homens, sua esposa e filhos serão restituídos e eles terão intercurso com suas esposas, da mesma forma que fazem hoje na terra, mas nenhum filho lhes nascerá"[3]. Essa restrição tira o amor da função reprodutiva do sexo, tornando Zoroastro um precursor dos rebeldes sexuais místicos, como John Humphrey Noyes.

Gilgamesh e Zoroastro adicionam história à esperança na derrota da morte. Na tradição bíblica, a abrangência da promessa torna-se cada vez mais ambiciosa, porque, nesse momento, todo mundo das coisas antigas passará, como nos garante João de Patmos, "e a morte já não existirá" (*Apoc.*, 21:4).

Assentado nessa esperança nasceu o Cristianismo. Para o cristão, a ressurreição final é possível porque Cristo foi reerguido dos mortos. Uma anomalia divina assegura uma mudança completa de paradigma, uma revolução na natureza da própria existência humana. A ressurreição de Cristo tornava a esperança viável a todos nós. Ou como disse Paulo: "Se nossa esperança em Cristo se limita apenas a esta vida, somos os mais infelizes de todos os homens" (I Coríntios, 15:19). A ressurreição, da forma contada na história de Cristo, é o núcleo das expectativas do Ocidente sobre o fim da história. A história da ressurreição leva ao clímax quatro mil anos de árdua busca, iniciada por Gilgamesh no alvorecer sumeriano da história.

A premissa mística dizia que a morte era um erro — no Velho Testamento, a paga pelo pecado, o resultado de um erro crasso que poderia ter sido evitado. O mito africano explica de maneira semelhante a origem da morte: o criador envia uma mensagem de imortalidade à humanidade, mas, ao longo do caminho, a mensagem fica truncada[4]. Além disso, Gilgamesh perdeu a erva do rejuvenescimento por causa de um erro grosseiro, um lapso da atenção. Mas — e este é o ponto importante —, se não fosse nosso destino morrer, a morte poderia ser abolida. Repetidamente, surgia a esperança de que pudéssemos burlar a morte.

A história medieval presenciou periodicamente insurreições contra o último inimigo, explosões de descontentamento milenarista baseadas na esperança de abolição da morte. A heresia dos Irmãos do Espírito Livre formou um submundo internacional variado que durou cerca de cinco séculos. Professores da Universidade de Paris promoveram, em princípios do ano 1200, uma filosofia de emancipação sexual total — que diziam ser a solução para vencer a morte.

A heresia dos Irmãos alegava, com grande simplicidade, que tudo é Deus e que todos nós somos Deus! O sínodo resolveu que os amaurianos, que proclamavam que "todas as coisas são Uma só, porque o que quer que exista, é Deus"[5], eram culpados de panteísmo. Mas, em seguida, a pior heresia: "Ele ousou afirmar que, na medida em que o fosse, ele não poderia ser consumido pelo fogo nem quebrado pela tortura, porque ele disse que, na medida em que ele era, ele era Deus"[6]. Em suma, o homem "apagava" a morte acreditando que era Deus.

Alguns místicos rebeldes pensavam que eram invulneráveis a dano corporal e houve santos na Idade Média que, segundo parece, demonstraram realmente imunidade ao fogo e outras maravilhas corporais sobrenaturais[7]. Proezas físicas fora do comum provavelmente inspiraram numerosas pessoas a alimentar esperança na imortalidade. Se eu visse um santo levitar ou demonstrar imunidade ao fogo, seria mais fácil para mim imaginar uma extensão desses poderes à própria morte. Quanto à imunidade ao fogo, andar sobre brasas é uma habilidade que, aparentemente, pessoas podem aprender hoje em dia. Em exibições ainda mais audaciosas de desprezo pela morte, antigos sábios indianos, para provar sua imortalidade a Alexandre, o Grande, tocaram fogo em si mesmos, em uma fanfarrice de auto-imolação[8].

Vários textos chineses baseiam-se na idéia de que, usando certas técnicas meditativas, é possível ao indivíduo criar seu próprio corpo espiritual. A sobrevivência, nesse caso, não é um dado, mas um potencial evolutivo.

O *Secret of the Golden Flower* [O Segredo do Fluxo Vital] (*T'ai I Chin Hua Tsung Chih*), foi publicado pela primeira vez no século XVII. O texto, porém, retroage às tradições orais da Dinastia T'ang (século VIII) e é conhecido como a Religião do Elixir Dourado da Vida[9]. O Elixir Dourado é o corpo de luz imaginário — o corpo espiritual. Os chineses elaboraram um manual para formação do corpo espiritual. Combinando controle da respiração, visualização da luz e disciplina espiritual, o homem poderia preparar-se para a morte, conservando um centro consciente de personalidade após a morte, evitando, dessa maneira, ser dissipado em seres-sombras inconscientes. A busca taoísta de poder mágico na vida e na morte contribuiu para inspirar a violenta e milenarista Rebelião Boxer (1900), que tinha por objetivo expulsar da China todos os estrangeiros.

Os índios americanos seguiram um modelo semelhante. A Dança dos Espíritos foi o movimento messiânico mais famoso entre as tribos norte-americanas e teve precursores no movimento da Boa Mensagem, iniciado pelos iroqueses do Lago Belo (influenciados pelos quakers), nos Sonhadores, iniciados por Smohalla, e nos shakers (não o movimento de Ann Lee), promovido por John Slocum. Esses movimentos surgiram para expulsar a civilização branca, restaurar os costumes antigos e, após o cataclisma, despertar os mortos.

Em 1886, um xamã Paiute, Wovoka, teve uma experiência visionária durante um eclipse do sol, quando doente com febre. Ele "subiu ao céu", viu Deus e seus ancestrais e foi instruído a ensinar a dança a seu povo. A Dança dos Espíritos, que se espalhou rapidamente entre os índios das planícies, especialmente entre os numerosos Sioux, supostamente deveria anunciar uma catástrofe que varreria a civilização branca, restauraria os rebanhos de búfalos, regeneraria a cultura índia e, acima de tudo, ressuscitaria o índio morto. Se os índios renunciassem ao álcool, à agricultura, às armas e à tecnologia, a ressurreição ocorreria na primavera de 1891.

Wovoka insistia com seus seguidores para que dançassem durante cinco dias seguidos, tomassem depois um banho de rio e fossem para casa. Esse ritual, disse, traria a regeneração. Em uma carta, ele escreveu o seguinte:

> Mas não contem isso ao povo branco. Jesus está agora na terra. Ele parece uma nuvem. Todos os mortos estão vivos novamente. Não sei quando eles estarão aqui, talvez neste outono ou na primavera. Quando chegar o tempo, não haverá mais doença e todos serão novamente jovens. Quando a terra tremer com o advento do novo mundo, não temam. Ela não lhes fará mal[10].

Os Sioux haviam lançado a idéia da "camisa do espírito", decorada com imagens de aves e estrelas. Acreditavam que ela lhes daria proteção contra balas. Em 1890, um grupo de Dançarinos Espirituais resistiu à ordem de prisão de tropas brancas no riacho Wounded Knee. As camisas revelaram-se inúteis contra os obuses de um quilo dos canhões Hotchkill e cerca de trezentos homens, mulheres e crianças foram massacrados[11].

A esperança básica que impelia os Dançarinos Espirituais das Planícies era que os índios mortos ressuscitariam, unir-se-iam aos vivos em uma terra regenerada e viveriam para sempre em harmonia paradisíaca com a natureza. A confiança na existência de um poder capaz de rejuvenescer, e mesmo transformar o corpo humano, espalhou-se entre milhares de índios. Os Dançarinos Espirituais iludiram-se com suas camisas mágicas. Mas nem todas as tradições se enganam na crença no paranormal. Há dados reais empíricos que sugerem que, de fato, existem poderes que atuam sobre certas "leis" rotineiras da natureza.

Poderes Físicos Paranormais e o Futuro da Morte

A crença em um poder espiritual de rejuvenescimento faz parte de uma velha tradição profética — que reúne Gilgamesh, Zoroastro, Daniel, Jesus, Paulo. Uma lista impressionante. Essas e outras tradições contêm histórias intrigantes sobre santos e adeptos dotados de capacidades físicas paranormais. Seriam essas histórias verdadeiras — ou meras invencionices? Se houvesse verdade nelas, elas confirmariam a visão profética de abolição da morte.

Fenômenos associados ao misticismo católico e à yoga tibetana — bem como a outras tradições — sugerem que o homem possui, de fato, extraordinárias capacidades físicas. A pergunta é: que importância essas capacidades paranormais teriam para o futuro da morte? Os exemplos que vou dar em seguida sugerem que poderes latentes no ser humano podem existir, e que são capazes de rejuvenescer e mesmo transformar a estrutura física do corpo. E sugerem alguma coisa que poderia ser suficientemente forte para reconstituir a natureza de uma maneira que tornaria possível vencer a própria morte.

Os fenômenos atribuídos a santos católicos e a místicos são casos bem a propósito. O erudito jesuíta Herbert Thurston escreveu sobre alguns dos mais estranhos desses casos em seu clássico *The Physical Phenomena of Mysticism* (1952) [O Fenômeno Físico do Misticismo]. Vários tipos de prodígios que Thurston estudou diziam respeito a cadáveres de pessoas santas. Fenômenos como a incorruptibilidade do corpo, ausência de rigor cadavérico, prodígios envolvendo sangue, e odor de santidade podem parecer ter pouco a ver diretamente com a santidade heróica ou a alta espiritualidade. Esses fenômenos foram, aparentemente, subprodutos anômalos de vidas passadas na busca da santidade. Ninguém tem a menor pista de por que o corpo de São João da Cruz permaneceu incorrupto durante séculos. Esses efeitos estranhos — especialmente o atraso na decomposição física —, porém, suscitam perguntas interessantes.

O que foi que houve, gostaríamos de saber, na vida de tantos santos e yogues que interferiu nos mecanismos normais da decomposição física após a morte e lhes conservou intacto o corpo, muitas vezes ainda quente, úmido, flexível, sangrando ocasionalmente e, freqüentemente, emitindo não o cheiro da decomposição, mas fragrâncias agradáveis? O que foi que houve na vida deles que manteve o corpo morto nessas condições durante meses, anos, décadas e, em alguns casos, séculos?[12]

Estaríamos, nesses casos, observando efeitos do que John Humphrey Noyes chamou de o "poder de ressurreição"? Sendo assim, talvez haja aqui algumas pistas importantes para os abolicionistas da morte. Tanto quanto sabemos, nunca houve um estudo científico sério — além da atestação dos próprios fenômenos[13] — de qualquer uma dessas estranhas manifestações corporais de santidade heróica. Este seria um excelente projeto para um dedicado escatologista científico.

Suponhamos que há um fator vital transcendente — um fator metamorte. Esse fator parece evidente em outros prodígios observados entre santos católicos e provoca questões semelhantes sobre poderes latentes de rejuvenescimento, que podem ser comuns a todas as pessoas. Vejam, por exemplo, o caso da *inedia*, ou quase-*inedia*, ou capacidade de viver sem comer, ou ainda viver com quantidades ínfimas de alimento, como foi observado no caso recente do Padre Pio[14].

A hagiografia católica contém relatos fidedignos de santos que conservaram funções vitais plenas, embora abstendo-se quase ou por completo de alimentos durante longos períodos de tempo, às vezes durante décadas[15]. Santa Catarina de Gênova, que levou uma vida ativa, é um caso bem documentado[16]. Por outro lado, alguns inedíacos modernos foram inválidos que viveram à beira da patologia religiosa. Dominica Lazzari e Louise Lateau, por exemplo, foram hiperestesíacas muito estranhas: Dominica contorcia-se de dor ao sentir o cheiro de uma torrada e, em seguida, desmaiava. O menor contato com alimento fazia com que essas senhoras entrassem em convulsões. (Hoje, falamos em distúrbios de alimentação.)

A incorruptibilidade corporal e a *inedia* sugerem a presença de um grau anômalo de energia vital operante em alguns seres humanos excepcionais. A existência dessa energia hipervital confirma indiretamente o mito profético, de domínio sobre a morte. Santos católicos produziram outros fenômenos que confirmam a energia hipervital. Eram muito comuns entre eles, por exemplo, manifestações anômalas de calor corporal. Lamas tibetanos são conhecidos pela prática da *tummo yoga*, uma técnica para gerar calor sagrado.

Os ardores do coração místico fazem com que a fisiologia possa produzir queimaduras, se são corretos os depoimentos e observações de testemunhas. Em um de meus casos favoritos de fenômeno muito estranho, o corpo de Maria Villani, de 86 anos de idade, foi submetido a uma autópsia nove horas após a morte. Pessoas presentes ficaram atônitas à vista "da fumaça (*fumo*) e calor que subiam do coração", descrito como uma "verdadeira fornalha de amor divino". O cirurgião achou o coração quente demais para continuar com a autópsia. Foi obrigado a soltá-lo, porque o coração queimou-o (*scottandosi*)[17].

Relatos semelhantes daquilo que místicos católicos chamam de *incendium amoris* — "o fogo do amor" — são conhecidos no tantrismo hindu e na *kundalini* yoga. Gopi Krishna, um yogue do século XX e profeta apocalíptico, deu em livro uma descrição vívida de seu encontro incandescente com o *incendium amoris*. Relacionou a ígnea experiência com *kundalini*, o "poder serpentino", que ele considera a energia da evolução e da imortalidade[18].

A experiência de hipervitalidade, de calor excessivo, da capacidade de viver sem alimento — tudo isso insinua que há realmente um fator metamorte latente no homem. O que esse fator pode ter com levitação, a capacidade de desafiar a gravidade e com a imunidade ao fogo — todos eles fenômenos bem comprovados — são outras perguntas em busca de resposta. Por último, há o fenômeno de luminosidade, descrito de forma tão vívida por Patricia Treece em seu livro, *The Sanctified Body*[19][O Corpo Santificado]. Observou-se repetidamente que o corpo de santos emitem estranhas formas de luminosidade mística.

O Mito do Milênio promete que, um dia, o ser humano transcenderá a morte. Os fenômenos inusitados que mencionei aqui proporcionam indicações de possíveis etapas para tornar realidade essa parte do Mito visionário.

Relatos documentados de cura *espontânea* paranormal têm também relação com o futuro da morte. As alegadas curas de Jesus, contadas no Novo Testamento, podem ser interpretadas como prova do poder de ressurreição[20]. Na verdade, a ressurreição de Jesus pode ser considerada como o símbolo final do poder curador psicofísico. Todos os fenômenos de cura espontânea observados na vida de santos, xamãs e avatares, e divulgados como tendo acontecido em santuários de cura famosos, como Lourdes, enquadram-se no paradigma rejuvenescimento-ressurreição. De igual maneira, todos os tipos de prova *experimental* indicativa desse poder de cura paranormal fazem parte também do paradigma[21]. Os experimentos de Bernard Grad, por exemplo, nos quais a cura e outros processos biológicos foram afetados pela "imposição de mãos", através de uma energia ou força vital, incluem-se também nessa perspectiva. Parece igualmente que a prece experimental em modernos ambientes hospitalares tem se revelado eficaz[22].

A idéia de um corpo santificado, ou corpo de ressurreição, relaciona-se com aquilo que Deepak Chopra chama de "corpo de bem-aventurança". *Bem-aventurança*, de acordo com Chopra, é a emanação sutil da inteligência divina do universo. Seria a essência de nossa vida corporal e ambas emanariam do DNA e o transcenderiam[23]. O conceito do Dr. Chopra, de um corpo de bem-aventurança, ajusta-se bem ao imortalismo milenarista. O corpo de bem-aventurança — seu potencial de hipervitalidade e alegria esfuziante — leva-nos também de volta a Joseph Campbell e a Thomas Jefferson, com suas declarações sobre o direito que temos de buscar nossa bem-aventurança e felicidade.

Buscar o corpo de bem-aventurança exigirá uma ousada síntese de disciplinas. Precisarão ser integradas e avaliadas sinopticamente grandes áreas de pesquisa. A. P. Elkin, antropólogo da Universidade da Austrália, por exemplo, descreve o que chama de "o homem aborígine de alto grau"[24], um homem capaz de desenvolver poderes extraordinários. Segundo o relato de Elkin, o feiticeiro australiano, após um ritual de "morte e ressurreição", adquire habilidades como o *olho forte*, ou "exame clarividente de corpos doentes"; o poder de desaparecer, que pode ser parte de sua habilidade de criar ilusões; de *viagem rápida*, que se funde com teleportação e bilocação; de caminhada sobre o fogo; do uso de uma *corda mágica*, através da qual o *homem inteligente* pode projetar fogo; visitar o céu para trazer chuva; e seguir e descobrir onde se esconde um assassino procurado.

Elkin nota a semelhança entre as capacidades mencionadas do feiticeiro aborígine e os yogues tibetanos. Em ambos, o poder sobrenatural é demonstrado por pessoas que, de alguma maneira, penetraram na barreira da morte. Os feiticeiros e os yogues realizam rituais em cemitérios com o objetivo de evocar espíritos dos mortos e, com eles, obter poderes de meta-morte. Quanto aos métodos dos aborígines australianos de alto grau e dos siddha-yogues de Pantajali, em ambos a preparação envolve "concentração".

Outro fenômeno psíquico que talvez se relacione com o potencial humano de transcender a morte é o de *poltergeist*: os casos desse tipo revelam um forte poder psicocinético à solta, que parece irromper esporadicamente na vida de adolescentes perturbados. Vejamos um exemplo espetacular: em 1967, uma mocinha alemã, Annemarie S., foi responsável por uma série de incidentes inexplicáveis no escritório de advocacia onde trabalhava, na cidade bávara de Rosenheim. Quando ela estava presente, lâmpadas elétricas explodiam, luzes de néon repetidamente apagavam-se, eram ouvidas pancadas fortes, fusíveis queimavam sem motivo, máquinas de fotocópia quebravam, telefones tocavam inexplicavelmente, e assim por diante. Técnicos, policiais e físicos do Instituto Max Planck de Plasmafísica, de Munique, foram chamados para explicar o que estava acontecendo. Concluíram que o fenômeno "desafiava explicação com os meios disponíveis na física teórica"[25]. A "nova força", que o físico William Crookes descreveu no ambiente da mediunidade física, talvez se relacione com a força evidenciada em casos de *poltergeist*.

No tocante ao *poltergeist* e ao Mito do Milênio, direi o seguinte: se, a) *poltergeist* envolve fenômenos que desafiam explicação da física teórica e, b) se são produzidos por seres humanos, então temos que considerar a possibilidade de que os casos de *poltergeist* envolvam uma força relacionada com o potencial de abolir a morte.

Tais fenômenos indicam a realidade de um potencial humano fantástico, inteiramente fora de controle. Em vez de ignorá-lo, precisamos inseri-lo em um contexto que lhe dê significado — ou como estou sugerindo, na esperança milenarista de transcender a morte. William Roll[26], um investigador sério de casos de *poltergeist*, e teórico rebelde, sugeriu que ensinemos ao responsável por esses fenômenos assumir o comando de seu poder e tentar converter sua destrutividade sem propósito em criatividade deliberada. O inglês Matthew Manning parece um caso que se encaixa bem aqui. Manning começou sua carreira psíquica como vítima de casos de *poltergeist* — um poder psíquico descontrolado voltado contra si mesmo — mas, aparentemente, adquiriu controle sobre essa força perturbadora. Agora, põe seus demônios a trabalhar para ele, em vez de fazerem o contrário, e usa seus poderes psíquicos em finalidades de cura.

No contexto dessa história, devemos incluir também os dados relativos à mediunidade de aspectos físicos. Os poderes de materialização de médiuns famosos, como Eusapia Palladino, D.D. Home, Rudi Schneider e Sai Baba, para os quais existe abundância de depoimentos intrigantes[27], incluem-se entre as provas que podem ter relação com o futuro da morte. O físico britânico Sir William Crookes e o fisiologista Charles Richet, premiado com o Prêmio Nobel, fizeram observações e realizaram experimentos com médiuns que os convenceram da realidade de forças físicas paranormais. Crookes, por exemplo, concluiu que seus experimentos provavam "a existência de uma nova força, ligada, de alguma maneira desconhecida, à constituição humana"[28]. Richet reconheceu que achava "doloroso" admitir a realidade da materialização e sustentou que suas observações forneciam dados "inteiramente novos e imprevistos"[29]. No tocante às materializações realizadas pelo contemporâneo Sai Baba, contamos com vários relatos úteis[30]. Há informações de que Sai Baba materializa alimentos, jóias e cinzas sagradas.

Vamos supor que exista alguma coisa em fenômenos como a materialização. Mais uma vez, perguntamos: Se um poder comum ao homem pode materializar objetos físicos, tirando-os do nada, qual pode ser a relação desse fenômeno com o fator metamorte? Nenhum desses efeitos confirma o poder de rejuvenescer ou reviver os mortos, mas, tomados juntos, proporcionam fundamentos à especulação de que talvez façam parte de um sistema de realidade que leva, ou pode levar algum dia, à abolição da morte. Mas vamos mudar a atenção para outro tipo de dados.

Rejuvenescimento e Ressurreição: Imortalismo Científico

Se o mito, a profecia, a hagiografia, a antropologia e a parapsicologia atestam, sem exceção, a existência de um poder latente que transcende a morte, não deve causar surpresa que a confiança nesse potencial reapareça em homens modernos de mentalidade secular. Essa confiança está viva entre os "imortalistas" contemporâneos, que procuram concretizar a esperança de Gilgamesh valendo-se da tecnologia.

Na verdade, a idéia mítica de que a morte é um erro e que, por isso mesmo, pode ser eliminada, reaparece hoje em um ambiente secular. A ânsia de transcender a morte abriu caminho pela ciência moderna. Imortalistas e extensionistas modernos que querem prolongar a vida, por exemplo, alegam que o envelhecimento — e, em decorrência, a morte — não é uma necessidade biológica. Acreditam que é possível desmontar a genética do envelhecimento e, finalmente, a da própria morte. Acham possível mexer na mecânica do próprio tempo e, dessa maneira, apressar a chegada do "fim" do tempo habitual.

O sonho de rejuvenescimento — o sonho que impeliu Gilgamesh a procurar a planta da imortalidade de Utnapishtim — está reaparecendo hoje entre os tecno-pagãos americanos. Vejam o caso da Flame Foundation, em Scottsdale, Arizona. Dirigida por um trio de amantes anticonvencionais, dois homens e uma mulher, eles afirmam: "A morte não é real para nós"[31]. Segundo a Flame, a vida eterna é realizável pela da ciência e o segredo consistiria no "despertar celular", o "rejuvenescimento devido a profunda intimidade erótica".

A aliança entre Eros e imortalidade é tão antiga quanto Platão e, como comentei acima, místicos rebeldes medievais promoviam uma filosofia de anarquia erótica e auto-deificação. Revolucionários sociais americanos, como os Shakers, Adventistas do Sétimo Dia, Mórmons, e Oneidanos, acreditavam também que a imortalidade física dependia do uso correto da energia erótica, a despeito de divergências sobre a maneira de usá-la.

Um entusiasta da Flame disse o seguinte sobre sua *ménage à trois*: "Nunca tive antes uma intimidade como a que sinto com John e Ann. E não vou deixá-los, nunca." O laço de intimidade que cultivam lhes despertaria as células e lhes aumentaria a longevidade. "Não é normal morrer. Não é natural", declara um membro do grupo, repetindo o ensinamento do *Livro do Gênesis*. Mas seria a ciência, e não o Segundo Advento, que salvaria o homem da morte: "Cientistas estão descobrindo no DNA pistas que demonstram que há maneiras de desligar a morte e ligar nossas capacidades regeneradoras." (Notem a metáfora básica de nosso Mito — a da regeneração.) De acordo com um porta-voz da Flame, os novos imortalistas eróticos representariam um novo avanço na evolução humana. Os que ignorarem o chamado serão extintos. O anelo de Gilgamesh por uma tecnologia de regeneração está vivo e ativo na América.

Mas voltemos um pouco à utópica década de 1960 para recolher esse fio particular da aspiração milenarista. Uma brilhante descrição americana do projeto de imortalidade é encontrada no *The Prospect of Immortality* (1964) [Perspectiva de Imortalidade], de Robert Ettinger. O ponto de vista desse autor é o de um *philosophe* do século XVIII, atualizado. Ele compartilha com o não-conformista Joseph Priestley do entusiasmo otimista de contemporâneos de sua época, como Tim Leary e Esfandiary. Porque o projeto nega o imperativo criativo do DNA, Leary acreditava ser derrotismo preocupar-se com a explosão demográfica. Deveríamos aceitar o desafio dos números crescentes, prepararmo-nos para a migração espacial, fazer tudo que pudéssemos para aumentar a inteligência coletiva e procurar desenvolver a tecnologia de prolongamento da vida.

Leary exibia uma fina indiferença budista quanto a sua sobrevivência pessoal, embora, no espírito dos vikings — como ele me disse certa vez —, tivesse se sentido compelido a explorar uma nova terra e daí se dedicado ao que Ettinger chama de "programa de *freezer*"[32]. Leary levava consigo um cartão com instruções para que sua cabeça fosse levada à geladeira mais próxima, no caso de sua morte. Dedicado à perspectiva da imortalidade criônica, o projeto incluía a digitação de sua história pessoal.

A coisa funcionaria da seguinte maneira, de acordo com Ettinger e Leary: em primeiro lugar, poderia ser possível suspender a animação de um corpo ou do cérebro mediante congelamento. Toda, ou quase toda, decadência e decomposição corporal poderiam ser detidas. Segundo

Ettinger, que acredita no poder ilimitado da ciência, seria possível um dia ressuscitar, restaurar a juventude e mesmo aperfeiçoar profundamente corpos congelados — ou, no caso de Leary, cérebros congelados. Seria simplesmente uma questão de o indivíduo ou o órgão permanecerem congelados por tempo suficiente, até o alvorecer da Idade Áurea da ciência. A razão de armazenar extensas memórias digitalizadas seria preencher os claros que provavelmente resultariam de alguém passar um século ou mais mergulhado em hélio líquido.

Enquanto isso, poder-se-ia esperar uma época de "riqueza ilimitada", semelhante à visão de nano-abundância de K. Eric Drexler. Opinião de Ettinger sobre a criogenia:

> Podemos imaginar uma sociedade na Idade Áurea em que todos os cidadãos possuiriam uma máquina espetacular, inteligente, que apanharia terra, ar ou água e produziria o que quer que fosse desejado, em quaisquer volumes desejados — tais como caviar, lingotes de ouro, operações de hérnia, aconselhamento psiquiátrico, pinturas impressionistas, naves espaciais, ou rolos de papel higiênico.

Ettinger não vê conflito entre sua visão de imortalidade criônica e o objetivo realmente humanista das grandes religiões. No capítulo intitulado "Freezers e Religião", ele afirma que "o programa de congelamento representa para nós uma ponte para a esperada Idade Áurea, quando seremos reanimados para nos tornarmos super-homens, com esperança de vida ilimitada". A super-humanidade seria resultado do aumento dos conhecimentos, na verdade, de vivermos centenas e mesmo milhares de anos e, dessa maneira, sermos capazes de aplicar a tecnologia mais moderna para aperfeiçoar o indivíduo congelado ressuscitado. "Com um período de vida ampliado, a alma teria oportunidade de aproximar-se mais da perfeição." A heresia milenarista do perfeccionismo, portanto, voltaria sob a forma de ciência.

Tal como o escatologista pré-científico Paulo de Tarso, Ettinger prevê o advento de uma nova humanidade. Imagina, porém, que haverá mais do que simples prolongamento dos anos de vida. O homem será inteiramente diferente, pensa Ettinger. "As qualidades morais, incluindo capacidade intelectual, personalidade e caráter serão profundamente alteradas."

A ciência genética nos permitirá moldar nossos filhos e transformá-los em super-homens, em uma nova espécie. Em vez de ver essas elucubrações como refutando o *Livro do Apocalipse*, Ettinger pensa que é concebível que "a era do *freezer* — se ela se transformar em uma era de amor fraternal e em uma Regra Áurea viva, como acredito que acontecerá — poderia ser aceita por alguns como a corporificação do Milênio".

Não muito tempo depois de publicado o manifesto de Ettinger sobre a próxima era do congelamento, Michael Harrington publicou *The Immortalist* [O Imortal], um livro que Gore Vidal considerou o mais importante de nosso tempo. O pensamento de Harrington rivaliza em força com as tiradas filosóficas antimorte do russo Nikolay Fedorov.

Da mesma forma que Fedorov pensava que a morte era um insulto que a ciência tinha que repelir, Harrington considera o "imortalismo" como essencial para complementar a evolução da humanidade, a partir da adolescência mítica. De acordo com ele, a humanidade está enlouquecendo porque os velhos mitos foram demolidos. Da mesma maneira que Nietzsche baseou a visão do super-homem na premissa de que Deus estava morto, Harrington fundamenta sua visão de abolição da morte na mesma premissa. Se Deus está morto, alega Harrington, os seres humanos terão que se tornar imortais por esforço próprio. Esfandiary diz a mesma coisa de forma comovente: "É chocante que um fenômeno tão belo como a vida seja encerrado em uma coisa tão frágil como o corpo"[33].

Na visão de Drexler, a nanotecnologia tem a resposta à morte absurda, e pensa que será possível construir "máquinas reparadoras de células", que poderão deter a entropia do envelhecimento:

> Fundamentalmente, o envelhecimento não difere de qualquer outro distúrbio físico. Não é um efeito mágico das datas do calendário sobre uma misteriosa força vital. Ossos quebradiços, pele enrugada, baixa atividade enzimática, cicatrização demorada de ferimentos, má memória e todo resto resultam de maquinaria celular danificada, de desequilíbrios químicos e de estruturas mal organizadas. Restaurando-as e conferindo às células e tecidos do corpo uma estrutura jovem, as máquinas reparadoras restabelecerão a saúde juvenil[34].

Em cada século, a humanidade deve abolir pelo menos algo ruim. No século XIX, a escravidão; no século XX, o patriarcado e a fumaça cancerosa no local de trabalho; nos séculos vindouros, se Diderot, Ettinger, Vidal, Harrington e Drexler estiverem certos, a morte será abolida. Da planta mágica de Gilgamesh às máquinas de nanotecnologia reparadoras de células de K. Eric Drexler, o Mito continua a trabalhar na esperança de abolir a morte.

A Sociologia da Finitude Humana

Harrington — juntamente com Ernest Becker e Norman O. Brown — argumenta que *temos* que derrotar a morte, porque toda nossa civilização é distorcida pela recusa em aceitá-la. O fato de sermos simultaneamente seres conscientes e finitos gera uma quantidade imensa de problemas. A questão é a seguinte: O que acontece com o homem quando ele perde contato com sua esperança instintiva, mítica, de viver para sempre?

Em primeiro lugar, desenvolve o desejo ardente de alguma coisa que substitua a imortalidade. É levado a cortejar aquela tentadora inconstante, a fama. Esforça-se, a todo custo, para ser notado, reconhecido, admirado, adorado — o que, de acordo com Hegel, é a espora que mantém a história galopando sempre para a frente.

Gilgamesh foi a figura mítica que estabeleceu o modelo para incontáveis indivíduos de forte vontade, infelizes, contestadores da morte: mate o monstro, construa as muralhas de Uruk, funde uma cidade. Nossa última imagem de Gilgamesh, de volta à casa após a fracassada busca de imortalidade, é a de um homem martelando em tablets de pedra a história de sua vida, entalhando um epitáfio para si mesmo, em suma, tentando obter algo que substitua a imortalidade.

Ao recusar aceitar a morte, diz Ernest Becker, obrigamo-nos a praticar falsos atos de heroísmo[35]. Somos compelidos a realizar, a executar, a provar nosso valor, poder, importância, esperando, dessa maneira, aliviar a impotência desesperada que sentimos diante dela. Harrington falou em "exibir-se em frente ao computador da excelência"[36]. Ainda assim, sem resultado. Isso porque, do ponto de vista imortalista, a busca da excelência é simplesmente outro projeto inútil, uma maneira de evitar nosso autêntico dilema metafísico, um bálsamo para mentes mortais feridas.

Ter que enfrentar a morte produz efeitos políticos. Nem todos são tão bem dotados como Gilgamesh para barganhar com o destino numa tentativa de obter algo que substitua a imortalidade. No caso da maioria, o destino mais provável é o serviço e a submissão aos outros. Hitler e Stalin conseguiram seduzir pessoas e levá-las a uma imersão estúpida em movimentos de massa. Hipnotizadas por símbolos messiânicos, as massas desfrutam a ilusão passageira de poder divino, em uma maneira de esquecer sua própria impotência diante da morte.

Um dos efeitos de carecermos de um mito sustentador diante da morte talvez seja o mais prejudicial de todos: a diminuição de nossa capacidade de viver. Isso porque o medo da morte está na origem do medo da vida. Por causa desse medo, tendemos a evitar, com exceção das maneiras as mais rotineiras, enfrentar o mundo. Pensemos na situação da seguinte maneira: se a morte é a maior das inimigas, cada encontro com a vida passa a ser cheio de riscos, a ser um desafio que ameaça destruir defesas penosamente erigidas contra a última ansiedade. Aceitar qualquer risco, romper com nossos hábitos, sacudir o status quo, essas atitudes poderiam abalar nosso frágil senso de segurança. Até mesmo sentir fortes convicções sobre alguma coisa poderia tornar-se um perigo. Amar seria expor-se à rejeição e à solidão — que se assemelham a sombras da morte. O medo da morte torna-nos agoráfobos — neuróticos no que interessa aos espaços abertos da existência.

O primeiro passo para a renovação, dizem os imortalistas, seria o homem declarar que deseja ter vida infinita. Pouco nos servirá negar o que Unamuno chamou de "fome de imortalidade". Temos que reconhecer o que Ficcino denominava de "apetite divino" por vida rica e eterna. Temos que parar de reprimir o anelo pelo sublime, deixar de sentirmo-nos acovardados diante do destino. Santo Agostinho disse sim à imortalidade, os sábios orientais enaltecem a consciência como bem-aventurança eterna. Até Nietzsche, que anunciou a morte de Deus, cantava a imortalidade sob a forma do retorno eterno. E Jung disse que para curar a alma precisamos enfrentar a morte e deixar de imaginá-la.

Testemunho de Platão e do Extremo Oriente sobre a Consciência Eterna

Além da profecia oriunda do Oriente Próximo, outra tradição afirma que será bom para nós o que vai acontecer, no futuro, com a morte. Em vez de pretender a ressurreição do corpo, essa tradição afirma que a alma é imortal. Evidentemente, há aqui uma diferença: a primeira prevê a restauração do corpo ao fim do tempo histórico; a segunda sustenta a indestrutibilidade intrínseca da alma. Talvez, no fim, essas tradições convirjam — possibilidade essa que estudaremos adiante.

Parmênides, Platão, Plótino, Meister Eckhardt, o Upanishads, o Taoísmo, as tradições de meditação chinesa, japonesa, tibetana (ou Zen), etc., a despeito de numerosas variações sobre o tema, afirmam que, no âmago, a personalidade humana é uma realidade idêntica a um fundamento eterno, transcendente, do ser. Qualquer que seja o nome dado a essa realidade eterna — Alma, *Self* (si-mesmo), Purusha, Atman, Brahman, Deus, Deusa, Divindade — a suposição é que é possível experimentá-la aqui e agora e, portanto, conhecer de maneira imediata, não-analítica e não-inferencial, nossa natureza transcendente. Essa experiência, em princípio aberta a todos nós, é descrita de forma paradoxal pela afirmação de que nossa mente é inerentemente iluminada — na verdade, como dizem os mestres Zen, a terra é o céu. Temos apenas que varrer para longe todo lixo que obstrui nossa intrínseca percepção imaculada.

Vejamos alguns exemplos de um texto sagrado: no Katha Upanishad, Nachiketa conversa com Yama, o deus da morte. Ele está preocupado com a morte. Yama responde que o Atman, nosso verdadeiro *Self*, é imortal: "O *Self* que tudo sabe não nasceu. E não morre. Não nasceu de coisa alguma e nada nascerá dele. Inato, eterno, perpétuo e antigo. Não morre quando o corpo morre." No momento em que o homem "compreende" isso, fica "livre das mandíbulas da morte"[37].

Mestres chineses e tibetanos frisam incessantemente a inutilidade de um tipo errado de esforço para "adquirir" ou "atingir" a iluminação. Nada há a fazer para adquirir a iluminação. Na verdade, ansiar por ela e, em especial, ansiar pela imortalidade, torna-se um obstáculo. Huang Po, um budista chinês do século IX, por exemplo, disse: "Mas, despertar subitamente para o fato de que sua própria Mente é o Buda, que nada há para atingir ou um único ato a ser praticado — tal é o Caminho Supremo"[38]. O contraste disso com o paradigma rejuvenescimento-ressurreição precisa ser enfatizado aqui. Para a tradição profética, em oposição à mística, a solução para a morte ainda não chegou. A Nova Jerusalém terá que descer. Para o místico, nós já temos a "solução" para a morte, a solução já está dentro de nós — e é a nossa própria natureza eterna.

No *Livro Tibetano da Grande Libertação*, ouvimos falar na "Clara Luz autocriada". Mais uma vez, trata-se de uma questão de gnose, de o homem tornar-se consciente da Clara Luz (o que somos intrinsecamente): "Sem meditar, sem nos desencaminharmos, olhemos para o Estado Verdadeiro, no qual a autocognição, o autoconhecimento e a auto-iluminação resplandecem." Tudo que precisamos fazer está no aqui do aqui, no agora do agora. "Nada mais há lá fora para ser procurado, nem há necessidade de procurar qualquer coisa", exceto a Clara Sabedoria sem começo, pura, inegável da autocognição"[39].

Mas vejamos um ponto de contato entre a doutrina tibetana e a pesquisa moderna de estados de quase-morte: de acordo com o *Livro Tibetano dos Mortos*, encontramos a "Clara Luz autocriada" no momento da morte. Curiosamente, o encontro com a Luz Transcendente é tipicamente mencionado por indivíduos que passaram por experiência de quase-morte. Não está inteiramente claro como devemos entender essa coincidência. Mas poderíamos pelo menos dizer o seguinte: de acordo com a doutrina tibetana, a Clara Luz não é algo externo que nos visite no momento da morte. É, sim, nossa realidade interior. *Nós somos* a Clara Luz, sempre, na vida, antes da vida, depois da vida.

Se é assim, há uma profunda e prática lição: não precisamos esperar até estarmos próximos da morte ou depois dela para descobrir que somos "imortais". É possível para nós, aqui e agora, descobrir o que somos. A experiência de vida eterna está permanentemente pouco abaixo da superfície da consciência comum. Ou como disse o místico alemão Jacob Boehme: "Se um homem pudesse parar de pensar, voluntariamente, por uma hora, ele veria a Deus." Esse enfoque da sobrevivência foi sugerido pelo parapsicólogo William Roll, que sustentava que a maneira de estudar a sobrevivência é estudar estados expandidos de consciência em pessoas vivas. Ele denominou de estados *teta* esses estados expandidos e ligados ao além (numa referência à primeira letra da palavra grega que significa morte, *thanatos*.) Mas haverá algum fundamento empírico para sustentar a alegação de que temos uma natureza inerentemente imortal?

Sugestões Empíricas de Imortalidade

A resposta é aparentemente afirmativa. Isso porque, da mesma maneira que a tradição de regeneração corporal produziu uma prole empírica, o mesmo aconteceu com a tradição de imortalidade psíquica, ou do Atman. No momento, há duas disciplinas que estudam o eterno, o imemorial, o fator não-local na experiência humana. A primeira é a psicologia transpessoal; a segunda, a parapsicologia.

A moderna psicologia transpessoal estuda estados de consciência que transcendem o tempo, o espaço e a personalidade comuns[40]. As experiências transpessoais — de bem-aventurança, êxtase, transporte místico, consciência cósmica, epifania de quase-morte, contemplação estética, viagem xamânica, etc. — são excursões pelo transcendente e, em certo sentido, estados de consciência "após a morte". E fazem isso enquanto o experimentador está vivo. As experiências transpessoais parecem operações de reconhecimento de últimas coisas. Constituiriam uma espécie de vanguarda em escatologia prática. O que podemos dizer, com confiança, é que os místicos, poetas, profetas e pessoas comuns que dizem ter passado por essas experiências saem delas *convencidos* de sua imortalidade.

"Eu sei que sou imortal", disse Walt Whitman, acrescentando:

O menor broto mostra que não há realmente morte,
E, se jamais houvesse, ela levaria à vida...
Tudo segue para frente e para fora, nada entra em colapso,
E morrer difere do que todos supõem, e é mais afortunado.

Richard Bucke, autor de *Cosmic Consciousness* (1901), e antigo estudioso do que Abraham Maslow, Charles Tart, Stan Grof e outros vieram, nas décadas de 1960 e 1970, a chamar de psicologia transpessoal, disse o seguinte sobre indivíduos que passam por essas experiências: "Toda alma sentirá e saberá por si mesma que é imortal, sentirá e saberá que todo o universo, com todo seu bem e toda sua beleza, existe para ela e a ela pertencerá para sempre."

Bucke, que escreveu seu estudo clássico no alvorecer do século XX, era homem cheio de entusiasmo milenarista. Reunindo dados para o estudo de pessoas transformadas por consciência cósmica, escreveu que "o futuro imediato de nossa raça" é "indescritivelmente esperançoso". As razões dessa esperança residiam no que imaginava fosse uma iminente revolução econômica e social e uma "revolução psíquica" na consciência cósmica. Tudo, sonhava, estava prestes a convergir para "criar um novo céu e terra. Velhas coisas acabarão e tudo se tornará novo".

Não faz cem anos desde que Bucke escreveu essas palavras e a esperança indescritível transformou-se em apreensões indescritíveis sobre o futuro imediato de nossa raça. Ainda assim, a idéia de que a chave para um futuro milenarista se encontra em uma "revolução psíquica" — naquilo que ele chamava de "evolução da consciência cósmica" — continua a ser uma força motivadora na psicologia transpessoal. De importância permanente, à luz de nossa discussão da sociologia da morte, é a crença em que certos estados de consciência reduzem ou eliminam o medo normal da morte. Esse fato, conforme sugerido acima, pode muito bem ser a variável decisiva na transformação da sociedade humana. Uma sociedade em que o homem comum esteja em termos familiares com estados transpessoais de consciência seria, realmente, uma sociedade transformada. Acredito que essa denominada "quinta força" na psicologia, devido a seu potencial transformador, merece muito mais atenção do que recebeu até agora.

O FUTURO DA MORTE 379

O mesmo se poderia dizer quanto a outra negligenciada área da pesquisa científica, de importância ainda mais direta para o futuro da morte — a parapsicologia. A parapsicologia moderna, da mesma forma que a psicologia transpessoal, confirma também a realidade do fator não-local, não-temporal na experiência humana. Como tal, merece ocupar um lugar importante na presente discussão da escatologia científica.

A percepção extra-sensorial (PES) em si é uma indicação da existência de um fator não-local, não-temporal[41]. A PES inclui telepatia, clarividência e retro e precognição. Na telepatia, uma mente comunica-se com outra, por via direta, independentemente dos sentidos conhecidos; na clarividência, a mente interage aparentemente com a realidade física, sem intervenção dos sentidos conhecidos; e na precognição, a mente transcende o presente e se estende diretamente ao passado e ao futuro. Em suma, todas as três formas de PES reforçam a credibilidade da idéia de que temos uma alma ilimitada, imortal, ou uma mente de Buda. Elas são como fogos de artifício que explodem contra o escuro céu do materialismo opaco, indicadores empíricos do lugar para onde podemos estar caminhando, ou melhor, onde essencialmente estamos. Muitas vezes banais em si mesmas, podemos considerar ocorrências de percepção extra-sensorial como miniflashes do apocalipse, como pequenos sinais oriundos da vida eterna.

Mais diretamente relacionados com a escatologia científica são os tipos de prova de sobrevivência após a morte estudados por pesquisadores psíquicos. Por razões que não discutirei aqui, a maioria das pessoas educadas parece hoje estranhamente indiferente a esse tipo particular de informação, a tudo que sugira com seriedade a possibilidade de sobrevivência após a morte. Esse desprezo talvez diga mais sobre um medo, difícil de exorcizar, da morte do que sobre a superficialidade da prova[42]. Acredito que a prova merece ser estudada com seriedade e que se inclui em um arsenal de dados que reforça a esperança do Mito do Milênio na imortalidade.

Vários tipos de dados sugerem a sobrevivência pós-morte. Estou falando de relatos mais ou menos bem documentados de experiências fora do corpo, aparições de mortos, assombrações, memórias de reencarnações, casos de possessão, experiências de quase-morte e no leito de morte.

Uma tentativa recente de examinar criticamente a prova da vida após a morte foi feita pelo filósofo Robert Almeder[43]. Concluiu ele que a argumentação sobre a sobrevivência pessoal é mais ou menos do mesmo porte que a argumentação sobre a existência de dinossauros. Nestas páginas, dificilmente posso fazer justiça à análise minuciosa a que Almeder submeteu seus dados, mas mencionarei dois tipos de argumentos por ele usados.

Filósofos fazem uma distinção entre "saber que" alguma coisa existe e "saber como" fazer alguma coisa. Em um caso estudado por Almeder, a médium, Sra. Willett, foi capaz de demonstrar conhecimentos filosóficos que não possuía, mas que eram característicos dos alegados comunicadores mortos que falavam por seu intermédio. O argumento é que a Sra. Willett não poderia ter demonstrado esses conhecimentos — "saber como" —, a menos que ela estivesse realmente atuando como médium para mentes desencarnadas, que os haviam *adquirido* durante *suas* vidas na terra. Um tipo semelhante de argumento é apresentado nos casos em que um médium demonstra *xenoglossia reativa,* que é "a capacidade de conversar em uma língua que (ele) nunca aprendeu." O argumento é que o indivíduo jamais poderia demonstrar xenoglossia reativa, a menos que uma personalidade externa, desencarnada, que *houvesse* aprendido a língua, estivesse falando por ele.

Almeder discutiu também a prova de experiências fora do corpo verídicas, como, por exemplo, da forma descrita em situações de quase-morte. Em alguns casos, um indivíduo clinicamente morto pode demonstrar que esteve observando eventos concretos que ocorriam em um local distante de seu corpo clinicamente morto. Almeder estudou experimentos de projeção fora do corpo com o falecido psíquico Alex Tannous, realizados na Sociedade Americana de Pesquisa Psíquica por Kārlis Osis e Donna McCormick, que pareciam demonstrar que uma entidade real localizável pode deixar o corpo e observar corretamente o mundo externo. Se uma entidade localizável pode deixar o corpo enquanto o indivíduo ainda vive ou está clinicamente morto, torna-se mais aceitável a idéia de que ela pode continuar a existir após a morte.

A experiência de quase-morte é, de algumas maneiras, de um interesse todo especial, porque proporciona instigantes sugestões do que pode ser a experiência de vida eterna. Vou dar três exemplos de como isso acontece.

Em primeiro lugar, temos relatos de memórias panorâmicas, a impressão do indivíduo de ver diante de si toda sua existência, em uma espécie de retrospecto apocalíptico, estado este descrito pelo filósofo romano Boethius como *totum simul*, ou um senso de simultaneidade total e posse plena da vida.

Em segundo, há uma luminosidade total, aspecto este que satura a paisagem da experiência visionária profética. No livro de Raymond Moody, *Reencontros**, o autor diz que muitos de seus sujeitos viram, além de misteriosos seres de luz, "cidades de luz". (A Nova Jerusalém, de João de Patmos, a Cidade Celestial dos profetas místicos iranianos, a *Citta Felice*, de Tommaso Campanella.)

Em terceiro, são mencionados sentimentos de amor transcendental. Esse amor, essa paz que ultrapassa a compreensão, é talvez o aspecto definidor supremo do destino celestial que nos aguarda, pelo menos de acordo com os construtores do Mito do Milênio que pertencem ao campo de Zoroastro, Jesus, Paulo, Jefferson, Solovyov e Whitman. Encarada dessa maneira, a experiência de quase-morte, conquanto só forneça prova débil de vida após a morte, parece, de fato, conter uma espécie de *preview* em sua epifania passageira de amor, luz e simultaneidade, do grande mundo visionário que os profetas dizem que se abrirá para nós no fim dos tempos.

Escatologia Psicodélica

As epifanias de quase-morte lembram um pouco as visões psicodélicas. Ambas são expansões da consciência comum. Ambas sugerem que estamos imersos em uma matriz platônica de ser atemporal, embora a consciência comum, velada por suas fixações, bloqueie a percepção desse fato. O estado psicodélico, tal como estados de consciência transpessoais e paranormais, oferece vislumbres de modos não-locais, atemporais, de ser — e, como tais, *previews* do estado de morte. O

---
*Publicado no Brasil pelo Selo Nova Era da Editora Record, Rio de Janeiro, 1995.

xamã psicodélico, tal como o místico ou o indivíduo que experimenta o estado de quase-morte, é um explorador de possíveis estados de ser após a morte. Alguns comentários sobre escatologia psicodélica, portanto, parecem apropriados aqui.

Desde o surgimento do moderno movimento psicodélico, com o *The Doors of Perception* [As Portas da Percepção] e o *Heaven and Hell* [Céu e Inferno], de Aldous Huxley, há uma crescente impressão de que plantas psico-ativas constituem portais para estados extraordinários [alterados] de consciência. O título de *The Doors of Perception*, um livro sobre intoxicação por mescalina, foi tirado de William Blake: "Se as portas da percepção fossem purificadas, todas as coisas apareceriam ao homem como são, infinitas." A idéia de que podemos aprender a derrubar os portais do tempo e entrar em mundos infinitos de céu e inferno, através de embriaguês provocada pela mescalina, foi mais uma vez examinada por Huxley no *Heaven and Hell*.

Gordon Wasson, banqueiro-micologista-explorador, argumenta em seu livro, *Soma: The Mushroom of Immortality* [Soma: O Cogumelo da Imortalidade], que certas plantas desempenham um papel muito importante na abertura da visão mental humana para as perspectivas da imortalidade. O *soma* era ingerido por *rishis* indianos, que dessa maneira compreendiam a natureza atemporal da consciência. Irwin Rhode apresentou um argumento semelhante sobre a descoberta experiencial da imortalidade entre os gregos, no culto de Dionísio. Segundo a explicação de Rhode, as bacantes, embriagadas com uma combinação de forte vinho grego misturado com haxixe, dançavam até que se tornavam *ek-static*, literalmente, "fora de si mesmas". Nesse estado fora do corpo, as celebrantes vivenciavam-se como divinas, como, na verdade, imortais[44].

Wasson sugeriu também que os Mistérios Eleusinos foram usados para induzir experiências vívidas de não-localidade e imortalidade[45]. Os Mistérios Eleusinos duraram dois mil anos, foram o esteio espiritual de gerações de gregos e inspiraram grandes poetas e filósofos, como Sófocles e Platão. Esse antigo culto psicodélico induzia uma experiência de imortalidade sob a forma de uma consciência de deusa, invocando o rito visões de Kore — a mulher divina, ninfa.

Recentemente, a escritora americana Jean Houston andou muito ocupada restabelecendo e modernizando os Mistérios Eleusinos. Realizou pesquisa psicodélica pioneira e fez experimentos com um dispositivo de lançamento de experiências fora do corpo, que denominou de "berço da feiticeira". Viajante mundial que estudou com grande empatia culturas indígenas em via de extinção, ela vem acumulando imagens da aventura humana, como que enriquecendo nossa memória panorâmica para a próxima experiência planetária de quase-morte. Jean Houston é uma psiconauta americana na corte da noosfera de Teilhard de Chardin.

A escatologia psicodélica existe desde os primórdios da vida civilizada. Mencionei anteriormente a planta que Gilgamesh deixou escapar entre os dedos, aquela que Utnapishtim prometeu que rejuvenesceria quem a usasse. De acordo com Charles Muses, uma tradição de escatologia psicodélica existiu também entre os antigos egípcios. Comentando a etnobotânica dos antigos egípcios, escreveu Muses: "A ingestão de material sagrado destinava-se não só a produzir um 'barato', mas a desencadear e impulsionar o *processo metamórfico* que culminava em uma transformação teúrgica da natureza humana... em que o indivíduo, que fora antes apenas mortal, seria, usando a emblemática palavra de Meister Eckhart, *vergottet,* '"endeusado"[46]. De acordo com Muses, esse endeusamento etnobotânico da humanidade constitui o fundamento do *Livro Egípcio dos Mortos.*

Na opinião de Leary, o cérebro é uma máquina do tipo "túnel da realidade". Nossos circuitos neurais determinam que túneis de realidade o cérebro nos permite percorrer. A maioria de nós, na maior parte do tempo, percorre uma minúscula faixa do espectro do possível. As substâncias psicodélicas interferem na operação de rotina dos circuitos neurais e daí abrem o túnel de realidade. Leary, com a colaboração de Richard Alpert (hoje conhecido como Ram Dass) e Ralph Metzner, fez a conexão entre morte e substâncias psicodélicas em seu livro *Psychodelic Experience* (1964), que utilizou o *Livro Tibetano dos Mortos* como base para orientar o uso dessas substâncias. Última palavra na época em epistemologia prática, as substâncias psicodélicas tornaram-se instrumentos para pesquisar estados de consciência após a morte.

A questão é se todo planeta, como prevê o Mito do Milênio, será atraído para um mundo de imaginação escatologicamente separado do corpo doente da velha Gaia. Leary falava em um imperativo para deixar o planeta; Arthur C. Clarke em uma jornada telepática para juntar-se à Mente Cósmica. A viagem espacial e a viagem telepática parecem aliadas naturais da viagem psicodélica, são tecnologias para experimentos sobre o fim do tempo.

As substâncias psicodélicas fornecem instrumentos à escatologia científica. Infelizmente, o clima mental do país é hostil ao uso de substâncias psicodélicas. A razão, em parte, tem a ver com problemas relacionados com drogas, que constituem a antítese dos potenciais expansivos das substâncias psicodélicas[47].

Foi contra a confusão entre simples drogas e a poética psicodélica da consciência, a confusão que viola o direito de buscar a felicidade de qualquer maneira que seja conveniente à escolha de espíritos jeffersonianos livres, que Terence McKenna surgiu na década de 1990 como o bardo do Milênio psicodélico. De acordo com o mito encantatório de McKenna, a história está nos lançando em alta velocidade na direção de uma singularidade, na qual o espírito humano será transportado para uma nova dimensão, para aquilo que William Butler Yeats chamava de "Magia" e Henry Corbin de "*Mundus Imaginalis*". Segundo McKenna, não devemos resistir à força desse tempo-espírito em desdobramento. Na verdade, ele recomenda "dosagens heróicas" de cogumelos psicodélicos, como maneira de produzir uma escalada no ritmo escatológico. As substâncias psicodélicas desvelam o presente, atualizam o potencial, tornam explícito o que está implícito, abrem clareiras, permitem que aconteçam epifanias, fazem consciente o inconsciente. A imaginação psicodélica seria o caminho para o fim da história.

Toda tendência de nossa cultura planetária, segundo McKenna, seria para a compressão, a complexificação, a eterização. Diz ele: "Possivelmente, o mundo está experimentando uma compressão da novidade tecnológica que irá levar a fenômenos que serão muito parecidos com o que imaginamos que seja uma viagem no tempo"[48]. A nova tecnologia da realidade estimulada, ou virtual, pode ser entendida como desmamando a consciência humana de sua dependência do tempo linear. Essas novas tecnologias poderão, tanto quanto podemos saber, estar estimulando funções psíquicas e, dessa maneira, soltando a consciência das restrições não só do tempo, mas também do espaço.

McKenna, juntamente com Jung e com o calendário maia, atribui importância quiliástica ao ano 2010. Nesse ponto no tempo, acredita ele, este caos de informação comprimida — acelerado pelas substâncias psicodélicas e tecnologias de estimulação — vão nos enviar em um parafuso metafísico e nos jogar através do "buraco branco do tempo"[49] e de lá para fora — mas para dentro do quê?

Ele não nos diz exatamente como será o Eschaton — e ser especifico demais sobre o renascimento do tempo seria forçosamente um exercício de futilidade. Tudo de que McKenna tem certeza — o Logo, diz, esteve conversando com ele — é que vai ser uma festa de arromba! E assim chegamos ao fim do círculo em companhia de Zoroastro, que, como Terence McKenna, via o fim da história como uma festa gigantesca — uma festa para qual será convidada toda família humana, inclusive os mortos.

O Elo OVNI na Cadeia Quiliástica

Discuti alguns aspectos do enigma OVNI no Capítulo 9, principalmente em relação a sua importância simbólica para o Mito do Milênio. Os OVNIs são também importantes na formação de uma nova visão do futuro da morte. O fenômeno OVNI — depois de eliminadas as fraudes e os casos redutíveis a explicações normais — implica um resíduo de fato que abala nossa ontologia rotineira, obrigando-nos a reconhecer que estamos na presença de realidades desconhecidas[50].

A maioria dos estudiosos sérios dos fenômenos ufológicos foi levada a concluir que há algum núcleo real, objetivo, invasivo, nesses relatos. O erro consiste em supor que eles vinculam-se necessariamente a máquinas vindas do espaço exterior. A prova disponível não justifica essa conclusão. Em primeiro lugar, o número de encontros, aterragens, abduções é grande demais e todo o fenômeno, embora quase físico, é de caráter visionário demais. Algo mais interessante e mais revolucionário parece estar envolvido do que visitantes de outro planeta. Concordo com Jacques Vallee quando conclui em um de seus livros: "... os OVNIs parecem representar uma força alienígena que se antecipa em décadas ao nosso próprio desenvolvimento científico, zomba de nossos esforços para identificar-lhes a natureza e intenções a longo prazo"[51].

No tocante ao futuro da morte, há aspectos nesses fenômenos que se ligam à escatologia. As entidades relacionadas com os OVNIs ignoram as leis da física, passam através de paredes sólidas, materializam-se e desmaterializam-se, demonstram muitas das características de outros tipos de fenômenos fantasmagóricos ou paranormais. Ora, qualquer que seja a explicação correta dos OVNIs, eles parecem ser parte de um sistema alternado de realidade, cuja dimensão temporal difere da realidade comum. Um efeito amplamente noticiado é o "tempo perdido". Travis Walton, cuja história foi (mal) contada em um filme, *Fire in the Sky* [Fogo no Céu], perdeu uma semana inteira de vida. Walton, que passou por testes no detector de mentiras, vivenciou um fim do tempo comum e aparentemente desapareceu da face da Terra[52]. Esse tipo de dado é importante para um novo paradigma da morte. Todas as anomalias do tempo são importantes, porque a questão é se a personalidade humana está presa dentro do, ou é capaz de, como o Billy Pilgrim de Kurt Vonnegut, "soltar-se" do tempo.

Os fenômenos OVNIs têm ainda importância, de outra maneira, para o futuro da morte. Se ou não os seres humanos têm um futuro além da morte corporal parece estar ligado à questão de outros mundos. Quanto a transcender a morte, há a questão de local. Se, por exemplo, algum aspecto de nossa personalidade escapa da morte corporal, ele terá que ir ou estar em algum lugar, existir em algum outro mundo ou ultradimensão da realidade.

O fenômeno OVNI pode relacionar-se com a dimensão ultrafísica da vida pós-morte. Os OVNIs parecem ser não só de outros mundos, mas ultradimensionais, como argumenta Vallee em seu livro, *Dimensions* [Dimensões]. Os OVNIs, em suma, podem ser aspectos das últimas coisas, cortes transversais de um mundo não-local, não-temporal, antecipações ou aceleração na direção do fim dos tempos. Temos que colocá-los em nosso banco de dados de escatologia. Passemos agora à outra questão.

A Obsolescência do Envelhecimento

Repetidamente tem sido observado que é justamente quando o homem começa a envelhecer e o corpo a decair que a alma começa a amadurecer. Quando começa a dominar a arte de viver, ele desliza para o final da vida. Há certa razão na observação jocosa de que a juventude é desperdiçada nos jovens. A questão é a seguinte: envelhecer está se tornando obsoleto?

Envelhecer pode ter feito sentido nos primeiros estágios da evolução humana: para ter sucesso como espécie, a população tinha de multiplicar-se. Indivíduos que amadureciam lentamente teriam sido um luxo, do ponto de vista da sobrevivência de toda a espécie. Nos primeiros estágios da evolução, a sobrevivência como um todo era mais importante do que indivíduos altamente evoluídos. Nos primeiros dias da vida humana na Terra, quantidade era mais importante do que qualidade.

Esse arranjo, porém, não faz muito sentido. Em primeiro lugar, por uma razão óbvia. A quantidade da população não é mais problema — ou melhor, é, mas de maneira diferente. O problema hoje é que a quantidade tornou-se excessiva, há gente demais e uma população explodindo constitui uma ameaça real. Neste estágio da história, o que precisamos para a sobrevivência não é de números que proliferem aleatoriamente, mas refinamento consciente de valores — não de quantidade mas de qualidade de vida.

O homem precisa de mais tempo para assimilar os volumes enormes de informação que se tornam rapidamente disponíveis. A informação está superando nossa capacidade de entendê-la. E o homem precisa de mais tempo para explorar seus meios ambientes imensamente expandidos. Na era da exploração cósmica, indivíduos longevos serão uma necessidade. Além disso, se Einstein estava certo, o envelhecimento se tornará *mais lento* quando aprendermos a viajar a velocidades que se aproximem da velocidade da luz.

Mas, antes de iniciarmos jornadas nas estrelas, a imortalidade — tempo de vida prolongado — é uma necessidade aqui e agora na Terra. Pode parecer um paradoxo, mas precisamos de abundância temporal para reduzir o crescimento demográfico. O homem se reproduz porque anseia por imortalidade simbólica. O indivíduo imortal, porém, não precisaria reproduzir-se para conduzir a tocha de seu nome. Todos nós conduziríamos nossa própria tocha, à medida que se sucedessem as décadas e os séculos. O indivíduo imortal estaria sempre em evolução. A plenitude do tempo e ausência da velha psicologia de negação da vida tornariam mais fácil para nós viver como amigos uns dos outros e amigos do planeta natal.

Em vez de sermos consumidores neuróticos dos bens da Terra, poderíamos aprender a tornarmo-nos cidadãos galáticos. Dado que a tecnologia da bioestase (animação suspensa) será, com toda probabilidade, dominada, será possível tirar férias periódicas da existência consciente. Poderíamos, por exemplo, saltar meio milênio. Que experiência interessante não seria ir dormir nas vésperas do ano 2001 e acordar quinhentos anos depois!

A modificação do processo de envelhecimento resultaria em mais do que simplesmente retardar ou deter os mecanismos da velhice. Poderia implicar *revertê-los*. Uma vez conseguido isso, poderíamos escolher entre uma grande variedade de estilos de idade. Alguns poderiam gostar de ser adolescentes durante longo tempo; outros talvez preferissem a meia-idade madura, como a melhor *persona* temporal; e não faltariam aqueles que ficariam contentes com estilos de vida mais tranqüilos de idosos sábios, oferecendo-se como consultores para temperamentos mais ambiciosos, fogosos e inquietos.

As doenças do Tipo A desapareceriam, porque não haveria pressa para realizar alguma coisa ou competir por alguma coisa. A população menor — uma necessidade íntima e prática entre imortais — alteraria o caráter e a qualidade da vida na Terra. Haveria um fim aos prejudiciais mecanismos psíquicos de negação da morte, à fuga neurótica do corpo e à servidão robótica a causas. O prolongamento da vida acarretaria o fim da história como a conhecemos e o alvorecer de uma nova época.

A Morte e a Singularidade Informacional

O Mito do Milênio contém uma visão do fim da morte, como a compreendemos. Minha alegação é que há uma divisão quádrupla dos dados que se referem a essa visão. Em primeiro lugar, uma divisão entre as tradições proféticas e místicas. A tradição profética (de Gilgamesh a Jesus) fala em rejuvenescimento e ressurreição do corpo. A tradição mística fala em imortalidade da alma.

A tétrade de dados estabelece também uma diferença entre o antigo-intuitivo e o moderno-científico. Em apoio do profético, temos tecnologias modernas, como a criônica, a nanotecnologia, a terapia genética, e assim por diante; dando suporte à tradição mística, podemos mencionar a psicologia transpessoal, a parapsicologia, a pesquisa psicodélica e, possivelmente, a ufologia. Em suma, estudos contemporâneos fornecem dados suficientes para sugerir que a morte é um conceito mais maleável do que o materialismo científico quereria que acreditássemos.

Além do mais, está claro agora que, à medida que nos aproximamos do fim do século XX, as filosofias espiritualmente estupefacientes do marxismo, freudianismo, behaviorismo e algumas versões do darwinismo provaram que eram inadequadas para as complexidades da experiência humana. Há boas razões para aceitar a idéia da escatologia científica. A próxima singularidade informacional colocará, com toda probabilidade, a idéia da morte em novas perspectivas.

A paisagem intelectual do próximo século será, com toda probabilidade, mais, e não menos, aberta a novas idéias relativas à transcendência humana. Em vez de um universo imutável de ser, teremos um multiverso de devenir — um lugar onde a velha idéia de lei eterna é fracionada em sucessivas épocas e em ingresso em novas realidades. No universo simples, sólido, imutável, mecanicista de Hobbes ou Helvetius, era difícil imaginar escapar dos estragos do tempo. Antes da cosmologia evolutiva, o tempo era o inimigo. Depois dela, o tempo adquire uma dimensão criativa.

A nova cosmologia, com seus pacotes quânticos de possibilidades, suas energias sutis, suas muitas dimensões e novidades incessantes, seu violento início (*o Big Bang*), seus saltos evolutivos intervalados e sua criatividade geral maravilhosa parece-me ser um ambiente onde a imortalidade humana poderá vir a ser — ou tornar-se — possível. Minha impressão geral é que vida póstuma ou imensamente prolongada não é mais improvável do que a vida que emerge da não-vida — ou que haja um universo, em vez de não haver. O clima de pensamento criado pela nova ciência deve alertar-nos para todos os tipos de maravilhas, e não estrangular-nos o senso do que é possível.

A nova física e suas metáforas de grandes e súbitos progressos, o aparecimento de meios ambientes virtuais como libertadores da imaginação, a teoria evolutiva pós-darwiniana, a nanotecnologia, a kundalini yoga, as substâncias psicodélicas, a psicologia transpessoal, a parapsicologia, a AI, as comunicações eletrônicas e as novas e incontáveis novidades informacionais — logo que as perspectivas combinadas desses enfoques iniciarem o processo de polinização cruzada, haverá boas razões para esperar mudanças oceânicas no paradigma da morte.

Por último, pensemos na emergência do Princípio Antrópico. Em 1974, o físico Brandon Carter apresentou o que chamou de "Princípio Antrópico", que tentava explicar as muitas e notáveis coincidências na natureza que facilitam a vida. Esse princípio, com suas várias formulações — fraco, forte, participativo e final — reintroduz o velho argumento de um projeto para criação, no homem, de uma inteligência cósmica. Ou, dizendo de outra maneira, traz de volta a teleologia, a finalidade e a causação final para nosso entendimento do universo.

A versão do Princípio Antrópico apresentada por John Casti é talvez a mais radical: "Logo que é criada, a vida dura para sempre, torna-se infinitamente inteligente e, no fim, molda o universo à sua vontade"[53]. Como diz Michael Corey a respeito dessa versão "final" do Princípio Antrópico, ela afirma que a "vida inteligente se desenvolverá até o ponto de tornar-se divina"[54]. Como tal, aceito o Princípio Antrópico como uma expressão intelectual do Mito do Milênio. Sua visão de uma capacidade divina de "moldar o universo à sua vontade" é compatível com a visão profética de abolição da morte.

Na versão final do Princípio Antrópico, todo potencial humano está destinado a ser realizado. Um desenvolvimento pleno e complementar do potencial humano seria refletido na natureza complementar da psique humana — psicocinésia *e* percepção extra-sensorial. A psicocinésia, penso eu, corresponde à tradição profética, à ânsia de transformar o corpo. A percepção extra-sensorial corresponderia à tradição mística, a ânsia para desdobrar o todo da consciência.

E o que o Logos sussurra em meu ouvido é o seguinte: no fim dos tempos, a cisão será superada; PK e PES, profeta e místico, corpo e alma, ação e contemplação, terra e céu, tempo e eternidade — todos convergirão em um ato de cópula cósmica.

Após o Fim da Morte, o Quê?

O Mito do Milênio promete a imortalidade. Promete também uma transformação nos relacionamentos humanos — libertação de eras de amor defeituoso. Se pensarmos no assunto por um momento, o amor é mais fundamental do que a morte. Não será suficiente prolongar — ou mesmo eternizar a vida. Por conseguinte, coloco o tema do amor ao fim deste livro sobre o Fim. Concluirei com especulações sobre o futuro do amor, o coração do Mito do Milênio. *L'Amore* — a substância que Dante pensava que fazia com que as estrelas rodopiassem nos céus! Tecnologia, migração espacial, inteligência infinita, até mesmo imortalidade, para o que serviriam sem amor? Sem o coração para guiá-las, elas seriam piores do que inúteis — seriam absolutamente perigosas. Examinemos, portanto, a última grande imagem na galeria do Mito do Milênio.

12
Amor e Sexo no Milênio

*De uma coisa tenho certeza. A força sexual
é a coisa mais parecida com a magia — com o
sobrenatural — que seres humanos jamais experimentam.
Ela merece estudo eterno e atento. Nenhum estudo
será tão proveitoso para o filósofo. Na força
sexual, ele poderá observar em ação a
finalidade do universo.*

COLIN WILSON
Sex Diary of a Metaphysician

No grande dia que virá, não só a natureza será transformada e banidas as tristezas da morte, mas os relacionamentos humanos — as forças autênticas do amor e do sexo — serão libertados da antiga maldição lançada contra Adão, Eva e a Serpente. No âmago do Mito do Milênio encontramos um sonho sobre um novo mundo, onde amor, sexo e todos os instintos que promovem a vida serão inteiramente livres, terão desenvolvimento completo.

Hoje em dia, nesta década de 1990 cada vez mais vertiginosa, há boas razões para reexaminar o que pensamos sobre amor e sexo. Altas taxas de divórcio, o desmoronamento da família, a AIDS, que trouxe uma sinistra combinação entre sexo e morte, o desafio dos estilos de vida *gay* e lésbico, a guerra dos sexos, que parece tornar-se cada vez mais feia — tudo isso, e muito mais, aumenta a confusão e o desafio.

E temos a violência crescente, que desfigura a vida em toda parte — e não há necessidade de desfiar aqui a habitual ladainha de horrores. Mas, se houver alguma solução para a violência, ela deverá ter alguma coisa a ver com o amor, porque, certamente, onde há amor não pode haver violência. Os modernos médicos da cultura — Freud, Marcuse, Norman O. Brown, e tantos outros — escreveram sobre a batalha que Eros ora trava contra Tanatos, mas, por alguma razão, as forças do mal continuam a manter um controle inusitadamente forte sobre o mundo em geral. De modo que precisamos passar em revista os nossos recursos e estudar os hábitos conhecidos da mente, as instituições que modelam a evolução do potencial amoroso e pacífico do homem.

O amor, poderíamos protestar (talvez tolamente), é o único antídoto contra as forças da barbárie que atacam em toda parte. A verdade é que, após o "triunfo" do Ocidente, pouco sinal há de um amor crescente na "nova ordem mundial". Esse triunfo, na verdade, levou a uma explosão mundial de descontentamento. Nem as antigas e nobres religiões inspiram muita confiança. Após milhares de anos de idealismo e religiosidade no Ocidente, os governos juram por Maquiavel, e não pelo Sermão da Montanha, e o povo idolatra Rambo, e não Rimbaud — Schwarzenegger, e não Schweitzer. Por tudo isso, repensar nossas idéias sobre amor e sexo talvez seja a melhor coisa que possamos fazer como preparação para o próximo milênio.

Acorrentando e Soltando o Dragão da Vida

Amor e sexo são fundamentais ao Mito do Milênio. Na verdade, a imagem principal do Mito está simbolicamente relacionada com amor e sexo. O trecho decisivo no particular é o mesmo que citamos antes, tirado do *Livro do Apocalipse*: "Então vi descer do céu um anjo; tinha na mão a chave do abismo e uma grande corrente. Ele segurou o dragão, a antiga serpente, que é o diabo, Satanás, e o prendeu por mil anos" (*Apocalipse*, 20:1-2). (Idéia semelhante é evocada por Isaías, para quem a "dura espada, grande e forte" de Jeová punirá "o grande monstro, a serpente sinuosa" e "matará o dragão" [Isaías, 27:1].

O Milênio, por conseguinte, conta a história daquele tempo ou condição no qual o dragão, a velha serpente, identificado como personificação do Demônio e Satanás, é acorrentado e fechado em um abismo insondável. Será essa imagem uma pista para o que deu errado com o amor na tradição ocidental?

Temos apenas que pensar um pouco nessa velha serpente para descobrir que alguma coisa não parece certa. Em primeiro lugar, o simbolismo de cobras, serpentes e dragões é sumamente rico. Na China, por exemplo, o dragão, reverenciado como o Rei ou Deus Lung Wang, tinha na garganta uma pérola de grande preço e vivia em palácios submarinos. O dragão chinês era um símbolo de riqueza. Na Grécia, a serpente era o emblema da cura (como também na China) no culto de Asclépio. O caduceu, o símbolo da medicina, é um bastão entrelaçado por duas serpentes, tendo ao lado duas aves. Neste caso, a serpente forma uma imagem da vida equilibrada consigo mesma. Em Epidauro, o Deus da Saúde era representado por uma serpente viva. Na Índia, o poder serpentino de kundalini é um dos aspectos da yoga tântrica — um símbolo de energia sexual e de transcendência.

Serpentes, dragões e monstros marinhos apareciam nos mitos de criação da Mesopotâmia, onde simbolizavam o mal e a fraude. No Oriente Próximo, o monstro marinho primordial, Tiamat, era o inimigo do criador, Marduk, que o matou e, de seu cadáver, criou o mundo. Desse modo, mesmo nessa tradição, o mal continha o futuro do bem e a destruição era o prelúdio da criação. A verdade é que, na tradição mais ampla, a serpente é um símbolo ambíguo e moralmente maleável. "A serpente, quase que em toda parte", escreveu Mircea Eliade, simboliza "o que é latente, préformal, indiferenciado."[1]

Se, como nas culturas grega, indiana e chinesa, consideramos o dragão como um símbolo de vida "latente", a imagem do Milênio, da maneira como transparece no *Livro do Apocalipse*, vincula a meta da história a uma repressão implacável dos instintos vitais — ao endemoninhamento da própria vida. Endemoninhar a serpente já acontece no *Livro do Gênesis*, onde ela aparece como mensageira da fraude, levando à expulsão de Adão e Eva do Jardim do Éden. A equação "dragão-serpente = sedutor satânico" chega ao auge no trecho citado, extraído do

Livro do Apocalipse. Pode-se dizer, portanto, que a civilização cristã, na medida em que é formada por esse Livro, fundamenta-se em antagonismo aos instintos da vida.

O *Livro do Apocalipse* representa o desvio de uma tradição mais ampla e mais aberta sobre o dragão. Transforma-o, de símbolo da força vital respeitado por muitos, em símbolo do puro mal — ou, como diz João, no *Demônio*. João, usando palavras de indignação farisaica, quer jogá-lo no abismo, fechá-lo a sete chaves, acorrentar, controlar e reprimir a vida rebelde que se contorce. João atribui ao dragão uma negatividade sobrenatural. O dragão é satânico, é o pai cruel das mentiras e do logro. Enquanto os sábios do Oriente se contentavam em dar ao dragão da vida o nome de *maya* — o brilho mágico, freqüentemente enganoso, de nossa mente —, João de Patmos via no poder de fogo do dragão a vontade de enganar, o inimigo absoluto de todos os interesses humanos.

A antipatia ao dragão saturou toda a cultura do Ocidente. A ciência ocidental conseguiu controlar o dragão da natureza, colocando-a, como disse certa vez Francis Bacon, na roda do suplício, ou, como disse Martin Heidegger, a metafísica ocidental, governada por uma vontade de poder nietzschiana, transformou a natureza em uma gigantesca fábrica. Essa obra para subjugar a natureza satânica progrediu quando a ciência, o capitalismo e a Reforma protestante convergiram. A tremenda vontade de poder sobre a natureza, a vontade baconiana de pô-la na roda do suplício e obrigá-la a fazer nossa vontade, levou adiante o projeto de repressão do dragão imaginado no Mito do Milênio de João.

Mas vamos parar por aqui. Nesta altura da história, precisamos adotar uma nova atitude em relação à "velha serpente" — a metáfora com que João descrevia a natureza. Em uma época de ecologia e psicologia profunda, as atitudes paranóicas, repressivas e espoliativas em relação à natureza deixaram de ser defensáveis. Agora que obtivemos poder tão grande sobre ela e viemos a descobrir os perigos desse poder, é tempo de desconstruir a imagem do Novo Testamento, do dragão como inimigo. Argumento neste capítulo que é de nosso interesse cultivar imagens de um dragão *desacorrentado*.

Guerra Contra o Dragão da Vida Natural

O livro *They Shall Take Up Serpents* [Eles Devem Levantar Serpentes], de Weston La Barre, antropólogo da Universidade Duke, é um estudo da psicologia de cultos de manuseio de cobras no sul rural americano. A base desse culto é um trecho da *Bíblia* sobre sinais do fim do tempo: "Estes sinais hão de acompanhar aqueles que crêem; em meu nome expelirão demônios; falarão novas línguas; pegarão em serpentes; e, se alguma coisa mortífera beberem, não lhes fará mal; se impuserem as mãos sobre enfermos, eles ficarão curados" (Marcos, 16:17-18).

Nos Estados Unidos, a maioria de manuseadores de serpentes era composta de pobres e analfabetos. O culto era uma maneira de provar o poder da fé sobre a natureza, corporificada em cobras venenosas. Ao manusear serpentes, o homem manuseava as forças da vida e da morte. O profeta Isaías anteviu tempos messiânicos em que as crianças brincariam com serpentes, imunes ao perigo. "A criança de peito brincará sobre a toca da áspide e o já desmamado meterá a mão na cova do basilisco" (Isaías, 11:8). Quando o manuseador de serpente de Kentucky segurava nas mãos uma perigosa cascavel ou deixava que ela se enroscasse em seu pescoço, ele desafiava a morte e a natureza e, por um momento, provava do poder de deuses. Ou como disse a serpente no Jardim do Éden: "Sereis conhecedores do bem e do mal" (Gênesis, 3:5).

La Barre, no que não é de surpreender, via uma identidade simbólica entre a serpente e o falo. Na verdade, abundam cultos e mitos de serpente e todos eles prestam reverência ao poder fálico. O abalizado livro de Richard Payne Knight, *A Discourse on the Worship of Priapus* [Discurso sobre o Culto de Príapo] (publicado originariamente em 1786) mostrava com que profundidade se enraizava na cultura ocidental a associação da paixão religiosa ao "poder gerador" da serpente-falo. O culto de Príapo no Ocidente tinha uma contrapartida no culto do poder serpentino no Oriente. O mito fálico fincava fundas raízes na mente antiga e medieval. A esse respeito, observou Knight:

Numa era, por conseguinte, em que não existiam os preconceitos do pudor artificial, que imagem mais justa e natural poderiam eles encontrar, através da qual expressar a idéia do poder benéfico do grande Criador, do que o órgão que lhes conferia o poder de procriar e os fazia participantes não só da felicidade da Divindade, mas de seu grande atributo característico, o de multiplicar sua própria imagem, transmitindo suas bênçãos e estendendo-as a gerações ainda por nascer².

Dessa maneira, ao declarar guerra ao dragão-serpente — o equivalente simbólico a trazer à Terra o Milênio —, João declarou guerra às forças fálico-geradoras da natureza.

A guerra ascética contra a sexualidade tanto pode ser grosseiramente literal quanto sutilmente abstrata. A luta antifálica milenarista, por exemplo, ocorreu com ferocidade extremamente literal entre crentes que se castravam, em grupos como os Velhos Crentes Skoptsy russos, que, levando a extremos literais a metáfora de um poeta, "a si mesmos se fizeram eunucos, por causa do reino dos céus" (Mateus, 19:12)³.

Por outro lado, caberia dizer que a preferência do Mundo Ocidental pela ética prometeica do trabalho, em oposição ao princípio órfico do prazer⁴, o desconforto puritano com a *voluptas* da Renascença e sujeição servil a um superego castigador (no linguajar freudiano), representava uma forma mais sutil de auto-emasculação, uma animosidade socialmente mais refinada contra o velho dragão da vida. A idéia do Milênio, na medida em que refletia vontade de poder sobre a própria força vital — simbolizada no ato de acorrentar o dragão — indicava uma mudança decisiva e perigosa na história da consciência ocidental.

Não obstante, permaneceu uma tensão secreta, uma comunicabilidade clandestina, com a sabedoria do dragão, um impulso milenarista repetido para desacorrentar o poder serpentino e libertar as energias renovadoras do sexo e do amor em uma sociedade que se estratificara durante séculos no hábito da auto-repressão. De tempos em tempos, essa sabedoria serpentina clandestina — que faz parte da história secreta do Mito do Milênio — reemergia e tentava derrubar a ordem constituída e iniciar uma era de amor livre.

Ao contrário de João de Patmos, *liberar* o "dragão" foi para numerosos utopistas radicais a maneira como interpretavam o Milênio. De Jesus a John Humphrey Noyes, de Zoroastro a Norman O. Brown, eles sonharam em viver na terra na plenitude da vida e do amor. Examinemos, portanto, algumas tentativas de libertar o dragão e instituir a liberação do amor.

A Busca do Milênio como Liberação do Amor

Para o Cristianismo tradicional, o sexo pertence ao casamento monogâmico e à função de reprodução. Vejam o que o doutor angélico da Igreja Católica, Tomás de Aquino, teve a dizer sobre a "emissão desordenada". "A emissão desordenada de sêmen é incompatível com o bem natural, isto é, a preservação da espécie. Daí, após o pecado de homicídio, por meio do qual uma natureza humana já existente é destruída, parece que esse tipo de pecado é o que vem em seguida, porque, por ele, a geração de natureza humana é impedida"[5].

Em outras palavras, a finalidade do sexo é gerar bebês e desperdiçar sêmen equivale a cometer crime de assassinato. O controle da natalidade e o aborto, portanto, tornam-se um tipo de assassinato, e a masturbação, prima moral do assassinato. Dispensa dizer que este último é um problema para jovens que estão justamente começando a conhecer a *ophos archaios* ("a velha serpente"). Tampouco mudou a posição da Igreja desde os dias de Santo Tomás. Em 1993, o Papa João Paulo publicou a encíclica *Veritatis Splendor* (O Esplendor da Verdade), na qual declara que o sexo pré-matrimonial, a masturbação, a homossexualidade e a inseminação artificial são "intrinsecamente maus".

O mundo milenarista clandestino pensa de outra maneira. Os construtores radicais do Mito descrevem um dia em que a sexualidade — toda gama de amores humanos — será inteiramente emancipada das restrições tradicionais. A seguir, vou examinar seis diferentes maneiras como milenaristas e místicos rebeldes buscaram o amor e suas possibilidades radicais. Haverá algum aspecto comum entre as seis? Penso que há. Todas elas são maneiras de desacorrentar o dragão, todas querem, direta ou indiretamente, liberar, e, em seguida, integrar o poder da serpente e, dessa forma, renovar e transformar a sociedade. As seis maneiras envolvem:

- A arte da inibição
- A revolta contra o casamento convencional
- Os usos milenaristas da "perversidade polimorfa"
- A erotização do trabalho
- A arte e o senso erótico da realidade
- A revolução do sexo cibernético

Começo com a maneira tradicional e termino com a futurista.

A Arte da Inibição

A primeira maneira consiste em desenvolver uma faculdade humana comum, a vontade — a curiosa capacidade que temos de retardar e inibir voluntariamente nossos impulsos corporais. (Inibição não é a mesma coisa que repressão: a repressão, em nosso entender, é a inimiga; a inibição, uma aliada.)

Na arte de viver e de amar, nem tudo é liberação, ampliação e expansão constantes. A yoga do amor ensinada por Platão no *O Banquete* e no *Fedro*, embora tenha por objetivo a expansão bem-aventurada pelo grande "oceano da beleza erótica", começa com inibição — a capacidade de usar prudentemente o impulso erótico e canalizá-lo. A inibição platônica de Eros difere radicalmente da compulsão de João, de lançar o poder serpentino no abismo. O amor platônico é muito mais suave na maneira como trata Eros, que respeita como um poder superior que liga as realidades humana e divina.

O amor platônico começa com atração erótica por determinados corpos, mas não permite a gratificação física (o "platônico" do amor platônico). O objetivo é sublimar o impulso erótico, até que o candidato à iluminação aprenda a entrar no "oceano" da beleza erótica. O Eros sublimado de Platão transbordava para todas as atividades sociais, criando um Milênio erótico semelhante à comunidade de monges extáticos, de que falava Joachim.

Tradições orientais enalteciam também a inibição como um instrumento na arte da transformação espiritual. Patanjali, por exemplo, definia a yoga como o esforço para inibir a espontaneidade de nossa matéria mental básica. A yoga tântrica inicia-se também com a idéia, fundada no senso comum, de autocontrole. Mas, ao levá-la a extremos, o tantrismo usa o autocontrole para destruir as ilusões daquilo que Freud chamou de o "princípio da realidade" — isto é, a barreira mental da civilização comum. A yoga tântrica enfrenta o dragão rebelde de João, mas, em vez de condená-lo ao abismo insondável, reconhece que ele, ou a serpente, está dentro de nós. O "demônio", que João projeta como estando "lá fora", está realmente dentro de nós. O homem não deve reprimir nem renunciar ao dragão e, sim, inibir-lhe os movimentos inaceitáveis, em troca de um abraço final gratificante.

A idéia de inibição em nome da união ganha relevo nas Imagens de Pastoreio Zen, um produto brilhante do Rinzai Zen Budismo. Há diferentes versões do As Imagens do Pastoreio, imagens (acompanhadas de poesia e comentário) de um boi e um boiadeiro, simbólicos de natureza e espírito, força e vontade. O boi, acho, é funcionalmente equivalente à serpente. O bode e o touro simbolizam também os poderes geradores da natureza. As Imagens do Pastoreio contam a história do caminho para o Milênio Zen.

Seguindo a versão de Kakuan, a idéia é a seguinte: no início, o boi (ou dragão) é rebelde; em seguida, suavemente, é levado a um relacionamento com o boiadeiro. Na quinta imagem, lemos: "Quando o boi é devidamente tratado, ele se torna puro e dócil; sem corrente, sem nada que o prenda, ele segue, por si mesmo, o boiadeiro"[6]. Não há necessidade de acorrentar o boi — o dragão. Na oitava imagem, boi e boiadeiro desaparecem. "Tudo desapareceu — o chicote, a corda, o homem e o boi." A dualidade do bem e do mal é superada, o conflito converte-se em harmonia. A última imagem é denominada "Entrando na Cidade com Mãos que Dispensam Bem-Aventurança." No Milênio Zen, após a união com o boi-dragão, o homem retorna à torrente da vida — "ele toca e, vede! as árvores mortas estão em plena floração". A oposição se dissolve e se transforma em unidade, a alienação em amizade, a força em persuasão, a disciplina em amor, a morte em vida. Na tradição Zen, o boi-dragão é visto como o dentro e o fora, o outro e o amante, o real e o irreal.

Logo que comparamos as Imagens do Pastoreio — para nada dizer do amor platônico e da yoga tântrica — com o *Livro do Apocalipse*, este último, do ponto de vista de finesse psicológica, mostra como é grosseiramente inferior. A visão de João deixa-nos para sempre em conflito com a natureza, com a vida, com o outro. Em vez de paz, ela prega a guerra apocalíptica, em vez de tranqüilidade, repressão, em vez de amor — uma palavra esquiva no *Livro do Apocalipse* — maldição e condenação. Por isso mesmo, no fim do próprio *Livro do Apocalipse*, lemos: "Se alguém lhe fizer qualquer acréscimo [As palavras descrevem o Apocalipse de João], Deus lhe acrescentará os flagelos escritos neste livro" (*Apocalipse*, 22:18).

O amor platônico, o tantrismo, o Zen e o *Livro do Apocalipse* cristão afirmam, sem exceção, a importância de utilizar a força vital serpentina, usando uma estratégia de retardamento e inibição. A diferença na implementação concreta da estratégia torna-se evidente quando comparamos o *Livro do Apocalipse* com as Imagens do Pastoreio: no primeiro, demora e inibição transformam-se em repressão implacável; no segundo, são passos para uma integração alegre e transcendência sublime.

Não obstante, a tensão criada pelo legado apocalíptico de São João deixou em seu rastro um subtexto secreto, que estimulou algumas das teorias e experimentos sociais mais ousados na história ocidental. O dragão reprimido continua a voltar e quer reparar milhares de anos de agressão paranóica contra a vida. Uma das maneiras como fez isso foi instigar uma revolta contra o casamento convencional.

A Revolta contra o Casamento Convencional

Freud, que sabia de algumas coisas sobre a psique humana, escreveu certa vez um trabalho sobre o casamento, intitulado "A Moralidade Sexual 'Civilizada' e a Doença Nervosa Moderna"[7]. Os casamentos estudados por Freud eram uma triste meia-sola, um sacrifício do instinto vital ao moloque da vida civilizada. A maioria dos casamentos, de acordo com o médico vienense, estava "condenada" à "desilusão espiritual e à privação corporal". Os instintos amorosos, por natureza borbulhantes, eram reprimidos e esvaziados na garrafa do pecaminoso matrimônio. Freud, denunciado pelas feministas, declarou certa vez: "Mulheres, quando sofrem as desilusões do casamento, adoecem com neuroses graves, que permanentemente lhes tolda a vida".

Enquanto isso, os homens, na maioria dos casamentos "civilizados", seriam levados a "reprimir violentamente" suas emoções, o que lhes consumiria a energia e os deixaria debilitados. O estrangulamento da força vital resultaria no "joão-ninguém" impotente, ressentido, sobre o qual Wilhelm Reich escreveu tão convincentemente[8]. E Freud perguntava: Será que a civilização merece todo esse sacrifício?

A história está cheia de exemplos de pessoas que disseram "não" à civilização, rejeitando o casamento e, em decorrência, a sociedade tradicional. O próprio Jesus declarou que não haveria casamento no Reino do Céu e que, quando a história finalmente acabasse, o homem viveria como "os anjos", de alguma maneira emancipado da sexualidade comum decaída. Essa observação serviu de base a muitos e estranhos experimentos sociais. Durante toda a era cristã, milenaristas de todas as cores lançaram-se em experimentos sociais radicais, em busca da perfeição "angélica" pós-matrimonial. A palavra do visionário circulava: no próximo mundo — na nova era —, instituições de mundanidade repressiva, como o casamento, deixariam de existir. Toda sociedade que merecesse o nome de celestial estaria livre do casamento repressivo.

Visionários medievais, como Joachim de Fiore e Amaury de Bene, achavam que a maioria das instituições mundanas — Freud diria "civilizadas" — estava destinada a acabar e que, em seu lugar, surgiria uma pós-civilização de amantes livres. Joachim e seus seguidores, da mesma maneira que os Shakers americanos, descreviam esse "amor livre" como uma vida comunitária de monasticismo seráfico. Nas palavras do Pai Joseph Meacham, um teólogo Shaker: "Chegou o tempo para que te entregues, e tudo que tens, a Deus, de possuíres como se não possuísses"[9]. A dança era o escoadouro usado pelos Shakers para obter o êxtase erótico. Os Irmãos do Espírito Livre, de Amaury, lembravam mais John Humphrey Noyes e os Espiritualistas Americanos e defendiam um Milênio erótico mais emancipado. A dança se transformava em orgia, com inumeráveis oportunidades de experimentação nos intervalos.

A Europa do século XII parecia ter cansado do casamento. Não só os revolucionários joaquininos e os anárquicos Irmãos do Livre Espírito despejaram suas idéias heréticas na corrente principal da história ocidental, mas alguma coisa pegou fogo, no mesmo século, no sul da França, dando início a duas novas tendências na esfera do amor e da sexualidade: o nascimento do amor romântico e a liberação das mulheres. Ambas as tendências eram hostis ao casamento convencional.

A arte do amor palaciano, ou cavaleiroso, começou na Provença. Era basicamente amor adúltero. Por isso mesmo, Andreas Capellanus diz no *Art of Courtly Love* [A Arte do Amor Elegante]: "Surpreende-me muito que desejes aplicar erroneamente o termo 'amor' à afeição matrimonial que se espera que marido e mulher sintam um pelo outro após o casamento, uma vez que todos sabem que amor não pode ter lugar entre marido e mulher"[10]. A rebelião começou com a poesia dos trovadores, aristocráticos cavaleiros franceses amantes da guerra, que deram para escrever poesia refinada às esposas de *outros* cavaleiros.

O amor adúltero era amor pelo amor. O cultivo deliberado de Eros visava a uma experiência transcendente e, como tal, declarava-se livre das convenções do casamento e também do dever de ter filhos. O cultivo do amor pelo amor tinha implicações para a derrubada da sociedade tradicional. Em primeiro lugar, desvendou um caminho para suavizar o *mores* selvagem da casta guerreira, abrindo espaço para hábitos mais suaves de mente e coração. Essa mudança se tornava possível através da poesia, a bela arte de articular as emoções do coração apaixonado.

A sublimação da selvageria e sua transformação em poesia pelos trovadores indicava uma mudança mais ampla que, nesse momento, ocorria na consciência. Denis de Rougemont foi um dos que escreveram sobre a "revolução psíquica que ocorreu no século XII"[11]. O núcleo da mudança era uma nova atitude, em relação às mulheres, que valorizava a civilidade. Flertar com a esposa de um colega tinha que ser feito com extrema cautela. Entrementes, a cautela, aplicada à paixão, deu origem à *cortezia*, ou "cortesia". A cortesia, tal como a poesia, tornou-se outro instrumento formal para sublimar os instintos guerreiros. (Seria bom se os selvagens modernos, que andam armados por aí, pudessem aprender com os velhos trovadores franceses e dessem para escrever sonetos a belas mulheres, em vez de estourarem os miolos uns dos outros.) Para os trovadores, a cortesia e a poesia tornaram-se estratégias para despertar e habilmente brincar com o poder serpentino — o poder que São João queria acorrentar e banir dos campos de folguedos da história.

A arte do amor cortesão era praticada em uma atmosfera de perigo extremo. Basta lembrar, por exemplo, o caso de Abelardo e sua infeliz amante, Eloísa. Na mais famosa história de amor da Idade Média, Abelardo, professor de filosofia e trovador, sofreu a indignidade da mutilação por ter um romance com Eloísa, uma de suas talentosas estudantes. O risco da morte e mutilação tornava romântico o amor ilegal, como insinuava Capellanus, e até o ciúme era reconhecido como útil para intensificar o amor romântico.

Embora os métodos possam parecer extremos, o amor cortesão era um experimento de complexidade psicológica. O *animus* (princípio masculino) tentava suavizar a própria animosidade unindo-se a *anima* (princípio feminino). Nos grandes poemas épicos do mundo, as mulheres jamais foram personagens em relacionamentos românticos cantados pelos rapsodos. Os grandes relacionamentos eram entre homens. No poema épico sumeriano, era Gilgamesh e Enkidu; na *Ilíada*, Pátroclo e Aquiles; na *Eneida,* Dido servia de segundo violino para o caso amoroso de Enéias com o Império. As mulheres permaneciam no segundo plano, na maior parte como bens semoventes — de valor utilitário, jamais ideal. Como disse Pietro Aretino durante a Renascença italiana, as mulheres tinham três opções na vida: poderiam ser esposas, monjas ou prostitutas[12].

No século XII, elas se tornaram *belas damas*. Os poetas do sul da França criaram uma literatura que ajudou o homem a ver nas mulheres a Deusa, idealizando, erotizando a imagem — como fez Dante no *A Nova Vida* — da *anima* feminina. E Dante escreveu: "Por nove vezes desde meu nascimento, o céu de luz completou seu círculo e voltou quase ao mesmo ponto, e nesse momento nele apareceu, diante de meus olhos, a agora gloriosa dama de minha mente, que se chamava Beatriz"[13]. Dama na mente de Dante, a explicação de sua "glória" estava na distância em que ela se encontrava. E florescia como um poder no *mundus imaginalis* erótico de Dante.

O enaltecimento da imagem de Shakti na pena de Dante representou um renascimento, na consciência ocidental, da imaginação erótica de Platão, mas também um rompimento com as tradições grega, árabe e persa, porque o novo foco era, nesse momento, heterossexual, e não mais homossexual. A mudança para uma imaginação heterossexual mais rica no culto do amor dos romances de cavalaria esteve ligado a outro fenômeno do século XII, o culto de Maria. Na Idade Média, a França exaltava e venerava a imagem da Deusa no culto de Maria. Talvez seja surpresa para algumas pessoas, mas, na Idade Média, a figura de Maria era tudo, menos piedosa e conformista em inclinações. O que a inspirava era a necessidade de devoção ardente. Ela corporificava o princípio do prazer divino e possuía o potencial secreto (embora negligenciado) de derrubar os estados de consciência dominados pelo homem[14].

Mas houve outras indicações da mesma rebeldia. No século XII, por exemplo, mudaram as regras do jogo de xadrês: em vez de quatro reis, o novo jogo só tinha um rei e uma rainha[15]; além disso, o rei nem tinha grande liberdade de movimento nem era muito poderoso. Como uma espécie de zangão precioso, a única razão dele para existir era ser protegido. Tratado como mero símbolo de honra, nada fazia para merecer sua manutenção. A Rainha, por outro lado, saltava livre, poderosa e perigosa por todo o tabuleiro. Conteria o jogo de xadrês, cujas regras foram mudadas no século XII por trovadores subversivos, uma profecia oculta? Anunciaria uma nova época, o princípio feminino restabelecido, depois de séculos de repressão patmosiana?

Esse foi, aliás, o século que Joachim de Fiore profetizou que presenciaria o terceiro *status* — a nova era — o Espírito Santo encarnar em um corpo feminino[16]. Prous Boneta, a precursora milenarista da volta moderna ao culto da Deusa, disse que tinha a chave do abismo insondável e alegava exercer poder sobre a *ophos archaios*. Já há oito séculos, vem ocorrendo a volta da Deusa, prevista por monges e trovadores medievais. O que desejo enfatizar aqui é que a revolução psíquica referida por de Rougement — a nova valorização do feminino, o cultivo da consciência erótica e a síntese de barbárie e poesia — desenvolveu-se em uma atmosfera de hostilidade ao casamento convencional.

Naqueles dias, a hostilidade contra a vida convencional assumia a forma de guerras clandestinas e conspirações contra a Igreja Católica. Maniqueus, bogomis e cátaros compartilharam da antipatia dos Shakers americanos à "sujeição servil" à sexualidade, que encorajava a revolta contra o casamento e a escravidão econômica. Os Irmãos do Livre Espírito, os franciscanos radicais e os valdenses, em estado de espírito semelhante ao de Joseph Smith e John Humphrey Noyes, acreditavam sinceramente na perspectiva de um paraíso aqui e agora, na vida corporificada. Os adamitas, em especial, procuravam restabelecer o paraíso por intermédio de nudismo revolucionário e orgias antinomianas. Rebeldes medievais, com uma vingança mística a tirar, gostavam de reunir-se em cavernas, em perfeito estado de nudez. Proscreveram o casamento e defenderam a comunidade de mulheres e o sexo promíscuo.

Os heréticos atacaram a Igreja, que consideravam como o bastião do patriarcado bestial. A Igreja constituída, queixavam-se, havia invertido o próprio nome de Deus — AMOR, transformando-o em ROMA — uma aberração imperdoável. Para os místicos rebeldes da época, o potencial de "consciência mais alta" gerava a necessidade de subverter as instituições tradicionais. E a principal instituição que precisava acabar era o casamento.

Mas passemos a tempos mais recentes. Os filósofos do século XVIII desfecharam também um ataque contra o casamento. Considerem, por exemplo, as opiniões do Marquês de Sade sobre o assunto. O casamento, como poderíamos ter suspeitado, constituía uma limitação aos deuses que ele cultuava — Natureza e Liberdade. E assim, dirigindo-se a todas as mulheres, proclamou: "Ó sexo encantador, serás livre; tal como o homem, gozarás de todos os prazeres que a Natureza torna um dever. Deverá a metade mais divina da humanidade ser sobrecarregada pela outra com grilhões? Ah, quebrem esses grilhões, a Natureza assim o quer."

O deus romântico da natureza decreta que todo homem e mulher têm "direito ao prazer". A felicidade, para a mente milenarista, teria que ser coletiva. Na opinião de Sade, todos os homens tinham o direito de desfrutar todas as mulheres — não para possuir, mas para usar "temporariamente" — como alguém que bebe livremente em uma fonte, mas não proclama que ela lhe pertence. Por isso mesmo, era natural que o homem buscasse o prazer na mulher — até mesmo, se necessário, pela força. O ego pessoal nada tinha a dizer aqui. O sadismo de Sade era uma espécie de misticismo ultra-humano, uma "Eros sinistra"[17], uma escatologia de desejo sexual desenfreado: "O amor, satisfazendo duas pessoas apenas, a amada e o amante, não pode servir à felicidade de outros, e é por causa da felicidade de todos, e não para uma felicidade egotista e privilegiada, que as mulheres nos foram dadas." "Jamais", disse Sade, como bom *philosophe* do século XVIII, "poderá ser concedido a um único sexo o direito legítimo de pôr mãos monopolistas sobre o outro".

Sade considerava o contrato matrimonial como mais penoso para a mulher do que para o homem, porque a mulher seria "dotada de inclinações muito mais violentas para o prazer carnal do que o homem". Em conseqüência, ela precisava ser libertada da monogamia. Na república de Sade, haveria casas especiais para elas, de modo que desde bem jovem a mulher

> poderia entregar-se a tudo que sua constituição pedisse, seria recebida respeitosamente, generosamente saciada e, uma vez de volta à sociedade, poderia falar de forma tão pública sobre os prazeres que desfrutou, como hoje fala sobre um baile ou um passeio.

Esse último ponto sobre publicidade é de importância crucial, pois significava o fim da repressão, o fim da sensação de vergonha, o fim da equação agostiniana: genitália feminina = *pudenda* (palavra latina que significa tanto "vergonha" quanto "órgãos genitais femininos"). Embora ignorando a negação absurda do direito da mulher de dizer "não", Sade era, à sua própria maneira, um tipo de feminista.

No caso dos que consideram repugnante e grosseira a filosofia sexual do Marquês, uma profecia mais suave, mas não menos corajosa, do fim do casamento repressivo, pode ser encontrada na obra de Tom Paine, um homem que, da mesma forma que o Marquês, passava grande parte de seu tempo atrás das grades ou fugindo das autoridades. O trabalho de Paine que tenho em mente intitula-se "Reflexões sobre Casamentos Infelizes". Paine concluía esse irônico ensaio com um conselho recebido de um "selvagem americano". O "selvagem" achava que o casamento cristão não era bom nem sábio. Convencional, apenas legalmente constituído, ele o considerava como uma forma de prisão.

Uma vez que nenhum dos dois podia escapar do laço, cada prisioneiro do casamento só podia mesmo, como vingança, "duplicar o sofrimento do outro". Paine, em conseqüência, pedia a liberação do amor. E a *persona* "selvagem" dizia: "Enquanto no nosso, que não tem outra cerimônia do que a afeição mútua, e não dura mais do que enquanto eles podem se dar prazeres mútuos, consideramos nosso dever fazer a vontade do coração que temos medo de perder. E, tendo liberdade de nos separar, raramente ou nunca sentimos inclinação para isso fazer"[18].

A *persona* nobre selvagem evocada por Paine era um recurso comum no caso dos *philosophes* franceses. Neste caso, Paine usou-o para dissolver o "casamento infeliz" e transformá-lo na afeição natural e no prazer do iluminismo selvagem do Éden. O tom difere do usado por Sade, embora ambos compartilhassem da visão do fim da opressiva lei matrimonial e evocassem o deus da "Natureza" para sancionar o apelo à liberação.

No século XIX, descobrimos que os visionários sociais americanos eram também hostis ao casamento, embora seus argumentos fossem inspirados tanto pelo comunismo da *Bíblia* quanto pela filosofia do século XVIII, e as aplicações práticas de seus sentimentos contra o casamento fossem menos abertamente libertinas que as de Sade. No Capítulo 6, por exemplo, discuti as palavras de Jesus sobre o fim do casamento no Reino do Céu. Os Mórmons, os Shakers e os Perfeccionistas Oneidanos — todos eles movimentos milenaristas — interpretaram de maneiras diferentes essas palavras, resultando em práticas sexuais revolucionárias diferentes: poligamia, celibato e casamento complexo, respectivamente. Não vou repetir aqui aquele material, mas lembro que a hostilidade ao casamento convencional era também evidente entre os swedenborguianos, owenitas e espiritualistas.

Vejamos o caso destes últimos. A doutrina do amor livre talvez não esteja ligada ao Espiritualismo na mente moderna, mas a ligação foi muito forte no auge do movimento. A maneira como a doutrina relacionava as palavras de Jesus sobre o fim do casamento merece atenção. Na revista do amor livre, *The Social Revolutionary*, C.M. Overton escreveu o seguinte:

> Mas algum Espiritualista inteligente negará que o testemunho unânime das esferas prova que seus habitantes são controlados em seus relacionamentos amorosos não por autoridade externa arbitrária, mas pela lei da atração, da afinidade ou do Amor Livre? Não é fato aceito que os anjos não têm que ser levados à presença de um magistrado para legalizar seus casamentos? Não é absurdamente ridícula a idéia de que, no Paraíso, homens e mulheres vivem juntos, de acordo com o princípio do cão e gato, porque não seria respeitável que se separassem?

Se no paraíso os anjos não são amarrados pelo casamento, por que deveriam ser diferentes os Espiritualistas, que os tomam como modelo? Robert Owen, o reformador e milenarista nascido em Gales, Inglaterra, aceitou o Espiritualismo tarde na vida. Fundador do projeto Nova Harmonia, em Indiana, ele, como muitos americanos progressistas de seu tempo, criticava o casamento convencional, condenando-o, juntamente com a propriedade privada, como produto de religião irracional e terrível opressor da humanidade. E escreveu sobre "os males do casamento indissolúvel". Seu filho, Robert Dale Owen, também Espiritualista, publicou, em 1830, o *Moral Physiology* [Fisiologia Moral], um tratado pioneiro sobre controle da natalidade nos Estados Unidos. Mas preciso mencionar também aqui os muitos seguidores americanos das idéias de Fourier, que acreditavam que o programa social que defendiam levaria a "graus mais altos de liberdade amorosa." (Mais adiante, voltaremos a falar em Fourier.)

O reformador social Josiah Warren inventou a expressão "soberania individual". Ideal este muito admirado no Iluminismo, a soberania individual retroagia a *autarkia*, ou "autonomia", de Aristóteles, que seria condição necessária à verdadeira felicidade humana. Nós não fomos criados para ser escravos — nem mesmo escravos de Deus. Em outras palavras: se Deus está dentro de nós, então ninguém (e nenhuma instituição humana) tem o direito de ditar ao homem como ele procurará o amor e a felicidade.

No melhor dos mundos possíveis, a soberania individual combinar-se-ia com a lei da atração para orientar os relacionamentos humanos. Tal como Tom Paine, os adeptos americanos do amor livre julgavam ridículo "permanecer juntos e arranhar o rosto e arrancar os cabelos em obediência a um senso de dever". Na sociedade do Milênio, os relacionamentos transcenderiam o dever, sem se tornarem irresponsáveis. Isso porque relacionamentos mantidos exclusivamente pela força do dever bem que poderiam ser uma receita para o inferno.

No Milênio espiritualista, como recomenda hoje Esfandiary, em vez de famílias haveria "mobílias", relacionamentos soltos, mutáveis e filófilos. Nos termos da nova dispensação, os relacionamentos seriam rompidos com grande facilidade — como acontece hoje na América — mas esse costume não teria que ser prejudicial. Sim, concordava Overton, a liberação do amor forçosamente formará e, ocasionalmente, destruirá relacionamentos.

Mas, e daí? Americanos modernos talvez considerem lastimável essa filosofia de instabilidade amorosa. Mas não os nossos milenaristas otimistas do Amor Livre. Ao contrário, na opinião deles, é bom que falsos relacionamentos sejam, de tempos em tempos, purificados pelo fogo da honestidade emocional. Essa é a maneira, acreditam, como a coisa funciona nos reinos muito mais felizes da pós-morte. "O fato de que lá eles rompem falsos relacionamentos e formam outros é um costume tradicional e parte tão grande da Filosofia Espiritual ou Harmônica como a doutrina da Evolução Eterna"[19]. Não é ruim que relacionamentos sejam rompidos, porque, sem um pequeno caos ocasional, o direito inato da alma à "evolução interminável" seria prejudicado. Arriscando uma comparação, como demonstra Roger Lewin em seu livro sobre vida à beira do caos, os maiores momentos evolutivos ocorrem após extinções em massa[20]. Alguma coisa comparável, de acordo com os milenaristas do amor livre, aplicar-se-ia aos relacionamentos humanos.

Será que isso lança alguma luz sobre a alta taxa de divórcios nos Estados Unidos? Se metade dos casamentos na América termina em divórcio (extinção), então, de acordo com os princípios espiritualistas de Overton, parece que cinqüenta por cento deles são "falsos". Em outras palavras, violariam a soberania individual e a lei da atração. As altas taxas de divórcio poderiam ser consideradas como as dores de parto de formas ainda não definidas de relacionamento amoroso, destinadas, talvez, a emergir por completo no próximo Milênio. Pelo menos, parece provado que metade da população está, sem saber, em guerra contra a instituição do casamento, da forma como existe, o que evidenciaria um descontentamento antigo, mais ousadamente manifestado pelos milenaristas.

O Mito do Milênio aponta para algo além daquilo que Paine chama de "falsos relacionamentos", não apenas para os falsos relacionamentos no casamento, mas para os que infectam toda a sociedade humana. Uma forma mais esclarecida de amor transformaria não só a família, mas também a religião, a educação, o governo — e, acima de tudo, o trabalho. Mas, antes de estudar amor e trabalho, pretendo analisar a idéia freudiana, utilizada até certo ponto por pensadores utopistas, sobre o tema Eros e civilização. O que tenho em mente é aquela idéia, de tipo apavorante, sobre *perversidade polimorfa*. Vejamos se ela lança alguma luz sobre nosso assunto.

Os Usos Milenaristas da "Perversidade Polimorfa"

Jesus disse certa vez que tínhamos que ser iguais às crianças antes de poder entrar no Reino de Deus. Essa idéia pode receber uma versão freudiana. De acordo com Freud, crianças têm uma capacidade não-especializada de desfrutar eroticamente o todo da existência corporal. Em vez da sexualidade genital fortemente localizada do adulto, a realidade em si é eroticamente colorida no caso da criança. Freud usou a expressão, um tanto confusa, de *perversidade polimorfa* para descrever essa situação.

Potencial erótico polimorfo parece uma maneira melhor de descrever a situação. Alguns freudianos radicais falaram em "senso erótico da realidade". (Ver, adiante, a seção sobre arte.) Na criança, a capacidade de experimentar prazer não é concentrada em algumas poucas zonas erógenas, como acontece com adultos maduros. Ela permeia o todo de sua existência corporal. Todo encontro sensorial proporciona uma oportunidade de prazer ou gratificação brincalhona. À medida que amadurecemos (segundo o modelo freudiano), nosso gênio infantil para deleite na vida sensorial encolhe gradualmente, e uma necessidade mais estreitamente focalizada, mais ansiosa de prazer, organiza-se, e é dominada, pelas funções genitais. Sem querer, somos forçados a renunciar ao nosso potencial polimorfo para o amor e o prazer corporal. Crescer implica capacidade menor de experimentar prazer sensorial erótico. Recapturar esse potencial — tornarmo-nos novamente crianças — é para Jesus e Freud a estrada real para o Milênio.

Não obstante, continua a existir o potencial para o senso erótico da realidade. Os rebeldes sexuais místicos acreditavam que era possível despertá-lo. Conforme vimos na seção acima, uma tática poderosa para reverter a arregimentação civilizada e a liberação especializada de nosso potencial amoroso consiste em tomar posição contra o sexo monogâmico e o entusiasmo comum pela reprodução.

A "perversidade" dos místicos sexuais consistiria na recusa em dominar ou ser dominado pelo uso do poder serpentino. Ou dizendo a mesma coisa de uma maneira que Schopenhauer teria apreciado, a perversidade estaria na recusa em deixar que a espécie usasse o indivíduo como mero instrumento para perpetuação. Os rebeldes do amor querem aproveitar o poder serpentino impessoal para prazer pessoal, querem progresso, não apenas replicação de si mesmos — a imortalidade individual, e não apenas coletiva. Acima de tudo, querem liberdade, e não escravidão econômica e psicológica que, para a massa da humanidade, resulta da servidão ao instinto de procriação. Gautama Buda, realista como era, expôs a questão da seguinte maneira: "Outro filho, outro grilhão". Recreação, e não procriação, é o lema dos milenaristas sexuais.

O princípio do erotismo "perverso" polimorfo esteve presente, em forma embrionária, na filosofia do amor de Platão. Em *O Banquete*, Sócrates faz uma distinção entre o amor "pandêmico" e o amor superior do pederasta educado (é desnecessário dizer que esse relacionamento ideal entre rapazes e homens mais velhos é duro de engolir nos dias de hoje). Platão considerava o amor sexual como um sintoma de fragmentação humana, como um estímulo para se tornar completo.

O cômico Aristófanes, presente no *Banquete*, invocou a figura do andrógino para explicar a dinâmica do amor. Amaríamos porque nos lembramos e ansiamos por recuperar algo que outrora tivemos mas que perdemos. Outrora, teríamos sido androginamente completos, antes que Zeus, com medo covarde de nossa independência — "perversidade polimorfa", se quiserem — achasse conveniente nos reduzir a vaidade, cortando-nos em dois, dessa maneira condenando-nos ao destino de buscar para sempre nossas metades perdidas — ou, como dizemos hoje, nossa alma irmã.

Herbert Marcuse utilizou a idéia da perversidade polimorfa em *Eros e Civilização*. De acordo com Marcuse, deveríamos valorizar, pelo menos por duas razões, nossa sexualidade polimorfa. Em primeiro lugar, ela impediria que nos ajustássemos facilmente à família nuclear, que Marcuse considerava o cimento social do capitalismo repressivo. A teoria de perversões de Marcuse não era nada favorável aos tradicionais "valores familiares". As "perversões" solapariam o tecido fechado da civilização repressiva. Em segundo, a sexualidade polimorfa promoveria o princípio do prazer. Pessoas em contato com seu corpo resistiriam a ser usadas como meros instrumentos no mundo desalmado da economia. A crítica marcusiana implica uma mudança de deuses, a criação de novos heróis culturais. Em vez de Prometeu, o herói da ética do trabalho, Marcuse queria que venerássemos Orfeu, o músico, aquele que domava as forças selvagens da natureza com os encantos da música.

A expressão espalhafatosamente provocante, *perversidade polimorfa*, é teoricamente importante. Ela se relaciona, por exemplo, com a idéia de androginia. Os grandes místicos freqüentemente vazavam suas especulações sobre o amor futuro em imagens do andrógino (ou hermafrodita). A androginia — da forma como desejo usar esse termo — denota a plenitude psíquica dos traços masculino e feminino em cada pessoa. A maioria dos homens tem glândulas psíquicas femininas subdesenvolvidas. O mesmo acontece, em sentido oposto, no caso das mulheres. A busca do Milênio é a da integridade do ser — de um casamento blakeano entre céu e inferno. O *Seraphita,* de Balzac, e o *Narciso e Goldmundo*, de Hesse, descrevem o poder misterioso da personalidade andrógina. Poucos parágrafos antes, mencionei o andrógino de Aristófanes, a idéia de que o amor esconde sempre uma ânsia secreta por uma integridade meio lembrada.

Durante toda história, o submundo psíquico sentiu-se atraído por imagens de homem-mulher. O Evangelho Gnóstico de Tomé, por exemplo, diz (sem usar a palavra), que a androginia é o segredo para entrar no Reino do Céu. "Quando o macho se torna fêmea e a fêmea se torna macho, quando o interno se torna o externo e o externo, o interno, quando fim se torna começo e começo se torna fim". O clarividente poeta Arthur

Rimbaud, em seu livro *Uma Temporada no Inferno*, repudiava o que chamava de "aqueles amores mentirosos" e saudosamente evocava uma imagem de amor liberado, em "um único corpo". Whitman foi talvez o maior visionário do amor andrógino:

> Eu canto o corpo elétrico,
> Os exércitos daqueles que eu amo me envolvem e eu os envolvo.

* * *

> Eu sou o poeta de mulheres, tanto quanto de homens.

Os sentimentos onieróticos de Whitman são bastante claros. Um aficcionado de Walt Whitman, o inglês Edward Carpenter, publicou em 1908 um livro intitulado *Intermediate Sex*. Carpenter estava interessado em "tipos de transição de homens e mulheres". Os uranianos, segundo os estudos de Carpenter, eram menos condicionados por motivos puramente carnais e suas atrações seriam mais estéticas, pessoais e espirituais. Em "gradações de material da alma", os uranianos teriam um grau menos especializado de características femininas e masculinas. Psiquicamente, seriam mais equilibrados do que pessoas normais. O intelecto, por exemplo, estaria ancorado em sentimento e intuição. Em outras palavras, eles seriam mais andróginos do que normais.

Carpenter, estribando-se em alguns fascinantes dados clínicos e biográficos, fez uma corajosa defesa da hipótese de que os uranianos representam o futuro evolutivo da humanidade. "Não sabemos", observa ele, falando sobre sexo, "qual será a evolução, entre as muitas possíveis, ou que novas formas, de lugar ou valor permanente, já estão sendo lentamente diferenciadas da massa circundante da humanidade." Carpenter concluiu dizendo que "no presente, talvez já estejam emergindo certos tipos novos de humanidade, que terão um papel importante a desempenhar nas sociedades do futuro — mesmo que, no momento, seu aparecimento seja acompanhado de muita confusão e incompreensão".[21]

Segundo Carpenter, os uranianos são menos sensuais do que as pessoas comuns; seu vício é o sentimentalismo; seu temperamento, filantrópico; e, tal como os imortalistas que conhecemos no capítulo anterior, parecem estar em contato com a fonte misteriosa da juventude e da vitalidade. Acrescente-se a isso suas inclinações psíquicas e estéticas, e é provável, diz o discípulo inglês de Whitman, que eles venham a ser "os instrutores da sociedade futura".

Para uma discussão atualizada do potencial evolutivo da androginia, o leitor deve procurar conhecer a obra de uma junguiana americana, June Singer. De uma maneira que confirma Marcuse, Singer observa que a androginia, ou inteireza psíquica, subverte a unilateralidade tirânica do monoteísmo e do patriarcado[22]. Ora, uma forma de integridade física na qual acaba a opressão patriarcal leva-nos, conforme descobrimos na discussão da obra de Joachim, ao âmago do Mito do Milênio. A androginia significa o fim da dominação patriarcal e da unilateralidade. Levada a extremos revolucionários, ela resultaria no fim da civilização ocidental. Se o homem deixasse de comportar-se exclusivamente como homem típico, e se a mulher deixasse de se conduzir como mulher típica, o mundo nunca mais seria o mesmo.

O problema para o futuro, portanto, transcende o sexo *gay* e o lésbico. Digo isso sem intenção de subestimar a importância dos direitos de *gays* e lésbicas ou de menosprezar os sofrimentos dessas minorias. Mas sexo, como N. O. Brown nos lembra no *Love's Body* [O Corpo do Amor], significa "divisões". A idéia é de transcender as "divisões" e problemas de sexo, hetero ou homo, e ir além da mono ou bissexualidade em direção à omniossexualidade, ao omnioerotismo. No universo omnioerótico do Milênio, haverá espaço para toda faixa de possibilidades eróticas — do prazer pagão no sexo de que falava Henry Miller para o celibato convicto dos Shakers.

Mas o que dizer da questão da "perversão"? Não haveria acaso limites aplicáveis aos omnioeróticos do futuro? Responderei com ajuda do escatologista russo que encontramos páginas atrás, Vladimir Solovyov. No *The Meaning of Love*[23] [O Significado do Amor], Solovyov estuda a questão da perversão sexual. A perversão, de acordo com o pensador russo, consistiria em qualquer incapacidade de amar a pessoa inteira. A fixação numa parte, a ignorância do todo, seria a essência da perversão. Dessa maneira, o heterossexual, homem ou mulher, que se relaciona parcial, abstrata ou egoisticamente com o outro sexo — que se fixa em partes corporais do outro ou em alguma parte limitada da pessoa inteira — seria, de acordo com o critério de Solovyov, "pervertido". Daí se seguiria que o relacionamento no mesmo sexo, no qual os parceiros se amassem altruisticamente, não seria em absoluto "pervertido". Em outras palavras, o único amor "pervertido" é o amor egoísta. Nesse sentido, todos nós somos mais ou menos pervertidos e só no Milênio o amor será libertado do estigma da "perversão".

O Trabalho na Amorosa Nova Era

Se queremos imaginar com convicção um mundo abençoado por amor isento de perversão, temos que estudar a questão do trabalho. O trabalho veio à tona na última seção deste capítulo. Quanto mais "pervertidos polimorfos" formos, menos inclinação sentiremos para usar mal o corpo, para permitir que seja usado como mero instrumento. O antídoto ao trabalho degradante é a brincadeira. No mundo da brincadeira, abrimo-nos para o poder serpentino e nos rendemos ao que Deepak Chopra chama de "corpo de bem-aventurança". O trabalho, no fim dos tempos, tornar-se-á um veículo para a bem-aventurança, para o lúdico. O lúdico seria o estilo de vida no Éden.

A queda do Éden foi uma queda no mundo do trabalho — na dor da labuta, que os gregos chamavam de *ponos*. "Com o suor do rosto comerás o teu pão", diz o Senhor a Adão (*Gênesis*, 3:19). "O Senhor Deus, por isso, o lançou fora do Jardim do Éden, a fim de lavrar a terra de que fora tomado" (*Gênesis*, 3:23). Após a queda, tivemos que trabalhar para viver. O mito do Gênesis descreve nosso sofrimento básico, nossa "propensão para a queda', como dizem os teólogos, o fato de sermos submetidos à tirania da necessidade econômica.

Karl Marx, aquele profeta secular moderno, atualizou o Gênesis com a crítica ao trabalho "alienado". Em um mundo de trabalho alienado, a capacidade de amar, para a maioria de nós, é tristemente restringida. É difícil levar uma vida amorosa em uma sociedade governada por trabalho desumanizante. O amor é incompatível com a desigualdade. Daí a importância do mundo do trabalho para nós. Richard Heinberg, filósofo da humanidade primitiva e autor do *Memories and Dreams of Paradise* [Memórias e Sonhos do Paraíso], acredita que a igualdade (pela qual entende o reconhecimento mútuo do valor humano básico) é o único solo onde o amor pode crescer[24].

Embora talvez dê sustentação à liberdade econômica e ao individualismo, o capitalismo, como sistema pautado pelo lucro, é obrigado a tratar o homem como um meio para um fim, como mercadoria mais ou menos útil e descartável. No linguajar marxista, o homem torna-se um "meio de produção". O capitalismo é um sistema econômico que predispõe a maioria dos trabalhadores às emoções da inveja, do ressentimento e do descontentamento. Nenhuma dessas paixões fertiliza as possibilidades do amor.

Os construtores do Mito do Milênio querem um mundo em que o trabalho deixe de ser desumanizador. O idioma alemão exemplifica bem a relação íntima entre trabalho e realidade: aquilo em que trabalhamos (*wirken*) é aquilo que é real (*wirklich*). A realidade (*Wirklichkeit*) é a maneira como trabalhamos. O emprego é a metafísica do homem. Mudar as condições de trabalho, portanto, equivale a mudar a realidade. As implicações radicais dessa idéia foram estudadas por pensadores americanos que entraram em evidência na década de 1960. Norman O. Brown e Herbert Marcuse compartilharam de uma insistência milenarista em reverter a queda e derrotar o trabalho alienado. Brown fez isso tentando desacorrentar o dragão do logos; Marcuse, denunciando a arbitrariedade da civilização repressiva. No *Eros e Civilização*, ele defendeu a derrubada da ética de trabalho prometeica, invocando Orfeu e o princípio lúdico, isto é, um novo herói mítico para a nova pós-civilização. "Ando ao léu e convido minha alma a me acompanhar", cantou o órfico Whitman no *Song of Myself*. "Ando ao léu e observo uma haste de grama do verão".

Brown, Marcuse, Whitman — cada um, à sua maneira, construtor do Mito — viam em nosso potencial amoroso o poder de transformar o trabalho e, daí, a vida diária, em brincadeira. Da mesma forma que a androginia pediria o fim da velha civilização, a idéia de que o trabalho deveria ser nosso prazer teria implicações subversivas semelhantes. Antes de Marcuse e Brown, porém, e influenciando ambos, houve um francês,

Charles Fourier (1772-1837). A fim de apresentar meu argumento sobre o trabalho na nova e amorosa era, vamos estudar aqui suas idéias.

Fourier foi um pensador estranho, extravagante, profético. Revolucionário de gabinete e amanuense autodidata, foi financeiramente arruinado pela Revolução Francesa. Amargurado, escreveu uma crítica detalhada da civilização e projetou sua derrubada. Aliciou um número imenso de seguidores nos Estados Unidos em princípios da década de 1840 e, por intermédio de influência sobre Marcuse e Brown, voltou a plantar sementes de descontentamento social na década de 1960. Marx desprezava-o como utopista e anticientífico. A atração de Fourier era diferente da despertada por Marx, tratando mais, acho eu, de instintos que promoviam a vida e menos do ressentimento que Marx explorou com tanto sucesso.

Qual o segredo do imenso interesse despertado por Fourier na América no século XIX? Em minha opinião, o segredo estava em suas vastas phantasias milenaristas sobre a libertação do poder serpentino, cuja repressão fora a maldição da civilização ocidental durante dois milênios. Vejamos como Frank Manuel sumaria a questão: "A sexualidade livre, relacionamentos profundos entre amor e trabalho regenerariam a raça humana, que agora se deteriora na fraude, na privação e em trabalho odioso e incessante"[25].

Fourier via a possibilidade de regeneração no futuro dos sentidos. Nem ensinamentos nobres do espírito nem criações imaginárias arquetípicas da alma salvariam a humanidade. Ela seria salva apenas pela liberação completa da vida sensorial. Nem mesmo um refinamento dos sentidos visual e auditivo conseguiria realizar esse milagre de transformação social, que só seria possível com o cultivo refinado do gosto e, em particular, da apreciação dos frutos — nem mesmo dos grãos — da Terra. Fourier queria literalmente construir o Jardim do Éden. Marx e outros comunistas puritanos consideravam a utopia, amante do prazer de Fourier, como se fosse um prostíbulo.

Fourier, porém, julgava-se um novo Newton, o descobridor da contrapartida espiritual da lei da gravidade. No mundo humano, alegava, a atração era o análogo da gravidade. Aplicando a lei da atração, pensava ser possível transformar a sociedade humana. Ao contrário de Marx, rejeitava a força como meio para implementar a revolução social. (Nada de ditadura do *gourmand*.) Revolução significava permitir que as forças "atrativas" da natureza sensual do homem, divinamente orquestrada, nos governassem a vida e dirigissem a maneira como nos associaríamos no amor e no trabalho. A chave-mestra era a *attraction passionelle* — a "atração passional" seria o princípio que regeria o renascimento da civilização global. Fourier insistia com seus seguidores para que se organizassem em grupos, governados exclusivamente pela lei da atração passional.

Com esse fim em vista, Fourier recomendava uma unidade social especial, que denominava de "falange", um termo tomado, ironicamente, de empréstimo do linguajar militar. A idéia era combinar trabalho e prazer, negócios e Eros — e a América ouviu o apelo. No outono de 1843, o fourierismo explodiu em toda parte. Falanges brotaram como cogumelos silvestres por toda a terra de Deus. A visão do Éden restaurado pegou fogo. Americanos compareceram aos milhares, "rampantes", como disse Noyes, "contra a civilização existente"[26]. Havia a Falange da Pennsylvania, a Associação Marlboro, a Falange Trumbill, a Prairie Home Community, a Falange do Ohio, a Falange de Wisconsin e a Falange Norte-americana — dezenas de falanges espalhadas por todo o país. Homens e mulheres se reuniram e se associaram no nobre propósito de reinventar a civilização.

A velha civilização estava podre de tanto descontentamento. Fourier libertaria todos, homens e mulheres, crianças e idosos, do tédio e do trabalho cansativo. Catalogou as paixões e elaborou esquemas para satisfazê-las. Descobriu uma paixão por conspirações, intrigas e paixões "borboleteantes" pela novidade e criou meios para que fossem satisfeitas em suas falanges. Mas um obstáculo tinha que ser eliminado. A mentalidade do Ocidente fora construída sobre a base da resistência às paixões, da resistência à sabedoria da serpente, e a moralidade repressiva atravessava-se no caminho do Milênio frugívoro de Fourier.

"A moralidade", dizia Fourier, era "inimiga mortal da atração passional." A moralidade contra a qual ele se insurgia era a das "formas selvagens, patriarcais, bárbaras e civilizadas da sociedade". E dava o seguinte diagnóstico da doença: a causa do sofrimento do mundo era o trabalho sem amor. Para ele, como também para Marx, a civilização industrial baseada no salário era um sistema de trabalhos forçados, um sistema no qual amor e valores humanos são obrigados a ceder ao motivo do lucro.

A causa de nossos males sociais, de nossa solidão essencial, segundo Charles Fourier, residia no "trabalho industrial fragmentado, ou desconexo, que era o antípoda dos desígnios de Deus". O "trabalho desconexo" era aquele que nada tinha a ver com as necessidades reais ou a humanidade real de ninguém. Após considerar todos os dados, Fourier concluiu que o desígnio de Deus para a raça humana era evoluir além da civilização industrial, capitalista.

De modo que o mundo, como o conhecemos, teria que acabar. A única esperança, segundo Fourier, consistiria em evoluir da atual civilização para uma existência centrada na árvore. Nessa pós-civilização, o trabalho se juntaria ao princípio do prazer. Fourier queria nos levar de volta à árvore do jardim do Éden. Queria desfazer a maldição do trabalho comum. E era claro sobre a finalidade do trabalho. O verdadeiro objetivo era proporcionar a todos um banquete contínuo de experiências sempre variadas, invariavelmente interessantes e deliciosas. A salvação da humanidade estaria em levantar a proibição contra a repressão e satisfazer a *papillon* interna, o princípio da novidade da borboleta.

No universo social, haveria apenas duas opções: força ou atração. A primeira seria o produto desequilibrado da humanidade civilizada; a outra, o direito inato de Deus e da Natureza. Fourier e seus discípulos americanos rejeitavam a humanidade civilizada. "A voluptuosidade é o único braço que Deus pode usar para nos dirigir e nos levar a executar seus desígnios. Ele governaria o universo pela Atração, e não pela Força. Por conseguinte, o prazer de suas criaturas era o objetivo mais importante nos cálculos de Deus"[27].

A visão phantástica de Fourier excitou a psique americana no século XIX, explorando o reservatório profundo de sentimentos milenaristas do país. Em 1843, ano em que o fourierismo decolou na América, foram realizadas centenas de convenções nacionais contra a escravidão. Boa parte do Nordeste fora despertada pelas expectativas milleritas da descida iminente da Nova Jerusalém. Era forte o espírito de descontentamento com a civilização existente e havia ardente confiança em que a transformação era não só possível, mas parte do destino manifesto da América. O *New*

York Herald Tribune serviu como trombeta messiânica de Fourier e publicou um volume imenso de propaganda da causa. Leiam, por exemplo, as palavras de um entusiasta de Fourier, Parke Godwin, ao usar da palavra em uma Convenção Nacional de Associacionistas de Fourier, realizada na Cidade de Nova York, no dia 4 de abril de 1844:

> Ao povo livre e cristão dos Estados Unidos, portanto, recomendamos o princípio da Associação... A história peculiar desta nação convence-nos de que ela foi preparada pela Providência Divina para executar projetos gloriosos. Sua posição, seu povo, suas instituições livres, tudo a prepara para a manifestação de uma ordem social autêntica. Sua riqueza territorial, sua distância de nações mais antigas e mais corruptas e, acima de tudo, a inteligência geral de seu povo contribuem por igual para prepará-la para aquela nobre união de homens livres que denominamos de associação, para aquela forma de governo que, pela primeira vez na história do mundo, foi estabelecida, por nossos Patriarcas, aquele fato notável de nosso lema nacional, *E Pluribus Unum*, muitos unidos em um único todo[28].

Essas palavras acrescentavam o fourierismo ao trabalho dos Patriarcas — os fundadores visionários da nação. A busca da felicidade transformava-se na busca de associação, de atração passional. A América era o lugar destinado a presenciar, em todos seus detalhes, o surgimento desse poder pós-civilização. E havia, aos olhos de muitos, sinais abundantes de que isso estava justamente acontecendo. Em 1844, Whitman vagueava pelas ruas da cidade de Nova York cantarolando as primeiras notas do corpo elétrico, enquanto John Humphrey Noyes reunia discípulos em Putney, Vermont, preparando seus seguidores para que se abraçassem nos arrebatamentos curadores do casamento complexo.

Certas pessoas julgavam que Fourier era louco. Concluo esta seção citando-lhe as palavras, que mostram que tipo de louco, isto é, messiânico, ele era. Por sorte, ele foi mais Nijinsky do que Hitler em seu tipo de loucura:

Eu, sozinho, acabei com vinte séculos de imbecilidade política [dizia nosso amanuense solteiro e pobretão] e será a mim apenas que as gerações presente e futuras deverão o início de sua ilimitada felicidade. Antes de mim, a humanidade perdeu muitos milhares de anos lutando ferozmente contra a Natureza. Eu fui o primeiro que se curvou diante dela, para estudar-lhe a atração, o meio pelo qual ela baixa seus decretos. Ela se dignou a sorrir para o único mortal que ofereceu incenso em seu santuário e a mim entregou todos seus tesouros. Professor do livro do Destino, eu vim para dissipar as trevas políticas e morais e, sobre as ruínas de ciências vagas, erigir a teoria da harmonia universal[29].

A Arte e o Senso Erótico da Realidade

No *Eros e Civilização*, Marcuse desmoraliza Prometeu, o deus da velha dispensação *workaholic*, substituindo-o por um novo herói da cultura, Orfeu, que corporifica um novo princípio de realidade — prometendo um mundo de canção, paz e prazer. Orfeu é o profeta de um Milênio estético e a arte transforma-se em via revolucionária. A arte, contudo, como maneira de cultivar o senso erótico de realidade, terá que nos levar além da obra de arte como fetiche cultural e mercadoria capitalista — além do museu, como mausoléu da "obra-prima". A arte, na perspectiva de Marcuse, é metafísica erótica em ação, uma revivificação sagrada dos sentidos, um despertar da imaginação visionária.

Em um artigo intitulado "Arte como Forma de Realidade", Marcuse discutiu o futuro da arte. Para ele, a arte tinha uma função claramente profética: sua missão seria acusar a civilização constituída e preparar o caminho para uma nova civilização erótico-órfica. Ela se transformaria em instrumento de negação profética, em técnica surrealista para dissolver o ego cultural dominante.

A arte — entendida por Marcuse como atividade de crítica social — nos daria imagens de "forma[s] de realidade" alternativas. Esse fato, contudo, não significava o "embelezamento do dado, mas a construção de uma realidade inteiramente diferente e oposta". A arte, em suma, não seria uma atividade decorativa, mas realmente criativa. Devido à sua missão de construir uma realidade inteiramente diferente e oposta, a arte seria necessariamente revolucionária, uma busca futurista. Não se destinaria a nos adaptar ao mundo existente (o embelezamento do dado) mas a criar outros mundos — "uma beleza e verdade antagônicas às da realidade".

A arte, portanto, tornar-se-ia escatologia; uma atividade em busca de seu próprio fim, de sua própria autotranscendência. Seria uma forma de realidade, com o objetivo de vencer a si mesma. O objetivo da arte surgiria quando, pela primeira vez, o homem a "visse com os olhos de Corot, de Cezanne, de Monet, porque a maneira de ver desses artistas ajudou a formar esta realidade"[30]. Em uma veia semelhante, Robert Hughes observou, a respeito de van Gogh: "A arte influencia a natureza e o senso de um poder imanente por trás do mundo natural, no caso de van Gogh, era tão intenso que, logo que conhecemos suas pinturas de Saint-Remy, não temos opção a não ser ver os lugares reais em função dessas pinturas"[31]. A arte assumiria uma vocação visionária, adquiriria uma identidade profética como transformadora da existência perceptual do homem. A obra de arte não seria um fim em si mesmo, mas um sinal da transformação da consciência, a recriação da realidade. Vários artistas modernos destacaram-se por suas tentativas de levar a arte a um Fim — torná-la uma auxiliar da escatologia. Vejamos alguns exemplos.

A arte moderna é um projeto dedicado a repudiar o passado, um apagamento da *tabula rasa* lockeana. A Mona Lisa de bigode, de Marcel Duchamp, é o gesto supremo de iconoclastia hiperestética, uma maneira de desfazer o feitiço do passado, de escapar da tirania da autoridade, de recapturar a inocência da percepção. A "obra-prima" torna-se um senhor contra o qual o escravo tem que se rebelar, torna-se a inimiga que tem que ser derrubada, a violadora da percepção inocente.

Marcel Duchamp tomou a decisão consciente de abdicar da "fisicalidade" grosseira, do intervencionismo trapalhão da arte tradicional. Desprezou o que chamou de aspecto "retinal" da arte. A arte, disse ele, é um ato de vontade. E para exemplificar essa tese, inscreveu um urinol de porcelana na exposição New York Independents, em 1918, assinando-o com o pseudônimo "Mutt". A arte não é um objeto, mas uma posição que assumimos em relação a objetos. Vimos o mesmo ódio aos objetos e à objetividade nos russos Berdyaev e Kandinsky. O objeto seria uma espécie de Anticristo, a ser dissolvido no fogo do apocalipse artístico.

Por volta de 1917, Duchamp desistiu da pintura, desejando criar uma arte destinada estritamente à "mente". Durante algum tempo, experimentou criar objetos que eram projeções de quatro dimensões. "Pensei que, por simples projeção intelectual, a quarta dimensão poderia projetar um objeto de três dimensões. O quadro que lhe deu reputação, *Nu Descendo uma Escada*, constituiu uma tentativa de capturar essa projeção, que reduzia a solidez simples do objeto a uma exibição cascateante de planos flutuantes de luz faiscante.

Todo gesto em sua carreira — e para Duchamp era uma religião não se repetir — era praticado em nome da "liberdade" ou do "divertimento". "Eu tenho a obsessão de não usar as mesmas coisas" — disse ele certa vez em entrevista. "Mas tenho que me policiar porque, a despeito de mim mesmo, posso ser invadido por coisas do passado"[32]. Seja na arte, na filosofia, seja na profecia, essa obsessão em obliterar o passado é um motivo milenarista constante. Duchamp foi um profeta do fim da arte. A arte pertencia à dispensação do trabalho, e daí sua idéia do "pronto pra usar" — o urinol de porcelana, por exemplo, ao qual deu o título de "A Fonte". Em vez de pintar, ele gostava de jogar, especialmente xadrês. Sua contribuição ao erotismo milenarista, o prazer em jogar xadrês com mulheres nuas, foi um gesto que combinou o desapego dos Shakers à sexualidade com o desprezo adamita medieval pelas roupas, que eram consideradas como símbolos da expulsão do Éden.

Jackson Pollock, como aliás vários vanguardistas americanos, voltou-se para fontes exóticas de inspiração, como meio de superar a tradição européia. Originário do Wyoming, Pollock foi influenciado por índios navajos que pintavam com areia. Tal como os navajos, ele tentou entrar na imagem que pintava. Fez isso rompendo com a tradição européia do cavalete. A arte de Pollock — mais uma vez, como a dos navajos — era uma arte da terra. "No chão, sinto-me mais à vontade", escreveu. "Sinto-me mais próximo, mais parte da pintura, uma vez que, dessa maneira, posso andar em volta dela, trabalhar dos quatro lados e, literalmente, 'estar' no quadro. Essa técnica é semelhante à dos pintores que trabalham com areia no Oeste"[33]. Pollock entrava em seus quadros, mas não podia, como acontecia com os pintores navajos que usavam areia, deixar que o trabalho de arte voltasse a se dissolver em sua origem.

Mas Pollock deu outro passo para o fim da arte. Identificava sua pintura com o ato de criá-la, definindo um novo movimento na arte moderna denominado de "pintura em ação". A arte, portanto, tornava-se um ritual para a recriação constante do mundo e terminava transbordando de suas fronteiras tradicionais, no caso de Pollock pela renúncia ao cavalete estacionário e a reentrada no espaço arcaico da dança e da prece dos índios americanos.

A tendência apocalíptica para apagar fronteiras, de fundir arte e vida diária, sonho e realidade, é tipicamente americana. Pollock representava uma volta à Revolução Americana de Paine — um evento metapolítico — um evento meta-arte. O modernismo americano continua a trabalhar no espírito de Kandinsky e Malevich, Marinetti e Russolo, no impulso para derrubar os portões do céu mediante um esforço total para romper, no estilo Marilyn Ferguson, com o passado europeu — talvez com todo passado humano. Pollock tirou a pintura do cavalete, queria tirá-la do museu e da galeria de arte, onde ela se transformava em mercadoria. (Não conseguiu fazer isso. O capitalismo americano tem um gênio especial para cooptar tudo, até mesmo o apocalipse.) Tentou trazer a arte de volta à natureza e aos vastos espaços do longínquo Oeste — para a ação e os gestos livres do xamã ou do caçador de visões. Morreu em um acidente de automóvel — uma morte futurista.

John Cage, micologista e estudante de Zen, outro profeta americano do fim da arte, tentou eliminar a diferença entre música e ruído. A distinção entre música e ruído é tão fundamental como a que existe entre *self* e não-*self*. Cage queria que todas essas fronteiras fossem apagadas. Para ele, todo ruído era música. Tal como Duchamp, achava que a arte era um ato de vontade — ou melhor, da disposição de abdicar da vontade, e a música seria a maneira como escutamos o que quer que esteja soando. A arte suprema exigiria desligamento total do ego estético. Ruídos aleatórios gravados na Times Square, Nova York, tornavam-se "música", da mesma maneira que o urinol de Duchamp tornou-se uma escultura denominada "A Fonte". Após o fim da arte, tudo se transformava em arte.

Ao destruir o conceito de harmonia e a idéia de música como tal, Cage abriu todo campo da experiência à arte, à beleza e à estética. Tal como Pollock, procurava fazer seus experimentos em música aleatoriamente produzida, a fim de libertar o ouvinte do ego, de toda expectativa consciente do que é música. Cage, Pollock, Duchamp, ao dissolverem — desconstruir é a palavra hoje em moda — as fronteiras entre arte e não-arte, abriram uma clareira para um senso erótico de realidade, uma restauração paradisíaca da inocência dos sentidos. Da mesma maneira que todos os sons adquiriam um valor musical — na liberdade da mente milenarista — todos os encontros com a realidade tornavam-se ocasiões para o amor.

Os quadros de Ad Reinhardt, outro artista americano também interessado em Zen, pretendiam alterar o estado de consciência do observador. Os conhecidos quadros pretos de Reinhardt eram ícones do fim da arte. A esse respeito, comentou a crítica Barbara Rose: "Com o objetivo de pôr em foco seu padrão mal distinguível e discriminar-lhes as tonalidades finamente variadas, é absolutamente necessário deixar de fora o barulho e o rugido, os choques visuais e auditivos e a cacofonia de nosso mundo mundano de sobrecarga sensorial"[34]. A pintura desaparecia e tudo que restava era um olho equilibrado, superdiscriminador. Em uma frase que explodia em paradoxos, Reinhardt escreveu em 1959: "Minha pintura representa a vitória das forças das trevas e da paz sobre as forças da luz e do mal."

O surrealismo constituiu outra tentativa de despedaçar a percepção mundana e mergulhar na escuridão criativa. Representou uma tentativa para derrubar a hegemonia do ego linear cartesiano e, em seu lugar, enaltecer "a onipotência do sonho" e "a ação desinteressada do pensamento"[35]. Com suas técnicas de "automatismo psíquico puro", o surrealismo constituiu uma volta recente à possessão profética, à busca sistemática de uma realidade super ou "sur". Observem como André Breton definiu a surrealidade: "Eu acredito na fusão futura de dois estados (em aparência tão contraditórios) de sonho e realidade e sua transformação em um tipo de realidade absoluta: Surréalité." O inconsciente tornado consciente, o oculto desvelado, em uma palavra, apocalipse.

"E não haveria mais sexo", disse São João. O mar seria sugado para a luz da imaginação surrealista. O surrealismo deveria expandir a experiência da realidade, transmutar o mar do inconsciente em uma nova terra. O objetivo por trás da liberação do automatismo mental era a apoteose do acaso, uma maneira de criar um senso erótico de realidade que, por exemplo, permitisse ao herói surrealista Lautreamont imaginar-se copulando com um tubarão. Cada metáfora se transformaria em um ato de amor, *metáfora* — literalmente, "transferência" — em uma cópula de estranhos significados. "O abraço poético", escreveu Breton, "tal como o carnal, enquanto dura, proíbe toda queda nos sofrimentos do mundo"[36].

Trazer o Milênio exigirá uma revolução psíquica do tipo que Denis de Rougement disse que ocorreu na Provença do século XII. Imaginar um novo dia para o coração humano significaria ter de imaginar novos métodos de ver o comum, novas maneiras de experimentar relacionamentos concretos, de um momento a outro na vida diária. E esta seria a missão apocalíptica das artes.

Na poética do Milênio, emergia um novo tipo de Anticristo. Era a *malizia di riflessione*, de Vico, "a malícia da mente raciocinadora", a mente auto-obcecada, crítica-capciosa que destruía o *sensus communus*, o "senso comum" e a sensibilidade compartilhada, que tornavam a vida civilizada e bela. A "profunda solidão do espírito" de que falava Vico era o que destruía a cultura em sua agonia, o homem se tornava litigioso e meticuloso, narcisista e cruel. No fim, a cultura fatigada "enlouquecia e desperdiçava sua substância". Na escatologia de Vico, havia um redentor — o retorno à linguagem dos deuses. N. O. Brown chamava-a de "imaginação soberana" — a pacificadora órfica de almas selvagens, a que entrelaçava e fundia povos em um só. A arte era a redentora — o Cristo poético aliado aos anjos do pensamento primitivo —, aquele que derrubaria os autocratas maliciosos da razão.

Política e moralidade cediam lugar à arte — arte compreendida como a construção, a poesia, as metáforas alimentadoras do Milênio. Na visão que peço ao leitor para contemplar, todos nós nos tornamos construtores — um *poetes*, ou "poeta" — do Milênio. O Milênio é agora uma obra de arte, um projeto coletivo de toda família humana, no mesmo sentido em que Walt Whitman disse que os Estados Unidos eram um grande poema. *Verum factum ipsum*, o ditado de Vico — verdade é poesia. Não há Milênio, exceto aquele que criamos poeticamente. Não há messias, mas imaginação soberana. E não há religião, como disse Blake, mas arte.

Será que tudo isso parece louco, utópico, irrealista? Supostamente, sim. Os grandes profetas foram loucos, possuídos por forças além de seu controle. E loucos é o que precisamos ser em um mundo que está morrendo de racionalismo, egoísmo, cientismo. Mas temos a sorte de contar com Platão para nos ajudar a lembrar a distinção entre tipos de loucura. Há, por exemplo, a loucura dos que perdem todo controle e saem matando gente por aí — os antípodas do amor. Mas há outro tipo de loucura de que realmente necessitamos, o tipo de loucura que Platão chamava de "dada por Deus".

Em *Fedro*, um diálogo sobre amor e linguagem, Sócrates faz uma declaração notável. Diz que as maiores bênçãos do homem surgem "através da loucura" (*dia manias*). E haveria quatro tipos de loucura dadas por deus — a curadora, a profética, a artística e a erótica — cada uma das quais conferia uma bênção. *Mania* implicava êxtase — estar fora do próprio corpo — e *ekphron*, estar fora da própria mente. A arte, como o amor, era uma criatura da inspiração, um transbordamento da sabedoria do inconsciente. Os criadores da arte moderna — Cage, Duchamp, Breton, Pollock, Reinhardt e todo o resto — cada um deles, à sua própria maneira, abriram um caminho para a *mania* erótica de Platão.

Havia também canais tradicionais para vivenciar essas energias sagradas. Conversamos (no capítulo sobre os russos) a respeito da arte ortodoxa do ícone, sobre a maneira como imagens sagradas pintadas eram usadas como instrumentos para facilitar a graça divina. Giuseppe Tucci descreveu a arte tibeto-indiana da mandala, que ele chama de "cosmograma psíquico"[37]. Mandalas são mapas, vias psíquicas expressas para chegar a planos transcendentais. Muitas vezes esteticamente belas, são instrumentos psíquicos para transcender a consciência comum.

O mesmo acontece nas pinturas com areia dos índios americanos, como as criadas pelo navajos, papagos, zunis e hopis. Um livro de autoria de David Villasenor, *Tapestries in Sand* [Tapetes na Areia], mostra que a pintura com areia é um ritual xamânico de cura. O xamã prepara-se fazendo jejum, autopurificação e comendo peiote. Em seguida, cria as pinturas. Pôr a "tinta" é uma dança, uma canção xamânica em cores. Cada pintura com areia é uma prece visual. Imagens são criadas deixando cair areia, pólen de flores, farinha de milho, raízes e cascas de árvore imitando serpente, estrelas ou pássaro-trovão. Ao fim do ritual, a pintura é destruída e os materiais voltam ao caos e à natureza. O trabalho de arte desaparece, pois foi um gesto que não deixa traços de contato com o Grande Espírito. Mãe-Terra exala um suspiro de alívio — um lixo a menos com que se preocupar.

A pintura com areia dos índios americanos tinha conotações apocalípticas. O objeto de arte desaparecia na natureza. A arte exalta — enquanto desaparece — e se transforma em experiência. Lembramo-nos da idéia de John Dewey[38], de *arte como experiência*. Para Dewey, a experiência, na sua melhor forma humana, era saturada pelo estético. A arte, como é conhecida no mundo ocidental, estava no fim. Uma singularidade na história da arte ocorre no século XX: a arte rompeu com a existência mediada pela galeria-museu e tornou-se um modo de realidade nos *happenings* da década de 1960 e nas *lalapaloozas* da década de 1990, uma celebração do corpo do amor — uma estrada, uma entrada para o Milênio americano.

Poderíamos discorrer mais sobre essa luta para transformar arte em realidade. Poderia ser útil, por exemplo, uma leitura meditativa do brilhante diálogo *The Decay of Lying* [A Decadência da Mentira], de Oscar Wilde, no qual ele lamentava a perda para a sociedade da refinada faculdade da mentira imaginosa. Mas prefiro terminar lembrando os Shakers — indivíduos que se autodenominavam de "Sociedade Unida dos Crentes no Segundo Advento de Cristo" — um grupo de tipos originais, espirituais, liderados por uma mulher pobre e oprimida, Ann Lee, que chegou a Nova York nas vésperas da Revolução Americana. É um grupo que ainda se orgulha de possuir alguns crentes fiéis, herdeiros de uma grande tradição milenarista americana.

A experiência dos Shakers exemplifica bem a relação entre amor, arte e o Milênio. Em primeiro lugar, os Shakers se excediam na arte da inibição e tentavam viver como anjos andróginos, solteiros, celibatários, comunalmente. Baseavam toda sua filosofia de vida, amor e arte na premissa de que a civilização era um animal corrupto e agonizante e que um novo mundo estava surgindo. Com vistas a acelerar o começo desse mundo, inibiam radicalmente a sexualidade. Ainda assim, aprenderam como dançar com seus "dragões". A dança Shaker era um ritual artístico, no qual eles procuravam elevar-se em um abraço espiritual — entre si e com Deus. E era um espetáculo inesquecível para estranhos à seita.

Em 1780, Hannah Chauncey escreveu o seguinte: "Vi uma mulher Shaker que estava sob grande influência do poder de Deus. Ela se sacudia e tremia violentamente, foi levada de um lado para o outro e sacudiu-se até que seus cabelos voassem em todas as direções. Senti-me impressionada. Tive medo que aquilo fosse a maneira de Deus e que eu teria de aceitá-la sob pena de nunca encontrar salvação"[39]. A dança Shaker era um abraço amoroso extático no divino. No auge do movimento, as danças eram farras dionisíacas. De acordo com Valentino Rathbun, os celebrantes corriam pelos bosques, nas caladas da noite, uivando e piando como corujas, "alguns se despiam no bosque e pensavam que eram anjos e invisíveis"[40].

Os Shakers entregavam-se ao amor extático através da dança. Mas eram também mestres das artes práticas e inventivas. O lema que viviam era "Mãos, no trabalho; coração, em Deus". A simplicidade e perfeição das cadeiras, mobílias e casas dos Shakers são lendárias. Um aforismo atribuído à Mãe Ann permitia um vislumbre da mentalidade que inspirava os Shakers a produzir trabalhos artesanais tão refinados: "Trabalhe para tornar seu o caminho de Deus. Que o trabalho seja teu legado, teu tesouro, tua ocupação, tua atividade diária." Era uma atitude que juntava mão e coração para tornar a arte de viver apropriada, se necessário fosse, a anjos visitantes.

O espírito do Mito do Milênio corria alto naqueles primeiros dias da nação. Tão impressionantes eram os Shakers que Thomas Jefferson, em 1808, escreveu palavras entusiásticas sobre eles: "Se seus princípios forem mantidos e sustentados por uma vida prática, eles estarão destinados a, finalmente, derrubar as demais religiões"[41]. Os Shakers foram um exemplo brilhante de comunidade que desenvolveu um senso erótico da realidade altamente evoluído, evidente na dança e nos trabalhos artesanais. Amor, arte e Milênio reuniram-se de forma original entre eles. Em uma forma modificada, eu mesmo consigo imaginar o espírito Shaker atraindo indivíduos espiritualmente aventureiros e cansados da civilização moderna. Mas vamos terminar com um cavalo especulativo de pelagem muito diferente.

O Sexo Cibernético e o Milênio

Sexo cibernético é um acréscimo recente ao nosso vocabulário, e liga dois temas do Mito do Milênio, amor e tecnologia. Outro exemplo de tecnocalipse, envolve a idéia de fazer amor com, para ou através de um computador. Juntar amor e tecnologia forçosamente parecerá algo patético a algumas pessoas, ou pura depravação. John Dvorak, escrevendo na revista *PC Computing*, pensa que o sexo mediado por máquina é a reserva índia de *hackers* com horror a mulheres. E diz com alegre indiferença: "O conceito de sexo RV [realidade virtual] é também aceito por tipos malucos e maníacos sexuais insaciáveis, que o consideram como outra forma de excitação barata"[42].

Pretendo, porém, estudar de outra perspectiva a questão do sexo cibernético. Este pode muito bem ser algo cujo tempo chegou, um passo na direção do Milênio americano, que promete lançar-nos em um mundo de pura imaginação erótica. Enquanto escrevo, claro, a tecnologia incrivelmente sensível necessária para o amor sério através de fiação eletrônica está ainda muito longe. Logicamente, grandes progressos na tecnologia ocorrem hoje mais rápido do que a maioria espera, de modo que, em vez de nos perguntarmos quando isso poderia acontecer, vamos tentar imaginar como poderia acontecer. Vamos, em curtas palavras, discutir o conceito de sexo cibernético, na medida em que se relaciona com phantasias milenaristas da humanidade. Estranhamente, o conceito de prolongamento eletrônico da experiência sexual converge com a velha idéia de um corpo de luz, ou ressurreição. Chocante como tal perspectiva possa parecer, o sexo cibernético oferece uma tecnologia de acesso a um paraíso de erotismo ampliado.

O primeiro componente é a telepresença, que implica estar presente para o outro através do espaço e do tempo. A televisão, por exemplo, implica a telepresença visual; o telefone, a telepresença auditiva. Esta última é de importância crucial para qualquer sexo cibernético que aspire a ser mais do que onanista. O telefone tira-nos de nós mesmos e nos permite interagir com outra pessoa. O videofone é mais um passo no caminho, combinando a interatividade da telepresença visual e auditiva.

Mas a ampliação de importância crucial é a telepresença táctil interativa. (Por ora, abstenho-me de discutir os aspectos olfativo e gustativo, embora o sexo cibernético verdadeiro não possa ser satisfeito sem eles.) Amor é sobre sentimento e o protótipo físico do sentimento é o toque, o mais íntimo dos sentidos. Se o engenheiro italiano Danilo de Rossi continuar a trabalhar em sua "pele inteligente"[43], algum dia será possível tocar, alisar, acariciar e fazer chamegos com o outro, com ajuda de uma máquina Apple ou PC, através do espaço-tempo, e entraremos em intimidade via fiação eletrônica. Ela estará disponível *online* na LoveNet do futuro.

A realidade virtual (RV) tornará possível uma imersão completa no espaço sintético. Não apenas veremos, ouviremos e tocaremos uns nos outros, mas mergulharemos em um mundo completo, sintético, de imaginação erótica. A RV adiciona outra dimensão ao futuro da bolinagem — no espaço cibernético nossa *personae* será tão múltipla quanto a imaginação permitir ou o desejo decretar. Uma vez que o espaço cibernético existe em sua própria dimensão, todas as regras costumeiras de identidade, moralidade e legalidade desaparecerão no sussurro do disco rígido. Os corpos que se encontrarem sexualmente no espaço cibernético serão eletrônicos ou, talvez, fotônicos. Ocuparão seu próprio espaço, existirão em um universo imaginário paralelo. Serão corpos que nos representarão para nossos parceiros. Como no mundo da arte, serão corpos *expressivos*, cuja única e exclusiva razão para existir será erótica. Não terão outra finalidade e não serão limitados por quaisquer outras obrigações do que servir como veículos para sexo cibernético.

Segue-se que os aspectos fenomênicos de nossos corpos cibernéticos podem ser inteiramente revistos. Mais uma vez, na suposição razoável de que a tecnologia descobrirá finalmente uma maneira, poderemos escolher em uma galeria de corpos cibernéticos os que queremos que nos representem em qualquer número de possíveis aventuras e relacionamentos amorosos. O menu de possibilidades faz com que o pré-sexo cibernético pareça, em comparação, coisa realmente antiquada, fora de moda. Poderíamos, por exemplo, providenciar um corpo cibernético sob medida, de acordo com arquétipo, celebridade, personagem histórico, versões idealizadas de nós mesmos e, para os que gostarem disso, o monstruoso e o não-humano. (Zeus, vocês talvez se lembrem, estuprou Leda assumindo a forma de um ganso, o que poderia constituir uma cena cibernética interessante para os aficcionados de mentalidade clássica.) A escolha de gênero (sexo) será também opcional, bem como ocultará ou revelará nossa identidade real no mundo real. Os altamente motivados poderiam elaborar um rico repertório de *personae* cibernéticas criptografadas.

O sexo cibernético bem que poderá tornar-se a mania milenarista na América, porque serão muitas suas atrações. Aqueles que, como John Humphrey Noyes, fazem uma distinção entre a função amorosa e social e a função reprodutiva do sexo o receberão de braços abertos. O sexo cibernético libertaria a função amorosa e social, eliminando o risco de gravidez indesejada. Na verdade, todos que se preocupam com excesso de população forçosamente esperarão com mais do que um pouco de entusiasmo a chegada do sexo cibernético. Posso até imaginar campanhas maciças para introduzir o sexo cibernético (no momento, uma idéia utópica) nas áreas subdesenvolvidas do mundo, onde a explosão demográfica constitui uma ameaça. Mesmo que uma parcela modesta da população se convertesse, do sexo real para o cibernético, os benefícios seriam importantes. O sexo cibernético, em uma sociedade milenarista, promoveria a educação sexual cibernética. Os valores que poderia promover seriam bons para o planeta, para a alma e para a vida.

Uma razão óbvia porque muitas pessoas acharão esse tipo de sexo interessante é o medo de doenças sexualmente transmissíveis. O sexo cibernético será a última palavra em sexo seguro. Sem medo de contrair AIDS ou outras doenças, poderemos nos entregar ao mundo infinito do prazer sexual. Todas as limitações cairão por terra, e os velhos, os doentes, os feios, os tímidos ou subdotados e os morbidamente temerosos poderão, supondo que possam reunir um pouco de energia imaginativa, participar de uma farra dionisíaca ou se lançar em um *Walpurgisnacht* wagneriano — e tudo isso, supondo que Barlow e a Fundação de Liberdade Eletrônica de Kapor façam seu trabalho, por uma ninharia em dinheiro.

A saúde mental da nação também melhoraria, porque poderíamos vivenciar os impulsos e phantasias que reprimimos em nosso mundo de descontentes civilizados. Que bênção para a humanidade, ser capaz de viver virtualmente o que, na realidade, poderia nos destruir a vida. Poderíamos fazer incógnitos essas viagens imaginárias ou espojarmo-nos em puro exibicionismo — e, após um passeio pelo universo paralelo, voltar à serenidade de nosso escolhido estilo de vida familiar. A vida convencional poderia tornar-se muito interessante ou, de qualquer modo, confortavelmente tolerável, logo que soubéssemos que uma vida virtual infinitamente expandida está disponível *online*.

O sexo cibernético nos permitirá experimentar graus variáveis de intimidade e auto-revelação e haverá sempre a possibilidade de que nossas aventuras cibernéticas levem a relacionamentos em espaço e tempo reais. Relacionamentos virtuais poderiam servir como treinamento para relacionamentos autênticos. (Poderá chegar o dia em que relacionamentos em espaço-tempo real talvez pareçam esquisitos.) De qualquer modo, a aspiração utópica de viver uma vida sem repressão, de viver nossas potencialidades polimorfas ganham um aliado no sexo cibernético.

Será o sexo cibernético a meta ainda inconsciente das telecomunicações? O tecno-análogo à cidade celestial do sonho do Milênio? O auge da iniciativa que começou com as pinturas nas cavernas paleolíticas de Lascaux e as deusas de Rubens? Talvez o fim da inquietação civilizada ocorra quando construirmos uma Arca de Noé virtual, uma Nova Jerusalém da imaginação, um lugar onde poderemos tirar (ou usar) nossas máscaras e nos encontrarmos na plenitude e abertura do ser. A História, nesse caso, seria o espiral tortuoso que evoluiu da Vênus de Willendorf para o clímax quiliástico da LoveNet.

O Patamar do Infinito

Amor e sexo no próximo Milênio? Estudamos acima seis elementos baseados nas phantasias proféticas do passado e do presente — um curto inventário das fronteiras do possível. O primeiro candidato dizia respeito à vontade. A vontade era fundamental à Renascença humanista. Em um Milênio humanista, a fé passiva cedia lugar à vontade ativa.

Há uma razão porque, mesmo em meio aos arrebatamentos do amor, a vontade, em algum lugar nas profundezas tranqüilas de nosso ser, deve estar em todas ocasiões de sobreaviso: a vontade é essencial a um tipo que ainda terei que mencionar especificamente, não por seu nome grego, *agape*. *Agape* é amor espiritual, universal. Ao contrário de Eros, *agape* tem origem não na necessidade de tomar, mas de dar e, ao contrário de *philia* ou amizade, é imparcial e incondicional. Há ocasiões em que a "atração" fracassa, mas o amor continua ainda a ser obrigatório. Em seguida, a vontade tem que agir contra a inclinação. Uma vez que *agape* nem se baseia em necessidade nem em auto-interesse, é uma forma de amor que, com maior clareza, parece refletir o aspecto "divino" do potencial humano. *Agape*, em certo sentido, é a forma mais livre de amor. Não obstante, acredito que seja incompleto sem algum toque de Eros e *philia*. O amor espiritual inteiramente destituído do calor terreno de Eros e da sociabilidade de *philia* seria, a longo prazo, insuficiente, e mesmo perigoso.

Se a restauração da vontade na Renascença foi o primeiro passo interno para o amor utópico, a primeira instituição que tem que ser radicalmente revisada é o casamento. De acordo com nossos consultores — Jesus e Platão, o Marquês de Sade e John Humphrey Noyes — há alguma coisa profundamente defeituosa nos tradicionais hábitos de acasalamento de seres humanos. Na Idade Áurea sonhada pelos profetas, nosso potencial amoroso não será mais limitado aos interesses egoísticos da família ou às compulsões biológicas da reprodução, mas inundará as fronteiras de todos os relacionamentos estreitos e limitadores.

O amor encherá nossa vida quando formos completos — seres humanos completos. O Mito diz que há uma fonte de inteireza interior. Afinal de contas, todos nós fomos feitos à imagem e semelhança de Deus. Tal como os anjos, estamos, em nosso núcleo divino, além do sexo — isto é, possuímos todas as qualidades de ambos os sexos. Em *O Banquete*, de Platão, no Evangelho gnóstico de Tomé — em uma longa tradição clandestina — a androginia é a metáfora principal para esse estado de ser, o local dentro de nós mesmos que transcende a unilateralidade do sexo sectário. Nossa plenitude polimorfa, andrógina, é a base psíquica da liberdade e da generosidade espiritual, sem a qual permanecemos para sempre prontos para ser tomadores, em vez de doadores.

Ao liberar a fagulha dessa plenitude de alma, multifacetada, interior, será mais fácil atravessar o mundo das instituições. O Mito do Milênio, desde o começo, pediu o fim de nossas instituições convencionais, particularmente de um bastião do *status quo*, como o casamento. Todos os profetas concordam, o casamento é um obstáculo no caminho do Milênio. O trabalho é a segunda instituição a necessitar de uma revisão radical. O trabalho tem que deixar de ser uma atividade destituída de alma, divorciada do prazer, criatividade, dignidade e de necessidades humanas reais, como tem sido para a maioria dos homens desde o início da civilização. Por um tempo longo demais, a humanidade tem sido obrigada a viver sob o jugo da necessidade econômica e o acicate da concorrência selvagem.

Desde que as primeiras cidades foram construídas no antigo Oriente Próximo, seres humanos têm sido obrigados a ganhar a vida com dificuldades, que não lhes deixam tempo ou energia para investir no cultivo de uma existência amorosa ou amorável. Com o "domínio" prometeico da natureza praticamente completo, deverá haver bens econômicos suficientes para liberar-nos e nos permitir buscar a felicidade que o amor liberado promete. A dificuldade é a maneira pela qual os bens que extraímos por empréstimo da natureza são usados, divididos e distribuídos.

Isso, claro, resume-se, em última análise, na patologia da política. Por que egoísmo contraproducente, em vez de cooperação e decência comezinha? Por que a classe dominante, em vez de uma originalidade inclassificável? A resposta, ou pelo menos é o que deduzo de pensadores que variam de Friedrich Schiller a Ernest Becker, é tão simples quanto profunda. Por razões simultaneamente profundas e tortuosas, ignoramos a arte de desfrutar o presente. Não podemos ver o mundo em um grão de areia, como via William Blake, ou um céu em uma flor silvestre. Por causa dessa cegueira para a presença do presente, dessa incapacidade de "segurar o infinito" na palma da mão, estamos para sempre em busca da Grande Alguma Coisa Mais — seja ela constituída de bens materiais, do poder de impor medo e dominar o outro, ou de louvores e esperanças em mundos do além que virão. O remédio é a arte. Abrir os sentidos às dádivas do presente é a tarefa milenarista das artes — das verdadeiras religiões da alma e dos inimigos do império e da tirania.

A última questão estudada acima foi a tecnofuturista. Estamos, como disse Marshall McLuhan, ligados em uma aldeia global quase telepaticamente unida. Esse estado abre aos buscadores imaginativos da vida potencializada um campo de exploração imenso. Ainda assim, o espaço cibernético, tal como todas as tecnologias inventadas por nossa espécie, é uma maravilha que lembra Jano bifronte. Podemos usá-lo para o bem e para o mal, criar uma rede para o Anticristo ou uma passagem para um novo céu e uma nova terra.

Marsilio Ficcino tinha razão: o apetite pela experiência, pela realidade, pelo amor, é multifacetado e ilimitado. Essa vontade de transcender a humanidade — *trasumanar,* como disse Dante — não pode ser reduzida a palavras ou explicada em conceitos. Mas ela nos dirige, apesar de tudo, como dirige o Mito do Milênio. Arthur C. Clarke enriqueceu o Mito com sua visão do passo seguinte na evolução do espaço cibernético: a máquina se tornará etérea por si mesma, ao fundir-se com nosso corpo. Nessa ocasião, à parte os badulaques físicos e as escoras da tecnologia, adquiriremos uma capacidade divina de explorar o infinito.

Mas poderia ser esse o último passo? Não, se Hegel, o profeta do Milênio americano, teve razão. A última fase da história será uma jornada para a liberdade. Não, se Joachim teve razão, ele que viu o fim da história como o término do medo e de todas as instituições opressivas. Todos os que acalentaram o ideal do Fim jamais ficariam satisfeitos com um paraíso ligado por fios. No mínimo, o Mito do Milênio demonstra que não é provável que o homem se sinta contente com qualquer coisa. Por mais longe que viajemos, os olhos da imaginação verão outra curva na estrada do tempo, qualquer satisfação que o coração descubra aguçará o desejo por alguma coisa nova. A odisséia é eterna, o Fim está sempre começando.

Conclusão: O Significado do Mito do Milênio

Estarão todas as nações conversando intimamente?
Haverá um único coração no globo?

WALT WHITMAN
Years of the Modern

Assim, a história do Mito do Milênio está longe de terminada. Ela ainda é uma força importante em nossa vida. Para onde estará nos levando? Irá nos reunir em um único ser ou nos rachar em uma multidão? Após seis mil anos de história, somos levados a perguntar com Walt Whitman: Há alguma esperança de que as pessoas "conversem intimamente" ou de que o globo descubra que tem um "único coração"?

Acredito que o Mito do Milênio diz respeito ao "único coração" do globo, diz respeito à nossa aspiração comum por tudo que é bom e que enaltece a vida. Estou convencido de que, perpassando pela história do Mito, há uma força viva que secretamente liga todas as tradições, todos os povos, todas as almas. Dessa maneira, ao entrar em contato com essa força, entramos em contato com a alma da humanidade.

Ao estudar os pontos altos e os desvios do Mito, descobri que o sonho americano está embebido em profecia antiga. O sonho americano retroage no tempo por um longo caminho, passando por sua terra e povos nativos profundamente espiritualizados, através da Reforma democrática, do Iluminismo otimista, da Renascença criativa, da Idade Média mística, e ainda mais distante, chegando ao milenarista Jesus, aos inspirados profetas hebreus, ao generoso iraniano Zoroastro, ao valente sumeriano Gilgamesh, e ainda mais no passado, acredito, àqueles proto-homens neanderthais que enterravam seus mortos em postura de sono, expressando obscuramente a esperança de que, um dia, eles acordariam da morte para uma nova vida.

O Mito do Milênio é um relato da paixão da psique humana por regeneração, de seu desejo de quebrar os grilhões da morte e, na palavra de Dante, abrir à nossa mente o paraíso do amor. A ciência e a tecnologia moderna deram uma segunda vida a essa paixão. De repente, descobrimos em nós um universo em evolução, no qual a novidade e os grandes progressos inovadores são a regra, um universo no qual o tempo é um gênio criativo e, o próprio universo, um local para produção de milagres.

Parece que estamos correndo em um estado meio onírico no caminho da concretização, de maneiras transformadoras da realidade, das phantasias do Milênio. Na verdade, quando olhamos em volta e examinamos o grande quadro, vemos sinais de todos os tipos de forças futuristas de transformação. Insinuando-se inquieta através dos séculos, desde o *Livro de Daniel* até a Renascença, do Iluminismo até o presente, sobrevive a idéia de que o conhecimento permitiria, algum dia, que nossa espécie recriasse a natureza e, acima de tudo, regenerasse a realidade humana.

Voltando os olhos para o passado, ficamos tontos ao ver a distância percorrida, a velocidade vertiginosa da mudança. Há mil anos, o homem vivia na Terra em total ignorância da possibilidade de bombas H, de VCRs, de criônica, de teoria do caos e complexidade, de bioengenharia, de realidade virtual, de nanotecnologia, de espaço em dez dimensões e muito mais, ainda velado nas brumas do futuro.

Mas, agora, pensemos no seguinte: uma vez que os conhecimentos estão crescendo exponencialmente, podemos esperar que, nos *próximos* mil anos, novos saltos quânticos de progresso estejam à nossa espera. Farão eles com que os últimos, em comparação, pareçam apenas ensaios de movimento? Será que eles nos levarão para mais perto de concretizar o sonho de uma nova ressurreição, de uma nova gênesis teilhardiana, na qual as energias do amor serão finalmente aproveitadas na criação de um novo mundo?

O Mito é um mapa de nossas possibilidades futuras, um repositório de sonhos crônicos sempre procurando transformar-se em realidade. É como se estivéssemos diante de uma porta ligeiramente entreaberta, pela qual se escoa uma luz brilhante — uma porta que abre para uma paisagem de maravilhas, talvez (dizem os visionários mais ousados) para uma passagem que nos leve a uma nova dimensão. Os que espiaram pela fresta da porta dizem que devemos nos preparar para o que está vindo. Poderemos até mesmo derrotar o último inimigo, afirmam. John Humphrey Noyes previu que a morte poderia ser abolida, mas apenas por meio do amor e daquilo que ele chamava de "poder de ressurreição". Os tecnopagãos pós-modernos da Flame Foundation consideram tambem possível o prolongamento da vida através de aprofundamento da intimidade. De modo que um dos grandes significados do Mito é, talvez, que o amor em si constitui a resposta à morte. Eros seria o único poder capaz de enfeitiçar Tanatos.

Ainda assim, há também um lado negro no Mito que, conforme tivemos oportunidade de ver, pode lançar perigosos feitiços sobre crentes fanáticos. O dever de casa, portanto, foi passado para nós. Temos que aprender a ver através de nossas ficções divinas, cultivar a visão, evitar o perigo.

Um dos perigos é que, na busca da bem-aventurança, possamos nos desumanizar mutuamente. Para compreender como isso funciona, estudem o *Livro do Apocalipse*. Nessa profética Escritura, o contactador João de Patmos imagina o mal puro, hostil, sob a forma de uma velha serpente. É instrutiva a comparação da maneira como outros mitos interpretam a serpente. A tradição Zen chinesa, a tradição asclepiana grega, a tradição tântrica de kundalini, todas elas vêem a serpente como força geradora básica, a seiva priápica que flui através da árvore da criação. Na Mesopotâmia, China, Índia, Grécia, África e no Novo Mundo, a serpente era uma figura de intrigante ambigüidade, às vezes sinistra, quando não encantadora, mas, com maior freqüência, indicadora das forças criativas, evolutivas, da natureza.

O *Livro do Apocalipse*, em choque com esse grande símbolo de vitalidade, considerou a serpente sinônimo de Satanás (o inimigo) e do Demônio (o enganador), e faz isso em termos que não admitem dúvida. Essa orientação pode ser boa para bom teatro, mas representa uma bomba de tempo para a escatologia. De acordo com a lógica da imagem, o Milênio — ou em outras palavras, a meta da história ocidental — só acontecerá sepultando-se a serpente no "abismo insondável", agrilhoando e fechando a sete chaves a grande força vital.

De certa maneira, o *Livro do Apocalipse* é um dos documentos mais perigosos do mundo, uma vez que a imagem que João forma do mal, e de suas sedutoras manifestações teatrais, presta-se à criação de climas de suspeita e rancor contra, bem, *outros* homens — contra todos que possamos imaginar que sejam nossos inimigos. Algo, na verdade, parece ter sido perdido nesse livro, isto é, que houve um decaimento daquilo que D. H. Lawrence chamou certa vez de o "espírito aristocrático do amor" de Jesus. Alguma coisa mais levantou a cabeça, um espírito mais vingativo, que se delicia com visões de puro triunfalismo. O que excita São João são imagens não de amor, mas de vitória e poder. Um Cristo desconhecido de Paulo ou dos Evangelhos diz essas arrepiantes palavras: "Ao vencedor, e ao que guardar até o fim as minhas obras, eu lhe darei autoridade sobre as nações, e com cetro de ferro as regerá, e as reduzirá a pedaços como se fossem objetos de barro" (*Apocalipse*, 2:26-27).

O que salta aqui à vista é a pura e simples vontade de poder nietzschiana. Vingança, não perdão, é o clima mental do *Livro do Apocalipse*, e a mentalidade de São João — e hesito em dizer isso — tem mais em comum com Adolf Hitler do que com Jesus. Procuramos em vão por palavras de piedade e compaixão nesse texto, que é a última palavra canônica do Cristianismo. O *Livro do Apocalipse* poderia muito bem interessar a indivíduos que querem simplificar seu mapa do universo moral. Um sim ou um não — tão simples. Infelizmente, a phantasia de João presta-se a alguns hábitos muito perversos de coração e mente, como encontramos na análise sobre a Rússia comunista e a Alemanha nazista. O fato inquietante é que a mesma mentalidade bárbara continua viva e bem hoje em dia nas novas guerras tribais, na praga da "purificação étnica" e na crescente pestilência dos "crimes de ódio".

O hábito de dualizar e endemoninhar o outro satura nossa vida mental. Aspirina para o pânico ontológico, o hábito concentra raiva existencial em alvos simples, claros. Mas será que preciso dizer o óbvio? O mundo real é um lugar infinitamente fluido, cheio de nuanças, de textura fina. Para compreendermos o problema, temos que observar um fato sobre a própria linguagem — ou melhor, sobre a maneira como a usamos —, isto é, sua propensão inconsciente para filtrar (e rasgar) a experiência em cruas abstrações. Não é de espantar que os místicos insistam conosco para deixar de lado a "psicobaboseira", não surpreende que precisemos de poetas para despedaçar os clichês fabricados pela consciência.

Enfrentemos os fatos. A imagem moral do Milênio de São João, que racha o universo em metades morais, é seriamente defeituosa. É produto de uma mente primitiva e, por mais belo que possa parecer de uma maneira gótica, é uma simplificação excessiva e obstinada. Logo que a aplicamos a fatos reais e à vida real, ela cega a percepção e os fins ao ratificar o uso da violência. O mapa do Milênio de João é pior do que meramente enganador. Sua atitude de intolerância cruel, sua brutal aspiração de poder e de capacidade de julgar envenenam o poder criativo do Mito.

Lembremo-nos mais uma vez dos versículos fundamentais: "Eu vi descer do céu um anjo, tinha em mão a chave do abismo e uma grande corrente. Ele segurou o dragão, a antiga serpente, que é o diabo, Satanás, e o prendeu por mil anos" (*Apocalipse*, 20:1-2). Vamos supor, como dissemos acima, que a serpente simboliza nosso poder criativo. Nesse caso, nosso legado mítico nos põe em oposição à melhor parte de nós mesmos.

O escritor Arthur Koestler[1] e o neurocientista Paul MacLean têm muito a dizer sobre a neurose humana, na qual vêem um "traço paranóico" muito ativo. Esse traço paranóico baseia-se em um tipo de fratura esquizóide em nosso sistema neural, mediocremente evoluído. O cérebro reptiliano desligou-se por si mesmo e nenhuma comunicação mantém com o neocórtex — nosso novo cérebro pensante. Em suma, idéias e emoções estão fora de sincronia, consciente e inconsciente são estranhos entre si. O ego neocortical assume uma pose, adota um ar superior e se recusa a bater um papo com o id reptiliano — com o monstro que João chamou de *ophos archaios*, a velha serpente, que, para todos os paranóicos do futuro, ele denominou de Sua Satânica Majestade.

O demônio é também chamado de dragão. O dragão é um animal da fábula, uma serpente alada. Como tal, sugere o casamento entre terra e céu. O dragão simboliza o Tao, a harmonia do yin e yang, a dança de Shiva e Shakti, a convergência de opostos. O dragão, visto dessa forma mais aceitável, mais oriental, transforma-se em um símbolo de síntese, de diálogo entre o cérebro novo e o antigo. Como tal, acho que o dragão é uma linda imagem do futuro da evolução humana. O erro de João, então, foi pior do que pensamos. Ele não só criou o mito perfeito para dualizadores e endemoninhadores compulsivos, mas dificultou, ao estimular a provocação do dragão, qualquer esperança de melhoramento. É claro que se o dragão simboliza nosso futuro evolutivo, precisamos tomá-lo carinhosamente nos braços, e não bani-lo da consciência. Em suma, o *Livro do Apocalipse*, ao nos separar da sabedoria do dragão, torna-se um obstáculo a nossa evolução espiritual.

Mas o que fazer a esse respeito? Uma maneira de começar seria ficalizar as imagens do Milênio, meditando nelas e nos embebendo de seu espírito vivo, fazendo contato com elas e, dessa maneira, apropriando-nos de seu poder, em vez de deixar que esse poder nos possua. Mas, para conseguir isso, precisamos aprender a conversar com a velha serpente-dragão que está dentro de nós. Para começar, um gesto de polidez será suficiente. O importante é o diálogo — aprender a língua do dragão. Considero esse tipo de diálogo como formador de alma, porquanto envolve trazer à vida e, de alguma maneira, abraçar, em um mesmo amplexo, os demônios de nosso passado pessoal e mítico.

De modo que São João entendeu tudo errado. A lição que temos de aprender não é reprimir, alienar ou aprisionar, mas libertar, fazer amizade com o velho dragão e libertá-lo. Esta, acredito, é a maneira de nos libertarmos do que Jung chamou de Sombra — todo material sombrio, escorregadio, existente dentro de nós, que nos faz encolher de embaraço e que nos esforçamos para rejeitar e ignorar.

Em vez de tentar dominar o dragão-serpente, que haja uma dança. Em vez de estupro, êxtase. A serpente hinduísta significa kundalini, a Shakti, ou Deusa da energia. O confuso João tentou não só esmagar a irreprimível magia fálica, mas — tolo que era — ousou escarnecer da Deusa. Onde esteve a Deusa durante todos esses milênios? Não terá chegado o tempo de o homem retratar-se, de neutralizar toda essa maldição contra a plenitude da vida? Em vez de acorrentar, portanto, vamos libertar Shakti-serpente, porque soltar é o prelúdio da dança e a dança é tudo que importa.

E que a neurologia nos ajude a revisar a imagem do mal pintada por João. Que haja diálogo entre o neocórtex e o cérebro reptiliano. As possibilidades são infinitas. Em todos os momentos de nossa vida, em cada ocasião em que estamos face a face com o outro, a oportunidade de um diálogo divino bate à porta. Se João de Patmos tivesse sabido alguma coisa sobre neurologia, ele poderia ter evitado seu erro grosseiro e a história poderia ter sido diferente, cantada em um tom mais doce. João esqueceu que todos nós *somos* uma serpente, um cordão (medula) espinhal enroscado e carregado de kundalini, uma pequena onda da força vital e, sim, ligados a um cérebro, àquela maravilha das maravilhas, àquele problema dos problemas. O cérebro é um novo-rico brilhante, com tendência para esquecer a serpente que o gerou. De modo que, trabalhando com essas imagens milenaristas, deixemos de lado a pose de superioridade neocortical e adotemos um pouco de humildade reptiliana. E em vez de lançá-la no abismo insondável — gesto este incompatível com um diálogo polido — por que não demonstrar um pouco de simpatia pelo demônio? Até mesmo Jesus disse: "Sede sábios como serpentes", dessa maneira reconhecendo-lhes a sabedoria.

Tal como Gilgamesh, estivemos numa longa jornada e a pergunta agora é a seguinte: Que conclusão escreveremos sobre as lâminas de pedra?

Em primeiro lugar, eu diria que estamos na crista de uma onda temporal a caminho do Eschaton. Pasmo total pode estar à nossa espera na próxima esquina. Os sinais dos tempos dizem que alguma coisa muito estranha está realmente acontecendo, que desta vez é pra valer, que estamos realmente prestes a dar um salto quântico em nosso modo de existência na Terra. Joachim, há oitocentos anos, disse: a Nova Raça está chegando. Gostemos ou não, fomos arrebatados pelas ondas da transformação e estamos prontos (esperamos) para uma nova Renascença, um novo Iluminismo.

Se pegarmos nossa pista com o Mito do Milênio, a guerra entre o real e o ideal promete chegar ao fim e poderemos esperar que a Nova Jerusalém desça do céu e lance seus maravilhosos braços em volta da Terra, em um apertado abraço nupcial. Se o Mito for nosso guia, o homem buscará aquele abraço perfeito nas décadas e séculos que virão — na busca eterna para curar o rompimento entre corpo e alma, sexo e espírito, homem e mulher, tempo e eternidade, ciência e religião.

O Mito está nos levando para um futuro fabuloso. A voz do atemporal insiste, diz-nos que, tudo bem em sonhar com o céu, tudo bem em esperar milagres. E nos faz um sinal, dizendo que chegou a hora de acender a fagulha divina que existe dentro de nós, que nos impele a pontapés para a criatividade, que grita conosco que o universo é um teatro onde nada é impossível. O Mito do Milênio diz que fomos feitos à imagem e semelhança de Algo Divino, e daí estarmos destinados a apagar a morte e a crescer no corpo de luz do amor.

Se o impulso para a metamorfose for tão poderoso como os dados milenaristas indicam, nada poderá nos deter na busca da felicidade, num esforço para desenvolver mente e corpo. É tolice negar a ambição de onipotencialidade, de que falava Vico. Nosso verdadeiro futuro está nas mãos de artistas, cientistas, xamãs, poetas, amantes, sonhadores, místicos, todos os que querem abrir a arca do tesouro de nosso potencial divino — as pessoas que se encontram à margem da sociedade, sonhando sonhos impossíveis, os colonizadores do espaço sideral, os escatologistas psicodélicos, os mapeadores de mundos interiores, os exploradores do hiperespaço e do espaço cibernético, os maquinistas do cérebro, os fazendeiros que produzem alimento inteligente, os mestres platônicos-tântricos do dragão, os propugnadores do cérebro total da Wicca, toda a tribo variegada de *hackers* da realidade, na verdade, de todos e de qualquer um que queira transcender a atual humanidade disfuncional em direção à formação de uma Nova Raça, em um novo universo.

No fim, o significado do Milênio dependerá de nós, da maneira como dermos carne e cor à visão e fizermos com que ela se realize em nossa vida. Além do mais, o significado do Mito está evoluindo, da mesma maneira que acontece conosco. O que está claro é que esse imenso projeto da alma para sacudir as fundações e alcançar as estrelas recusa-se, a despeito de todos os reveses, a recolher-se humildemente na noite. Todos os dados necessários e a experiência humana estão à nossa frente e poderemos usá-los para construir uma via expressa para o céu — ou para o inferno.

Notas

Introdução

1. Clifford Linedecker, *Massacre at Waco, Texas* (Nova York: Saint Martin's Press, 1992), xv.
2. Ver a discussão feita por Tom Paine, no Capítulo 6.
3. A Primeira Epístola de Paulo aos Coríntios ajuda-nos a compreender a extensão em que fenômenos psíquicos extremos eram comuns nas antigas comunidades cristãs. Paulo fala em tom moderador, sugerindo que o dom mais importante do espírito é o amor.
4. Eusebius, *History of the Church* (Londres: Dorset Press, 1984), vol. 16.
5. Harry C. Schnur, *Mystic Rebels* (Nova York: Beechhurst Press, 1949).
6. Schnur, *Mystic Rebels*, 218-219.
7. Melford Spiro, *Buddhism and Society* (Nova York: Harper & Row, 1970).
8. No Capítulo 10, estudamos a idéia de *tecnocalipse*.
9. Ver Hal Lindsey, *The Late Great Planet Earth* (Nova York: Bantam, 1973). Um grande sucesso de livraria, alimentando a imaginação phantástica do fim do tempo.
10. Grace Halsell, *Prophecy and Politics* (Chicago: Lawrence Hill Books, 1986). Ver a seção "Os Salvos Serão Arrebatados", 36-39.
11. Robert I. Friedman, "Revenge", *Village Voice*, 30 de novembro de 1990.
12. Bernard McGinn, *Visions of the End: Apocalyptic Traditions in the Middle Ages* (Nova York: Columbia University Press, 1979), 10.

Capítulo 1

1. Carl G. Jung, *Aion* (Princeton: Princeton University Press, 1968), 264.
2. James M. Robinson, org., "The Gospel of Thomas", em *The Nag Hammadi Library* (São Francisco: Harper & Row, 1978), 117-131.
3. No Capítulo 12.
4. Ver Friedrich Nietzsche, *Beyond Good and Evil* (Nova York: Modern Library, 1927), e Max Scheler, *Ressentiment* (Nova York: Schocken Books, 1972).

5. Wallace, Budge, *Egyptian Magic* (Secaucus, N.J.: Citadel Press, 1978).
6. R. H. Charles, *Eschatology* (Nova York: Schocken Books, 1963), 403.
7. Halsell, *Prophecy and Politics*, 39.
8. Para uma boa antologia, ver S. Scott Rogo, *Mind Beyond the Body* (Nova York: Penguin Books, 1978). Para uma discussão detalhada da experiência de conversão de Paulo e seu componente psíquico, ver Michael Grosso, *Frontiers of the Soul* (Wheaton, Ill.: Quest Books, 1992). Ver em especial o capítulo sobre São Paulo e a experiência de quase-morte.
9. Ver as discussões nos Capítulos 10 e 11.
10. Weston La Barre, *They Shall Take Up Serpents: Psychology of a Southern Snake-Handling Cult* (Nova York: Schocken Books, 1969).
11. Berthold Schwarz, "Ordeal by Serpents, Fire, and Strychnine", *Psychic-Nexus* (Nova York: Van Nostrand, 1980), 3-24.
12. James Mooney, *The Ghost-Dance Religion* (Chicago: University of Chicago Press, 1965).
13. Termo usado em trabalhos apocalípticos por autores míticos, um expediente para permanecer anônimo.
14. Duncan Greenlees, *The Gospel of Zarathustra* (Wheaton, Ill.: Theosophical Publishing House, 1978), 147. A discussão que faço do apocalipse de Zoroastro baseou-se em grande parte nesse livro.
15. Greenlees, *Zarathustra*, 141.
16. Greenlees, *Zarathustra*, LXXXIX.
17. T. S. Eliot, "Four Quartets", *The Complete Poems and Plays* (Nova York: Harcourt, Brace & Co., 1968), 145.
18. Mircea Eliade, *Cosmos and History: The Myth of Eternal Return* (Nova York: Harper Torchbooks, 1959). Ver especialmente o Capítulo 2, "The Regeneration of Time". Ver também Alexander Heidel, *The Babylonian Genesis* (Chicago: University of Chicago Press, 1951).

Capítulo 2

1. Agostinho, *The City of God*, org., David Knowles (Nova York: Penguin Books, 1980). Ver Book XX, Capítulos 7-9, 906-18.
2. Bernard McGinn, org., *Apocalyptic Spirituality* (Nova York: Paulist Press, 1979), 85.
3. Norman Cohn, *Pursuit of the Millennium* (Nova York: Oxford University Press, 1961), 108.

4. McGinn, *Apocalyptic Spirituality*, 99.
5. McGinn, *Apocalyptic Spirituality*, 99.
6. Carl Löwith, *Meaning in History* (Chicago: University of Chicago Press, 1958). Ver pp. 145-159 e Apêndice I, "Modern Joachism".
7. McGinn, *Apocalyptic Spirituality*, 105.
8. McGinn, *Apocalyptic Spirituality*, 101.
9. Leonardo Boff, *Saint Francis: A Model for Human Liberation* (Nova York: Crossroad, 1984), 155.
10. G. G. Coulton, *From Saint Francis to Dante* (Londres: David Nutt, 1906), 55.
11. Jacopone da Todi, *Le Laude* (Florença: Libreria Editrice Fiorentina, 1955), 200.
12. Leo Sherley-Price, *St. Francis of Assisi: His Life and Writings as Recorded by his Contemporaries* (Londres: Mowbray, 1969), 28.
13. Max Weber, *The Protestant Ethic and the Spirit of Capitalism* (Nova York: Charles Scribner's Sons, 1958).
14. Cohn, *Pursuit of the Millennium*. Ver especialmente o Capítulo 3, "The Messianism of the Disoriented Poor".
15. Ver Richard Keckhefer, *Repression of Heresy in Medieval Germany* (Philadelphia: University of Pennsylvania Press, 1979). Ver especialmente o Capítulo 3, "The War Against Beghards and Beguines".
16. Marjorie Reeves, *The Influence of Prophecy in the Later Middle Ages* (Oxford: Clarendon Press, 1969), 248.
17. Kieckhefer, *Repression of Heresy*, 22.
18. Vincent Bugliosi, *Helter Skelter* (Nova York: Bantam, 1974), 292.
19. Herbert Marcuse, *Eros and Civilization* (Chicago: University of Chicago Press, 1958). Ver Capítulo 12 para mais uma discussão sobre Eros e o Milênio.
20. Löwith, *Meaning in History*. Ver Apêndice 1, "Modern Transfigurations of Joachism".
21. Ver R. Hinton Thomas, *The Classical Ideal in German Literature* (Cambridge: Bowes and Bowes, 1939), 35.

Capítulo 3

1. Jacob Burckhardt, *The Civilization of the Renaissance in Italy* (Nova York: Harper Torchbooks, 1958), vol. 1, 15.
2. Burckhardt, *Civilization*, 303.

3. Ver o importante *Revisioning Psychology*, de James Hillman (Nova York: Harper & Row, 1975. Ver também Thomas Moore, *The Planets Within: The Astrological Psychology of Marsilio Ficino* (Great Barrington, Mass.: Lindisfarne Press, 1990).
4. Reeves, *Influence of Prophecy*, 429.
5. Reeves, *Influence of Prophecy*, 429.
6. Reeves, *Influence of Prophecy*, 439.
7. A. Chastel, citado em Reeves, *Influence of Prophecy*, 430.
8. Para uma discussão deste assunto, ver Eugenio Garin, *Italian Humanism* (Oxford: Basil Blackwell, 1965), 90.
9. Friedrich Schleiermacher, *On Religion* (Nova York: Harper Torchbooks, 1958).
10. Charles Trinkaus, *In Our Image and Likeness: Humanity and Divinity in Italian Humanist Thought* (Chicago: University of Chicago Press, 1970).
11. Bruno Snell, *The Discovery of the Mind* (Nova York: Harper Torchbooks, 1960).
12. Esta e as citações restantes nesta seção foram extraídas de Trinkaus, *In Our Image*, vol. 2.
13. Esta e as citações seguintes foram extraídas do *Theologica Platonica*, de Ficino, e recolhidas no Capítulo 9, de Trinkaus (*In Our Image*, vol. 2), ao qual manifesto minha gratidão pela orientação e por ter posto à minha disposição material difícil de localizar.
14. "Five Questions Concerning the Mind", em *The Renaissance Philosophy of Man*, orgs., Ernst Cassirer, Paul Oscar Kristeller e John Herman Randall (Chicago: University of Chicago Press, 1948), 211.
15. Cassirer et al., *Renaissance Phylosophy*, 210.
16. Pico della Mirandola, *Oration on the Dignity of Man* (Nova York: Bobbs-Merrill, 1940).
17. Mirandola, *Oration*, 20.
18. Frances Yates, *Giordano Bruno and the Hermetic Tradition* (Nova York: Vintage Books, 1964), 156.
19. G. S. Kirk e J. E. Raven, *The Presocratic Philosophers* (Cambridge: Harvard University Press, 1957), 229.
20. Devo essa excelente palavra a meu velho professor de estudos clássicos, Moses Hadas.
21. Eliade, *Cosmos and History*, 9.
22. Frank Manuel e Fritzie Manuel, *Utopian Thought in the Western World* (Cambridge: Harvard University Press, 1979), 154.

23. Manuel e Manuel, *Utopian Thought*, 158.
24. Frances Yates, *The Art of Memory* (Chicago: University of Chicago Press, 1966). Ver Capítulo 6.
25. Yates, *Art of Memory*, 132.
26. Manuel e Manuel, *Utopian Thought*, 160.
27. Lorenzo Valla, *On Pleasure* (Nova York: Abaris Books, 1977), 37.
28. John Addington Symonds, *Renaissance in Italy: The Revival of Learning* (Nova York: Henry Holt, 1908), 521.
29. Girolamo Savonarola, "The Compendium of Revelation", em *Apocalyptic Spirituality*, org., McGinn, 238.
30. Niccolò Machiavelli, *The Prince & Selected Discourses* (Nova York: Bantam, 1966), 106.
31. McGinn, *Apocalyptic Spirituality*, 279.
32. McGinn, *Apocalyptic Spirituality*, 267.
33. Em Pasquale Villari, *Life and Times of Savonarola* (Londres: T. Fisher Unwin, 1939), vol. 2, 388.
34. McGinn, *Apocalyptic Spirituality*, 197.
35. Paolo Rossi, *Philosophy, Technology and the Arts in the Modern Era* (Nova York: Harper Torchbooks, 1970), 101-102.

Capítulo 4

1. Mircea Eliade, *The Two and the One* (Nova York: Harper Torchbooks, 1962). Ver especialmente o capítulo "Experiences of the Mystic Light", 19-77.
2. Carl L. Becker, *The Heavenly City of the Eighteenth-Century Philosophers* (New Haven: Yale University Press, 1948), 43.
3. Condorcet, "Sketch for a Historical Picture of the Progress of the Human Mind", em *French Philosophers: From Descartes to Sartre*, org., Leonard Marsak (Nova York: Meridian Books, 1970), 265-282.
4. Benjamin Franklin, *The Autobiography and Other Writings* (Nova York: Penguin Books, 1986), 255.
5. Becker, *Heavenly City*, 145.
6. Marsak, *French Philosophers*, 267.
7. Manuel e Manuel, *Utopian Thought*, 497.
8. Manuel e Manuel, *Utopian Thought*, 507.
9. Denis Diderot, *Oeuvres* (1876), vol. XVIII, 100-101.

10. Immanuel Kant, *Groundwork of the Metaphysics of Morals* (Nova York: Harper Torchbooks, 1956), 85.
11. Garry Wills, *Inventing America* (Nova York: Doubleday, 1978), 254.
12. Francis Birrell, org., *Denis Diderot: Dialogues* (Nova York: Capricorn Books, 1969), 117-118.
13. Sidney Hook, org., *The Essential Thomas Paine* (Noa York: Free America Press, 1968), VIII.
14. Christopher Dawson, *The Gods of Revolution* (Nova York: Minerva Press, 1975), 45.
15. Thomas Paine, *Rights of Man*, vol. 7. Do *Collected Works* (New Rochelle, N.Y.: Thomas Paine National Historical Association, 1925).
16. John A. Garratry e Peter Gay, orgs., *The Columbia History of the World* (Nova York: Harper & Row, 1972), 771.
17. Idéia básica na obra de Vico, semelhante ao inconsciente coletivo de Jung.
18. Citado em Löwith, *Meaning and History*.

Capítulo 5

1. John Noble Wilford, *The Mysterious History of Columbus* (Nova York: Alfred A. Knopf, 1991), 216.
2. Ver Pauline Moffitt Wats, "Prophecy and Discovery: On the Spiritual Origins of Christopher Columbus's 'Enterprise of the Indies'", em *American Historical Review* 90 (fevereiro de 1985); e Delno C. West, *Joachim of Fiore in Christian Thought: Essays on the Influence of the Calabrian Prophet* (Nova York: Princeton University Press, 1975).
3. Extraído de uma comunicação pessoal, em Wilford, *Mysterious History*, 225.
4. James H. Moorhead, *American Apocalypse* (New Haven: Yale University Press, 1978), X.
5. William Bradford, *Of Plymouth Plantation: 1620-1647* (Nova York: Alfred A. Knopf, 1963), 3-10.
6. Bradford, *Plymouth Plantation*, 58.
7. Bradford, *Plymouth Plantation*, 62.
8. Em Thomas Wertenbaker, *The First Americans* (Nova York: Macmillan, 1927), 94.
9. Wertenbaker, *First Americans*, 94.
10. Cotton Mather, *Magnalia*, I., 266.
11. Philip Gura, *A Glimpse of Sion's Glory* (Middletown, Conn.: Wesleyan University Press, 1984), 91.

12. Gura, *Glimpse*, 53.
13. Gura, *Glimpse*, 80.
14. Para uma discussão deste assunto, ver Richard Hofstader, *Anti-Intellectualism in American Life* (Nova York: Alfred A. Knopf, 1974). Ver especialmente os Capítulos 3 e 4.
15. Robert Leckie, *George Washington* (Nova York: Harper Collins, 1992), 250.
16. Thomas Paine, "A Serious Note", vol. 2 do *The Life and Works of Thomas Paine* (New Rochelle, N.Y.: Thomas Paine National Historical Association, 1925), 2.
17. Christopher Collier e James Lincoln Collier, *Decision in Philadelphia: The Constitutional Convention of 1787* (Nova York: Random House, 1986), 38.
18. Leckie, *Washington's War*, 128.
19. *Works of John Adams* (Boston, 1865), 3:447.
20. Ernest Lee Tuveson, *Redeemer Nation* (Chicago: University of Chicago Press, 1968), 22.
21. Joseph Priestley, "Notes on All the Books of Scripture", em *Theological and Miscellaneous Works* (Londres, 1806-32), vol. 14, 443.
22. Priestley, *Works*, 14, 476.
23. Robert Hieronimos, *America's Secret Destiny: Spiritual Vision and the Founding of a Nation* (Rochester, Vt.: Destiny Books, 1989).
24. Moorhead, *American Apocalypse*, 86.
25. Wills, *Inventing America*, XVIII.
26. William L. Gaylord, "The Soldier God's Minister" (Discurso pronunciado na Congregational Church, Fitzwilliam, N. H., em 5 de outubro de 1862, na Ocasião da Partida de uma Companhia de Voluntários para o Teatro de Guerra), 19.
27. Winthrop S. Hudson, *Religion in America* (Nova York: Charles Scribner's Sons, 1983), 183.
28. Ver também Mateus, 22:15-22; e Marcos, 12:18-27.
29. Charles Nordhoff, *The Communistic Societies of the United States* (Nova York: Schocken Books, 1875/1970), 133.
30. Lawrence Foster, *Religion and Sexuality: The Shakers, the Mormons, and the Oneida Community* (Chicago: University of Illinois Press, 1984), 32.
31. Foster, *Religion and Sexuality*, 34.
32. Em meados do século XIX, a dança Shaker tornou-se mais tranqüila e controlada, embora, durante tempos de estresse, eles revertessem ao modo de êxtase.

33. Foster, *Religion and Sexuality*, 34.
34. Foster, *Religion and Sexuality*, 30.
35. A carta é reproduzida em George Wallingford Noyes, org., *John Humphrey Noyes: The Putney Community* (Oneida, N.Y.: pelo autor, 1931), 1-10.
36. Relatório sobre a Oneida Association, "Bible Argument", 24.
37. Bhagwan Shree Rajneesh, *Tantra Spirituality and Sex* (Nova York: Rainbow Bridge, 1976).
38. Foster, *Religion and Sexuality*, 91.
39. Jacques Vallee, *Passport to Magonia* (Chicago: Henry Regnery Company, 1969).
40. Para uma antiga e detalhada crítica, ver William Alexander Linn, *The Story of the Mormons* (Nova York: Russell & Russell, 1901/1963).
41. Citado em Tuveson, *Redeemer Nation*.
42. John Humphrey Noyes, *Strange Cults and Utopias in Nineteenth Century America* (Nova York: Dover, 1966). Anteriormente, intitulado *History of American Socialisms*.
43. Ver, por exemplo, John White, *The Meeting of Science and Spirit* (Nova York: Paragon House, 1990).

Capítulo 6

1. Nicolas Berdyaev, *The Russian Revolution* (Ann Arbor: University of Michigan Press, 1961), 5.
2. Berdyaev, *Russian Revolution*, 7.
3. Leonid Ouspensky, *The Meaning of Icons* (Basiléia: Otto Walter, 1969), 27.
4. Ouspensky, *Icons*, 50.
5. Ouspensky, *Icons*, 212.
6. Ver o artigo sobre os Skoptsy em *Man, Myth and Magic,* org., Richard Cavendish (Nova York: Marshall Cavendish, 1970), vol. 19, 2594.
7. Benedetto Croce, *History: Its Theory and Practice* (Nova York: Russell & Russell, 1960), 207.
8. Berdyaev, *Russian Revolution*, 8.
9. George Woodcock, *Anarchism: A History of Libertarian Ideas and Movements* (Nova York: Meridian Books, 1967), 13.
10. Woodcock, *Anarchism*, 151.
11. Woodcock, *Anarchism*, 153.
12. Woodcock, *Anarchism*, 155.

13. Woodcock, *Anarchism*, 155.
14. Isaiah Berlin, *Russian Thinkers* (Londres: Penguin Books, 1978), 103.
15. Ronald Hingly, *Nihilists* (Nova York: Delacorte Press, 1967), 57.
16. Woodcock, *Anarchism*, 173.
17. Berlin, *Russian Thinkers*, 217.
18. Hingly, *Nihilists*, 38.
19. N. O. Lossky, *History of Russian Philosophy* (Londres: George Allen & Unwin, 1952), 78.
20. Nicholay Fedorov, "The Question of Brotherhood", em *Death as a Speculative Theme in Religious, Scientific, and Social Thought*, org., Robert Kastenbaum (Nova York: Arno Press, 1977), 17.
21. Kastenbaum, *Death as a Speculative Theme*, 20.
22. Lossky, *Russian Philosophy*, 79.
23. John Weir Perry, *The Far Side of Madness* (Englewood Cliffs, N. J.: Prentice Hall, 1974), 66.
24. Vladimir Maiakovski, *Poems* (Moscou: Progress Publishers, 1972). Ver o Prefácio, por Victor Pertsov, 11.
25. Maiakovski, *Poems*, 14.
26. Da forma citada por Frank Whitford, *Kandinsky* (Londres: Paul Hamlyn, 1967), 17.
27. Whitford, *Kandinsky*, 33.
28. Kasimir Malevich, *Essays on Art* (Copenhague: Borgen, 1968), vol. 1, 19.
29. Fyodor Dostoievski, *The Brothers Karamazov* (Nova York: Modern Library, 1950), 298.
30. Vladimir Solovyov, *War, Progress and the End of History* (Nova York: Lindisfarne Press, 1990).
31. Nicolas Berdyaev, *The Beginning and the End* (Nova York: Harper Torchbooks, 1957), 231.
32. Gary Hart, *Russian Shakes the World* (Nova York: Harper Collins, 1991), X, Prefácio.

Capítulo 7

1. Nicholas Goodrick-Clarke, *The Occult Roots of Nazism* (Wellingborough: Aquarian Press, 1985), IX.
2. Ver Peter Viereck, *Meta-Politics: The Roots of The Nazi Mind* (Nova York: Capricorn Books, 1941/1965).

3. Carl Jung, *Civilization in Transition* (Nova York: Bollingen Foundation), 185.
4. Löwith, *Meaning in History*.
5. Cohn, *Pursuit of the Millennium*, 239.
6. Ver Ernst Bloch, *Man On His Own* (Nova York: Herder and Herder, 1966).
7. Ver Georg W. Hegel, *Introduction to the Philosophy of History* (Nova York: Dover, 1956).
8. Hegel, *Philosophy of History*, 30.
9. Otto Strasser, *Hitler and I* (Boston: Houghton Mifflin, 1940), 66.
10. William L. Shirer, *Berlin Diary: The Journal of a Foreign Correspondent (1934-1941)* (Nova York: 1941), 16-18.
11. Walter Langer, *The Mind of Adolf Hitler: The Secret Wartime Report* (Nova York: New American Library, 1943/1972), 64.
12. Langer, *Mind of Adolf Hitler*.
13. Albert Speer, *Inside the Third Reich* (Nova York: Macmillan, 1970), 32.
14. Speer, *Third Reich*, 32.
15. John Toland, *Adolf Hitler* (Nova York: Ballantine, 1976), 194.
16. Toland, *Hitler*, 302.
17. James M. Rhodes, *The Hitler Movement: A Modern Millenarian Revolution* (Stanford, Calif.: Hoover Institution Press, 1980), 22.
18. Rhodes, *Hitler Movement*, 24.
19. Ver Donald M. McKale, *Hitler: The Survival Myth* (Nova York: Stein & Day, 1981).
20. Citado em Joscelyn Godwin, *Arktos: The Polar Myth in Science, Symbolism, and Nazi Survival* (Grand Rapids, Mich.: Phanes Press, 1993), 71.
21. Adolf Hitler, *Mein Kampf* (Nova York: Houghton Mifflin, 1971).
22. "Será Wagner realmente um homem?", perguntou Nietzsche no *The Case Against Wagner*, 11. "Não será ele uma doença?"
23. Viereck, *Meta-Politics*, 229.
24. Viereck, *Meta-Politics*, 229.
25. Viereck, *Meta-Politics*, 232.
26. Viereck, *Meta-Politics*, 238.
27. Michael Barkun, *Disaster and the Millennium* (New Haven: Yale University Press, 1974).
28. Essas citações constam de Robert G. Waite, *The Psychopathic God: Adolf Hitler* (Nova York: Basic Books, 1977), 418.

29. Ver *Reader's Digest Illustrated History of World War II*, org., Michael Wright (Londres: Berkeley Square House, 1989), 190.
30. Pierre Grimal, org., *Larousse World Mythology* (Secaucus, N. J.: Chartwell Books, 1965), 399.
31. Ver Goodrick-Clarke, *Occult Roots*, 34.
32. Viereck, *Meta-Politics*, 292.

Parte II. Futurística

1. Hegel, *Philosophy of History*, 85.
2. Ver G. W. Hegel, *The Phenomenology of Mind* (Nova York: Macmillan, 1931).
3. John Dewey, *Art as Experience* (Nova York: Capricorn Books, 1958).
4. Richard Bucke, *Cosmic Consciousness* (Nova York: Dutton, 1969).

Capítulo 8

1. Terence McKenna, *The Archaic Revival* (São Francisco: Harper, 1991).
2. Ver Michael Parenti, *Land of Idols* (Nova York: Saint Martin's Press, 1994).
3. J. Gordon Melton, *New Age Encyclopedia* (Nova York: Gale Research, 1990).
4. Harold Bloom, *The American Religion: The Emergence of the Post-Christian Nation* (Nova York: Simon & Schuster, 1992). Ver o capítulo "The New Age: California Orphism".
5. Michael Kelly, "Hillary Rodham Clinton and the Politics of Virtue", *New York Times*, 23 de maio de 1993.
6. Ver Grosso, *Frontiers,* especialmente o capítulo "The Psychic Origins of Christianity".
7. G. W. Noyes, *John Humphrey Noyes*, 119.
8. Temos que retroagir à decada de 1960 e aos trabalhos de Herbert Marcuse e N. O. Brown para encontrar filosofias radicalmente coerentes de cura. James Hillman é hoje outra voz que pode nos despertar da modorra de filosofias socialmente indiferentes à cura. Ver também o "The Power of Imagination: Toward a Philosophy of Healing", deste autor, em *Cultivating Consciousness: Enhancing Human Potential, Wellness, and Healing,* org., Ramakrishna Rao (Nova York: Praeger, 1991), 165-179.

9. A frase em si é de autoria de Michael Lerner, editor da *Tikkun*, uma revista judaica da Nova Era, cujo título (*tikkun*) significa algo parecido com renascimento.
10. Ver Ronald Numbers, *Prophetess of Health* (Nova York: Harper & Row, 1976).
11. Bloom, *American Religion*.
12. Michael Murphy, *The Future of the Body* (Los Angeles: J. P. Tarcher, 1992).
13. Ver Henry Corbin, *Spiritual Body and Celestial Earth* (Westport, N. J.: Princeton University Press, 1977).
14. Corbin, *Spiritual Body*, 205.
15. Edwin Burtt, *The Metaphysical Foundations of Modern Science* (Nova York: Doubleday, 1954).
16. Joseph Campbell, *Myths to Live By* (Nova York: Bantam, 1972).
17. Entrevista com Michael Toms, New Dimensions Radio.
18. David Bohm, *Wholeness and the Implicate Order* (Nova York: Ark Paperbacks, 1983).
19. Michael Talbot, *The Holographic Universe* (Nova York: Harper Collins, 1991).
20. Fred Alan Wolf, *Taking the Quantum Leap* (São Francisco: Harper & Row, 1981).
21. Donald Phillip Verene, *Vico's Science of Imagination* (Ithaca: Cornell University Press, 1981).
22. John White, *Pole Shift* (Garden City, N. Y.: Doubleday, 1980).
23. White, *Science and Spirit*.
24. White, *Science and Spirit*, 45.
25. Kenneth Ring, *The Omega Project: Near-Death Experiences, UFO Encounters, and Mind at Large* (Nova York: William Morrow, 1992).

Capítulo 9

1. Jon Klimo diz "centenas de milhares". Ver seu *Channeling* (Los Angeles: J. P. Tarcher, 1987), 3.
2. Ken Ring, *Heading Toward Omega* (Nova York: William Morrow, 1984), 203.
3. Ver o capítulo "The Cult of the Guardian Angel", em Grosso, *Frontiers*, 119-129.

4. Mais ou menos na mesma época, a *Newsweek* publicou também um artigo sobre anjos.
5. Ver Rosemary Ellen Guiley, *Angels of Mercy* (Nova York: Pocket Books, 1994).
6. Jean Danielou, *The Angels and Their Mission* (Westminster, Md.: Newman Press, 1957). Ver especialmente o Capítulo 10, "The Angels and the Second Coming".
7. Danielou, *Angels and Their Mission*, 108.
8. Guiley, *Angels of Mercy*.
9. David Gotlib, "Ethics Code for Abduction Experience and Treatment", JUFOS, na imprensa, em 1994.
10. Para uma discussão crítica do assunto, ver J. Allen Hynek, *The UFO Experience: A Scientific Enquiry* (Chicago: Henry Regnery, 1972), Capítulo 12.
11. Jacques Vallee, *Confrontations* (Nova York: Ballantine, 1990); Vallee, *Revelations* (Nova York: Ballantine, 1991).
12. George E. Vandeman, *The Telltale Connection* (Boise, Idaho: Pacific Press, 1984).
13. Para uma explicação penetrante, ver Peter Rojcewicz, "The Folklore of the Men in Black: A Challenge to the Prevailing Paradigm", *Re-Vision* 11.4 (1989): 5-16.
14. Robert Short, *The Gospel from Outer Space* (Nova York: Harper & Row, 1983).
15. John G. Fuller, *The Interrupted Journey* (Nova York: Berkley Edition, 1966).
16. Budd Hopkins, "Invisibility and the UFO Abduction Phenomenon", *MUFON*, 1993.
17. Budd Hopkins, *Intruders* (Nova York: Random House, 1987).
18. Essas observações foram retiradas de uma entrevista que realizei com John Mack, em 9 de outubro de 1993.
19. D. Scott Rogo, *Miracles* (Nova York: Dial Press, 1982).
20. Carl Jung e Carl Kerenyi, *Essays on a Science of Mythology* (Nova York: Harper Torchbooks, 1963). Ver especialmente Jung, "The Psychology of the Child Archetype", 79-100.
21. Em 1993, o número de *Proceedings* foi dedicado a ele. Ironicamente, a maioria dos membros da MUFON não é inteiramente simpática ao enfoque aberto de Stacy sobre o fenômeno OVNI.
22. Jung e Kerenyi, *Essays*, 83.

23. A repórter investigativa Rosemary Ellen Guiley, que fez estudos *in-loco* dos círculos, afirma que a maioria dos complicados círculos é constituída de fraudes, mas que pode haver um núcleo de casos simples, inexplicados.
24. Pat Delgado e Collin Andrews, *Crop Circles: The Latest Evidence* (Londres: Bloomsbury, 1990), 80.
25. Delgado e Andrews, *Crop Circles*, 9.

Capítulo 10

1. Corbin, *Spiritual Body*.
2. Corbin, *Spiritual Body*, 10.
3. Ernest Lee Tuveson, *Millenium and Utopia* (Nova York: Harper & Row, 1964), 10.
4. Tuveson, *Millennium and Utopia*, 104.
5. K. Eric Drexler, *Engines of Creation: The Coming Era of Nanotechnology* (Nova York: Doubleday, 1986).
6. Citado em Tuveson, *Millennium and Utopia*, 11.
7. Drexler, *Engines of Creation*, 4.
8. *Whole Earth Review* 92 (verão de 1967): 2.
9. Timothy Leary, *Neuropolitique* (Scottsdale, Ariz.: New Falcon Press, 1991).
10. Leary, *Neuropolitique*, 141.
11. Leary, *Neuropolitique*, 147.
12. Leary, *Neuropolitique*, 147.
13. Marshall McLuhan, *Understanding Media* (Nova York: Signet, 1964), 19.
14. Ver o romance de William Gibson, *Neuromancer* (Nova York: Ace Books, 1984).
15. Para uma excelente explicação, ver o *Virtual Reality*, de Howard Rheingold (Nova York: Simon & Schuster, 1991).
16. Ver *Cutting Edge Video*, 2a Red Plum Circle, Monterey Park, CA 91754.
17. "Where is the Digital Highway Really Going? The Case for a Jeffersonian Policy", *Wired* (julho de 1992).
18. Robert Descharnes, *Salvador Dali* (Berlim, Taschen, 1992), 188.
19. Mary Ann Seamon, "Hands on Bionic Show Tour", *Medical World News* (26 de fevereiro de 1990).
20. *Wired* (setembro de 1993): 92.

21. Luigi Cornaro, *The Art of Long Life* (Milwaukee: Butler, 1903).
22. Rick Weiss, "A Shot at Youth", *Health,* (dezembro de 1993).
23. Ver seu "Across Real Time", *Whole Earth Review* (inverno de 1993).
24. Ver Ward Dean e John Morgenthaler, *Smart Drugs and Nutrients* (Santa Cruz: B & J Publications, 1990).
25. *Time Magazine* (Número especial, outono de 1992): 66.
26. *Wired* (julho/agosto de 1993): 96.
27. *Wired* (julho/agosto de 1993): 96.

Capítulo 11

1. Ver Gordon Wasson, *Soma: Divine Mushroom of Immortality* (Nova York: Harcourt Brace Jovanovich, n.d.) para uma possível interpretação quanto à natureza psicodélica dessa planta.
2. Corbin, *Spiritual Body*.
3. Mircea Eliade, *Death, Afterlife, and Eschatology* (Nova York: Harper & Row, 1967), 78.
4. La Barre, *They Shall Take Up Serpents*, especialmente o capítulo "Snake Cults in Africa", 53-64.
5. Cohn, *Pursuit of the Millennium*, 143.
6. Cohn, *Pursuit of the Millennium*, 154.
7. Ver, para melhores explicações, Herbert Thurston, *Physical Phenomena of Mysticism* (Londres: Burns Oates, 1952).
8. Carl Kerenyi, *Eleusis* (Nova York: Pantheon, 1967).
9. Richard Wilhelm e C. G. Jung, *The Secret of the Golden Flower* (Nova York: Harcourt, Brace & World, 1962).
10. Eliade, *Death, Afterlife, and Eschatology*, 88.
11. Dee Brown, *Bury My Heart at Wounded Knee* (Nova York: Bantam, 1971).
12. Filippo Caraffa e Antonio Massone, *Santa Cecilia: Martire Romana* (Roma: Centro di Spiritualita Liturgica, 1982).
13. Joan Carroll Cruz, *The Incorruptibles* (Rockford, Ill.: Tan Books, 1977).
14. Grosso, *Frontiers*, 165-167.
15. Patricia Treece, *The Sanctified Body* (Nova York: Doubleday, 1987).
16. Baron Friedrich von Hugel, *The Mystical Element of Religion as Studied in Saint Catherine Genoa and her Friends* (Londres: J. M. Dent, 1973).
17. Thurston, *Physical Phenomena*, 220.
18. B. K. Karanjia, *Kundalini Yoga* (Nova York: Kundalini Research Foundation. 1977).

19. Treece, *The Sanctfied Body*, 64-82.
20. Morton Kelsey, *Healing and Christianity* (Nova York: Harper & Row, 1973).
21. Ver, por exemplo, Stanley Krippner, *Spiritual Dimensions of Healing* (Nova York: Irvington Publishers, 1992).
22. Randolph C. Byrd, "Positive therapeutic effects of intercessory prayer in a coronary care unit population", *Southern Medical Journal* (julho de 1988): 826-829.
23. Deepak Chopra, *Quantum Healing* (Nova York: Bantam, 1989). Ver o Capítulo "Body of Bliss".
24. A. P. Elkin, *Aboriginal Men of High Degree* (Nova York: Saint Martin's Press, 1977).
25. Ver Hans Bender, "Modern Poltergeist Research", em *New Directions in Parapsychology*, org., John Beloff (Metuchen, N. J.: Scarecrow Press, 1975), 122-143.
26. William Roll, *The Poltergeist* (Nova York: Signet, 1973).
27. Stephen Braude, *The Limits of Influence: Psychokinesis and the Philosophy of Science* (Nova York: Routledge & Kegan, 1986).
28. R. G. Medhurst, *Crookes and the Spirit World* (Nova York: Taplinger, 1972), 65.
29. Ver Charles Richet, *Traité de Metapsychique* (Paris: Felix Alacan, 1922), especialmente o Capítulo 3, "Des ectoplasmies" (materializações). Para uma explicação crítica dos fenômenos físicos da mediunidade, ver também Hereward Carrington, *The Physical Phenomena of Spiritualism* (Nova York: American University Publishing, 1920), e Braude, *Limits of Influence*.
30. Erlendur Haraldsson, *Modern Miracles* (Nova York: Fawcett Columbia, 1987); Grosso, *Frontiers*, Cap. 11.
31. Ver o artigo de Michael D'Antonio, "New Edge", *Bazaar Magazine* (junho de 1993).
32. Comunicação pessoal.
33. F.M. Esfandiary, *Up-Wingers* (Nova York: John Day Company, 1973), 129.
34. Drexler, *Engines of Creation*, 115.
35. Ernest Becker, *The Denial of Death* (Nova York: Free Press, 1973).
36. Alan Harrington, *The Immortalist* (Millbrae, Calif.: Celestial Arts, 1969).
37. Nikhilananda, *The Upanishads* (Nova York: Harper, 1962), 75-76.
38. John Blofield, trad., *The Zen Teaching of Huang Po* (Nova York: Grove Press, 1959), 40.

39. W. Y. Evans-Wentz, org., *The Tibetan Book of the Great Liberation* (Nova York: Oxford University Press, 1954), 224.
40. Para uma excelente visão geral da psicologia transpessoal, ver Frances Vaughan, *The Inward Arc* (Boston: New Science Library, 1985).
41. Para o melhor estudo isolado sobre a PES, ver John Palmer, "Extrasensory perception: research findings", em *Advances in Parapsychological Research* (Nova York: Plenum Press, 1978), 59-241.
42. Ver o capítulo "Fear of Life After Death", em Grosso, *Frontiers*.
43. Robert Almeder, *Death and Personal Survival: The Evidence for Life After Death* (Lanham, MD.: Rowman and Littlefield, 1992).
44. Ver Irwin Rhode, *Psyche*, 2 vols. (Nova York: Harper Torchbooks, 1966).
45. G. Gordon Wasson, Carl Ruck e Albert Hofmann, *Road to Eleusis* (Nova York: Harcourt Brace Jovanovich, 1978).
46. Christian Ratsch, org., *Gateway to Inner Space* (Nova York: Avery Publications, 1989), 148.
47. Ver Peter T. Furst, org., *Flesh of the Gods: The Ritual Use of Hallucinogens* (Nova York: Praeger, 1972).
48. Ver McKenna, *Archaic Revival*.
49. Título de um excelente livro de Peter Russell.
50. Ver as especulações de Vallee sobre este assunto, em *Dimensions*.
51. Vallee, *Confrontations*, 206.
52. Ver a explicação de Travis Walton em seu *The Walton Experience* (Nova York: Berkley Medallion, 1978).
53. John L. Casti, *Paradigms Lost* (Nova York: William Morrow, 1989), 482.
54. Michael Anthony Corey, *God and the New Cosmology* (Lanham, Md.: Rowman and Littlefield, 1993), 4.

Capítulo 12

1. Eliade, *Cosmos and History*, 69.
2. Richard Payne Knight, *On the Worship of Priapus* (Secaucus, N J: University Books, 1974), 17.
3. Benjamin Walker, *Sex and the Supernatural* (Baltimore: Ottenheimer, 1970).
4. Marcuse, *Eros and Civilization*.
5. Tomás de Aquino, *On the Truth of the Catholic Faith,* Livro Três, *Providence* (Nova York: Doubleday, 1956).
6. D.T. Suzuki, *Manual of Zen Buddhism* (Nova York: Grove Press, 1960), 131

7. Sigmund Freud, *Sexuality and the Psychology of Life* (Nova York: Collier Books, 1963), 20-40.
8. Wilhelm Reich, *Listen, Little Man!* (Nova York: Noonday Press, 1948).
9. Amy Stechler Burns e Ken Burns, *The Shakers* (Nova York: Portland House, 1987), 37.
10. Andreas Capellanus, *The Art of Courtly Love* (Nova York: Frederick Ungar, 1957), 17.
11. Denis de Rougement, *Love in the Western World* (Nova York: Fawcett, 1940), 115.
12. Ver os hilariantes *Dialogues*, trad. de Raymond Rosenthal (Nova York: Stein & Day, 1971).
13. Mark Musa, *Dante's Vita Nuova* (Bloomington, Ind.,: Indiana University Press, 1973), 3.
14. Ver "The Marian Morphogenesis", em Grosso, *Frontiers*.
15. Ver de Rougement, *Love in the Western World*.
16. Ver Capítulo 2 (sobre Joachim).
17. Ver Thomas Moore, *Dark Eros: The Imagination of Eros* (Dallas: Spring Publications, 1990).
18. Paine, *Collected Works*, vol. 2, 77.
19. John Humphrey Noyes, *The Putney Community* (Nova York: Oneida, 1931), 189.
20. Roger Lewin, *Complexity: Life at the Edge of Chaos* (Nova York: Macmillan, 1992).
21. Edward Carpenter, *The Intermediate Sex* (Londres: George Allen & Unwin, 1908), 11.
22. June Singer, *Androgyny: Toward a New Theory of Sexuality* (Nova York: Anchor Books, 1977). Ver Capítulo 7.
23. Vladimir Solovyov, *The Meaning of Love* (Nova York: International University Press, 1947).
24. Comunicação pessoal.
25. Charles Fourier, *Design for Utopia* (Nova York: Schocken Books, 1971), 5.
26. J. H. Noyes, *Strange Cults*, 161.
27. Fourier, *Design for Utopia*, 61.
28. Fourier, *Design for Utopia*, 220.
29. Fourier, *Design for Utopia*, 14.
30. Herbert Marcuse, "Art as a Form of Reality", em *On the Future of Art*, org., Edward Fry (Nova York: Viking Press, 1970), 123-134.

31. Robert Hughes, *The Shock of the New* (Nova York: Alfred A. Knopf, 1991), 271.
32. Pierre Cabanne, *Dialogues with Marcel Duchamp* (Nova York: Viking Press, 1967), 38.
33. Alberto Busignani, *Pollock* (Nova York: Hamlyn, 1970), 22.
34. Barbara Rose, *Ad Reinhardt* (Nova York: Marlborough, 1968),18.
35. Herschel B. Chipp, *Theories of Modern Art* (Berkeley: University of California Press, 1969), 412.
36. Anna Balakian, *Surrealism* (Nova York: Macmillan, 1970), 33.
37. Giuseppe Tucci, *The Theory and Practice of the Mandala* (Londres: Rider, 1961).
38. Dewey, *Art as Experience.*
39. Burns e Burns, *Shakers*, 36.
40. Burns e Burns, *Shakers*, 28.
41. Burns e Burns, *Shakers*, 15.
42. *PC Computing* (12 de setembro de 1993).
43. Rheingold, *Virtual Reality*, 347.

Conclusão

1. Arthur Koestler, *The Ghost in the Machine* (Nova York: Macmillan, 1967).

Índice Remissivo

Abduções por alienígenas, 314-319; e John Mack, 316-319
Abolição da escravatura, 171-174, 271
Adamitas, 407
Adams, John, 164-167
Anarquismo, 200-201
Androginia, 36; e os Shakers, 178
Anjos, 304-306
Ann Lee, 178-179; e os Khlysts russos, 198
Anticristo, 51, 61, 78, 108, 111; e John Adams, 165; como princípio de liberdade criativa, 202, 209; Dostoievski, 222; e os judeus, 237-241; como entropia, 282; como máquina, 343-344; e a razão, 428
Antinomianismo, 74, 75, 157, 198; e o Princípio da Liderança Nazista, 232
Antrópico, princípio, 390
Aquino, Tomás de, 399
Armagedon, 18, 21, 43; e os nazistas, 246-248
Arrebatamento, o, 274
Arte, na Revolução Russa, 216-219

Babilônia, Rito do Ano Novo na, 54-56
Bacon, Francis, 102
Bakunin, Michael, 201-203
Baudelaire, Charles, 145
Berdyaev, 195, 199, 200, 223, 230
Berlin, Sir Isaiah, 203, 204
Bioengenharia, 347

Biosfera 2, 335
Blake, William, 118, 121
Blok, Alexander, 214
Bloom, Harold, 269
Boff, Leonardo, 69
Bradford, William, 154-156
Brand, Stewart, 333
Brown, N.O., 416-419, 428
Bush, George, 22, 258

Cage, John, 426
Campanella, Tommaso, 104, 112
Campbell, Joseph, 99, 133, 278, 366
Canalização, 301-302
Casamento complexo, 180-184
Centésimo macaco, 285-286
Charles, R. H., 40
Chopra, Deepak, 366, 417
Cidades visionárias, 103
Círculos em plantações, 319-321
Clarke, Arthur C., 262, 320; e o espaço cibernético, 352, 353, 354
Clinton, Hillary Rodham, 16, 271
Cohn, Norman, 62, 72, 74, 229, 297
Colombo, 149-152
Condorcet, 122; e a morte, 123, 126-127
Consciência cósmica, 264
Convergência harmônica, 286-287
Corpo de Luz, 52
Criônica, 370

Cristo-Maitreya, 20
Croce, Benedetto, 199

Dança dos Espíritos, 361-362
Daniel, Livro de, 44, 45
Dawson, Christopher, 138
Deificação, projeto de, 94-98; e os Mórmons, 188-189, e ícones russos, 197; e os nazistas, 230
Denis, Rougemont, 404, 428
Destino Manifesto, 191-192
Deusa da Razão, 123, 142
Diderot, 98, 128, 136
Dossey, Larry, 280
Dostoievski, 144, 203, 205-206; e o Grande Inquisidor, 221-222
Dragão, 54, 396-399
Drexler, K. Eric, 332, 333, 335; e longevidade, 349, 371; e a morte, 372

Elkin, A. P., 366
Emerson, R. W., 175, 283
Enoque, 46-47
Escatologia psicodélica, 381-385
Esfandiary, 332
Esmoleres, 75-76
Espaço cibernético, 338-341
Espírito Livre, adeptos do, 403-404
Espírito Santo, encarnado como mulher, 74-75
Espiritualismo, 189-190
Evangelho de Tomé, 36-38
Evangelho eterno, 70

Falwell, Jerry, 43
Fedorov, Nikolay, 206-209, 372
Felicidade, como ideal milenarista, 129-134

Ferguson, Marilyn, 259, 267, 268, 296
Ficino, Marsilio, 85; a alma naturalmente imortal, 89-92; arte, educação e escatologia, 94; e o novo corpo, 97, atitude em relação a Savonarola, 111; e a canalização moderna, 303
Flagelantes, 77
Fleming, John V., 152
Foster, Lawrence, 179
Fourier, Charles, 419-423
Franciscanos Espiritualistas, 69-73,
Francisco de Assis, 69-73, 115
Frankenstein, 102
Franklin, Benjamin, 123
Fukuyama, Francis, 66, 259

Galileu, 101
Gerard de Borgo, 70-71
Gilgamesh, 30, 358, 370, 374
Goodrick-Clark, Nicholas, 227, 296
Gotlib, David, 307
Grad, Bernard, 366
Grof, Stan, 378
Guiley, Rosemary Ellen, 306, 321

Havel, Vaclav, 23
Hegel, Georg Wilhelm, 257, 258-259, 262
Heidegger, Martin, 24
Heresia da autotransformação, 79, 265
Hieronimos, Robert, 168
Hino de Batalha da República, 174
Hitler, Adolph, 229, *passim;* e Hegel, 233
Hook, Sidney, 138
Hopkins, Budd, 315
Hopkins, Samuel, 169-171, 208
Hóspedes não convidados, 291-292

Hussein, Saddam, 22, 31
Hutchinson, Anne, 157

Iluminismo, 119; e educação, 125-129
Imortalismo, 369-373
Inteligência artificial, 349-351

Jacopone de Todi, sobre a pobreza, 71
Jefferson, Thomas, 130, 366
Joachim de Fiore, 60, 62-69; e os jesuítas, 126; e Colombo, 149-151; e os puritanos radicais, 156; e o patriarcado, 162; e a arte de Kandinsky, 216; e a Nova Raça, 445
João de Patmos, 29, 31-40; em comparação com Paine, 160-162; e John Adams, 165; em comparação com Noyes, 184; e a Rússia, 225; e Sheldrake, 279; e contactadores de OVNIs, 312, 321; e o fim da morte, 360
João, o Divino, São, 29-31, 37; o tom moral de, 38-40; em comparação com Zoroastro, 50
Jonas, 48
Jones, Jim, 18
Jung, C. G., 35, 54; e a mentalidade nazista, 228, 245 e os discos voadores, 309-310; e o arquétipo da criança, 309, 322

Kahane, Meir, 22
Kandinsky, Wassily, 424
Kant, 101, 132
Kapor, Mitchell, 341
Keel, John, 301, 308
Khlysty, 198
Koresh, David, 16-17

Krueger, Myron, 340
Kundalini, 54, 365

Lawrence, D. H. 38, 56
Lear, Norman, 15
Leary, Timothy, 25, 332, 336-337
Leckie, Robert, 161, 164
Levinson, Paul, 347
Lincoln, Abraham, 173
Livro de Joel, 47, 295, 299, 300
Livro do Apocalipse, 29; e a Guerra Civil, 174; e pedras preciosas, 289; e visões marianas, 322; e tecnologia, 327, 341, 344; e o dragão, 394
Locke, John, 125-126, 130, 137, 156
Lorenzo, o Magnífico, 110
Lutero, Martinho, 111

Maçonaria, Grande, 164; e o Grande Sinete, 168-169
Magia, na Renascença, 101
Maiakovski, Vladimir, 210-214
Mandala, 429
Manson, Charles, 18, 76
Manuel, Frank, 103
Maquiavel, 108
Marcuse, Herbert, 76
Materialismo sagrado, 169-170
McGinn, Bernard, 23, 62, 67
McKenna, Terence, 268, 385
McLuhan, Marshall, 86, 171; e Whitman, 262; profeta do espaço cibernético, 338; sobre a tecno-PES, 339; e a telepatia, 438
Melton, J. Gordon, 269
Messianismo, 209, 213, 214; estilo nazista, 231
Milênio marxista, 219-221

Miller, William, 185, 274
Mitologia da raça, 242-245
Montanus, 19
Moore, Thomas, 87
Moorhead, James, 153
Mórmons, 184-189; e a morte, 189
Mudança na posição dos pólos, 293-294
Müntzer, Thomas, 78, 229
Murphy, Michael, 272, 276, 349

Nanotecnologia, 332-334
Nechayev, Sergei, 203
Newton, 119
Nietzsche, F., 24, 38, 49, 56, 91; e Wagner, 242
Niilistas, 197, 205
Nijinsky, 209-210
Nobre selvagem, 134-137 e Rousseau, 134-135; e a "besta loura", de Nietzsche, 136; e xamanismo, 136
Nova Era, 171, 267-297 *passim*
Nova Jerusalém, 19, 39, 102, 114, 206, 381
Noyes, John Humphrey, 42, 180; e espiritualismo, 189; e saúde, 272
Nudismo, 37

Otimismo, 127-129; e John Adams, 165
OVNIs, e o Milênio, 306, 317
Owen Robert Dale, 410

Paine, Thomas, 138-141; contra o patriarcado, 160, 161
Papa angélico, 229
Parenti, Michael, 268
Paulo, São, 35, 43-44, 277
Perry, John, 210, 230
Perversidade polimorfa, 412-417

Pico della Mirandola, 92, 96; e o Milênio humanista, 97; e astrologia, 98
Platão, 288, 400, 413
Plethon, 86
Plutarco, 345
Poética da ciência, 216; e a hipótese de Gaia, 279; e a ordem implicada, 281; e o universo holográfico de Talbot, 280
Poligamia, 186
Pollock, Jackson, 425-426
Priestley, Joseph, 123, 166, 190, 208
Progresso, e o Milênio, 120-124; e a ciência, 121
Prophet, Elizabeth Clare, 21
Psicologia transpessoal, 378, 379
Puritanos, 152-160

Quakers, 159

Rebelião de Taiping, 20
Reeves, Marjorie, 85, 127
Rhodes, James, 234; e a histeria ontológica, 246
Ring, Kenneth, 294, 302-304
Rojcewicz, Peter, 308
Roll, William, 367
Russell, Peter, 171

Sagan, Dorian, 335
Saúde holística, 269-275; e Adventistas do Sétimo Dia, 274
Savonarola, 85, 108-113
Schleiermacher, Friedrich, 89
Secret of the Golden Flower, 361
Segundo Advento, 21, 42
Sheldrake, Rupert, 277
Skoptsy, 198-199, 398
Smith, Joseph, 18, 185; como candidato presidencial, 187

Solovyov, Vladimir, e o Anticristo, 222-223
Sorenson, Peter, 320-321
Sprinkle, Leo, 311
Stacy, Dennis, 318
Stalin, Joseph, 221
Steiner, Rudolf, 216
Strieber, Whitley, 310
Suprematismo, 217
Symonds, J. A., 107

Teatro da memória de Camillo, 104-105
Tecnocalipse, 25, 327-353, *passim*
Terceira Revelação, 217
Thurston, Herbert, 363
Tolstoi, Leo, 144
Traço paranóico, 443
Tuveson, Ernest, 165

Unamundo, Miguel de, 355

Valla, Lorenzo, 105-107
Vallee, Jacques, 308
Vico, 143; e adivinhação, n290-291
Videogame, 342
Viereck, Peter, 228; sobre o mito nazista, 244, 296
Visões marianas, 323-324

Voltaire, 143
Voluptas, (prazer divino), 103, 105; e o Milênio humanista, 106
Vontade de poder, 31, 40, 45; e Ficino, 91; e Stalin, 221; e João de Patmos, 442

Walford, Roy, 348
Washington, George, 163-164
Watson, Lyall, 285
White, John, 293-294, 316
Whitehead, Alfred North, 277, 346
Whitman, Walt, 188; e o Milênio Americano, 260-265; e Dewey, 264; e Joachim de Fiore, 264; e a imortalidade, 377, 415; e o futuro, 439
Wilber, Ken, 175
Williams, Roger, 156
Wills, Garry, 132, 173
Wilson, Colin, 393
Wilson, Woodrow, 214
Winthrop, John, 103, 155
Wolf, Fred Alan, 281

Yates, Frances, 99

Zevi, Sabbatai, 20
Zoroastro, 48-54; e Fedorov, 208

Este livro foi composto na tipologia Life
em corpo 10/14 e impresso em papel
Offset 75g/m² no Sistema Cameron da
Divisão Gráfica da Distribuidora Record.

Seja um Leitor Preferencial Record
e receba informações sobre nossos lançamentos.
Escreva para
RP Record
Caixa Postal 23.052
Rio de Janeiro, RJ – CEP 20922-970
dando seu nome e endereço
e tenha acesso a nossas ofertas especiais.

Válido somente no Brasil.

Ou visite a nossa *home page*:
http://www.record.com.br